21世纪经济管理精品教材·经济学系列

应用统计学

（第2版）

李卫东 ◎ 主编

清华大学出版社
北京

内 容 简 介

本书系统讲述应用统计学基本知识和基本技能，融入电子表格(Excel)和 R 软件的实际应用，介绍描述统计、参数估计、假设检验、方差分析、相关与回归、时间序列分析、指数分析等应用统计方法。

本书突出体现统计学的应用性、层次性和趣味性，坚持体系的完整性，注重传统与创新的统一及统计理论在实践中的应用，便于授课与学生自习使用。本书提供电子课件、教学大纲、习题、数据等配套资料，并提供教学网站支持。

本书封面贴有清华大学出版社防伪标签，无标签者不得销售。
版权所有，侵权必究。举报：010-62782989，beiqinquan@tup.tsinghua.edu.cn。

图书在版编目(CIP)数据

应用统计学/李卫东主编. —2 版. —北京：清华大学出版社，2021.6(2024.9重印)
21 世纪经济管理精品教材·经济学系列
ISBN 978-7-302-57400-2

Ⅰ.①应… Ⅱ.①李… Ⅲ.①应用统计学-高等学校-教材 Ⅳ.①C8

中国版本图书馆 CIP 数据核字(2021)第 021156 号

责任编辑：张　伟
封面设计：李召霞
责任校对：王凤芝
责任印制：宋　林

出版发行：清华大学出版社
网　　址：https://www.tup.com.cn, https://www.wqxuetang.com
地　　址：北京清华大学学研大厦 A 座　　邮　编：100084
社 总 机：010-83470000　　邮　购：010-62786544
投稿与读者服务：010-62776969, c-service@tup.tsinghua.edu.cn
质量反馈：010-62772015, zhiliang@tup.tsinghua.edu.cn
印 装 者：三河市人民印务有限公司
经　　销：全国新华书店
开　　本：185mm×260mm　　印　张：19.5　　字　数：445 千字
版　　次：2014 年 10 月第 1 版　　2021 年 6 月第 2 版　　印　次：2024 年 9 月第 4 次印刷
定　　价：55.00 元

产品编号：088771-01

第2版前言

党的二十大报告指出,加强建设数字中国,加快发展数字经济。步入数字经济与大数据时代,我们每天都要面对纷繁复杂的数据,作为数据处理和分析技术的统计方法也越来越广泛地应用于自然科学、社会科学和日常生活、工作等各领域。在过去一段时间内,我国经济管理类专业的统计教材一直沿用苏联的社会经济统计学科体系,主要侧重于经济统计指标体系的介绍。随着我国社会主义市场经济的不断完善与发展,原有的统计学教材已不能满足需求,需要编写满足需求的教材。编者作为长期从事应用统计学课程教学的一线工作者,对学生的需求有了一定的了解,一直想编写出一本能满足需求的教材。因此结合北京交通大学经济管理学院的专业学科特色对本教材进行了编写。希望本教材能够达到这样的目的。

本教材的内容体系主要包括描述统计、推断统计、经济管理中常用的统计方法等几部分内容。本教材既可作为高等院校经济管理类各专业高年级本科学生或MBA(工商管理硕士)的教材,也可作为广大实际工作者的参考书。

本教材力求体现以下特点。

第一,在内容上,与其他教材不同,突出了对调查相关内容的介绍。数据收集是统计中的重要内容之一,加强此方面有利于学生掌握数据采集和整理的知识,提升相关能力。

第二,强调统计方法与计算机软件的结合。本教材对常用统计方法的Excel软件和R软件数据处理做了介绍,通过软件的处理,减轻学生的负担,也有利于学生对统计思想的理解和把握,提高其运用统计方法分析和解决问题的能力。

第三,引用实际案例,便于学生理解。与国外同类教材的内容相比,本教材内容不多,但包括很多的案例。通过引用经济管理活动、生活、工作中应用统计方法的实际案例将统计思想、方法、来龙去脉介绍清楚,便于学生的理解。

本教材是北京交通大学经济管理学院统计学科组的集体成果。本教材的出版得到了清华大学出版社编辑张伟老师的帮助和支持，在此表示感谢。

本教材各章编写人员：李卫东（第一章、第二章）、肖玲玲（第三章、第四章）、李梦（第五章、第六章）、赵晓军（第七章、第八章）、刘似臣（第九章）、李雪梅（第十章、第十一章）、周辉宇（第十二章、第十三章）。全书由李卫东任主编，负责全书大纲的设计、书稿的组织和编纂。其中，陈佩虹、桑蓉、韩宝怡等参与了书稿的校对。

书中的不当或疏漏之处在所难免，恳请同行和读者批评指正。

编者
2023 年 12 月

第一章	绪论	1
第一节	统计与统计学	2
第二节	统计学的发展历程	5
第三节	统计学分科及与其他学科的关系	8
第四节	统计学的一些基本概念	11
第五节	统计软件	15
即测即练		19

第二章	统计数据的收集	21
第一节	统计数据的类型与来源	22
第二节	调查方案设计	31
第三节	调查问卷设计	39
第四节	调查数据的质量	53
即测即练		55

第三章	统计数据的整理与展示	56
第一节	数据的预处理	57
第二节	品质数据的可视化	62
第三节	数值型数据的可视化	67
第四节	用 Excel 进行数据的整理与展示	75
第五节	合理使用图表	78
即测即练		84

第四章	数据的概括性度量	85
第一节	集中趋势的度量	86
第二节	离散程度的度量	90
第三节	偏度与峰度的度量	94
即测即练		98

第五章　概率论初步 … 99

- 第一节　随机事件及其概率 … 99
- 第二节　随机变量及其概率分布 … 108
- 第三节　随机变量的数字特征 … 116
- 第四节　大数定律和中心极限定理 … 123
- 即测即练 … 128

第六章　统计量及其抽样分布 … 129

- 第一节　抽样与统计量 … 129
- 第二节　抽样分布 … 130
- 第三节　样本均值的分布与中心极限定理 … 133
- 第四节　样本比例的抽样分布 … 134
- 第五节　两个样本均值之差的分布 … 135
- 第六节　关于样本方差的分布 … 137
- 即测即练 … 138

第七章　参数估计 … 139

- 第一节　参数估计的一般问题 … 139
- 第二节　一个总体参数的区间估计 … 143
- 第三节　两个总体参数的区间估计 … 149
- 第四节　样本容量的确定 … 157
- 即测即练 … 159

第八章　假设检验 … 160

- 第一节　假设检验的基本问题 … 160
- 第二节　一个总体参数的假设检验 … 169
- 第三节　两个总体参数的假设检验 … 174
- 即测即练 … 182

第九章　方差分析 … 183

- 第一节　方差分析的基本原理 … 184
- 第二节　单因素方差分析 … 188
- 第三节　双因素方差分析 … 194
- 即测即练 … 204

第十章　一元线性回归 … 205

- 第一节　变量间关系的度量 … 205

  第二节 一元线性回归模型 …………………………………………… 209

  第三节 回归模型的预测与残差分析 ……………………………… 217

  第四节 案例分析 ……………………………………………………… 218

  即测即练 ……………………………………………………………………… 222

第十一章 多元线性回归 ……………………………………………………… 223

  第一节 多元线性回归模型 …………………………………………… 223

  第二节 预测与残差分析 ……………………………………………… 228

  第三节 数据的非线性变换 …………………………………………… 228

  第四节 案例分析 ……………………………………………………… 229

  即测即练 ……………………………………………………………………… 232

第十二章 时间序列分析 ……………………………………………………… 233

  第一节 时间序列基本概念 …………………………………………… 233

  第二节 时间序列对比分析 …………………………………………… 235

  第三节 长期趋势的测定 ……………………………………………… 247

  第四节 季节变动的测定 ……………………………………………… 253

  第五节 循环变动分析与测定 ………………………………………… 256

  即测即练 ……………………………………………………………………… 260

第十三章 统计指数 ……………………………………………………………… 261

  第一节 统计指数概述 ………………………………………………… 262

  第二节 简单指数与加权指数 ………………………………………… 265

  第三节 平均指标指数 ………………………………………………… 274

  第四节 指数体系与因素分析 ………………………………………… 277

  第五节 几种常用的价格指数 ………………………………………… 284

  即测即练 ……………………………………………………………………… 293

参考文献 …………………………………………………………………………… 294

附录 常用统计表 ……………………………………………………………… 295

第一章

绪 论

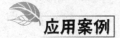 应用案例

奥巴马在2012年美国大选中击败罗姆尼,成功连任。在这连任的过程中,有一个重要的工具就是统计数据。美国的《时代》杂志撰文指出奥巴马成功筹集数亿美元竞选资金、有效锁定目标选民、即时调整电视广告投放策略并最终赢得选举的秘诀就是大数据。

数字经济是以数字化的知识和信息作为关键生产要素,以数字技术为核心驱动力量,以现代信息网络为重要载体,通过数字技术与实体经济深度融合的新型经济形态。党的二十大报告中指出:"加快建设制造强国、质量强国、航天强国、交通强国、网络强国、数字中国。""加快发展数字经济,促进数字经济和实体经济深度融合,打造具有国际竞争力的数字产业集群。"数字经济已成为我国重要的发展战略。近年来我国相继出台了《数字经济发展战略纲要》《"十四五"数字经济发展规划》等数字经济发展政策举措,推动实施了"互联网+"行动、大数据行动纲要、企业数字化转型新型数字基础设施、"东数西算"等一系列数字经济发展工程,助推我国数字经济实现快速发展。自2017年到2022年,我国数字经济规模从27.2万亿元增至50.2万亿元,总量稳居世界第二位,年均复合增长率达14.2%,占国内生产总值比重从32.9%提升至41.5%,成为推动经济增长的主要引擎之一。加速数字经济发展,建设数字中国,是构筑国家、地区、企业竞争优势的必然选择。而统计作为对数据进行收集、整理、描述和分析的科学,在数字经济发展时代将发挥越来越重要的作用。

在总统竞选一开始,竞选活动经理吉姆·梅斯纳(Jim Messina)就已经打算搞一次完全不同的、以数据为驱动力的竞选活动,准备用数据去衡量这场竞选活动中的每一件事情。梅斯纳聘请了一个五倍规模于2008年竞选时的数据分析团队,并让雷伊德·加尼(Rayid Ghani)出任芝加哥竞选团队总部的首席科学家。这足以看出该竞选团队对数据统计分析巨大潜力的重视。下面简述数据统计分析在竞选过程中的应用。

在筹集资金方面,起初,竞选团队就创建了一个单一的巨大系统,数据分析团队可以利用此进行一些测试,分析哪些类型的人有可能被某种特定的事情说服。数据分析团队可以预测哪些人会在网上捐钱,哪些人会用邮件捐款,甚至对志愿者进行建模分析。竞选办公室的电话名单不仅列出了姓名和电话号码,并且按被说服的可能性和重要性进行了排序。

有相关人员称,民调数据与选民联系人数据每晚都在所有可能想象的场景下被计算机处理、再处理。每天晚上都模拟运行66 000次选举,这些模拟选举推算出了奥巴马在摇摆州的胜率,知道赢得这些州的机会在哪,并让他们得以通过这些数据来分配资源。

此外,竞选团队基于背后强大的内部数据库分析,通过建立复杂的模型定位不同的选民,购买了一些非传统类剧集之间的广告时间,替代了在当地新闻时段的传统做法。最后数据统计显示,广告效率相比2008年提高了14%。

在竞选后期,通过数据分析发现社会化新闻网站 Reddit 中有许多动员的目标,奥巴马决定去社会化新闻网站 Reddit 回答问题。

由此可以看出,数据的挖掘分析为奥巴马的成功连任立下了汗马功劳,数据统计分析的地位在政治领域逐渐上升。一位官员说,"人们坐在屋里抽雪茄,高喊'买《60 分钟》'的时代已经结束。"政治领域的大数据时代已经到来。案例中通过数据分析得出结论会涉及许多其他学科的支持,但是统计学作为一门基础学科,其发挥的重大作用理应引起大家的关注。①

本章内容从讨论统计与统计学出发,对统计学进行概述性的分析,最后简要介绍 Excel 在统计分析中的应用。

第一节 统计与统计学

当今世界,人们在社会、经济、科技等各个领域都感受到信息的作用和影响,人类已步入了信息社会。而统计作为信息处理的一种重要手段,已成为广泛应用于经营管理、学术研究、社会生活等众多领域,了解统计知识对每个人来说也都是必要的。例如,在外出旅游时,你需要关心一段时间内的详细天气预报;在投资股票前,你需要了解股票市场价格的财务信息;在观看足球比赛时,除了关心进球的多少外,还要了解各个球队的技术统计结果。

通过统计,人们将会得到许多实用、有趣的东西,同时又会提出不少问题。例如,"统计"什么?为什么用商品零售物价指数可以反映社会商品零售价格总水平变动?为什么只调查少数人的人均收入就可以了解一地、一省乃至全国的人均收入?这些都反映了统计的奥秘。

一、统计的含义

"统计"在《现代汉语词典》(第 7 版)中有两个解释:一是总括地计算,二是指对某一现象有关的数据进行搜集、整理、计算和分析等。"统计"一词包含三个含义,统计工作、统计资料和统计学,即围绕研究目的和任务,运用科学的统计方法,获取真实的科学的统计数据,分析、了解和认识所研究事物的真相。

1. 统计工作

美国普渡大学的教授墨尔(David S.Moore)说过,统计是从数据中获取信息的科学。我们大家都很熟悉的统计,是体育、人口、经济和证券交易等领域数字资料的汇集。在日常生活工作中,"统计"有着多种含义。例如,上课老师统计上课的学生人数;NBA(美国职业篮球联赛)比赛中,人们所关注的球员的技术统计:得分、篮板、助攻等方面的数据;工厂在经过一定时间周期后,要对本厂该时期的效益进行统计,核算其当期完成的产量和产值;等等。此时,"统计"具有计数的含义,在这个意义上统计的起源可以追溯到远古时代。

在原始社会,人类的一般技术活动就蕴含着统计的萌芽。四五千年之前,居住在两河流域一带的人们就在石头上记录数字。从历史上看,早在奴隶制国家时代,由于政府赋税、徭役、征兵等需要,就对人口、土地、财产等方面进行调查统计。据记载,公元前 27 世纪,古埃及建造金字塔,为征集建筑费,就曾对全国的人口与财产进行调查。《旧约全书》

---

① 案例改编于数据挖掘助奥巴马连任 大数据左右美国政界. http://it.sohu.com/20121108/n357017969.shtml.

中记载,公元前10世纪,犹太国王大卫和所罗门对全国进行了完整的人口和财产调查统计,以此作为实施统治措施的重要依据。我国春秋战国时代,统计已被认为是治理国家、创立基业的重要手段。齐国丞相管仲在《管子》一书中曾提出:"不明于计数,而欲举大事,犹无舟楫而欲经于水险也。"这就是说不善于利用计数而进行宏伟事业,犹如没有船和桨而想渡过激流险滩一样。秦国主持变法的丞相商鞅认为,"强国知十三数",即他将十三种数据作为反映国情国力的基本指标。由上可知,在"计数"的含义上,统计的应用十分广泛,而且成为人们治理国家的一项必要工作。发展至今,统计工作已成为国家进行宏观管理的一项专门职能工作,如我国从地方政府到中央都设有专门的统计部门,负责对国家、地区的经济、科技、文化、教育、社会等多方面进行统计信息的收集、整理、加工,统计工作成为信息、咨询、决策职能的重要载体。

2. 统计资料

在统计工作的基础上,会形成一系列的数字资料,这是统计工作的成果表现,也称统计资料或统计数据,这是"统计"的另一个含义。它与上述的统计工作是紧密相连的,是统计工作的直接结果,是反映了一定空间、时间条件下客观总体现象数量特征的数据型资料,因此也是很早就有的。根据历史记载,我国夏禹时代就开始有人口方面的统计数字。随着人类社会的不断进步,统计数字作为一种重要的信息,人们对它的需要越来越多、越来越细化。平时我们翻阅报刊,就可以看到各种统计数字,如股票指数、价格指数、失业率等。国家统计部门、有关信息部门每年出版的统计年鉴和相关资料,反映国家或地区的宏观经济、人口、地理等方面基础资料以及科技、教育、文化等方面的发展等情况,这些都是在此意义上的统计。统计表、统计图、统计手册、统计年鉴等统计资料已成为国家的重要战略资源。

另外,"统计"一词还有"统计学"的含义。作为一门科学,统计学的出现要比统计工作和统计资料晚得多。它是本书要探讨的主要内容。

二、统计学

统计学是关于数据的科学,是一门收集、整理、总结、描述和分析数据,并在分析的基础上得出正确结论和合理决策方法的科学,它所提供的是一套有关数据收集、处理、分析以及解释并从中探索数据的内在规律性的方法。

对统计学的定义,需要注意以下几点。

(1) 统计学的研究对象是客观事物现象的数量方面,是总体现象的大量数据,而不是个别的单个的数据。因为单个数据在没有其他数据作为参考对照时,是说明不了什么问题的。例如,某学生在英语考试中取得80分的成绩,但仅通过这么一个数字是无法说明该学生的成绩如何的,因为不知道其他学生的考试成绩。只有其他学生的考试成绩知道了,才能对该学生的成绩进行评价,得出他是处于中等水平,还是较高水平,抑或是较低水平的结论。另外,统计学所研究的客观现象十分广泛,既包括自然现象,也包括社会现象。如前所述,早期统计所研究的问题有人口调查、保险精算等,后来逐渐扩大到社会经济和生物实验等方面。随着人类的实践活动的需要和信息化的发展,各领域都需要研究事物的数量方面,需要联系数量方面的特征来研究事物的本质。因此统计学的应用范围越来越宽,凡能以数量来表现的现象特征均可作为统计学的研究对象。统计方法已渗透到多个科学领域,成为目前最活跃的学科之一。萨维奇曾说:"统计学基本上是寄生的。靠研究其他领域内的工作而生存。这不是对统计学的轻视,这是因为对很多寄主来说,如果没有寄生虫就会死。对于有的动物来说,如果没有寄生虫就不能消化它们的食物。因此,人类奋斗的很多领域,如果没有统计学,虽然不会死亡,但一定会变得很弱。"

(2) 统计学是一门方法论科学,它是由收集、整理、描述和分析数据资料的统计方法组成的。统计方法来源于对数据资料的研究,其目的是研究数据资料以揭示出数据内在的规律性。统计方法有多种,主要包括描述统计方法、推断统计方法。如平均法、统计分组法、时间序列分析法、指数法、假设检验法、方差分析法、相关分析法、回归分析法、国民经济核算方法等。过去在我国统计学界有实质性科学和通用性科学之争,随着实践的发展,人们普遍认为统计学是一门实用性很强的方法论学科。统计方法是来源于实践的,是从现实问题中产生的,统计方法的发展是动态的。随着统计方法的应用日益广泛,其内容不断充实,尤其是近代概率论的发展为统计方法提供了理论基础,发展到目前,统计方法已相对独立地形成了自己的科学体系,其内容包括如何收集资料,如何对收集的资料加以整理、概括和表现,以及如何对取得的数据进行分析和推断等一系列方法。现在统计方法已成为宏观及微观经济管理、科学决策和科学研究的重要工具,统计学学科体系日趋完善,成为一门充满活力的学科。

(3) 统计学的研究目的是探索和研究客观现象数量的内在规律性。什么是数据内在的数量规律性呢?下面我们用新生儿性别例子进行说明。我们知道,对每个家庭中新生婴儿的性别来说,既有可能是男孩,也有可能是女孩,是无法事先确定的。在过去未实行计划生育的时候,某个家庭可能连续生几个男孩,另一个家庭可能连续生几个女孩,甚至出现过七朵金花的情形。因而,新生婴儿的性别从个别家庭来看,似乎是没有什么特殊规律的。但如果对多个新生婴儿进行观察,即观察几千个或几万个新生婴儿,就会发现男孩会比女孩稍多一些,大致为每生 107 个男孩,就会有 100 个女孩出生。107∶100 就是新生婴儿性别比例的稳定的数值,即新生婴儿性别比例的数量规律性。之所以将 107∶100 称为数量规律性,是因为古今中外新生婴儿的性别比例都大致如此。这种数量规律性是由人类遗传规律和人类社会发展规律所决定的。众所周知,人类社会自身的协调发展,需要男女性别结构保持在 1∶1 的水平。在少儿时期,男孩比女孩略多,但男孩的死亡率比女孩的死亡率要高一些。到中年时期,男女人数基本平衡。到老年时期,由于生理结构的原因,男性的平均预期寿命比女性的要低,从而男性老人比女性老人相对要少一些。这样,从总体上看,人类社会男女总人数还是基本平衡的,在中青年结婚生育时,也是大致平衡的。当然,近些年来我国新生婴儿性别比例较高,一般在 110∶100 以上,这主要是由农村人口愿意要男性婴儿的缘故造成的。通过"男女平等"的宣传和计划生育工作力度的加大,这一趋势又有所改善。总的说来,新生儿性别比例是人类长期进化的结果,是一种和谐的平衡。

那么为什么统计方法能通过对数据的大量观察进而探索和揭示数据的内在规律性呢?这是由客观事物的本身特点和统计方法的特性所共同决定的。根据唯物辩证法的原理,客观事物是必然性和偶然性的对立统一,当然反映数量特征的数据也是受必然性和偶然性两种因素的支配,是两者的对立统一。必然性反映了事物本质的联系,是比较稳定的,它决定了事物的表现形式是有规律可循的。如果客观事物只有必然性的一面,那么事物的表现形式就会简单化,也就不需要用统计方法了。但由于受偶然性的影响,事物的表现形式千变万化,反映事物数量特征的数据千差万别,这样必然性和数量规律性就被掩盖在千差万别的事物的表现形式中了。而统计学提供了一系列的统计方法,对表面上杂乱无章的数据加以整理和处理,根据研究目的和客观事物的特点探索出数据的内在规律性来,然后结合专业知识对这些数量规律性进行解释和分析。

三、统计工作、统计资料与统计学

统计工作、统计资料与统计学是一个事物的三个方面,它们之间既存在着显著的区别,也存在着密切的联系。统计工作和统计资料之间是过程和结果的关系,统计工作以统计资料的形式表现出来,统计资料的质量直接取决于统计工作的情况;统计学与统计工作之间是理论与实践的关系,统计学的发展基于统计工作实践,是统计工作的经验总结,同时统计学的发展又能够为统计工作的开展提供理论和方法的指导。这三个方面构成了统计的完整概念,如图1-1所示。

图1-1 统计工作、统计资料与统计学的关系

第二节 统计学的发展历程

统计学是一门很古老的科学,一般认为统计学的学理研究始于古希腊的亚里士多德时代,迄今已有2 300多年的历史。但是将其作为一门学科系统地研究和发展,只有不到400年的历史。德国的斯勒兹曾说过:"统计是动态的历史,历史是静态的统计。"统计学是在不断发展和完善的,回顾统计学的发展历程,可以分为古典统计学时期、近代统计学时期以及现代统计学时期三个阶段。

一、古典统计学时期

古典统计学时期主要是指17世纪中叶至18世纪中叶的统计学时期,这段时期成为统计学的创立萌芽时期。在这一时期,统计学理论初步形成了一定的学术派别,主要有国势学派和政治算术学派。

1. 国势学派

最初的统计学是来源于对国家重大事项的记述,持这种观点的被称为国势学派,又称为记述学派。国势学派起源于17世纪的德国,其创始人是德国西尔姆斯特大学的海尔曼·康令(H.Conring,1606—1681)和哥廷根大学的阿亨瓦尔(G.Achenwall,1719—1772)。

1660年,康令第一个在德国西尔姆斯特大学以"国势学"为题讲授政治活动家应具备的知识。他将国势的记述上升至理论化和系统化的高度,内容是关于各国行政、人口、土地、财政等方面的国家显著事项。阿亨瓦尔在哥廷根大学开设"国家学"课程,继承和发展了康令的观点,认为统计学是研究国家显著事项的学问。他在1749年出版的著作《近代欧洲各国国势学纲要》中首先提出并且使用了统计学这一名词，书中讲述了"一国或多数国家的显著事项"，主要用对比分析的方法研究了解国家组织、领土、人口、资源财富和国情国力，比较了各国实力的强弱，为德国的君主政体服务。由于他最早提出统计学这一名词，所以有人称其为"统计学之父"。

总体来说，国势学派认为统计学是对政治事项的记述，偏重事物性质的解释，而不注重数量对比和数量计算，这与现代统计学相差甚远，但却为统计学的发展奠定了经济理论基础。但随着资本主义市场经济的发展，对事物量的计算和分析显得越来越重要，该学派后来发生了分裂，分化为图表学派和比较学派。

2. 政治算术学派

政治算术学派是用计量的方法来研究计量经济问题，运用大量观察法、分类法以及对比、综合、推算等方法对社会经济生活问题进行分析。政治算术学派起源于英国，产生于17世纪中叶，其代表人物有威廉·配第（William Petty,1623—1687）和约翰·格朗特（John Graunt,1620—1674）。

1662年，约翰·格朗特在其著作《对死亡表的自然观察和政治观察》一书中对当时英国人口情况的分析揭示出一系列的数量规律关系。如男婴出生多于女婴(14∶13)，男性死亡多于女性，一切疾病和事故在全部死亡原因中占有稳定的百分比等。他在该书中指出，为了找出一个要在多年内形成的规律，需要进行多次观察。因此格朗特虽然未用到统计学这一概念，但他在实践中却应用了大量观察方法去研究分析规律性的问题，其独特的方法给人以启迪。他是最早利用统计资料查明统计规律性的人。随后，威廉·配第在著名的《政治算术》一书中，用大量的数字来比较分析英国、法国、荷兰三国的经济实力，采用了与传统方法不同的分析方法，用数字、重量和尺度来表达他自己想说的问题和观点。马克思对威廉·配第的评价很高，认为他"在某种程度上也可以说是统计学的创始人"。

由上可知，政治算术学派是以数量分析为特征，以客观现象数量关系为研究对象，在研究内容和方法上可以说是统计学的正统起源。但是毕竟它只是应用了数据，而并未对数据的收集、如何利用数据进行统计分析等进行系统论述，因此它并不是现代意义上的统计学。

扩展阅读1-1　威廉·配第对统计的贡献

二、近代统计学时期

近代统计学时期主要是指18世纪末到19世纪末的这一段时间，这时期是统计学的形成时期。这段时期的统计学分为数理统计学派和社会统计学派。

1. 数理统计学派

数理统计学派是从19世纪逐步形成的，由于它主要是在英美等国发展起来的，所以又称为英美数理统计学派。该学派的代表人物主要有拉普拉斯和比利时统计学家、数学家以及天文学家阿道夫·凯特勒（Adolphe Jacques Quetelet,1796—1874）。

拉普拉斯是最早将概率论方法引入统计学的，他在1802年利用抽样调查方法对法国人口进行了调查，估算了全国的人口数，并给出了误差区间。其后，凯特勒融合了国势学派和政治算术学派的已有成果，并把概率论的原理和大量观察法引入了统计研究的领域，他不仅在人口问题、寿命问题等自然领域运用该统计方法，在犯罪问题等社会领域也运用概率论的方法进行研究，取得了丰硕的成果。凯特勒将概率论引入统计学这一举动极大地提高了统计计量的准确性，使统计方法发生了重大的发展，使统计学产生了质的飞跃，为近代统计学奠定了基础，因此有人推崇其为"近代统计学之父"。

扩展阅读1-2　高尔顿简介

后来，统计学的发展也相应地要求概率论的方法不断地发展，如高尔顿（F.Galton，1822—1911）提出了相关和回归的概念；皮尔逊发展了相关和回归的理论，提出了假设检验和卡方分布。这都极大地丰富了数理统计学派的发展，使得它渐渐地从统计学中分离出来成为一门独立的应用数学。

2. 社会统计学派

社会统计学派主张统计学是研究社会现象内部的联系以及它们变动的规律的社会科学，它形成和发展于19世纪后半叶的德国。由于欧洲各个国家之间的联系，所以社会统计学派形成后在欧洲大陆占据着很大的优势地位，因此该学派也被称为大陆学派。该学派的奠基人为克尼斯（Karl Gustav Adolf Knies，1821—1898），代表人物主要有德国的统计学家、经济学家恩格尔（Ernst Engel，1821—1896）和梅尔（Georg Mayr，1841—1925）。

1850年，克尼斯在《作为独立科学的统计学》书中，提出了"国家论"与"统计学"科学分工的主张。他认为国家论是用文字记述的国势学的科学命名，统计学则是用数值解读大量现象的一门科学。恩格尔提出了统计调查、整理和分析三阶段的统计方法，并且除了创立为人所知的恩格尔系数，恩格尔还提倡在人口调查中用个人调查卡片法，并且在消费计量中，首创了消费权数。梅尔认为"统计学是在对总体现象大量观察的基础上，对人类社会生活实际状态及其所产生的规律性，作出的系统性的表述和说明"。此外，他认为统计方法是统计学中不可缺少的一部分。

社会统计学派认为统计学的研究对象是社会总体，而不是个别的社会现象，在研究方法中使用大量观察法。社会经济的不断丰富与发展，以及社会科学本身的不断细化以及定量化发展，也要求统计方法能够不断改进、不断完善，满足社会调查的需要。所以，社会统计学派的研究逐步由实质性科学向方法论转变，但是仍然首要强调现象的实质。在20世纪，人类社会经历了两次世界大战，国际政治风云几番突变，这些都对社会统计学造成了一定的影响。

三、现代统计学时期

现代统计学时期主要是指20世纪初到现在，这段时期称为统计学的形成时期。现代统计学沿袭了国势学派统计学的名称，内容上除了对国家重要事项的调查外又扩大了研究的范围，同时又吸取了政治算术学派、概率论对客观现象进行数字计量、大量观察和研究分析的方法，在三者基础上逐渐融合而形成。现代统计学的发展具有以下几个特征。

1. 推断统计的发展

进入20世纪以后，随着科学技术尤其是计算机技术和新兴学科的发展，统计学的研究和应用范围越来越广，在随机抽样的基础上建立了推断统计学的理论和方法，即通过随机样本来推断总体数量特征。推断统计起源于英国数学家戈赛特（W.S.Cosset，1876—1937）的小样本 t 分布理论，经过英国统计学家费雪（R.A.Fisher，1890—1962）的充实，费雪提出了重要的随机性原则，然后由美国统计学家内曼（J. Neyman，1894—1981）等人进一步发展，并建立了统计假设理论。从 20 世纪中叶开始，推断统计学逐步成为主流的统计学。

扩展阅读 1-3　戈赛特与小样本 t 分布理论

2. 统计学研究领域更加广泛，在现代管理中地位日益重要

在 20 世纪之前，统计学主要应用于生物统计、社会统计、经济统计这几个领域。随着社会和科学技术的发展，统计学目前已经应用到社会生活的各个领域中，成为通用的方法论科学。它被广泛用于研究社会和自然界的各个方面，并发展成为有着许多分支学科的科学。统计也不仅仅局限于对过去现象的总结，开始向统计预测和统计决策发展。在现代管理中，统计面向社会、面向人民的服务领域和内容不断拓展，提供的信息范围也在不断地延伸，在国家管理、企业预测、家庭投资决策中发挥着越来越不可替代的作用。

3. 信息论、控制论、系统论与统计学的相互渗透和结合

统计学与信息论、控制论、系统论不断结合，相互借鉴方法、思想，这改变了世界的科学图景和科学家的思维方式，也使统计科学和统计工作从中吸取了营养、拓宽了视野、丰富了内容，使统计科学不断发展、不断完善。

4. 计算机技术在统计中的应用

计算机技术的发展，为统计数据的收集、处理以及储存的过程提供了很多便利，为统计学发展的理论基础提供了有力的支持，这极大地加速了统计学的发展和统计学在现代生活中的应用。在数据形式多样、容量巨大的当今社会，统计学也要求将计算机技术应用到统计研究中，所以计算机技术的应用使得统计学和统计工作发生了革命性的变化。

第三节　统计学分科及与其他学科的关系

一、统计学的分科

随着实践的不断发展、对科学研究的不断深入，科学的学科体系也不断趋于完善。由于人们分析的角度和研究的重点有所区别，必然会出现各个相互联系而又有区别的分支子科学。统计学也不例外，大致有以下两种分类方法。

1. 描述统计学和推断统计学

统计学可分为描述统计学和推断统计学，主要是反映统计学发展的两个历史阶段，同时在研究方法上各有不同的侧重点。

描述统计学是研究如何对客观现象数量特征进行数字的计量、概括和表示的方法。在客观现象中，有些现象的数字描述是比较简单的，如参加会议人数、火车站数量等；而在某些领域如社会经济方面就比较复杂，如要分析可持续发展的程度或对不同国家国际竞争力进行比较，就要涉及多个方面。因此需要确定一些反映现象数量特征的范畴，即统计指标。研究某一个问题,要选择恰当的统计指标,对问题进行全面的反映、刻画和系统的认识。有的问题只需要一个统计指标就可以了,然而对复杂的问题,一个指标往往只能说明某一方面的问题,用一个指标来全面评价复杂的问题是不现实的。对于社会经济现象的发展状况,由于是较复杂的,仅用一个统计指标来反映显然是片面的和行不通的。为了比较全面系统地认识社会经济现象,就需要用多个相互联系的指标来反映所研究问题的各个侧面,这些相互联系的统计指标就构成了统计指标体系。通过统计指标体系来对现象进行刻画,有利于我们全面地把握问题的本质。有了统计指标体系后,就可以根据不同的研究对象和研究目的,确定相应的收集数据的方法。在一些自然科学中人们通常是根据实验观察来获得数据,而在社会科学中往往通过实地调查和访问来取得。收集来的原始数据,不经整理,是杂乱无章的,难以直接看出什么问题。对数据整理、加工后,要按各种分组方法整理,并综合成一些统计图、统计表醒目简便地表达出来,并对事物数量的集中趋势和离散程度进行分析。以上所述的内容就是描述统计学的主要内容。描述统计学就是以便利化和信息化的方式对数据进行整理、汇总、显示,表达形式包括图示法,或者通过数值法、平均值法等。

在20世纪之前统计学基本上处于描述阶段,进入20世纪后,随着概率论的发展,推断统计学不断发展进步并成为统计学研究的主流。推断统计学又称为归纳统计学,它是研究如何根据部分总体单位数据去推断总体的情况,是在概率论的基础上发展起来的。由于客观事物范围广泛、数量很多,在对客观现象收集数据时,对所有单位去做调查是不可行的或不现实的。例如,要研究我国某品牌电器产品的市场占有率情况,由于我国地域宽广,如果用全面调查的方法,显然不现实。由于电器产品的顾客群是较难识别的,抽样总体是无法确定的。因而通常采取抽取部分顾客进行研究,从而对总体情况作出推断。当然,由于只调查了部分顾客,包含的信息不全面,而且抽样时是随机的,必然会出现抽样误差,使推断结论产生了一定的不确定性。但是推断统计学根据概率论的原理可以使归纳推断所产生的不确定性得到度量,因而抽样调查也成为推断统计研究的重要内容。推断统计学是利用样本数据信息对总体特征作出推断的一系列方法。由上所述,描述统计学是统计学的基础,而推断统计学则是近代统计学的核心。

2. 理论统计学和应用统计学

理论统计学是指扎根于概率论的统计学的数学原理。把研究对象一般化、抽象化,以概率论为基础,从理论的角度,对统计方法加以推导论证,其中心内容是以归纳方法研究随机变量的一般规律。从广义来说,统计学理论是包括概率论的,另外还包括随机化原则的理论、各种估计的原理、假设检验的原理以及一般决策的原理等一些并不属于传统概率论的内容,这些原理可以看成概率论公理的拓宽。通常在统计活动实践中遇到一些新问题,用原有的统计方法无法解决时,就需要统计工作者针对新出现的问题去建立一个与实际情况相适应的统计模型,构造新的统计方法去研究分析,这些活动就要靠统计理论来指导,才能取得一定成果。

应用统计学是从所研究的领域或者特殊问题出发,是采用恰当的指标体系和统计方法研究对象的性质,以解决所需研究的问题。统计学是应用性很强的一门学科,统计学的基本原理方法应用于不同专业领域就形成各种各样的专业统计学。应用统计学形成了一整套统计分析方法体系,具体内容包括适用于各个领域的如参数估计(parameter estimation)、假设检验(hypothesis testing)、方差分析、相关与回归等一般性的统计方法,还包括专有分析方法,如经济统计学中的指数分析法等。近些年来,由于统计研究的范围越来越广,统计方法也日趋复杂化和专门化,在应用统计方法时需要对由于统计模型和实际情况的不一致而引起的各种误差的性质和大小作出判断,或提出改进的措施。由于统计工具的专门化,其通用性就受到限制。可以说,现在一个统计学家要熟悉所有的专门统计工具方法已不现实。为适应社会实践发展的需要,既熟悉统计知识又熟悉某一领域业务的应用统计人员就应运而生,同时也产生了相应的应用统计学。这类统计学的特点不侧重于统计学原理的推导,而是侧重于阐明统计的思想,并将理论统计学的结论作为工具广泛应用于各个具体领域。本书主要阐述应用统计学,特别侧重于工商管理方面的应用。

统计学经过几百年的发展,目前已经成为横跨社会科学和自然科学领域的多科性的科学。横向来看,各种统计学都具有统计的本质特点。从纵向来看,统计学方法应用于各种实质性科学,同它们相结合,产生了一系列专门领域的统计学,如表1-1所示。

表1-1 统计学在各领域的应用

学科	应用领域	应用统计学
统计学	经济	经济统计
	管理	管理统计
	社会	社会统计
	教育	教育统计
	物理	物理统计
	生物	生物统计
	医学	医学统计
	……	

二、统计学与其他学科的关系

1. 统计学与数学的关系

统计学是研究客观现象数量方面的学科,其理论基础是数学理论——概率论,因此,可以说统计学是应用数学的一个分支,与数学学科的关系十分密切,与其他的应用数学有一定的共性。因而统计学,尤其是理论统计学,需要有良好的数学基础。

但统计学与其他的数学分支又不一样,它有如下特点。

(1) 统计学处理的数据是受偶然性的影响而导致区别和差异的数据,它是研究随机现象的一门学科。这一点与其他数学分支存在一定区别。

(2) 在研究方法上,数学常常是用演绎的方法,即从一般到特殊,从一些假设命题、已知的事实出发,按一定的逻辑推理去推断相应的结论,主要是通过严格的定义、假设的命题以及条件进行论证。而统计学在本质上是用归纳的方法,即从特殊到一般,它是根据观察到的样本的特征,"归纳"起来去推断总体的特征,这一点与概率论的方法也有区别。因此目前国际上把统计学看成与数学相互独立的一门学科。

(3)统计学与数学在研究基础上也存在着差异。数学是抛开具体的对象,以最一般的形式研究数量的联系和空间形式。而统计学特别是应用统计学则总是与客观事物联系在一起,从客观事实出发,归纳得出其数量规律,得出研究结论。从客观现象出发,最终还要回归到客观对象中去。

2. 统计学与其他专门学科的关系

统计学的应用性很强,其一般的数据分析方法适用于其他学科中的偶然现象,因此它与很多专业学科都有关系。但是统计方法只是从事物的外在数量表现去推断该事物可能的规律性,它本身并不能说明为何会存在规律性。至于为什么会存在这种规律性,则是各专门学科领域内的任务。例如,我们用统计方法分析一些资料得出结论,吸烟与某些人体疾病有关,这是通过吸烟者的发病率和不吸烟者的发病率的对比得出的结论,但它只能揭示出这种关系,并不能解释吸烟何以会增加患病的概率,如何去解释这种关系则是医学专业学科的任务。所以统计方法只是一种工具,进行定量分析时必须和定性分析结合起来。

需要指出的是,将统计方法应用于社会经济领域更应注意定性和定量分析的结合,因为社会经济现象的影响因素比自然现象的影响因素更为错综复杂,且往往是不可控制的。统计分析方法虽然是一个强有力的工具,但必须慎重使用,不了解其背景而随意使用统计分析方法是十分危险的做法。例如近年来我国经济发展水平和刑事案件的数量都在提高,能否由此说明经济发展水平越高,刑事案件发生率越高呢?显然,这样的结论是荒谬的,刑事案件的增加是受多种因素影响的结果,因此有必要在应用统计方法时全面周密地考虑全部有关情况,同时把统计学知识和其他有关专业知识结合起来,定性和定量分析方法相结合,才能更好地发挥统计工具的作用。

因此,统计学现在与其他学科也有着密切的关系。在统计工作中要继续深入实际采集数据,研究时不仅要用到统计的方法,还要掌握该领域的知识,才能得到有意义的成果。统计学可以帮助人们认识有关的数量规律,检验其他专门学科理论,也提高了其他学科的精确程度。同时在对专门学科进行分析的过程中,也对统计学提出了一些挑战,这样也有助于统计学的不断发展。统计学只是利用现有的数据对数量规律进行分析,要分析背后的机理还需要专门领域的知识。

第四节 统计学的一些基本概念

统计学中有许多概念,最常见的、基本的概念有:总体与总体单位,样本,标志与统计指标,统计量,变量,这些概念在统计学习中经常用到,所以,需要准确理解这些基本概念。

一、总体和总体单位

总体是所关注研究对象的全体,即根据一定研究目的所包含全部研究个体的集合。凡是客观存在的,在某些相同性质基础上结合起来的许多个别事物的全体,都可以称为总体。例如,要研究我国铁路客运列车情况,全国所有的铁路客运列车就是总体,它是由许多铁路客运列车次数组成,而且每次列车都是铁路客运的基本单位,其承担的职能是相同的,具有同质性。

组成总体的个体,称为总体单位,在数理统计中称为样本点。例如上面提到的铁路客运列车,它们聚集在一起,就构成全国铁路客运列车这个总体,每次铁路客运列车即为总体单位。总体单位的总个数,称为总体单位数,常用字母 N 表示。根据总体中包含的单位数的范围可以将统计总体分为有限总体和无限总体两种。有限总体是指总体包含的单位数是有限的。无限总体是指总体范围不能明确确定的。数理统计中的总体,一般是无限的。

当我们进行抽样调查或研究时,统计总体就称为全集总体,简称总体。总体与总体单位,不是固定不变的,而是随着研究的目的与任务的不同,以及地位的不同变换位置。例如如果我们的研究任务变了,要研究我国铁路客运列车的发车准时性,则全国所有的铁路客运列车的发车时间成为统计总体,而每次铁路客运列车的发车时间就是总体单位。

综上所述,统计总体和总体单位的确定,取决于统计研究的目的和要求。而形成统计总体的必要条件,亦即统计总体必须具备的三个特性:大量性、同质性和变异性。统计总体一般是由许多总体单位组成的,这就是所谓总体的大量性。总体的同质性是其中的各个单位在某个方面或某几个方面具有共同的性质。此外,总体中各个单位除了具有某种或某些共同的性质以外,在其他方面则各不相同,具有质的差别和量的差别,这种差别称为变异或差异。正因为有变异才用到统计,没有变异也就用不到统计了。

二、样本

统计研究是为了能够确定总体的某些特征,但是当总体的数量单位较多,或者某些研究的总体本来就是无限总体时,对总体进行逐个研究就显得不必要或者不可能了,所以,采取一定方式,用从总体抽取的部分单位代表总体进行研究。从总体中抽取的部分单位组成的集合称为样本总体,简称样本。样本都是有限总体,其单位数(样本容量)常用字母 n 表示。从我国铁路客运列车中挑选出 100 条有代表性的车次,这 100 条车次就构成了样本,可以通过这 100 条列车车次的情况来推断全国的铁路客运列车情况。

三、标志与统计指标

表明总体单位特征的概念或名称,称为标志。例如,每条铁路客运线路的起点、终点、票价、运行速度等不同的特征,都是每次列车(总体单位)的标志。标志按其特征的性质的不同,可以分为品质标志与数量标志。品质标志是表明总体单位属性的特征,如每条铁路客运线路的起点、终点等都属于品质标志。而数量标志是表明总体单位数量的特征,每条铁路客运线路的票价、运行速度都属于数量标志。数量标志亦称为变量,其具体数值又叫标志值或变量值。

统计指标是说明统计总体特征的数量表现。它反映某现象总体的质的规定性与量的确定性。这种数量表现可以是表明总体单位属性特征的单位数加总,这种指标也称为质量指标,其也可以是总体单位的标志值加总,这种指标也称为数量指标。不管是数量指标还是质量指标,都是用数量表现的。统计指标,特别是总量指标,一般都包括五个部分,即指标的名称、时间、范围(空间)、指标数字以及相应的计量单位。例如,2018年我国铁路完成旅客发送量33.7亿人次,这在一定程度上就反映了我国铁路客运运输的基本情况。

统计指标与标志两者既有区别,又有密切的联系。它们的主要区别如下。

(1) 统计指标是说明总体特征的,而统计标志是说明总体单位特征的。

(2) 统计指标都是用数量表示的,而统计标志可以用数量表示(即数量标志),也可以不用数量表示(即品质标志)。

(3) 统计指标是许多个体现象的数量综合的结果,而统计标志未经过任何综合,只代表某一个具体现象。

统计指标与标志两者又有密切的联系。首先,统计指标是建立在统计标志的基础上的。其次,它们可以随着研究的任务与目的不同而互相变换关系。例如,如果我们的任务是研究我国铁路客运列车情况,则每次铁路客运列车的客运量、营业里程、准时性等是总体单位(即每次列车)的标志,客运量、营业里程这些标志值汇总起来的铁路客运列车的客运量、营业里程,就是统计指标。但是,由于研究的目的不同,所以统计指标和标志也都是相对的,如果研究某条铁路客运线路的情况,那么该条铁路线路就成了总体,该线路的客运量、营业里程、准时性就是统计指标。

从不同角度反映统计总体特征并且相互联系的统计指标构成的整体,在统计中称为统计指标体系。统计指标体系根据其反映的对象的不同,可分为基本统计指标体系和专业统计指标体系;根据其内容的不同,可分为社会、经济、科技的统计指标体系;根据其功能的不同,又可分为描述、评价、监测、决策的统计指标体系。上述各种统计指标体系是各自独立、自成系统的,但它们之间又是有联系、相互交叉的,各自从不同的方面反映有关的情况。

四、参数与统计量

标志是表示总体单位特征的概念或名称,统计指标是说明统计总体特征的数量表现。总体参数是描述总体特征的统计指标,通常是未知的。对于描述样本特征的数量表现,称为统计量。为了研究的方便,通过一定的抽样方法抽取样本,对于这个样本,它的统计量都是可以知道的。选取样本的目的就是运用样本统计量来估计总体参数。

对于总体、样本、总体单位、标志、统计指标及统计量的关系可以用图1-2来表示。

五、变量

在一个总体中,不管是品质标志或数量标志,当某标志在每个总体单位上的具体表现都相同时,称此标志为不变标志。当某标志在每个总体单位的具体表现不同时,称为可变标志。变量泛指一切可变标志,既包括可变的数量标志,也包括可变的品质标志。变量的

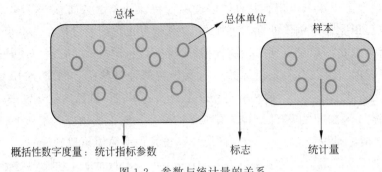

图 1-2　参数与统计量的关系

具体数值称为变量值,也称标志值。例如,每次铁路客运线路的票价是不同的,票价就是一个变量,票价有可能为 1 748 元、146 元、87 元。这些具体的数值,就是(数量)标志值,也叫变量值。

按照变量的性质,变量主要可以分为分类变量、顺序变量以及数量变量几种类型。用分类型数据表示的变量称为分类变量,我国铁路客运列车车次类型分为高铁、动车、直达、特快、快速等,这就是分类变量。顺序变量是用顺序类型数据表示的变量,高铁铁路客运列车座位等级就是一个顺序变量,其变量值可以为商务座、特等座、一等座、二等座。数量变量是用数量型数据表示的变量。数量变量按其值是否连续出现,可以分为离散变量与连续变量。离散变量的变量值只能取整数表示,如票价、客运量等。连续变量的变量值是连续的,相邻两个值之间可以取任意多个值。例如列车运行时速等,它们的计量可以取到小数点以后的任何位数,但为了便于统计资料的整理,一般的总量指标都取整数或取到小数点后面 2 位或 3 位,对于用百分数、千分数表示的相对数,一般最多取到小数点后面 1 位或 2 位。当然也有例外,如银行存贷款利率、不同币种的兑换率等常取到小数点后 4 位,甚至更多位。

变量按其性质的不同,可以分为确定性变量与随机性变量。所谓确定性变量,是指其变化方向及结果变量值是可以确定的。例如函数关系 $y=8x$ 中的变量 y,它与变量 x 的变化方向是一致的,而且其结果是变量 x 的 8 倍,即如果变量 x 取值 2,变量 y 就是确定值 16。所谓随机性变量,是指它的取值是不确定的。例如农作物的收获量与其施肥量的关系,一般地说,当施肥量增加时,其收获量也增加,但增加多少,是不确定的,这个收获量变量是随机性变量。但如果就变量 x 和变量 y 说,如果变量 x 限定在 1、2、3、4、5、6 这 6 个整数,如同一颗骰子的 6 个点,变量 y 是变量 x 的 8 倍数,变量 x 的取值由掷骰子决定,则变量 x 的取值是随机的,即为随机性变量,此时变量 y 的取值也是随机的。在概率统计中有:随机性变量的函数仍是随机性变量。随机性变量的取值带有偶然性,在统计学中是一个很重要的概念。

第五节 统 计 软 件

一、Excel 软件

Microsoft Excel 是微软公司的办公软件 Microsoft Office 的组件之一,是由 Microsoft 为 Windows 和 Apple Macintosh 操作系统的电脑而编写和运行的一款试算表软件。它可以进行各种数据的处理、统计分析和辅助决策操作。从 1982 年只用于 Mac 系统的 Excel 1.01 版本问世以来,微软公司不断在原来的基础上更新完善 Excel 功能,发展到目前已经到了 Excel 2019 版本,功能越来越丰富,使用也越来越方便,目前广泛地应用于管理、统计财经、金融等众多领域。

1. 数据整理功能

在 Excel 2010 版本中,每个工作表由 1 048 576 行、16 384 列组成。行号(如 1、2、3,范围:1~1 048 576)和列标(如 A、B、C,范围:A 至 XFD)分别用数字和字母表示。在 2007 版本之前的一个 Excel 工作簿(book)可显示 255 个工作表(sheet),每一工作表由 65 536 行×256 列的表格组成。每张工作表最多可容纳 65 536 个观察个体、256 个变量。

Excel 在数据整理方面,具有自动填充、数据编辑、数据查询、筛选、排序等功能,方便处理,并且其他软件如 SPSS、Eviews 等统计软件都可以读取 Excel 的文件数据。所以,统计软件所用到的数据可以通过 Excel 录入或者进行一些简单的处理,从而方便统计软件数据的整理及录入。

在数据处理方面,Excel 还拥有丰富的图形类型可供用户选择,它提供了十几种图表类型,包括柱形图、条形图、折线图、饼图、散点图等,用户可以根据自己的需求自行设置图表格式。通过图表,使用者不仅能够丰富数据的表达形式,同时图表表示也可以使得数据之间的关系、发展趋势等较为直观地表现出来,如图 1-3 所示。

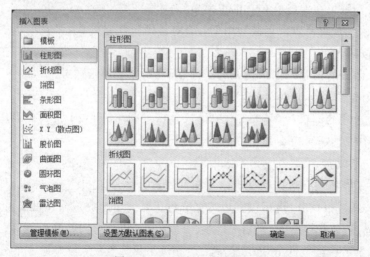

图 1-3　Excel 插入图表界面

2. 数据函数功能

函数作为 Excel 处理数据的一个最重要手段，功能是十分强大的，通过函数功能能够对数据进行自动处理和计算，在生活和工作实践中可以有多种应用，将各个领域中经常用的一些计算使用函数表示，可以方便地进行数据处理和分析，甚至可以用 Excel 来设计复杂的统计管理表格或者小型的数据库系统。

Excel 内置函数有近 400 个，包括数学与三角函数、统计函数、日期与时间函数、文本函数、逻辑函数、查找与引用函数、数据库函数、信息函数、工程函数、财务函数、用户定义函数 11 类，如图 1-4 所示。

通过函数和运算符，可以自行设置 Excel 公式，进行统计计算。在建立公式时，首先应该输入"＝"，表示编辑公式的开始，如图 1-5 所示。

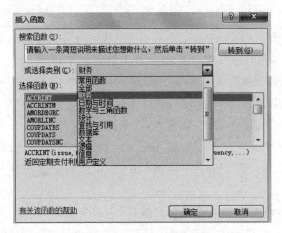

图 1-4　Excel 插入函数界面

图 1-5　Excel 编辑栏输入函数界面

一般可使用下列操作步骤建立公式。

（1）将光标定位在要建立公式的单元格。

（2）输入"＝"，或者如果直接利用 Excel 内置函数建立公式，可在编辑栏左侧单击插入函数"fx"按钮。

（3）输入公式的内容。如果输入的是内置函数，如求和函数 SUM，Excel 会自动弹出函数的格式文本框，提示使用者正确的函数输入格式。

（4）完成公式的编辑后，可按 Enter 键或单击编辑栏左侧的"√"按钮，表示确定；如果要取消编辑的公式，可单击编辑栏的"×"按钮。

3. 数据分析功能

Excel 除了能够进行数据的整理以及相关的运算之外，还具有一项强大的功能，即进行数据分析。通过数据分析，可以利用数据分析工具简单地完成常用的统计学分析，如数据的统计学描述、制作直方图、进行 t 检验、方差分析、相关与回归分析等等。

Excel 提供了一组数据分析工具，称为"分析工具库"。只需为每一个分析工具提供必要的数据和参数，该工具就会使用适宜的统计或数学函数，在输出表格中显示相应的结果。其中的一些工具在生成输出表格时还能同时产生图表。

按照 Excel 2010 版本,"数据分析"在"数据"菜单下,"数据分析"的界面如图 1-6 所示。

在之前的 Excel 版本中,"工具"菜单下一般没有"数据分析"这一选项,需要自行进行安装。

安装"数据分析"的步骤如下:

(1) 单击"工具→加载宏",弹出加载宏界面。

图 1-6 "数据分析"的界面

(2) 选取"分析工具库"等,根据屏幕提示进行安装。安装完"加载宏"后,打开"工具"菜单,即可发现"数据分析"选项。

此外,在数据分析中,数据透视图也是一种比较实用的工具,通过它可以较快地将数据呈现到表格或者图形中去。Excel 还可以进行辅助决策,如单变量求解、模拟运算器等,这些功能的设置都大大地方便了使用者,促进了有效的决策。

二、R 软件

R 是属于 GNU 系统的一个自由、免费、源代码开放的软件。R 是 S 语言的一种实现。S 语言是由 AT&T(美国电话电报公司)贝尔实验室开发的一种用来进行数据探索、统计分析、作图的解释型语言。最初 S 语言的实现版本主要是 S-PLUS。S-PLUS 是一个商业软件,它基于 S 语言,并由 MathSoft 公司的统计科学部进一步完善。后来 Auckland 大学的 Robert Gentleman 和 Ross Ihaka 及其他志愿人员开发了一个 R 系统。R 的使用与 S-PLUS 有很多类似之处,两个软件有一定的兼容性。S-PLUS 的使用手册,只要经过不多的修改就能成为 R 的使用手册。所以有人说:R 是 S-PLUS 的一个"克隆"。

R 是一套完整的数据处理、计算和制图软件系统。其功能包括:数据存储和处理系统;数组运算工具(其向量、矩阵运算方面功能尤其强大);完整连贯的统计分析工具;优秀的统计制图功能;简便而强大的编程语言:可操纵数据的输入和输出,可实现分支、循环,用户可自定义功能。

与其说 R 是一种统计软件,还不如说 R 是一种数学计算的环境,因为 R 并不是仅仅提供若干统计程序,使用者只需指定数据库和若干参数便可进行一个统计分析。R 的思想是:它不仅可以提供一些集成的统计工具,而且可以提供各种数学计算、统计计算的函数,从而使使用者能灵活机动地进行数据分析,甚至创造出符合需要的新的统计计算方法。

该语言的语法表面上类似 C,但在语义上是函数设计语言(functional programming language)的变种并且和 Lisp 以及 APL 有很强的兼容性。特别的是,它允许在"语言上计算"(computing on the language)。这使得它可以把表达式作为函数的输入参数,而这种做法对统计模拟和绘图非常有用。R 软件界面如图 1-7 所示。

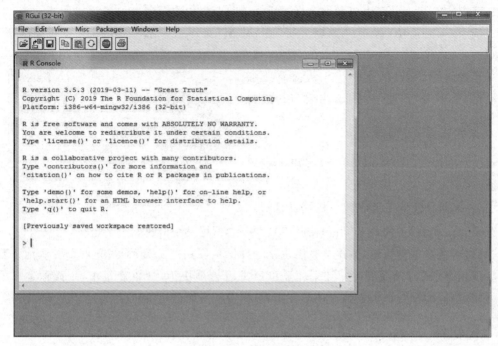

图 1-7　R 软件界面

R 是一个免费的自由软件，它有 Unix、Linux、MacOS 和 Windows 版本，都是可以免费下载和使用的。在 R 主页可以下载到 R 的安装程序、各种外挂程序和文档。在 R 的安装程序中只包含了 8 个基础模块，其他外在模块可以通过 CRAN（综合 R 档案网络）获得。

R 软件具有以下特点。

（1）免费性。R 是自由开源软件。这意味着它是完全免费，开放源代码的。可以在它的网站及其镜像中下载任何有关的安装程序、源代码、程序包及其源代码、文档资料。标准的安装文件自身就带有许多模块和内嵌统计函数，安装好后可以直接实现许多常用的统计功能。

（2）制图功能强。在可视化方面，R 的效果特别好，输出的图形可以直接保存为 JPG、BMP、PNG 等图片格式，还可以直接保存为 PDF 文件。

（3）统计分析能力突出。R 内嵌了许多统计分析函数，一些中间结果既可保存到专门的文件，也可直接用于进一步的分析。

（4）交互性强。除了图形输出是在另外的窗口处，它的输入输出都是在同一个窗口进行的，输入语法中如果出现错误会马上在窗口中得到提示，对以前输入过的命令有记忆功能，可以随时再现、编辑修改以满足用户的需要。

（5）更新性。所有 R 的函数和数据集是保存在程序包里面的。只有当一个包被载入时，它的内容才可以被访问。一些常用、基本的程序包已经被收入了标准安装文件中，随着新的统计分析方法的出现，标准安装文件中所包含的程序包也随着版本的更新而不断变化。在安装文件中,已经包含的程序包有:base——R 的基础模块、mle——极大似然估计模块、ts——时间序列分析模块、mva——多元统计分析模块、survival——生存分析模块等。

(6) 帮助功能良好。可通过 help 命令随时了解 R 所提供的各类函数的使用方法或例子,便于用户学习和使用。

思考与练习

1. 试述统计与统计学的含义。
2. 试述统计工作、统计资料与统计学之间的关系。
3. 试述总体、样本、总体单位三者的概念。
4. 试述标志、统计指标以及统计量的概念。
5. 为了调查 2018 年我国民营企业的基本情况,选取了目前在上海证券交易所和深圳证券交易所上市交易的 A 股 12 家公司的情况,所调查公司的基本情况如表 1-2 所示。数据来源于国泰安数据库。

习题 5 数据

(1) 该次研究的总体、样本以及总体单位分别是什么?
(2) 该次研究包含了哪几个变量?

即 测 即 练

表 1-2 所选取的 12 家民营公司基本情况

公司中文全称	员工人数/人	流动资产/百万元	流动负债/百万元	总资产/百万元	股东权益(不含少数股东权益)/百万元	营业收入/百万元	净利润/百万元	净资产收益率/元	每股收益/元
信雅达系统工程股份有限公司	6 891	11 881.65	4 540.64	16 120.77	11 383.33	12 228.50	−45.99	0.00	−0.01
浙江康恩贝制药股份有限公司	9 334	47 541.74	35 419.78	107 134.05	57 925.87	67 866.45	8 083.39	0.14	0.30
安徽皖江物流(集团)股份有限公司	8 048	34 764.20	36 086.27	167 772.83	101 393.36	110 879.46	5 698.25	0.06	0.15
浙江祥源文化股份有限公司	200	9 703.67	1 710.94	20 627.44	18 687.24	7 205.86	127.29	0.01	0.02
铜陵精达特种电磁线股份有限公司	3 114	37 933.77	18 792.79	56 240.21	36 879.56	118 977.96	5 149.89	0.14	0.26
卧龙电气集团股份有限公司	14 887	96 080.60	91 073.63	184 546.54	64 686.29	110 760.33	6 880.22	0.11	0.53
江苏长电科技股份有限公司	23 600	109 053.81	184 048.77	344 274.01	122 951.64	238 564.87	−9 266.40	−0.08	−0.58
山东金晶科技股份有限公司	3 157	38 616.32	48 629.53	96 546.78	42 781.23	51 246.03	840.99	0.02	0.06
用友网络科技股份有限公司	16 079	83 401.06	73 481.28	152 208.97	76 519.63	77 034.95	8 101.87	0.11	0.42
广东榕泰实业股份有限公司	733	33 306.73	19 982.57	54 049.21	31 878.73	17 001.06	1 535.85	0.05	0.22
豪豪科技股份有限公司	3 267	91 887.40	67 761.18	131 459.33	43 829.06	61 273.85	2 741.64	0.06	0.32
贵州益佰制药股份有限公司	8 977	31 209.99	19 835.40	64 755.68	39 105.94	38 828.63	−6 844.87	−0.18	−0.86

第二章 统计数据的收集

第四次全国经济普查

根据《全国经济普查条例》的规定,国务院决定于2018年开展第四次全国经济普查。2017年是第四次全国经济普查的筹备阶段,主要是研究普查的总体方案和开展专项试点;2018年是普查的准备阶段,主要是组建各级普查机构,开展宣传动员,制订和部署普查方案,完成人员选调与培训等;2019年是普查登记、数据审核处理和普查结果发布阶段;2020年为普查资料出版和利用普查结果开展课题研究阶段。

第四次全国经济普查的对象是在我国境内从事第二产业和第三产业的全部法人单位、产业活动单位和个体经营户。普查的主要内容包括普查对象的基本情况、组织结构、人员工资、生产能力、财务状况、生产经营和服务活动、能源消费、研发活动、信息化建设和电子商务交易情况等。普查标准时点为2018年12月31日,普查时期资料为2018年年度资料。

2018年10月10日,国家发展改革委副主任兼国家统计局局长、国务院第四次全国经济普查领导小组副组长宁吉喆一行到辽宁督导第四次全国经济普查工作。宁吉喆指出,第四次全国经济普查是党的十九大胜利召开、中国特色社会主义进入新时代后的首次重大国情国力调查。当前,第四次全国经济普查已进入关键阶段和攻坚期。各级普查机构要认真学习贯彻党中央、国务院关于经济普查工作的重大决策部署,坚决贯彻落实新修订的《全国经济普查条例》,充分认识开展第四次全国经济普查的重大意义,把思想和行动统一到第四次全国经济普查电视电话会议精神上来,以时不我待、只争朝夕的劲头,以严谨细致、精益求精的精神,全力推动经济普查各项工作深入进行。

宁吉喆强调,要把数据质量第一理念贯穿于普查工作全过程,坚持依法普查、真实普查,深入贯彻落实中央《关于深化统计管理体制改革提高统计数据真实性的意见》《统计违纪违法责任人处分处理建议办法》《防范和惩治统计造假、弄虚作假督察工作规定》,强化普查全过程质量控制,进一步加大对普查违纪违法行为的查处力度,坚决遏制虚报夸报和瞒报拒报等问题,确保普查数据真实准确、可靠可信。[①]

人们购买汽车是喜欢国内品牌还是国外品牌?城市公民出行更愿意选择公共交通还是私人交通?中国学生留学深造更喜欢去美国还是英国?大学毕业后是就业还是继续深造?这些都是我们感兴趣却没有明确答案的问题,为了回答这些问题,就必须收集相关的

---

① 资料来源:国家统计局网站,http://www.stats.gov.cn/tjgz/tjdt/201810/t20181011_1627174.html,有改动.

数据进行整理分析。这也就是说,当我们明确了要研究的问题之后,需考虑如何收集研究问题相关的数据,其中包括:从哪里获得数据,向谁进行调查,采用哪种组织形式实施调查,用哪种方法获得数据等。通过调查获得的数据是准确的吗?如果不准确,误差是怎么产生的?应该怎么去控制误差才能获得较高质量的数据?这些都是应该解决的问题。

统计离不开数据,收集数据是取得统计数据的过程,它是进行统计分析的基础。而数据准确是统计工作的灵魂,数据质量是经济普查的生命线,它在很大程度上直接影响着统计工作任务完成的好坏,决定着整个统计工作质量的优劣。

第一节 统计数据的类型与来源

一、统计数据的测量尺度

统计数据是对客观现象进行测量的结果,是统计总体单位标志或统计指标的具体数量表现,也是构成统计资料的基本要素。在收集统计数据之前,我们总要先对客观现象进行测量,这就必须依据某种能够客观反映所测量客体特征和属性的法则才能进行。客体的测量所依据的基本法则就是测量尺度。由于测量客体的复杂性和多样性,测量尺度也有多种类型。最常用的测量尺度是由美国社会学家、统计学家史蒂文斯(S.S.Stevens)于1968年提出的,他根据计量学的一般分类方法,按照对事物计量的精确程度,将所采用的测量尺度由低级到高级、由粗略到精确分为四个层次,即定类尺度(nominal scale)、定序尺度(ordinal scale)、定距尺度(interval scale)和定比尺度(ratio scale)。

(一)定类尺度

定类尺度,也称分类尺度、类别尺度或列名尺度,是最粗略、测量层次最低的测量尺度,按照客观现象的某种属性即品质标志对其进行平行的分类或分组。定类尺度的数据表现为"类别",并不反映各类的优势、量的大小或顺序。例如,按照性别将人口分为男、女两类;按照民族将人口分为汉族、回族、满族等;按照婚姻状况可把人口分为未婚、已婚、离婚、丧偶四类;按照经济性质将企业分为国有企业、集体企业和私营企业等。这里的"性别""民族""婚姻状况""经济性质"就是定类尺度。为了便于统计处理,定类尺度测量的结果一般可用数字或编码表示,如用"1"表示男性,"0"表示女性;用"1"表示汉族,"2"表示回族,"3"表示满族等。这些数字只是不同类别的代码,不区分大小也不能进行任何运算。

通常,我们对研究对象进行定类测量时必须遵循如下原则:第一,由于定类测量实际上是分类系统,所以它必须有两个以上的变量值。第二,这些变量必须相互排斥,也就是说,同一个变量值只能代表性质或特性相同的事物,只能符合一种类型,如对性别进行分类时,被测定者非男即女,不可能同属两类。第三,测定的对象都有一个合适的类型,不能没有归属。定类尺度是对事物最基本的测度,也是其他测量尺度的基础,因此,适用于定类测量层次的统计方法有比例、百分比、X检验和列联相关系数等。

(二)定序尺度

定序尺度也称顺序尺度或序数尺度,是测量事物之间等级差别或顺序差别的一种测量尺度。利用定序尺度可以把测量对象的特征和属性按高低、强弱、大小、多少的程度排列成序。例如,"产品等级"就是一种测度产品质量好坏的定序尺度,将产品分为一等品、二等品、三等品、次品等;"年度考核结果"也是一种定序尺度,将成绩分为优、良、中、差等。定序尺度包括了定类尺度的特性,但是,定序测量与定类测量也有明显的不同。定序测量不仅能区分类别,而且能指明类别的大小、强弱程度,而这在定类测量中无法实现。因此,在测量的精确度上,定序尺度比定类尺度要高一个层次。然而,由于定序测量尺度无法进行代数运算,因此,适合定序测量的统计方法主要有中位数、四分位差、等级相关和非参数检验等。

(三)定距尺度

定距尺度是对现象类别或次序之间间距的测度,又称为间隔尺度,是一种数量标志。定距尺度不仅可以区分事物类别的不同和顺序大小的差异,还可以较准确地反映测量类别之间在数量方面的差异。它所使用的测量单位一般为实物单位(自然单位或物理单位)或者价值单位。例如学生考试成绩用"分"测量;温度用摄氏度或华氏度测量;长度用"米"(m)测量;收入用人民币"元"测量等。定距尺度的测量结果表现为数值,但是因为在等级序列中没有固定的有确定意义的"零"位,所以只能进行加减运算,不能进行乘除运算。例如,学生A考试得88分,学生B得0分,可以说A比B多得88分,但不能说A的成绩是B的88倍或无穷大。适用于定距测量的统计方法有算术平均值、方差、复相关、参数检验、积差相关等。

(四)定比尺度

定比尺度也称比率或比例测量尺度,是一种能够测定事物间比例、倍数关系的测量尺度。这种测量尺度除了具有上述三种测量尺度的所有特征外,还能对测度值进行乘除法运算,因而是四种测量尺度中测量层次最高的一种尺度。定比尺度与定距尺度的区别就在于它有一个绝对固定的非任意的零点,即在数值序列中,零值是有实际意义的,表示"没有"或"不存在"。例如,一个人的收入为"0",表示这个人没有收入;一个人的身高为"0",表示这个人不存在。在现实生活中,定比尺度的运用相当广泛。

上述四种测量尺度对事物的测量层次由低级到高级、由粗略到精确,逐步递进。而且,每一个较高层次的测量尺度,都是以较低层次测量尺度为基础的,高层次的测量尺度具有低层次测量尺度的全部特征,但不能反过来,我们可以很容易地将高层次测量尺度的测量结果转化为低层次测量尺度的测量结果,如考试成绩的百分制转化为等级分制。了解统计数据的测量尺度,一方面有助于了解数据的测量特点,另一方面是可以根据不同的测量尺度,选择不同的统计方法,对客观现象做进一步的分析研究。表2-1对上述四种测量尺度进行了比较。

表2-1 四种统计数据测量尺度的比较

测量尺度	分类($=$,$\neq$)	排序($>$,$<$)	间距($+$,$-$)	比值($\times$,$\div$)	举 例
定类尺度	√				性别分类
定序尺度	√	√			产品等级
定距尺度	√	√	√		考试成绩
定比尺度	√	√	√	√	人均收入

注:"√"表示该尺度所具有的特性

需要指出的是,对于同一个变量,可以根据研究者的实际需要对其做不同层次的测量。如对生活水平可做贫穷和富有的定类测量,也可做贫困、温饱、小康、富裕的定序测量,还可做月生活费分别为 600 元、700 元、800 元、900 元的定距和定比测量。一般说来,测量的层次越高,获得的信息也越多,测量也越精确。因此,在统计数据调查研究中对事物的测量应"就高不就低",即尽量做较高层次的测量。当然,由于调查研究的实际可能和需要,像年龄、身高、体重、工资这些可做定比测量的变量,一般都作为定距变量处理,同样,定距变量可作为定序变量或定类变量处理,定序变量也可作为定类变量处理。

二、统计数据的类型

统计数据是对现象进行测量的结果,按照所采用的测量尺度不同,可以将统计数据分为分类数据(categorical data)、顺序数据(rank data)和数值型数据(metric data)。

(1) 分类数据是对事物进行分类的结果,数据表现为类别,用文字来表述。它是由定类尺度测量形成的。例如,反映人口特征的性别、民族等数据就是通过对人口按照不同的类别加以分类所获得的数据。为了便于统计,对于分类数据可以用数字符号来表示,如用"1"表示男性,"0"表示女性,等等。

(2) 顺序数据是由定序尺度测量形成的,是对事物进行分类的结果,且这些类别是有顺序的。例如,评定某人的文化程度可以分为小学、初中、高中、大学及以上,等等。同样,顺序数据可以用数字符号表示。

(3) 数值型数据是使用自然或度量衡单位对事物进行测量的结果,其结果表现为具体的数值。数值型数据可以细分为间隔数据和比率数据,分别由定距尺度和定比尺度测量形成。现实中大多数场合都使用数值型数据。表 2-2 是用不同类型的统计数据来描述统一研究对象的例子。

表 2-2 某班学生考试成绩统计表

姓　名	性别(分类数据)	课堂表现(顺序数据)	考试得分(数值型数据)
张三	男	优	92
李四	女	中	87
王五	女	良	82

分类数据和顺序数据是说明事物的品质特征表现的具体类别,通常用文字来表述,因此可以统称为定性数据或品质数据(qualitative data);数值型数据说明的是现象数量特征,通常用数值来表现,因此也称为定量数据或数量数据(quantitative data)。对于不同类型的数据,可采用不同的统计方法来处理和分析。例如,对定性数据一般只采用分组法计算,分析各组的频数或频率;而对定量数据则可用更多的统计方法去处理,计算、分析更多的统计指标或统计量。

除了上述的统计数据分类,还可以按照统计数据的收集方法将统计数据分为观测数据和实验数据,其中观测数据是通过调查或者观测收集到的数据,实验数据是在实验中控制实验对象而收集到的数据,如对一种新药疗效的实验数据;另外,按照被描述的现象与时间的关系将统计数据分为横截面数据和时间序列数据,其中,横截面数据是在同一时间点上各个不同主体的数据,如某年各省的粮食产量,时间序列数据就是同一主体在不同时间收集到的数据,如北京市从2000年到2013年每年的碳排放总量。在实际运用中,应该针对不同类型的统计数据采用不同的统计方法来统计处理和分析。

三、统计数据的来源

统计数据的收集是根据统计研究的目的和要求,运用科学的调查方法,收集各种统计资料和活动的过程。所有统计数据最初都是来源于调查或者实验。但是,基于使用者的角度而言,统计数据主要来源于两条渠道:一是来源于别人调查或实验的数据(一般称为二手资料),称此为数据的间接来源;二是通过自己的调查或实验活动,直接获得第一手数据(一般称为原始资料),这就是数据的直接来源。

(一)统计数据的间接来源

统计数据间接来源于现有的数据资料或者文献资料,一般来说,是对现存的与研究问题有关的信息重新加工、整理,使之成为我们进行统计分析可以使用的数据。其中,各种出版物资料是统计数据的重要间接来源渠道之一。根据我国统计法规定,国家有关统计部门机构要定期公布国民经济及社会发展的各种统计资料,供国民经济各管理部门和全社会使用。这些由国家统计局和各部委提供的公开的及未公开的出版物资料就是二手资料,它构成了各级政府、企业管理部门管理决策的重要资料来源,其中重要的统计出版物如表2-3所示。

表2-3 重要的统计出版物

出版物	出版单位	出版周期
《世界发展报告》	世界银行	一年
《BP世界能源统计年鉴》	英国石油公司(BP)	一年
《世界经济形势分析与预测》	中国社会科学出版社	一年
《世界经济年鉴》	中国社会科学出版社	一年
《中国统计年鉴》	中国统计出版社	一年
《中国统计》	中国统计杂志社	一月
《中国物价统计年鉴》	中国统计出版社	一年
《中国房地产统计年鉴》	中国统计出版社	一年
《中国社会统计年鉴》	中国统计出版社	一年
《中国交通统计年鉴》	人民交通出版社	一年
《中国能源统计年鉴》	中国统计出版社	一年
《中国城市统计年鉴》	中国统计出版社	一年
《海关统计》	中国海关出版社	一年
《北京统计年鉴》	中国统计出版社	一年
《河北省统计年鉴》	中国统计出版社	一年

表2-3中所列的统计出版物中,资料信息还是十分丰富的,内容涵盖了多方面的情况,有的提供各国国民经济数据资料(如《世界发展报告》《世界经济年鉴》等),有的提供我国国民经济宏观的数据资料(如《中国统计年鉴》《中国统计》等),有的提供我国国民经济管理某一方面的数据资料(如《中国物价统计年鉴》《中国交通统计年鉴》《中国城市统计年

鉴》等),有的提供我国各个省市的数据资料(如《北京统计年鉴》《河北省统计年鉴》等)。与此同时,我国 2000 年进行的全国人口普查、1995 年进行的全国工业普查等专项调查也都出版了有关的资料专辑,服务于全社会。我们要善于充分地利用各种出版物所提供的第二手信息资料,在此基础上作出科学的决策。

此外,随着网络的普及,在网站上也有很多的统计数据可以利用,如国际金融管理协会(http://www.fma.org/index.htm)、国民经济研究局(http://www.nber.org)、世界银行数据库系列(http://databank.worldbank.org/ddp/home.do)、世界贸易组织数据库(http://stat.wto.org/Home/WSDBHome.aspx? Language = E)、美国交通部(http://www.dot.gov/)、我国国家统计局网站(http://www.stats.gov.cn)、国务院发展研究中心信息网(www.drcnet.com.cn)、中国知网(http://www.cnki.net/)、中国人民银行(http://www.pbc.gov.cn/)、中国铁路科技与经济信息网(http://www.rail-info.com/)等。

利用第二手数据对使用者来说成本低、易获得,但使用时应注意统计数据的含义、计算口径和计算方法,以避免误用或滥用。在具体引用二手资料前,应该对其进行评估,具体的评估内容包括以下四个方面:第一,资料来自哪里?这主要是为了考察数据收集者的实力和可信赖程度。例如,政府部门相比于某些专业机构而言,其公布的数据更真实可靠。第二,为什么会收集资料?为了某个集团的利益而收集的数据就是值得怀疑的。第三,数据是怎么获得的?数据的质量来源于数据的收集过程,不同的数据收集方法具有不同的说服力和解释力,所以要想客观评价数据的质量,就必须了解数据获得的方法。第四,数据是什么时候收集的?过时的数据不能准确地反映当前真实的情况,因此,在引用现有的资料的时候要特别注意数据收集的时间。同时,在使用二手数据时,一定要注明数据的来源,以尊重他人的劳动成果。

(二)统计数据的直接来源

虽然使用二手数据既经济又方便,但是对于一个特定的研究问题而言,如果没有现成的数据资料可以利用或者二手资料的针对性不够,我们就必须通过科学的调查或者实验的方法从客观实际中获得第一手资料,直接获取统计数据。通常,我们把通过调查方法获得的数据称为调查数据,把通过实验方法获得的数据称为实验数据。

1. 统计调查的组织形式

调查通常是针对社会现象而言的,是取得社会经济数据的重要手段,其中有统计部门进行的统计调查,也有其他部门或机构为特定目的进行的调查,如市场调查等。统计调查方式有多种,按统计调查对象涉及的范围不同,可分为全面调查和非全面调查。全面调查是对调查对象全体单位进行调查的方式,其目的主要是获得有关现象总量的数据,需要投入大量的人力、物力、财力及时间,调查内容侧重于最重要、最基本的指标。全面调查只限于对有限总体的调查,主要包括全面统计报表和普查。非全面调查是仅对调查对象中的一部分单位进行调查的方法,其成本相对较低,在组织形式上主要有抽样调查、重点调查、典型调查等。《中华人民共和国统计法》第十六条中规定:"搜集、整理统计资料,应当以周期性普查为基础,以经常性抽样调查为主体,综合运用全面调查、重点调查等方法,并充分利用行政记录等资料。"以下分别叙述各种统计调查的组织形式。

(1) 普查。普查是为了某种特定目的而专门组织的一次性的全面调查,从宏观管理角度上讲,普查是了解国情、国力的重要调查方法,如新中国成立后我国进行的多次全国人口普查、工农业普查等,这为了解我们的人口情况、工农业发展基本情况奠定了基础,也是了解国民经济整体运行状况不可缺少的主要手段,如每5年开展一次的经济普查。普查一般具有三个特点,即一次性、全面性、大量性。

"我国通过普查进行的统计调查内容和时间周期已经规范化、制度化,具体包括:人口普查,每10年进行一次,逢'0'的年份进行,如2010年进行了中国第六次人口普查。经济普查每5年进行一次,标准时点为普查年份的12月31日。我国2004年开展了第一次经济普查,以后逢3和逢8年份为经济普查年。"

(2) 统计报表。统计报表是指基层单位(或下级单位)按照国家或上级部门统一规定的表式、统一的指标、统一的报送程序和报送时间,自下而上逐级提供统计资料的一种调查方式。通过统计报表,可以全面系统地收集社会经济活动的基本统计资料,其资料是反映国情国力的主要资料来源,是制定政策、编制规划和决策的基本依据。

按调查范围不同,统计报表可分为全面的统计报表和非全面的统计报表。全面的统计报表要求调查对象的所有单位都填报,非全面的统计报表只要求调查对象的一部分单位填报。

按报表的内容和实施范围不同,统计报表可分为基本统计报表和专业统计报表。基本统计报表是由国家统计系统机构制发的,它提供各行业最基本的统计资料。专业统计报表是由各业务部门制发的业务技术报表。

按报表内容和服务的范围不同,统计报表可分为国家的、部门的和地方的三种。部门的和地方的统计报表主要为国民经济各部门和各地方管理服务,按各部门和各地方要求填报。

按报送周期长短不同,统计报表可分为日报、旬报、月报、季报和年报等。报送的周期越短,人力、财力、物力就花费得越多,其报送指标就少一些,只限于填报最主要的指标;反之,则报送指标就多一些、细一些。在报送周期安排上,凡是年报、季报能满足管理要求的,就不要用日报、旬报。

由于统计报表的调查项目、指标体系、表格形式、报送时间等都是统一规定的,内容相对稳定,便于资料的积累和对比,保证了统计资料的统一性、连续性、全面性和及时性,但是统计报表也有一定的局限性,主要表现为花费较大的人力、物力和财力,且由于统计中间环节多,取得资料的时效性差,易发生偏差。

统计报表制度是由对统计报表内容的一系列规定而形成的一项必须遵守的制度,也是我国重要的国家管理制度。按照法律规定,执行统计报表制度是各地区、各部门、各单位必须向国家履行的一种义务,统计报表制度主要包括以下内容:报表的内容和指标体系的确定、报表表式的设计、报表的填报单位、报送程序和报送日期、填报说明、统计目录等。

(3) 抽样调查。抽样调查是按照随机原则,从调查对象中抽取一小部分单位作为样本进行调查,并根据这一部分单位的调查结果,推断总体数量特征的一种统计调查方式。抽样调查方法在产品质量控制和检验、市场研究、民意调查等多方面均有广泛的应用。例如,零件加工厂检验零件的质量时,只要在大量连续生产的零件中随机抽取一定数量的零件进行质量检验,计算已检验产品的合格率,就可以根据计算结果推算出该批次全部产品的合格率。抽样调查具有经济性、时效性、准确性、灵活性等优点,但是用样本指标推断总体,不可避免地会产生误差,影响抽样误差大小的因素主要有三方面:第一是总体内部的差异程度,在其他条件固定时,总体内部差异越大,抽样误差越大;第二是样本容量的大小,在其他条件固定时,样本容量越大,抽样误差越小;第三是抽样的方式方法,不同的抽样方法产生的误差也有差异。抽样调查是非全面调查中最完善、最有科学依据的调查方式。

进行抽样调查时,必须事先根据研究对象的特点和具体要求,对抽样样本的程序和具体方法进行周密的设计,选择最合适的方式。基本的抽样方式有以下五种:简单随机抽样(simple random sampling)、分层抽样(stratified sampling)、系统抽样(systematic sampling)、整群抽样(cluster sampling)、多阶段抽样(multi-stage sampling)。

① 简单随机抽样是抽样调查中最基本的组织方式,是对总体单位不做任何分类或排序,完全按随机原则逐个地抽取样本单位,即每个单位都以相同的概率被选为样本。实现简单随机抽样的方法有抽签法、随机数表法等。这种方法的突出特点是简单、直观,但也有一些局限性,如当总体样本规模较大时,不易构造抽样框。因此,这种抽样方式适用于总体规模不大且总体分布离散程度较小的情况。

② 分层抽样是将抽样单位按照某种特征或某种规则划分为不同的层,然后从不同的层中独立、随机地抽取样本。分层抽样的误差较简单随机抽样误差要小,抽样判断的效果好,这种方法更适宜于总体情况比较复杂,各类型或层次之间的差异较大,而总体单位数又较多的情况。

③ 系统抽样又称等距抽样,是将总体中的所有单位按照一定顺序排列,在规定的范围内随机地抽取一个单位作为初始单位,然后按照事先规定好的规则确定其他样本单位的抽样方式。例如,总体共有 N 个单位,从中抽取样本为 n 个单位,将总体单位数 N 除以样本单位数 n,即 $N/n=R$ 就是系统抽样的间隔距离,然后在第一组中随机抽出一个单位,再每隔 R 个单位抽一个直到抽满 n 个单位为止。系统抽样操作简便、容易实施,但是对估计量方差的估计比较困难。

④ 整群抽样是将总体按一定的标志或者自然状态分为若干群,然后从总体中成群地抽取样本单位,将抽中的若干群组成样本,并对群内的单位进行全面调查。如对城市居民收入、消费情况调查,每个社区就可以为一个群,抽中的社区对每户居民进行全面调查。整群抽样节省人力、物力,登记调查方便,但是当群间差异较大时,抽样误差会加大,所以在实践中,要尽可能多地抽取群,而且这些群是均匀分布于总体的,以减少抽样误差。

⑤ 多阶段抽样是将整个抽样过程分为几个阶段,将几种抽样方式结合起来分步实施。例如,要从全省范围内抽取 1 000 户家庭进行城镇居民收入情况调查。由于全省城镇居民人数较多且很分散,所以可以分阶段实施。第一阶段是在全省所有县中随机抽取若干个县,第二阶段是在抽中的县中随机抽取若干个区或镇,第三阶段是在抽中的区或镇中随机抽取若干个社区或居委会,第四阶段在抽中的社区或居委会中用整群抽样方式随机抽取居民,并使得居民总数达到预定的样本数。多阶段抽样保证了样本相对集中,从而

节约了调查费用。在较大规模的抽样调查中,多阶段抽样比较常用。

(4) 重点调查。重点调查是专门组织的非全面调查,指在调查总体中选择一部分重点单位进行调查,借以了解总体的基本情况。其中的重点单位是指在调查总体中具有举足轻重的地位,虽然数目少,但是却能够代表总体情况、特征和主要发展变化趋势的单位。重点调查的关键是选择重点单位,此时一般要注意确定适当的重点单位数量并且能够进行客观的选择。例如,对宝钢、京钢、包钢、鞍钢等几家重点钢铁企业进行调查就可以了解我国钢铁生产的基本情况。重点调查的优点是省时省力、经济成本低且能够保证调查的时效性,但是只适用于了解总体样本的基本情况,而不是详细情况。通常情况下,重点调查可以与统计报表制度相结合,采用统计报表取得所需要的资料。

(5) 典型调查。典型调查是根据调查的目的和任务,在对所研究对象总体进行初步分析的基础上,有意识地从中选取若干具有代表性的单位作为典型单位,进行深入调查研究,借以认识事物的本质特征、因果关系和发展变化的趋势。所谓典型单位,就是指在同一总体中,能最充分、最突出地体现共同属性的单位。正确地选择典型单位是保证典型调查质量的关键,常用的选择典型单位的方法有三种:第一种方法是通过对个别代表性单位的调查估计总体的一些情况,主要适用于总体内各单位差异小的情况。第二种方法可称为"划类选典",当总体内差异明显,但可以划为若干个类型组,使各类型组内部差异较小,然后分别从各类型组中抽选一两个具有代表性的单位进行调查。第三种方法主要是从社会组织管理和指导工作的需要出发,可以分别从先进单位、落后单位中选择典型,以便总结经验教训,带动中间状态的单位。典型调查从典型单位入手,逐步认识事物的一般性和普遍性,而且便于及时发现、认识新问题,探测事物发展的规律和趋势,但是典型调查也具有一定的局限性。例如典型单位的选择容易受到调查者的主观意志干扰;典型调查的结论的适用范围有待考究。

总之,任意一种统计调查组织形式都具有优点和缺点,各有不同的使用条件,只用单一的统计调查方式不能满足多种需求,因此在实际使用中,一般采用多种方法结合使用。例如经济普查时就是采取普查与抽样调查相结合的方法。

2. 调查数据的收集方法

通过上述的调查形式可以确定样本单位,然后再对这些单位实施调查,即从样本单位那里收集研究中所需要的数据,按照统计调查的目的、调查内容、调查样本特点采用不同的收集方法。常用的方法有询问调查法、直接观察法和报告法。

(1) 询问调查法。询问调查法是指调查者以询问为手段,从调查对象的回答中获得所需数据资料的一种方法。其具体包括访问式调查、自填式调查、电话式调查等。

① 访问式调查是调查人员以询问为手段,从调查对象的回答中获得信息资料的一种方法。访问式的主要优点是,调查者与被调查者进行面对面交流,可以提高调查的回答率及准确率,而且,能够对数据收集所花费的时间进行调节,灵活性较强,但是其调查成本高、耗时长、范围有限,且对调查者的基本素质要求比较高。

② 自填式调查是将设计好的调查表或者调查问卷,通过邮寄或者其他方式送至被调查者手中,在没有调查者协助的情况下,由被调查者自己填写,完成填写后在规定的日期内将调查表或调查问卷寄回或者投放在指定收集点的一种调查方式。这种方法对调查表

或调查问卷的要求比较高,要求其结构严谨,有清楚的填写说明。自填式调查法的调查面广、费用相对较低、调查结果客观,不受调查者态度及主观因素诱导的影响,填写时灵活自由;但是自填式方法的缺点也是明显的,如调查表的回收率比较低、回收时间长,而且,对于结构复杂的问卷也难以反映。

③ 电话式调查是指调查者通过打电话的方式向被调查者实施调查。电话式调查具有速度快、费用低、回答率高等优点,随着电话的普及,这种方法的应用越来越广泛,然而,由于电话式调查受限于安装电话的被调查者和调查范围,而且通话时间不宜过长,调查问题难度也不及访问式调查和自填式调查。

此外,询问调查法还包括集体访谈法,即将一组被调查者集中在调查现场,让其对调查主题发表意见,从而获取调查资料的一种方法。

(2) 直接观察法。直接观察法是指调查者通过直接观测获取信息资料的调查方法。例如在十字路口通过计数的方法估算车流量;交通部门通过安装电子摄像机自动拍摄在人行车道违章停车的车牌号等。由于调查者没有直接向被调查者提问,所以被调查者并未意识到自己已经接受调查,虽然调查结果真实客观,然而由于被调查者必须亲自到现场接受观测调查,所以该种方法的成本费用较高。在实际中,可以借助于记录仪器,如电子摄像机等,一方面能够保证收集的资料全面完整,另一方面能够有效地降低调查费用。

(3) 报告法。报告法是调查单位向被调查单位制发统一的调查方案,由被调查单位根据一定的原始记录,依据方案规定要求,按照行政隶属关系,逐级向有关部门提供统计资料的一种方法。我国的统计报表制度就属于这种方法,其主要内容是根据我国宏观经济管理和有关国际对比的需要,并按照国家统计法规的规定,自上而下地统一布置,然后自下而上地逐级提供基本统计资料。报告法是以连续登记的原始记录为基础,按照统一的报表表式、统一的指标体系、统一的报送时间和报送程序进行填报,可以同时进行大量的调查,但是需要花费大量的人力、物力和财力,因此主要适用于机关团体和企事业单位。

上述的方法都是调查数据的收集方法,在具体使用中,应该根据调查所需信息的性质、调查对象的特点、对数据质量和回答率的要求以及预算费用和投入时间要求等多方面因素综合而定。通常,各种方法是相互补充的,在一项调研活动中可以结合使用多种方法。

3. 实验数据的收集方法

实验数据是指在实验中控制实验对象而收集到的信息资料。例如,对于相同条件下生长的农作物,分别施加不同剂量的化肥以检验不同剂量的肥料对农作物生长的影响。收集这类数据的方法就是实验调查法,通过实验检验变量间的因果关系及其发展变化过程,可分为室内实验法和市场实验法。一个好的实验应该在内部和外部都具有有效性,内部有效性意味着实验测量的准确性,外部有效性决定着实验中的因果关系是否可以推广到实验环境以外的情况。实验调查法常用于市场调查中,主要适用于新政策、新产品、新价格、新包装等社会经济现象的实际效果调查研究。

第二节　调查方案设计

统计调查是收集数据的主要方法，也是一项复杂、严密、细致的工作。为了保证统计数据的质量，在统计调查实施前，设计一个切实可行、科学合理、周密详细的统计调查方案是很关键的。统计调查方案是指导整个调查过程的计划文件，是统计设计在统计调查阶段的具体化，一般需要明确"为什么调查，由谁主持调查以及向谁调查，什么时候开始调查，在什么地方进行调查，调查的内容是什么，怎么进行调查工作"等问题。一个完整的统计调查方案一般包括以下几方面的内容。

一、调查目的及任务

确定调查目的及任务是统计调查的首要问题。调查目的及任务就是指为什么要进行此次调查，调查需要收集什么资料，需要解决哪些问题。调查目的不同，调查对象、内容、方法等就不同，取得的统计资料也不同。因此调查目的要明确、具体，使参加调查的全部人员都必须清楚本次调查的意义和要求，这样才能缩短调查时间，节省人力、物力及财力，提高资料的质量和有效性。例如某产品调查的目的是测算某品牌产品在北京市场的占有率，进而为企业制定营销策略提供参考依据；第一次经济普查的目的是全面掌握我国第二产业和第三产业的发展规模、结构和效益等信息，建立健全覆盖国民经济各个行业的基本单位名录库及其数据库系统。

二、调查对象和调查单位

调查对象是根据调查目的确定的调查范围，也就是需要调查的总体，它一般是由具有共同属性的许多调查单位组成的。调查单位是指构成调查对象的每一个单位，是调查内容的具体承担者，即可提供统计数据的个体，是收集数据、分析数据的基本单位。明确调查对象和调查单位，可以解决向谁调查和从哪里取得有关标志表现的资料的问题。例如上述品牌产品的调查对象就是在北京市场销售的某品牌产品。又如人口普查的调查单位是每一个人。在全面调查中，每个总体单位都是调查单位；而在非全面调查中，调查单位是总体单位中的一部分单位。

调查单位和上报单位是有区别的。调查单位是调查项目的承担者，可以是人、企事业单位，当然也可以是物、现象。上报单位又可称为填报单位，是负责向上汇报调查内容、提交统计资料的单位。由于统计调查的目的有所不同，调查单位和上报单位有时候是一致的，有时也不一致。例如，人口普查时，调查单位是每一个人，但是填写单位是家庭（户）。

三、调查项目和调查表

确定调查项目和调查表，可以解决调查什么和采用什么方式进行调查的问题。调查项目即调查的内容，基本上是说明调查单位的特征，在统计上称为标志（即总体单位的特征或属性）。调查单位的标志有数量标志和品质标志两类。数量标志是反映调查单位的数量特征，如产品调查中的价格、销售量等。品质标志是反映调查单位的质量特征，不能直接用数字而只能用文字表示,如产品调查中的产品质量、售后服务状况等。在确定调查项目时,应注意三方面的问题:第一,调查项目的含义必须明确,不能含糊不清。第二,要遵循少而精的原则,根据研究目的确定必要的标志。设计调查项目时,既要考虑调查任务的需要,又要考虑是否能够取得答案,必要的内容不能遗漏,不必要的或不可能得到的资料不要列入调查项目中。第三,调查项目之间要尽可能相互关联,使取得的资料相互对照,以便了解现象发生变化的原因、条件和后果,便于检查答案的准确性。调查项目通常以表的形式来表示,称为调查表。调查表是调查方案的核心部分,它是登记调查单位资料(即数量标志与品质标志)按照一定顺序排列的统一表格,主要用于统计调查阶段。

调查表有单一表和一览表两种形式。单一表是指在一张调查表只登记一个调查单位的资料,即每个调查单位填写一份容纳较多调查项目的调查表,便于分类整理统计数据资料。一览表是把许多单位的项目放在一个表格中,适用于调查项目不多的情况。

不论是哪种形式的调查表,一般都包括表头、表体和表脚三部分。表头在调查表的最上方,包括调查表的名称、调查单位名称、填报单位名称等,一般是用于调查单位的核实,不进行统计分析。表体是调查表的主体部分和基本内容,由表格和调查项目等组成,也是用于统计分析的信息资料。表脚一般由调查人员或填表人员的签名和调查日期、填表说明等内容组成,以明确责任,解释调查项目的内容,说明相关的计算方法等。调查表形式如表 2-4 所示。

表 2-4 批发和零售业经营情况

表　　号:E104-1 表
制定机关:国家统计局
　　　　　国务院经济普查办公室
文　　号:国统字(2013)　号
有效期至:2014 年 12 月

组织机构代码:□□□□□□□□-□
单位详细名称:
2013 年

商品购进、销售和库存

指标名称	计量单位	代码	数量
甲	乙	丙	1
商品购进额	千元	01	
其中:进口	千元	02	
商品销售额	千元	03	
批发额	千元	04	
其中:出口	千元	05	
零售额	千元	06	
期末商品库存额	千元	07	

单位负责人:　　　统计负责人:　　　填表人:　　　联系电话:　　　分机号:
报出日期:　年　月　日

说明:
1. 统计范围:辖区内限额以上批发和零售业法人单位。
2. 报送日期及方式:调查单位网上填报,各级统计机构在规定的时间内完成数据审核、验收、上报,具体要求详见分行业报表。

四、调查的组织形式和收集数据的方法

在第一节中,我们提到调查的组织形式有全面调查和非全面调查两大类,数据的收集方法有询问调查法、直接观察法、报告法、实验调查法等。对于当前研究的问题应该采用何种组织形式和收集方法,完全取决于调查目的、调查对象的特征,以及人力、物力、财力的预算,而且,在一项调研活动中,使用一种调查形式,结合使用多种数据收集的方法也是很有效的。例如,城市人口对公共交通的满意度调查,可以采用非全面调查中的抽样调查,然后随机选出调查者首先采用自填式调查,对于未返回问卷的调查者,进一步采用电话式调查或者访问式调查,这样就能保证问卷的回答率较高,而且花费的成本相对于直接进行访问式调查要少。

五、调查时间和调查地点

调查时间是调查资料所属的时间,即所谓客观时间。如果调查项目属于时期现象,就必须规定调查起止时间;若是时点现象,则规定统一的标准时点,对调查项目所反映的时间和调查期限都要有明确的规定。如第三次经济普查于2014年1月1日正式启动,为期3个月,其中2014年1月1日是普查的标准时间,3个月是普查期限。调查地点是指调查对象所在的地点,即统计资料所属的空间范围。统计调查中,根据调查工作的具体要求,应该明确规定调查时间和调查地点,尽量缩短调查期限,以满足统计调查准确性、及时性的要求。

六、调查的组织实施计划

要使得统计调查工作顺利进行,必须做好各项组织工作,制订翔实的组织实施计划。其主要内容包括以下三个方面。首先,要求组建调查工作领导机构,即筹备和执行统计调查工作并对该项调查工作负责的组织,这是实施统计调查工作的组织保障。其次,要求组织有素质的调查人员,即调查工作的直接实施者。第三,需要做好统计调查前的准备工作,如调查问卷的设计、调查文件的准备、调查费用的预算、调查人员的培训、调查资料的上报、调查结果的公布等。

对于大规模的统计调查,所制订的调查方案往往还需要做试点调查,即选择合适的调查单位事先进行小范围的调查,进而检验调查方案的可行性。

如下为北京市石景山区第四次全国经济普查实施方案。

北京市石景山区第四次全国经济普查实施方案

根据《北京市人民政府关于开展第四次全国经济普查的通知》(京政发〔2018〕8号)和《北京市石景山区人民政府关于开展第四次全国经济普查的通知》(石政发〔2018〕6号)要求,依据《北京市第四次全国经济普查方案(征求意见稿)》,结合我区实际,制定《石景山区第四次全国经济普查实施方案》。

一、普查目的

全面调查本区第二产业和第三产业的发展规模、布局和效益,了解产业组织、产业结构、产业技术、产业形态的现状以及各生产要素的构成,摸清全部法人单位资产负债状况和新兴产业发展情况,进一步查实各类单位的基本情况和主要产品产量、服务活动,全面准确反映疏解非首都功能、供给侧结构性改革、新动能培育壮大、构建高精尖经济结构等方面的新进展。通过普查,完善覆盖我区国民经济各行业的基本单位名录库以及部门共建共享、持续维护更新的机制,进一步夯实统计基础,加快构建现代统计调查体系,为全面推进"两大生态建设"、全力打造"六个先行区"提供科学准确的统计信息支持,为谱写我区高端绿色崛起新篇章提供坚强统计保障。

二、普查对象、范围和时间

(一)普查对象和范围

普查对象为本区范围内从事第二产业和第三产业的全部法人单位、产业活动单位和个体经营户。法人单位、产业活动单位和个体经营户按照《统计单位划分及具体处理办法》(国统字〔2011〕96号)和普查方案规定的《普查单位划分及具体处理规定》进行界定。

根据《国民经济行业分类》(GB/T 4754—2017)和新修订的《三次产业划分规定(2012)》,第四次全国经济普查的普查范围具体包括:采矿业,制造业,电力、热力、燃气及水生产和供应业,建筑业,批发和零售业,交通运输、仓储和邮政业,住宿和餐饮业,信息传输、软件和信息技术服务业,金融业,房地产,租赁和商务服务业,科学研究和技术服务业,水利、环境和公共设施管理业,居民服务、修理和其他服务业,教育,卫生和社会工作,文化、体育和娱乐业,公共管理、社会保障和社会组织,以及农、林、牧、渔业中的农、林、牧、渔专业及辅助性活动。

为保证统计单位的不重不漏,第四次全国经济普查对包括农业、林业、畜牧业和渔业在内的全部法人单位和产业活动单位进行全面清查。

(二)普查时间

第四次全国经济普查的标准时点为2018年12月31日24时。

普查登记时,时点指标填写2018年12月31日数据,时期指标填写2018年1月1日—12月31日数据。

三、普查方法

第四次全国经济普查对法人单位和产业活动单位在全面清查的基础上进行普查登记,对个体经营户在全面清查的基础上进行抽样调查。

(一)清查方法

区内各级普查机构组织人员利用手持移动终端设备(以下简称PAD)对区域内全部法人单位、产业活动单位(军队系统单位除外)和从事第二、第三产业的个体经营户进行"地毯式"逐一清查,分类填报清查表。利用多种辅助调查手段提升单位查找率。

（二）普查登记方法

对从事第二、第三产业的法人单位、产业活动单位（金融、铁路等垂直管理部门和军队系统单位除外）和个体经营户在其主要经营活动所在地进行普查登记，对建筑业法人单位在其注册地进行普查登记。多法人联合体不得作为一个普查单位，应分别对每个法人单位进行登记。

北京一套表单位通过国家统计联网直报平台填报普查表，北京非一套表单位采用PAD填报普查表，个体经营户采用PAD填报普查表。

四、普查内容

第四次全国经济普查的主要内容包括单位基本情况、组织结构、人员工资、财务状况、能源情况、生产能力、生产经营和服务活动、固定资产投资、研发活动、信息化和电子商务交易情况等。普查表分为北京一套表单位普查表、北京非一套表单位普查表和个体经营户普查表三类。

五、普查基层表（由普查对象填报）另行下发

六、普查工作阶段及时间安排

根据北京市总体部署，石景山区经济普查工作分四个阶段进行。

（一）普查准备阶段（2018年12月31日以前）

这一阶段的主要工作是：组建各级普查机构，落实普查所需人、财、物等保障工作，制定普查实施方案及相关工作细则，普查区划分与绘图，"两员"选聘与培训，编制清查底册并开展清查，数据处理设备采购，组织宣传动员等工作。

1. 前期准备（2018年2—6月）

（1）印发《北京市石景山区人民政府关于开展第四次全国经济普查的通知》。

（2）组建石景山区第四次全国经济普查领导小组及办公室，并印发工作职责。

（3）做好四经普所需PAD的采购工作。

（4）落实普查经费。

（5）制订四经普宣传工作计划，筹备清查阶段宣传工作。

（6）完成各街道（鲁谷社区）、园区管委会的普查机构组建工作。

（7）制定本区普查实施方案及工作细则。

2. 普查区划分及绘图（2018年6—7月）

（1）组织各街道（鲁谷社区）开展普查区划分工作。

（2）开展普查区划分，整理、审核、修改普查区地图，检查普查区和普查小区相关信息，通过实地走访核实并修改普查区和普查小区边界，验收普查区地图。

3. 清查准备（2018年6—8月）

（1）收集工商、税务、质监、编办等部门基层数据、建立部门数据库。

（2）组织开展"两员"选聘。完成第三方服务机构的招投标工作。

（3）整理清查底册。

（4）组织宣传物资的招标采购。

（5）通过各种渠道开展宣传活动，为清查工作营造氛围。

4. 单位清查(2018年8—11月)

(1) 对普查人员进行入职培训。

(2) 对普查人员进行清查业务及PAD培训。

(3) 利用PAD进行"地毯式"清查。利用多种辅助调查手段提升单位查找率。

(4) 组织各专业科室审核本专业的清查数据,同时开展跨专业重名重码和关联审核。

(5) 对清查数据进行分析评估并开展数据质量抽查。

(6) 开展单位清查的查遗补漏。

(7) 完成清查数据的审核验收,编制普查单位名录。

(8) 撰写清查工作总结,附清查数据和部门行政登记资料之间的差异分析报告,按要求报上级普查机构。

5. 登记前准备(2018年9—12月)

(1) 制订普查登记工作方案。

(2) 组织普查登记阶段业务培训。

(3) 向普查对象发送国家经普办统一制定的四经普告知书(电子版、纸质版)。

(4) 启动普查宣传月,通过举办登记日活动等掀起宣传高潮。

(二) 普查登记阶段(2019年1—4月)

这一阶段的主要任务是:组织开展普查登记,并对普查数据进行审核、检查和验收工作。

1. 数据采集与上报(2019年1—3月)

北京一套表单位通过国家统计联网直报平台填报普查表,北京非一套表单位采用PAD填报普查表。个体经营户样本单位采用PAD填报调查表。各级普查机构要在基层数据上报期间及时对普查数据进行随报随审。

2. 登记查遗补漏(2019年4月)

对工商等部门提供的新增单位,统计调查发现的新增单位,入户调查结果与普查单位名录差异情况进行查遗补漏。

3. 普查数据检查、审核和验收(2019年1—4月)

(1) 数据审核。对普查数据进行分专业审核及跨专业审核,发现问题退回核实修改。对北京非一套表单位要重点加强对行业代码、财务指标的审核。

(2) 数据检查。组织开展本区数据质量抽查工作,随机抽取3~5个普查小区,对其中已经上报单位的普查数据质量进行检查。

(3) 数据验收。区内各级普查机构分层次制定普查验收标准和工作方案,负责验收下级普查机构上报的基层普查数据,对验收结果进行确认。对于验收不合格的地区,要进行全面复查,再次验收,直到符合规定的质量要求。

(三) 普查数据汇总与评估阶段(2019年4—9月)

这一阶段的主要任务是:组织开展普查登记数据的汇总、数据评估和事后质量抽查等。

1. 普查数据汇总(2019年5—9月)

(1) 快速汇总。根据普查基层表汇总分地区、分行业等分组的法人单位、产业活动单位和个体经营户基本情况数据。

(2) 全面汇总。在快速汇总的基础上,分别汇总分地区、分行业等分组的法人单位、产业活动单位主要经济指标数据。

(3) 推算汇总。根据个体经营户清查和抽样调查结果,推算汇总个体经营户主要经济指标数据及其分行业大类和本区数据。

2. 普查数据质量抽查(2019年4—6月)

做好迎接国家、北京市数据质量抽查的各项准备工作。

3. 数据质量评估(2019年5—9月)

通过对质量抽查结果的分析,评估普查基础数据质量。结合相关历史数据、部门行政记录,对主要指标和分行业、分地区数据进行比较分析,评估普查数据的真实性、一致性和准确性。

(四) 数据发布、资料开发和总结表彰阶段(2019年9月—2020年12月)

这一阶段的主要任务是:发布普查主要数据,开展分析研究、建立健全覆盖国民经济各个行业的基本单位名录库,建立普查数据库,开展普查总结表彰,编印普查资料,普查资料整理与归档等。

1. 数据发布(2019年9—11月)

按照有关规定,以公报的形式及时向社会发布普查主要成果,公布普查指标解释等信息。

2. 普查资料开发(2019年10月—2020年12月)

(1) 建立数据库。建立和完善经济普查相关数据库,全面更新覆盖国民经济各行业的基本单位名录库、基础信息数据库。

(2) 开展研究分析。对区委区政府和社会各界所关心的热点问题,进行专题分析研究;开展普查研究课题招标、定标和具体研究、评审工作。

(3) 编印普查资料。编辑出版经济普查年鉴等普查资料。

(4) 资料整理。整理经普过程文件,编辑出版文件汇编、报告选编和论文汇编等资料;开展优秀论文评选、统计分析和相关评审;对文件、资料进行整理归档等。

3. 普查总结、表彰(2019年7月—2020年2月)

(1) 对普查工作进行技术业务总结和工作总结,按要求上报上级普查机构。

(2) 按有关规定进行普查工作综合考评,开展普查表彰工作。

七、普查纪律和质量控制

(一) 普查纪律

(1) 各街道(鲁谷社区)、各部门、各单位负责人不得干涉普查机构和普查人员依法独立行使调查、报告、监督的职权,不得自行修改普查资料,不得强令或者授意普查机构、普查人员或者其他机构、人员篡改普查资料或者编造虚假普查数据。

（2）区内各级普查机构和普查人员要严格按照《中华人民共和国统计法》《中华人民共和国统计法实施条例》《全国经济普查条例》及相关规定组织开展工作，不得篡改普查资料、编造虚假数据。普查取得的单位和个人资料，严格限定用于普查目的，不作为任何单位对普查对象实施行政许可、行政处罚等具体行政行为的依据。对在普查中知悉的国家秘密和普查对象的商业秘密，必须履行保密义务，不得擅自发布普查数据，不得对外提供、泄露经济普查取得的能够识别或者推断单位和个人身份的资料，或者将其用于经济普查以外的目的。

（3）普查对象应当按照普查机构和普查人员的要求，及时提供与经济普查有关的资料，如实、按时填报普查表，不得虚报、瞒报、拒报和迟报普查数据。

（4）加大对普查工作中违法违纪行为的查处和通报曝光力度，坚决杜绝人为干扰普查工作的现象，确保普查工作顺利进行和普查数据真实可信。对违反统计法律法规和普查纪律的单位和个人，依法给予行政处分和纪律处分，并由北京市石景山区统计局或上级人民政府统计机构给予通报批评。企业事业组织和个体经营户等普查对象如存在拒绝或者妨碍经济普查机构和经济普查人员依法进行调查、提供虚假或者不完整的经济普查资料，未按时提供且经催报后仍未提供与经济普查有关的资料等行为的，由北京市石景山区统计局或上级人民政府统计机构依法给予行政处罚。

（二）普查质量控制

（1）区级普查机构应当根据《普查数据全过程质量控制办法》，结合本地实际，制定经济普查全过程质量控制办法和实施细则，进一步完善细化普查业务流程，明确各级、各部门、各专业的职责任务，规范各环节质量管理的具体标准，对经济普查实施全过程质量管理。

（2）区内各级普查机构要设立普查质量管理小组，统一管理、指导和评估各级、各部门、各专业和各阶段的质量控制工作，要建立经济普查数据质量控制岗位责任制，对经济普查实施中的每个环节实行质量控制和检查验收。

（3）区内各级普查机构应建立与普查数据用户、普查对象的相互交流沟通机制，收集、整理、分析普查各阶段工作中出现的问题，采取有效措施及时加以解决。对带有共性的质量问题，要及时向上级普查机构汇报，防止出现大范围的系统性误差。

（4）区内各级普查机构要认真做好普查员的培训工作，确保相关人员切实理解经济普查的各项专业技术要求，并能熟练操作PAD。及时将普查登记的时间、内容和相关要求告知普查对象，指导和督促普查对象建立和完善相关的统计台账，做好基础数据的准备工作，保证普查现场调查工作的顺利进行。

（5）区内各级普查机构负责宣传、贯彻《全国经济普查条例》，加强对本行政区域内普查对象的指导，督促普查对象依法履行义务，提高普查对象数据填报质量。北京市石景山区统计局或上级人民政府统计机构负责查处普查对象的违法行为。

（6）区级普查机构要设立举报电话，受理社会各界对经济普查违法行为的举报，同时联合有关部门查处普查工作人员在经济普查中发生的统计违法行为。

八、普查的组织实施

(一)全区统一领导

石景山区第四次全国经济普查领导小组负责普查组织和实施中重大问题的研究和决策。领导小组办公室设在北京市石景山区统计局、北京市石景山区经济社会调查队,具体负责普查的宣传动员、方案设计、培训部署、单位清查、普查登记、数据处理、资料开发、普查总结和日常组织协调等工作。

(二)部门分工协作

普查领导小组各成员单位要按照职责分工要求,切实履行工作责任,配合各级普查机构开展对本系统法人单位和产业活动单位的清查和普查登记工作,提供普查所需的行政登记资料和业务统计资料。编制、民政、税务、工商和质监等行政审批登记部门,要及时提供其审批登记的单位名录,协助开展单位核查、认定和数据评估工作。

(三)各级分层负责

各街道(鲁谷社区)、园区管委会设立相应的普查领导小组及其办公室,负责组织好本地区普查实施工作,解决普查中遇到的困难和问题。要充分发挥居(村)民委员会和社区基层组织的作用,成立普查专门机构负责动员和组织社会力量积极参与并认真做好经济普查工作。

(四)各方共同参与

各街道(鲁谷社区)、各部门要按照第四次全国经济普查的统一要求和各自职能,各负其责,统筹协调,优化方式,突出重点,创新手段,认真做好普查的宣传动员、条件保障和组织实施等工作。对于普查工作中遇到的困难和问题,要及时采取措施,切实予以解决,确保石景山区第四次全国经济普查各项工作的顺利开展。

资料来源:http://www.bjsjs.gov.cn/zwgk/zt/sjsjjpc2018/wjzd/20180820/12803639.shtml

第三节 调查问卷设计

在统计调查中,调查问卷的使用比较广泛。统计调查问卷是调查者根据调查目的和要求设计的,由一系列问题、调查项目、备选答案以及填写说明组成的,向被调查者收集信息资料的一种工具。调查问卷作为一种标准化和统一化的数据收集程序,对于保证访谈调查的效度与信度具有重要作用,而且作为调查信息的主要载体,问卷表现了调查设计、调查实施、数据处理乃至报告撰写各个环节之间的关键联系,其作用贯穿在整个调查过程中,且处于中心地位。

一、调查问卷的主要类型

在收集一手资料的市场调查中,大多数时候都要使用问卷来收集调查所需的资料。标准不同,研究目的不同,调查问卷的形式也不尽相同。常见的调查问卷的类型如下。

(一)根据调查方法的不同分类

根据调查方法的不同,问卷可分为人员访问式调查问卷、邮寄式调查问卷、电话访问式调查问卷和网上访问式调查问卷等。

人员访问式调查问卷要求调查者访问被调查者家庭或者工作单位，会见被调查者本人并按照事先设计好的调查提纲或者调查问卷对被调查者进行口头提问，然后把被调查者的口头回答写在调查问卷上。这种形式的问卷回收率较高，也便于全面、准确地开展调查工作。

邮寄式调查问卷是将事先设计好的问卷邮寄给被调查者，并要求被调查者按要求填写完成之后，在规定的日期回寄给调查者。这种形式的问卷匿名性较好，但需要大量调查者，且问卷的回收率低。

电话访问式调查问卷是利用电话对被调查者进行调查所使用的问卷类型。这种类型的问卷必须简单明了，设计的问题易理解，耗时少。

网上访问式调查问卷是在因特网上制作，并通过网络进行调查的问卷类型。问卷星（www.sojump.com）是现在比较常用的、专业的问卷调查的网站。用问卷星创建在线填写的网络问卷，然后通过 QQ、微博、邮件等方式将问卷链接发给好友填写，问卷星会自动对结果进行统计分析，企业或个人可以随时查看或下载问卷结果，具有低成本、高效快捷、易用的明显优势。网上访问式调查问卷覆盖范围广，调查不受时间、空间的限制，便于获取大量信息。

（二）根据问卷的填写方式分类

根据问卷的填写方式，调查问卷可分为自填式问卷和代填式问卷。

自填式问卷是通过邮寄或者分发的方式，将问卷交予被调查者手中，由被调查者亲自填写的问卷。这种问卷主要适合于邮寄调查、宣传媒介发放的问卷调查等方式。

代填式问卷是由调查者向被调查者提问，然后根据被调查者的回答来填写的问卷。这种问卷主要适合于访问调查、座谈会调查以及电话调查等方式。一般来说，这种问卷要求简明扼要，多采用选择题设计。

（三）根据回答问题的形式分类

根据回答问题的形式，问卷可分为开放式问卷、封闭式问卷和复合式问卷。

开放式问卷指不给被调查者任何限制，完全由被调查者自由回答的问卷。例如：

（1）您认为目前的公共交通存在什么问题？
（2）您知道影响碳排放的因素有哪些？
（3）您认为公交公司需要改善哪些方面？

开放式问卷比较灵活，能够使得被调查者自由地表达自己的意见和想法，特别适合于那些未知问题的研究。

封闭式问卷指将问题的内容和可选择的答案做了精心的设计，被调查者只能按照问卷所提供的答案进行选择，无法进行自由发挥。例如：

（1）您认为目前北京公共交通存在哪些问题？
  A. 不准时   B. 公交站太远   C. 换乘不方便
  D. 票价不合理 E. 车上太拥挤   F. 车速太慢

> （2）您知道什么是理财吗？
> A. 很了解　　　　　　　B. 有所了解，但尚未实际操作过
> C. 不太清楚　　　　　　D. 完全不清楚
> （3）您是否考虑过出国旅游？
> A. 是　　　　　　　　　B. 否

封闭式问卷便于被调查者回答，也便于调查者进行信息统计，但是由于答案是已经设计好的，所以有时候不利于被调查者自由回答。

复合式问卷就是在一份问卷中既有开放式问题，又有封闭式问题。

目前，调查问卷大多以封闭式问卷为主，但是一般会在问卷最后附加一个或者两个开放式问题，构成复合式问卷，以便收集更多信息。

（四）根据问卷结构分类

根据问卷结构，问卷可分为无结构型问卷和结构型问卷。

无结构型问卷是指对问卷中所提的问题没有在组织结构上加以严密的设计安排，只是围绕调查研究目的来提一些问题，因此，无结构型问卷从形式上来说一般都是开放式问卷，问卷中没有可供被调查者选择的选项，被调查者可以根据自己的意愿自由地回答。这种形式的问卷通常用于某种研究的试测阶段，或是某种专题研究的深入调查。

结构型问卷是根据研究目的和主题精心设计的有具体结构的问卷。例如在电视节目的听众调查中，整个问卷包含了被调查者的背景情况如职业、年龄、性别、文化程度等，视听目的如娱乐、增长知识、消磨时间等，视听兴趣如很喜欢、喜欢、不喜欢等一系列问题。其形式可以是封闭式的，也可以有部分开放式问题。常用的问卷是结构型的封闭式问卷。

二、调查问卷的设计原则

问卷设计是社会经济调查中的一项重要内容，它是影响调查质量的关键因素之一。问卷设计是整个调查活动的第一步，问卷设计的质量如何，将直接关系到调查的成败。通常来说，问卷设计必须遵循以下原则。

（一）以被调查者为本

问卷设计是为收集资料服务的，是面向被调查者的。在问卷设计中不能只为调查者考虑，不从被调查者的角度考虑问题。应尽量为被调查者着想，为其提供方便，减少不必要的困难和麻烦，体现出以被调查者为本的思想。问卷的设计应适应被调查者在心理上和思想上的要求，避免给调查者以心理上和思想上的压力。

（二）目的明确

调查问卷必须与调查的主题紧密联系。明确调查目的，从目的出发拟定问卷题目，即找出与调查主题相关的要素设计问题。如果调查目的是了解被调查对象的一般状况，那么，问卷设计应主要围绕着被调查对象各方面的基础事实而进行。如果调查目的是解释和说明，则问卷设计应紧紧围绕着研究假设和变量来进行，问卷的内容将受到研究假设的限制。

(三) 结构合理

问卷的设计要具有整体感,即问卷中问题的排列具有一定的逻辑性。一般是先易后难,先具体后抽象。而且,任一个问题都是具有针对性的。

(四) 非诱导性

非诱导性指问题的设置要中性,不掺入提示与主观臆断,完全将被调查者的独立性与客观性摆在问卷操作的限制条件的位置上。例如:

您认为化妆品最吸引您的地方在哪里?

```
A. 色泽          B. 气味          C. 使用效果
D. 包装          E. 价格
```

这种设置是客观的,若换一种答案的设置。例如:

```
A. 迷人的色泽      B. 芳香的气味      C. 满意的效果
D. 精美的包装      E. 实惠的价格
```

这种设置就具有了诱惑性,不自觉地掩盖了事物的真实性。

(五) 便于整理和统计

之所以设计问卷,是为了获得与研究相关的信息资料。问卷只是用于收集数据的一种工具,是为调查目的服务的,问卷设计时必须考虑如何进行整理、汇总的问题,便于统计分析。

三、调查问卷的基本结构

不同的调查问卷在具体结构、题型、措辞、版式等设计上会有所不同,但是,通常而言,一份完整的调查问卷由标题、说明词、被调查者的基本情况、问卷调查的主体内容、填写说明构成。

(一) 标题

问卷的标题就是概括表达出调查的研究主题,必须准确、简洁、醒目,易于引起被调查者的兴趣,而且使被调查者在看到后就可以对调查内容有个大致的了解。例如,"关于居民消费需求情况的调查问卷""交通运输行业社会服务满意度调查问卷""高校学生一站式服务大厅改进意见调查问卷"等。

(二) 说明词

说明词一般放在问卷的开头,有时候也可以单独写成一封致被调查者的说明信,旨在说明调查的目的、意义和内容,引起被调查者对调查的重视,使他们消除顾虑,激发被调查者的参与意识,争取到他们的积极合作,完成调查。在说明词中通常要包含以下内容:①我是谁,即介绍调查的主办单位或个人的身份。如"我是××公司的调查员"。②我们为什么做调查,我们的调查有什么用。③我们为什么找您做调查。④我们的调查不会有损于被调查者的利益。⑤致谢词。

说明词必须语气亲切、诚恳礼貌、文字简洁准确,并在结尾处对被调查者的参与和合作表示感谢。例如,下面是一份"××公司服务满意度的调查问卷"中的说明词。

> 女士/小姐/先生:
> 　　您好!我是××公司的访问员,为了更好地向顾客提供服务,我们正在进行一项有关服务满意度方面的调查,目的是了解您对我们提供的服务的看法和意见,以便改善我们服务的质量。您的回答完全是保密的,可能耽搁几分钟时间,请您谅解!谢谢您的支持!

(三)被调查者的基本情况

被调查者的基本情况是指被调查者的主要特征,也是对调查资料进行分类整理的依据。一般而言,被调查者包括个人和单位。个人的基本情况就包括姓名、年龄、国籍、民族、文化程度、职业、个人及家庭收入等项目;单位的基本情况则包括单位名称、单位性质、所属行业、单位规模、职工人数等项目。如采用匿名调查,则被调查者的姓名可以忽略。例如,下面选自一份调查问卷的基本信息调查。

> 1. 您所在的市(县):
> 2. 您的年龄: □22岁以下　□22～40岁　□40～60岁　□60岁以上
> 3. 您的职业:
> 　□机关、事业单位人员　□教师　□公司职员　□工人　□农民
> 　□学生　□外来务工人员　□自由职业　□军人　□离、退休职工　□其他
> 4. 您的教育水平: □初中及以下　□高中　□大专　□本科及以上

(四)问卷调查的主体内容

该部分是调查问卷的核心内容,包括了所要调查的全部问题,以及这些问题的所有可供选择的答案。问卷的这部分内容,通常在数据分析中承担因变量的角色,最为调查研究人员所关注,也是接下来讨论的重点。这一部分内容设计如何将直接关系到调查的成败。

(五)填写说明

这部分是指填写问卷的要求和方法、调查项目的含义和注意事项,用来指导被调查者填写和回答问卷。填写说明一般在说明词之后,并且标有"填写说明"的字样,也可以分散地附在调查问卷的问题之后并用括号括起来。下面是一份自填式问卷集中填写要求的例子。

> 填写要求:
> 1. 请您在所选择答案的选项号上画圈。
> 2. 对只许选择一个答案的问题只能画一个圈;对可选多个答案的问题,请在你认为合适的答案选项号上画圈。

3. 需填写数字的题目在留出的横线上填写。
4. 对于表格中选择答案的题目,在所选的栏目内画钩。
5. 对注明要求您自己填写的内容,请在规定的地方填上您的意见。

四、调查问卷的设计过程

调查问卷设计过程大体可分为事前准备、问卷设计和事后检查三个阶段。如图 2-1 所示。

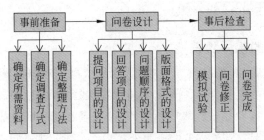

图 2-1 调查问卷的设计过程

(一) 事前准备

事前准备阶段包括三个部分工作:确定调查所需的资料,确定调查方式和方法,确定调查资料的整理方法。

1. 确定调查所需的资料

在进一步明确调查目的的基础上,确定调查所要了解的内容和所要收集的资料,并对已有的资料进行分类整理,列出本次调查所要了解的问题,确立问卷调查的范围,有了高质量的资料收集才能有高质量的样本和问卷,保证调查的质量。当研究内容确定之后,起决定性作用的就是调查者与被调查者,所以,如何调动调查者及被调查者双方参与调查的积极性是一个重要的问题。无论是调查者与被调查者都存在正反两个方面因素,在问卷设计过程中,我们首先应了解被调查者的积极和消极因素。例如某些被调查者对某些研究者和调查者存在戒心,如果调查由某些实际职能部门如税务局等出面,被调查者怕对自己不利,往往采取不合作态度,但若由科研部门出面则由于超脱实际职能的实施,被调查者就愿意配合,还有某些敏感问题最好不要在问卷中提到,如对某一政治事件的看法,否则被调查者不愿意回答,即使回答了,答案也不一定是真话。

研究者在调查前应该了解分析被调查者的情况、心态,以便在问卷设计中采取措施尽力发扬正面因素,削弱反面因素,这样既能充分调动被调查者的积极性,又能获得想要的资料。

2. 确定调查方式和方法

由于所要收集的资料不同,所采用的调查方式和方法就不同,问卷的格式和要求也就有所差别。例如,访问式调查由于调查者与被调查者有交流,所以可以有一些"题外话",容易调动被调查者积极性,如果可以的话,还应该对重点问题重复问,有助于提高质量,且被调查者不受文化程度的限制,问卷应简单易懂;而采用电话调查,问卷中问题不宜过多,问卷要尽量简短,用词要简单,问题也应该简明,直接接触问题的实质,对某些敏感问题,最好不要用电话调查;邮寄调查的问卷质量要求较高,用词要谨慎,以防止词义的可能偏差,每个问题应该十分明确具体,保证所有被调查者都能有共同的理解,问题内容不宜过多或复杂等等。

3. 确定调查资料的整理方法

调查后的资料整理方法的不同,对问卷的设计也有不同的要求。例如在设计问卷的过程中,除了考虑调查目的和主题外,还必须考虑到研究者的研究假设。所谓研究假设,是指根据有关理论和事实,研究者对有关变量之间的相互关系的一种叙述或断言。如"教育程度和读报习惯有密切关系:教育程度越高,接触报纸的程度也就越高"就是一种研究假设,因此相应零假设是:"教育程度与读报习惯没有联系"。因此我们要根据所收集的数据资料,进行相应的假设检验,然后针对这一研究假设,就应该有相应的问卷设计,如需要有关于测量"受教育程度"的量表和关于测量"读报习惯"的量表。

在明确了上述三个问题之后,就可以初步构想出问卷设计的框架。

（二）问卷设计

问卷必须具备两种功能:一是能将调查目的转化为一些被调查者可以回答的问题,二是能鼓励被调查者主动提供正确的资料。因此,问卷的实际设计阶段是十分重要的。这个阶段的主要任务包括:调查中所要提问的问题的设计、问题答案的设计、提问顺序的设计以及问卷的版面格式的设计等。这一问题将在下面详细介绍。

（三）事后检查

事后检查阶段的工作包括:问卷的模拟试验、问卷的修正以及问卷的最后印刷完成。问卷初稿设计完成之后,要站在调查者的立场进行试提问,看看问题是否清楚明白,是否便于统计整理。还应该站在被调查者的立场进行试回答,看看问题的顺序是否符合逻辑。通过模拟试验,如果发现问卷的不合理之处,可以及时修正和补充,从而使问卷更合理、准确、完善。经过反复试验和修正,直至合格之后再把最终的问卷打印完成。

五、调查问卷问题的设计

问卷所要调查的资料,由若干个提问的具体项目即问卷的问题组成。因此,如何科学准确地提出所要调查的问题,是问卷设计中十分重要的一步。

从整体上看,一份问卷中的内容不宜过多,不必要的问题不要列入。问卷不宜过长,一般控制在15～20分钟之内回答完毕为宜。问卷中问题设计的好坏将直接影响调查收集信息资料的质量。在设计调查问卷问题时,通常要注意以下七点。

（一）提问内容尽可能短

如果提问的问题太长,不仅给被调查者的理解带来一定的困难,也会使其感到厌烦,这就有可能降低问题的回答率。特别是代填式调查问卷中问题过长,会使被调查者忘记开头的内容,对整个问题的理解和回答不利。所以,设计问卷中的问题时应该坚决摈弃多余的修饰词和条件语句。

(二) 用词要求确切、通俗

问卷中的用词一定要保证问题清楚明了,易于被被调查者理解。例如"一般""经常""有点儿""偶尔""很多"等词都太过笼统,不同的被调查者会有不同的理解,从而有可能引起回答的偏差。用词是否确切,具体可按 6W 准则加以推敲。6W 即 who(谁),where(何处),when(何时),why(为什么),what(什么事),how(如何),以此来判断问题是否清楚。例如:

> 您最近一个月使用什么品牌的电脑?

这个问题中涉及的人物、时间、事件都很清楚,who 指被调查者本人,when 指最近一个月,what 是指电脑的品牌。而如果把问题改为:

> 您使用什么品牌的电脑?

这个问题相比于之前的提问,时间范围不明确,使被调查者不清楚到底是在调查过去,还是现在,抑或是以后会使用的电脑品牌。

而且,由于被调查者接受的教育程度不同,所以问卷中用词要通俗易懂,尽量避免使用专业术语。例如:

> 您如何看待我国的经济动向?

这个问题中"经济动向"用得偏专业化,可能会有很多人无法准确了解问题的含义,进而无法作出有意义的回答。进行如上提问的时候,得到最多的应该是应付性的回答,或者是"什么意思?"的反问。

(三) 一项提问只应包含一项内容

如果在一项提问中包含了两项以上的内容,提问目的就容易被混淆,被调查者就很难回答。例如:

> 您对银行的贷款利率和储蓄利率满意吗?

这个问题包含了银行的贷款利率和储蓄利率两项内容,如果被调查者只是对其中的一项满意,那么在调查时就很难作出判断和回答。

对于这类问题,可以适当地将其分解为几个问题来问。例如上述问题就可以分为以下两个问题:

> 您对银行的贷款利率满意吗?
> 您对银行的储蓄利率满意吗?

(四) 避免诱导性提问

问卷中提问的问题不能带有倾向性,而应保持中立。词语中不应暗示调查者的观点,不要引导被调查者作出何种回答或如何选择。例如：

> 专家认为人民币升息对我国经济有利,你觉得怎么样?
>
> 有的单位在招聘时,写明不要外地户口人员,您是否觉得应该反对这种落后的做法?

第一个问题中受专家这种权威人士的影响,产生晕轮效应,容易引起被调查者产生顺应反应,从而按着提示作出回答或选择。而第二个问题中运用了"落后的"这个带有感情色彩的词,容易引起被调查者的回答误差。上述两个问题可以改为：

> 您觉得人民币升息对我国经济有什么影响?
>
> 有的单位在招聘时,写明不要外地户口人员,您怎么看待这种做法?

再如：

> 您一般是怎么度过周末的,在学校学习还是干其他什么事呢?

这个问题中调查者做了部分提示,容易引起被调查者回答时顺水推舟,可能顺着问题就回答"在学习",这样很容易引起偏误。建议将问题改为：

> 您一般是怎么度过周末的?

（五）避免否定形式的提问

在日常生活中,人们往往习惯于肯定陈述的提问,而不习惯于否定陈述的提问。例如对某航空公司的服务满意度进行调查,采用否定形式提问为：

> 您对某航空公司的服务不满意吗?

采用肯定形式提问为：

> 您对某航空公司的服务满意吗?

否定方式提问会影响被调查者的思维,容易造成相反意愿的回答或者选择,因此在问卷中尽量避免使用否定形式的提问。

（六）避免敏感性问题

敏感性问题是指被调查者不愿意让别人知道答案的问题,如个人收入问题、政治问题等。问卷中要尽量避免提问敏感性问题或容易引起人们反感的问题。对于这类问题,被调查者可能会拒绝回答,或者采用虚报、假报的方法来应付回答,从而影响整个调查的质量。调查者必须意识到,尽管研究非常需要,也无权强迫被调查者违反自己的意愿回答那些不愿回答的问题。

对有些调查,必须涉及敏感性问题的,应当在提问的方式上进行推敲,尽量采用间接询问的方式,用语也要特别婉转,以降低问题的敏感程度。一般而言,对于一个敏感性问题或者一个易于使调查陷入尴尬状态的问题可以用递交答案卡片的方法处理,如在背景资料中必须涉及收入时,就可以递给应答者一张卡片,上面写着各种选项,请他提供与家庭收入类别相一致的选项号,以降低问题的敏感程度。例如在对个人理财情况的调查中,由于必须调查个人收入,所以可采取如下问法:

> 请问您个人月平均收入是多少?(出示卡片)
> 卡片 1:1 000 元以下　　卡片 2:1 000~3 000 元　　卡片 3:3 000~5 000 元
> 卡片 4:5 000~7 000 元　　卡片 5:7 000 元以上

(七) 问题顺序的安排合逻辑、合理

为了提高问卷的回收率,设计问卷时,应站在被调查者的角度,顺应被调查者的思维习惯,使问题容易回答。提供恰当的问题次序不仅是一个机械的或者技术上的要求,而且是一个实质性的要求,因为前一问题的提出可能影响随后的问题,所以对每一个问题的顺序都必须仔细推敲。

首先,问题的安排应具有逻辑性,以符合被调查者的思维习惯,能够顺利地提供确切答案。否则,会影响被调查者回答问题的兴趣,不利于对问题的回答。按照逻辑性原则,一般性问题要置前,特殊性问题置后。例如:

> 您认为公交公司的哪些方面需要改善?
> 您认为在服务方面,公交公司应该如何改善?

上述的第一个问题涉及的范围比第二个问题的范围要广,所以在问题顺序编排上应该将第一个问题放在前面,第二个问题放在后面。如果按相反顺序进行提问的话,就可能使被调查者受到第二个问题的影响,在第一个问题回答时,就回答"在服务方面应该改善"。此外相关的问题应连带一起问,不应分隔开,除非有另外的理由。

其次,按照先易后难的基本原则,即把简单的、受人关注的、有趣的和容易回答的问题放在前面,而把复杂的、平淡寡味的和较难的问题放在后面,使被调查者开始时感到轻松有趣,有意愿继续回答。因此,开放性问题和敏感性问题应放在问卷最后。

总之,问卷中的问题通常由过滤性、热身性、容易性、困难性四类问题组成,其排列的一般顺序为从过滤性到热身性再到容易性最后到困难性。其中,过滤性问题又称为甄别性问题,是先对被调查者进行过滤,筛选掉不合格的被调查者,然后针对特定的被调查者进行调查。热身性问题一般是对被调查基本信息的调查。

六、调查问卷答案的设计

由于问卷中的问题有不同类型,所设计的答案类型和对被调查者的回答要求也是不同的。问卷中的问题类型有两类:一类是开放式问题,另一类是封闭式问题。所以,接下

来主要叙述针对开放式问题和封闭式问题的答案设计。

（一）开放式问题

开放式问题是指对问题的回答未提供任何具体的答案，由被调查者根据自己的想法自由作出回答，属于自由回答型。开放式问题一般有五种类型，即自由回答型、语句完成型、文字联想型、故事完成型、主题幻觉测验型。举例如下：

> 您对本店的售后服务有何意见？（自由回答型）
>
> 当您的亲友购买汽车时您推荐————————。（语句完成型）
>
> 请列举你所知道的名车品牌：————、————、————。（文字联想型）
>
> "我与妻子去逛超市，遇到许多人抢购特价商品，我和妻子便产生了也要购买的冲动……"请您完成这段故事。（故事完成性）
>
> 有一幅图画上画着一对老年夫妇，在商店里寻找着什么，请被调查者据此编一段故事。（主题幻觉测验型）

无论是针对何种类型的开放式问题，都无须设计固定的答案模板，比较灵活，被调查者无须约束，可以自由回答，有利于收集更多信息资料。但是，由于采取这种方式提问会得到各种不同的答案，不利于资料统计、汇总，因此在调查问卷中不宜设计太多。

（二）封闭式问题

封闭式问题是指事先列出了各种可能的答案，由被调查者从中选择。封闭式问题的优点在于答案的标准化，非常简明，一下就深入问题的实质，比较经济，便于统计汇总，是调查问卷中比较常用的一种提问方法。

封闭式问题的答案是选择回答型，所以设计出的答案一定要穷尽和互斥。穷尽即要求列出问题的所有答案，不能有遗漏。对有些问题，当答案不能穷尽时，则加上"其他"一类，以保证被调查者能有所选择或回答。互斥即要求各答案间不能相互重叠或包容。

根据提问项目或内容的不同，封闭式问题答案的设计方法主要有两项选择法、多项选择法、顺序选择法、评定尺度法、双向列联法、配对比较法、语意差别法。

1. 两项选择法

这种形式的调查问卷只让被调查者从两个可能的答案中选择其中一个，如"是"与"不是"、"有"与"没有"等。两项选择法的特点是，被调查者只需在二者之中选择一项，回答比较容易；调查后的数据处理也很方便。其缺点是：得到的信息量较少；当被调查者对两项答案均不满意时，很难作出回答。

2. 多项选择法

多项选择题是在设计问卷时，对一个问题给出三个或三个以上的答案，让被调查者从中选择进行回答。多项选择题与两项选择题的结构基本相同，只是答案多于两种。被调查者依据问题的要求或限制条件可以选择一种答案，也可以选择多种答案。根据要求选择的答案多少不同，多项选择题有以下三种选择类型。

（1）单项选择型：要求被调查者对所给出的问题答案选择其中的一项。例如：

> 您觉得选择工作时,最主要的影响因素是什么?
> A. 薪酬　　　B. 公司规模　　　C. 工作地点　　　D. 个人兴趣

(2) 多项选择型:要求被调查者在所给出的问题答案中,选出自己认为合适的答案,数量不受限制。例如:

> 您喜欢的电视节目类型有哪些?(可多选)
> A. 名人访谈　　B. 脱口秀　　C. 动物世界　　D. 资讯节目
> E. 综艺选秀　　F. 电影栏目　　G. 其他

多项选择型一般适用于以下两种情况。第一是有大量等价的答案,如"您喜欢去哪个国家旅游?"这个问题的答案是许多国家的名字,它们之间是等价的。第二是需要进行连续数字提问,如"您希望有几个孩子?"这类问题,其答案就是人数、天数或其分组。

(3) 限制选择型:要求被调查者在所给出的问题答案中,选出自己认为合适的答案,但数量要受一定限制。例如:

> 请问您一般主要是从哪些方面得到公司产品信息的?(限选三项)
> A. 电视广告　　B. 报纸杂志　　C. 路牌广告　　D. 亲友推荐
> E. 展览会　　　F. 其他

3. 顺序选择法

顺序选择法的问题答案也有多个,要求被调查者在回答时,对所选的答案按要求的顺序或重要程度加以排列。其中,对所选的答案数量可以进行一定的限制,也可以不进行限制。例如:

> 您希望公司的服务应该改善哪些方面?(按照重要程度排序)
> A. 服务的种类　　　B. 服务的速度　　　C. 服务的质量

顺序选择法中的问题答案不仅可以反映出所要调查的内容,而且可以反映出被调查者对问题的看法,从而增加了信息量。

4. 评定尺度法

评定尺度法中的问题答案,由表示不同等级的形容词组成,并按照一定的程度排序,由被调查者依次选择。例如:

> 请问您对目前公司提供的产品的满意度是多少?
> A. 非常满意　　B. 比较满意　　C. 一般　　D. 不太满意　　E. 非常不满意

5. 双向列联法

这种方法是将两类不同问题综合到一起,通常用表格来表现,表的横向是一类问题,纵向是另一类问题。这种问题结构可以反映两方面因素的综合作用,提供单一类型问题

无法提供的信息,同时也可以节省问卷的篇幅。例如:

您认为下列因素对就业的影响程度如何?	非常重要	比较重要	不太重要	不重要
1. 个人为人处世的能力				
2. 社会关系的影响				
3. 个人的学习成绩				
4. 老师或学校的推荐				
5. 所学的专业				
6. 工作经验				
7. 学校名声				
8. 外貌长相				
9. 个人期望				
10. 其他因素				

6. 配对比较法

这种方法是设计一组具有两个不同选项的问题,要求被调查者从每个问题的一对选项中选择一项作为答案,由于问题的选项是成对的,且每对选项彼此相异、分布平衡,可以消除单项设计所难免的偏向。使用配对比较法的结果与顺序选择法相当,但提供了较多的两两比较的详细内容。

7. 语意差别法

语意差别法是设计一组具有两个相反选项的问题,并将其作为极端情况,在两个极端之间指定等距分值(如1~5或1~10等),要求被调查者从每个问题的两个极端之间选择一个分值作为答案。语意差别法与配对比较法的相似之处在于问题的选项都是成对的,且每对选项彼此相异、分布平衡,可以消除单项设计所难免的偏向。不同的是语意差别法采用的是打分来刻画差别,而不是直接选择答项。例如:

下面是形容电视节目的几对词组,如果完全同意左面的词组请选1,完全同意右面的词组请选5,否则请选中间的数字。

	1	2	3	4	5	
种类单一						种类多样
内容单调						内容丰富
信号模糊						信号清晰
画面苍白						画面精彩
平凡节目						王牌节目
整体不满						整体满意

七、问卷设计时其他应注意的问题

除了前面提到的调查问卷问题和答案的设计应注意问题之外,问卷设计中还应该注意的问题有很多,应根据不同的问卷设计目的和要求加以注意,一般而言还应该注意的问题有以下几个。

(一)问卷的版面格式设计

问卷的版面格式有时也会影响调查的质量。好的问卷格式一般包含了四种要素:切合实际的问题数目,具有逻辑的问题顺序,问题之间适当的空白,合理统一的卷面安排。因此在设计时要注意问卷的主体部分突出、醒目;不要编排过密,各问题之间要留出一定的空间,外表及内容的印刷要美观。这样,会使被调查者产生好感,从而引起填写问卷的兴趣。

(二)问卷的模拟试验

问卷设计完成后,在进行大规模正式调查之前,需要对问卷的内容、问卷的措辞、问卷中问题的顺序等进行全面的检查。其具体办法是通过模拟调查试验,来检查问卷中是否存在问题,并进行适当的修改。

模拟调查应按照正式调查的要求来进行。主要从两个方面进行检查:一是检查问卷中的具体内容,如对提问的项目、问题的措辞、问题答案、提问顺序等逐一进行检查;二是从整体上检查问卷中问题的数量是否合适,被调查者回答所需的时间,问卷的总体编排等。问卷长度不宜超过 15 分钟,否则会引起被调查者反感。

通过模拟调查,对问卷中发现的问题进行修改和完善,最后定稿,印刷完成。

(三)问卷的评估

问卷初步设计好以后,必须进行通盘性的评估,以强化问卷的针对性、经济性、有效性和实践性,为此应该检查以下清单:①问题是否必要;②问卷是否太长;③问卷是否完整,有无遗漏项目;④问卷中有无重复之处;⑤问卷能否满足研究要求;⑥问卷是否会引起被调查者的误解;⑦邮寄问卷与自填问卷的外观是否吸引人;⑧开放问题是否留有足够的空间;⑨问卷说明字体是否醒目;⑩问卷的着色、编码风格是否对题。

总之,调查问卷的设计是一项非常复杂的工作,需要有严谨的工作态度、专业的工作素质,问卷设计者需要反复对问卷进行推敲研究,斟酌用词是否准确,琢磨问题顺序是否合理,努力提高问卷质量,确保调查工作顺利进行。

扩展阅读 2-1 是一份在高校学生中进行的调查问卷,供同学们参考学习。

扩展阅读 2-1　森林公园调查问卷

第四节 调查数据的质量

调查数据的质量直接影响着调查的顺利进行。收集的统计数据是否真实客观,能够满足研究需要,这也是获得调查数据之后必须考虑的问题。不论采用哪种方法得到的调查数据资料,都必须满足统计数据质量的评价标准,才能进入统计汇总阶段。

一、调查数据质量的评价标准

关于统计数据质量的评价标准,不同统计机构和学者对此有不同的定义。例如,加拿大统计局确定了衡量数据质量的六个方面标准,即实用性、准确性、及时性、可取得性、衔接性、可解释性;英国统计局提出的数据质量的标准是准确性、及时性、有效性和客观性;美国分析局国民核算数据要求满足可比性、准确性、适用性的质量标准;欧洲统计局的质量标准是适用性、准确性、及时性、可取得性、衔接性、可比性、方法专业性或完全性;等等。Dalenius 提出统计数据质量的"测量向量",包括统计数据的准确性、经济性、保密性、相关性、时效性、数据详细程度等。Gordon Brackstone 提出统计数据质量的六个维度,包括相关性、准确性、及时性、可取得性、可解释性和一致性。这些标准是各国政府统计机构对数据进行质量检测、评价、监管的重要依据和内容。

总之,国外关于调查数据质量的评价标准大概可以概括为六个方面,即精度、准确性、关联性、及时性、一致性、低成本。通过调查获得的数据在使用时必须从以上的六个方面进行严格检验,其中准确性检验是最主要的。实质上而言,准确性检验就是对调查误差的检查。调查误差是指通过调查收集到的数据与研究对象真实结果之间的差异,数据误差按照调查误差产生的原因,一般可以分为非抽样误差和抽样误差。接下来将做详细介绍。

扩展阅读 2-2 数据质量是统计的生命

二、非抽样误差的产生及控制

(一)非抽样误差的产生

非抽样误差是指在调查过程中由于各种主客观因素的影响而引起的误差。例如,调查者诱导被调查者、调查者由于注意力不集中造成的遗漏登记、被调查者的错误理解、被调查者有意回避敏感问题、调查项目不明确等。

非抽样误差产生的原因可以概括为以下三点:第一,由于计量手段的局限性所带来的难以绝对符合实际而出现的误差。例如,在调查某个十字路口的车流量时,调查者站在十字路口查点过往的车辆,这种计数方式就很容易引起误差。第二,由于登录、计算、抄报、汇总错误及被调查者所报不实或调查者有意虚报瞒报等所带来的误差。第三,被调查者受人为因素干扰形成的有意虚报或瞒报调查数据,这种误差在统计调查中应予以特别重视。

不论是全面调查中还是非全面调查中,都存在非抽样误差。

（二）非抽样误差的控制

非抽样误差是人为因素引起的，因此从理论上讲，非抽样误差是可以消除的。常采取的措施包括以下三种。

（1）加强对调查者的培训和监督，增强其责任心，提高业务素质。

（2）设计合理、完善的调查问卷，尽量不使被调查者产生误解。对于敏感性问题，可以采取特别的提问方式，如出示卡片法。

（3）采用合适的调查方式和调查方法。

三、抽样误差的产生及控制

（一）抽样误差的产生

抽样误差主要是指在用样本数据向总体进行推断时所产生的随机误差。抽样误差是进行非全面调查才会产生的。而且，在非全面调查中，只有抽样调查能够计算其代表性误差的大小，所以，通常所说的抽样误差都是对抽样调查而言的。例如，对于一批总体次品率为5%的产品，通过反复随机抽取相同数量的样本，检测得到的次品率不会总是5%，而是落在以5%为中心的一定范围内。

抽样误差并不是针对某个具体的样本的检测结果与总体结果的差异而言的，而是所有样本可能的结果与总体真值之间的平均差异。抽样误差的产生与很多因素有关，最突出的影响因素是样本量的大小，样本容量越大，抽样误差越小，当样本容量等于总体容量时，抽样误差为零。其次，样本结构与总体结构存在差异也会产生抽样误差。总体的差异性越大，抽样误差越大。当然，也可能是在抽取样本时没有遵循随机原则才导致抽样误差的产生。

（二）抽样误差的控制

抽样误差是不可以完全消除的，但是可以事先进行控制和计算。通常有效地控制抽样误差的做法有以下两种。

（1）确定合适的样本容量。一般而言，样本数与抽样误差呈反比关系，即样本越大，抽样误差越小。但是，抽样误差又与调查总体中有关特征差异有关。在同样样本数的条件下，总体中差异越大，误差越大；总体中的差异越小，误差越小。换言之，在确保同样的差异误差的前提下，如果总体中的差异大，则需抽取的样本数应该大一些，反之亦然。因此，确定样本数要综合考虑对抽样误差的允许程度、总体的差异性和成本的要求等因素。

（2）选定准确的抽样方法，多进行随机抽样。选择正确的抽样方法，有利于使抽取的样本真正代表总体，减少误差。抽样方法分为随机抽样和非随机抽样两大类，每一类又分为很多具体方法。对抽样方法的选择，要根据调查目的和要求，以及调查所面临的主客观、内外部条件进行权衡。一般条件下，随机抽样法具有更大的适应性。

调查数据的误差可以进行控制，甚至是消除，但是必须考虑到经济上的合理性。一般而言，对于调查数据误差有一个合理的界限，一旦突破了界限，就会严重影响数据的质量，此时就必须加以控制或消除；然而，只要在界限之内的数据都是能反映客观情况的，是合格的，这时要想提高数据质量，就必须考虑成本，如果调查成本高，但是数据质量提高不明显的话,这种做法就是不可取的。

思考与练习

1. 试举例说明定类尺度、定序尺度、定距尺度和定比尺度有哪些不同。
2. 按照所采用的测量尺度不同,统计数据可分为哪些类型?
3. 访问式调查、自填式调查、电话式调查各有什么优缺点?
4. 一个完整的统计调查方案一般包括哪些内容?
5. 你认为应该如何控制调查数据的误差?
6. 目前,大学生网购市场已经形成,而且越来越受到关注。为此,针对我校学生开展一次网购行为调查,了解网购中存在的问题,进而探讨改善网购服务的建议及措施。请你根据调查目的和要求,结合学校实际情况,试着设计一份调查问卷。

即 测 即 练

第三章 统计数据的整理与展示

表 3-1 是 2014 年至 2019 年我国各产业的就业人员数据（来源：http://www.stats.gov.cn/）。从表中可以看出这 6 年间我国各产业的具体就业人员数值，为了更清晰地显示它们的变化情况和所占比重，可以采用图示方法。如图 3-1 与图 3-2 所示。

表 3-1　我国各产业就业人数　　　　　　　　　　　　　　　　万人

产　业	2014 年	2015 年	2016 年	2017 年	2018 年	2019 年
第一产业	22 790	21 919	21 496	20 944	20 258	19 445
第二产业	23 099	22 693	22 350	21 824	21 390	21 304
第三产业	31 364	32 839	33 757	34 873	35 938	36 721
合计	77 253	77 451	77 603	77 641	77 586	77 470

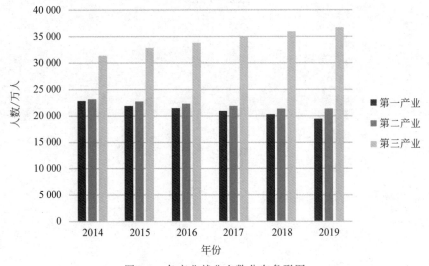

图 3-1　各产业就业人数分布条形图

按第二章介绍的数据收集方法将数据收集好后，无论是总体数据还是样本数据，无论是分类数据、顺序数据或数值型数据，它们大多数是分散的、不系统的。收集的数据与研究初期的设想是否一致？收集的数据反映出怎样的现象现状？收集的数据是否符合我们进一步分析的需求？要回答这些疑问，在数据收集上来之后，首先要对这些数据进行加工整理，使之系统化、条理化，以符合分析需要。

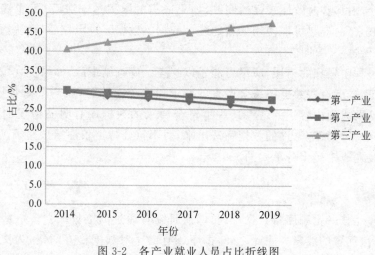

图 3-2　各产业就业人员占比折线图

　　加工整理的主要工作是对数据进行审核、整理、归类、计算,得出各种能反映总体数量特征的综合指标,并加以分析从中抽出有用信息,用表格或图形把它表示出来。在以上应用案例中,我们用三种方式展示了 2014 年至 2019 年我国各产业就业人员数据,可以发现,用图表展示数据更直观、形象、生动,更便于我们理解和分析。在经济活动中,每个人都会面对这些类型的表述,因此理解它们是如何编制、如何展示的非常重要。本章将介绍数据的预处理、品质数据的可视化和数值型数据的可视化。

第一节　数据的预处理

一、数据审核与筛选

　　从不同渠道取得的统计数据,在审核的内容和方法上有所不同。

　　对于原始数据,应主要从完整性和准确性两个方面去审核。完整性审核主要是检查应调查的单位或个体是否有遗漏,所有的调查项目或指标是否填写齐全。准确性审核主要包括两个方面:一是检查数据资料是否真实反映了客观实际情况,内容是否符合实际;二是检查数据是否有错误,计算是否正确等。审核数据准确性的方法主要有逻辑检查和计算检查。逻辑检查主要审核数据是否符合逻辑,内容是否合理,各项目或数字之间有无相互矛盾的现象,逻辑检查主要适用于对定性(品质)数据的审核。计算检查是检查调查表中的各项数据在计算结果和计算方法上有无错误,计算检查主要用于对定量(数值型)数据的审核。

　　对于通过其他渠道取得的二手资料,除了对其完整性和准确性进行审核外,还应着重审核数据的适用性和时效性。二手数据可以来自多种渠道,有些数据可能是为特定目的通过专门调查而取得的,或者是已经按特定目的的需求做了加工处理,对于使用者来说,首先应弄清数据的来源、数据的口径以及有关背景资料,以便判断这些资料是否符合自己的分析研究需求,是否需要重新加工整理等,不能盲目生搬硬套。此外,还要对数据的时效性进行审核,对那些时效性较强的问题,如果取得的数据过于滞后,可能就失去了研究的意义。一般来说,应尽可能使用最新的统计数据。数据经过审核后,确认适合于实际需要,才有必要做进一步的加工整理。

对审核过程中发现的错误,应尽可能予以纠正。调查结束后,如果发现数据中的错误不能予以纠正,或者有些数据不符合调查的要求而又无法弥补,就需要对数据进行筛选。数据筛选包括两方面内容:一是将某些不符合要求的数据或有明显错误的数据予以剔除;二是将符合某种特定条件的数据筛选出来,对不符合特定条件的数据予以剔除。数据的筛选在市场调查中是十分重要的。

二、数据排序

数据排序是按一定顺序将数据排列,以便研究者通过浏览数据发现一些明显特征或趋势,找到解决问题的线索。除此之外,排序还有助于对数据检查纠错,为重新归类或分组等提供依据。在某些场合,排序本身就是分析目的之一。例如美国的《财富》杂志每年都要在全世界范围内排出 500 强企业,通过这一信息,企业不仅可以了解自己所处的位置,清楚自己与竞争对手的差距,还可以从侧面了解到竞争对手的状况,有效制订企业发展规划和战略目标。

借助计算机可以很容易地完成数据排序。对于分类数据,如果是字母型数据,排序有升序与降序之分,通常升序使用得更普遍,因为升序与字母的自然排列相同;如果是汉字型数据,排序方式很多,如按汉字拼音的首字母排列,这与字母型数据的排序完全一样,也可按笔画排序,其中也有笔画多少的升序降序之分。交替运用不同方式的排序,在汉字型数据的检查纠错过程中十分有用。

对于数值型数据,排序只有两种,即递增和递减。设一组数据为 $X_1, X_2, \cdots, X_N$,递增排序可表示为:$X_{(1)} < X_{(2)} < \cdots < X_{(N)}$;递减排序可表示为:$X_{(1)} > X_{(2)} > \cdots > X_{(N)}$。排序后的数据也称为顺序统计量。

三、数据透视表

为了从复杂数据中提取有用的信息,可以借助 Excel 提供的【数据透视表】工具。数据透视表(pivot table)是一种交互式的表,可以进行某些计算,如求和与计数等。所进行的计算与数据透视表中的排列有关。

之所以称为数据透视表,是因为可以动态地改变其版面布置,以便按照不同方式分析数据,也可以重新安排行号、列标和页字段。每一次改变版面布置时,数据透视表会立即按照新的布置重新计算数据。另外,如果原始数据发生更改,则可以更新数据透视表。

利用数据透视表时,数据源表中的首行必须有列标题。下面用例子来说明使用 Excel 创建数据透视表的具体步骤。

在某大学随机抽取 15 名学生,记录他们的学号、姓名、系别、性别、高数、线代和英语的成绩及平均分,得到如表 3-2 所示的数据。试建立一个数据透视表,分析不同系别高数、线代及英语的平均分情况。

表 3-2　某大学 15 名学生成绩情况

2018 级学生成绩								
序号	学号	姓名	系别	性别	高数	线代	英语	平均分
1	610211	王颖	中文系	女	86.0	92.0	90.0	89.3
2	610302	张爱华	中文系	女	62.0	65.0	58.0	61.7
3	611203	郑志明	中文系	男	74.0	69.0	63.0	68.7
4	620205	李春科	中文系	男	98.0	94.0	90.0	94.0
5	615205	邓元	中文系	男	65.0	86.0	85.0	78.7
6	610259	陈燕	中文系	女	69.0	76.0	84.0	76.3
7	610207	周菲	中文系	女	89.0	86.0	94.0	89.7
8	615208	马晓峰	物理系	男	76.0	67.0	65.0	69.3
9	610307	张晨	物理系	女	58.0	90.0	62.0	70.0
10	610210	林云溪	物理系	女	69.0	81.0	76.0	75.3
11	619521	李思源	物理系	女	92.0	75.0	78.0	81.7
12	617212	黄新安	机械系	男	94.0	81.0	84.0	86.3
13	610213	刘宇	机械系	男	80.0	86.0	94.0	86.7
14	610214	黄周安	机械系	男	84.0	82.0	68.0	78.0
15	610515	吴云杰	机械系	男	71.0	78.0	78.0	75.7

步骤如下。

（1）准备好需要进行分析的数据。可以是基本的 Excel 表格、数据清单、外部数据源、其他数据透视表。在 Excel 中，不能对表头的任一单元格进行合并或拆分。所有存放数据的列、行必须是连续的。

（2）选择菜单栏中的【插入】—【数据透视表】选项，单击【数据透视表】。如图 3-3 所示。

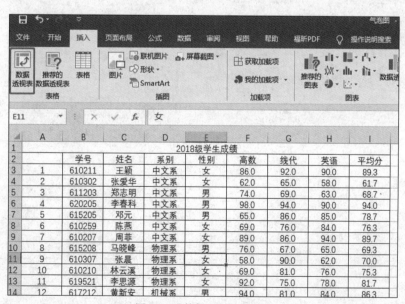

图 3-3　【数据透视表】选项

第三章　统计数据的整理与展示

(3) 出现数据透视表的数据源选择项,选择所需要的数据,然后单击【确定】按钮,就会出现数据透视表的报表选项。如图 3-4 所示。

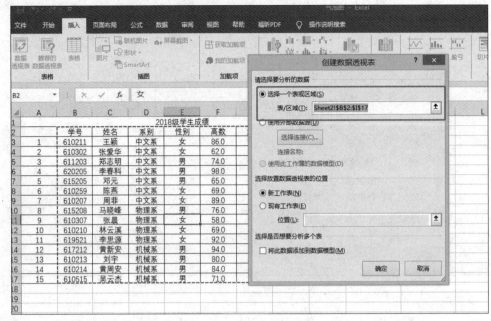

图 3-4 【创建数据透视表】窗口

(4) 根据提示,选择需要的报表字段,用左键点住不放,拖入右边的行坐标和数值区域,如图 3-5 所示。

图 3-5 【数据透视表字段】窗口

(5) 单击【值字段设置】,将计算类型修改成需要的【求平均数】,如图 3-6 所示。

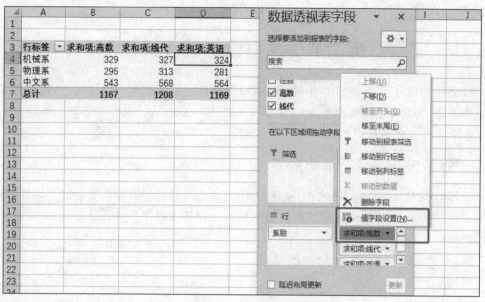

图 3-6 值字段设置

（6）设置成功后，数据透视完成，表格所列结果为不同系别不同科目平均成绩情况，如图 3-7 所示。

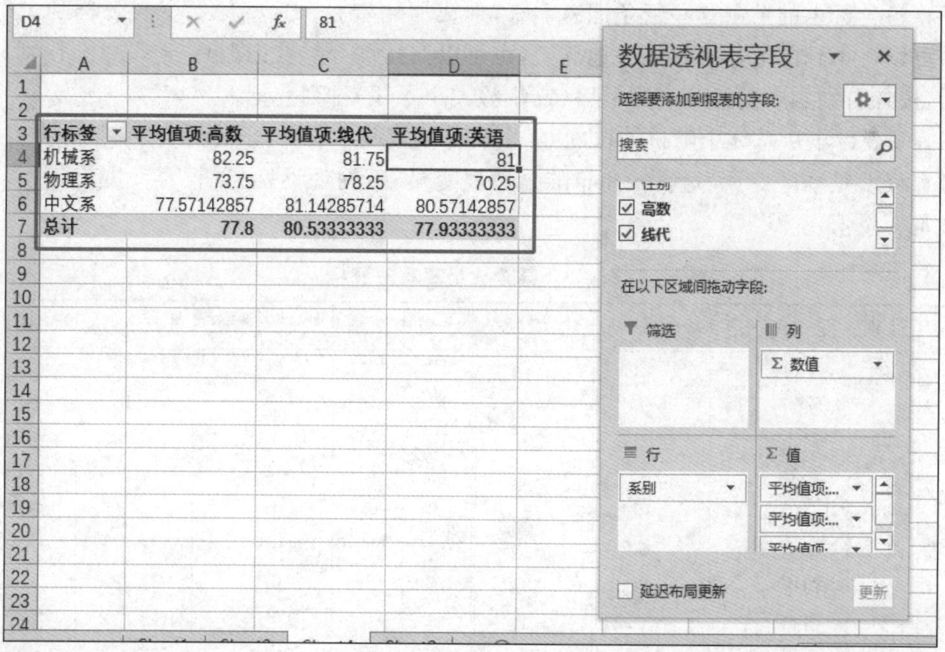

图 3-7 数据透视完成

利用数据透视表分析数据十分灵活。如果要改变分析，建立不同的数据透视表，只需要将【数据透视表和数据透视图向导—布局】对话框中的【行】、【列】、【数据】区域中的变量

第三章　统计数据的整理与展示

拖出,将需要的变量拖入,即可得到所需要的数据透视表。

第二节 品质数据的可视化

数据经过预处理后,可进一步做分类或分组整理。对数据进行整理时,首先要弄清数据的类型,因为针对不同类型数据,使用的处理方法与描述方法是不一样的。本节主要对品质数据进行整理与展示。

一、用频数分布表展示品质数据

分类数据本身就是对事物的一种分类,因此在整理时除了要列出所分的类别外,还要计算出每一类别的频数、频率或比例、比率,同时选择适当的图形进行显示,以便对数据及其特征有一个初步的了解。

(一)分类数据:频数与频数分布

1. 频数

频数也称次数,是落在各类别中的数据个数。把各个类别及其相应的频数全部列出来,就是频数分布或称次数分布。将频数分布用表格的形式表现出来就是频数分布表。

例 3-1 将某大型企业视为总体来进行统计调查,总体单位是企业中的每一个员工。调查变量包括:员工性别、受教育程度、月收入和年龄。这种统计调查是不记名的,每个员工将各自标志的结果写一纸条汇总上来,形成原始资料。这些原始资料怎样加工登记呢?可以将得到的原始资料无序地登记,也可以按性别分类登记汇总,还可以在性别分类之后,按各自性别中的身高高矮顺序(或年龄大小顺序)排列登记。

表 3-3 列出从总体中随机抽取的 60 个员工及其基本资料。这里的性别是分类变量,受教育程度是顺序变量,月收入和年龄是数值变量,不同的性别、受教育程度、月收入、年龄就是变量值。

表 3-3 某企业员工有关资料

序号	性别	受教育程度	月收入/元	年龄/岁	序号	性别	受教育程度	月收入/元	年龄/岁
1	女	本科	4 601	37	12	女	本科	5 767	48
2	女	硕士	6 937	40	13	女	初中	1 157	40
3	男	硕士	4 396	29	14	男	硕士	5 343	50
4	女	本科	5 523	42	15	男	本科	4 270	32
5	男	高中	4 946	25	16	女	高中	3 468	39
6	男	硕士以上	6 006	24	17	男	初中	2 177	19
7	女	初中	6 200	33	18	男	本科	7 485	32
8	女	本科	3 164	36	19	女	硕士	13 372	29
9	男	本科	7 836	51	20	女	高中	6 360	43
10	女	硕士以上	3 790	37	21	女	初中	1 457	21
11	女	本科	7 175	32	22	男	小学	2 621	18

续表

序号	性别	受教育程度	月收入/元	年龄/岁	序号	性别	受教育程度	月收入/元	年龄/岁
23	女	初中	6 324	43	42	男	高中	1 980	30
24	女	本科	9 710	29	43	男	硕士	8 632	29
25	男	本科	7 910	29	44	女	本科	6 097	33
26	男	小学	1 156	16	45	女	初中	3 221	18
27	女	硕士以上	9 832	36	46	女	初中	2 416	28
28	女	初中	5 346	42	47	女	硕士以上	9 927	31
29	女	本科	3 135	37	48	男	本科	7 156	51
30	女	本科	7 125	26	49	男	硕士	8 380	32
31	男	初中	1 455	19	50	女	初中	4 496	32
32	女	本科	5 212	40	51	男	高中	3 795	48
33	男	高中	5 276	25	52	女	初中	1 689	16
34	男	初中	1 836	17	53	男	硕士以上	9 244	36
35	女	初中	1 669	18	54	男	本科	5 120	28
36	男	本科	3 840	30	55	男	硕士	5 580	43
37	女	本科	8 672	38	56	男	硕士	8 300	31
38	女	硕士	6 176	41	57	女	初中	5 213	32
39	男	高中	4 300	42	58	女	硕士	6 028	50
40	男	初中	1 342	16	59	女	初中	4 686	32
41	女	初中	2 152	20	60	男	本科	6 951	55

表3-3实际上是对收集到的资料进行列表初步加工,需进行怎样的统计分析,就要以要求为根据,针对不同的要求对初步得到的资料(表)再加工、再列表。

表3-4、表3-5是按员工性别和受教育程度分类整理形成的频数分布表。很显然,经分类整理后,不仅可以大大简化数据,而且研究对象的一些特征也明显地显示出来。例如,女性员工多于男性员工,受教育程度为本科的员工最多。实际应用中按哪个变量分组,形成何种频数分布主要取决于研究目的和所掌握的资料。

表3-4 员工按性别分组

性别	人数	比例
女	34	0.567
男	26	0.433
合计	60	1

表3-5 员工按受教育程度分组

受教育程度	人数	百分比/%	受教育程度	人数	百分比/%
小学	2	3.3	硕士	10	16.7
初中	17	28.3	硕士以上	5	8.3
高中	7	11.7	合计	60	100
本科	19	31.7			

2. 比例

比例是一个总体中各部分数量占总体数据的比重,通常用于反映总体的构成或结构。假定总体数量 N 被分成 K 个部分,每一部分的数量分别为 $N_1, N_2, \cdots, N_K$,则比例定义为 N_i/N。显然,各部分的比例之和等于1,即

$$\frac{N_1}{N} + \frac{N_2}{N} + \cdots + \frac{N_K}{N} = 1$$

比例是将总体中各个部分的数值都变成同一个基数,也就是都以1为基数,这样就可以对不同类别的数值进行比较了。表3-4中"比例"一列即为男女员工所占的比例。

3. 百分比

将比例乘以100就是百分比或百分数,它是将对比的基数抽象化为100而计算出来的,用%表示。百分比是一个更为标准化的数值,很多相对数都用百分比表示。当分子的数值很小而分母的数值很大时,也可以用千分数(‰)来表示比例,如人口的出生率、死亡率、自然增长率等都是用千分数来表示。表3-5中"百分比"一列即为不同受教育程度员工所占的百分比。

4. 比率

比率是各不同类别的数量比值。它可以是一个总体中各不同部分的数量对比。由于比率不是总体中部分与整体之间的对比关系,因而比值可能大于1。为方便起见,比率可以不用1作为基数,而用100或其他便于理解的数做基数。例如,人口的性别比就用每100名女性人口所对应的男性人口来表示。

在经济和社会问题研究中,经常使用比率。例如经济学中的收入与消费之比,国内生产总值中第一产业、第二产业、第三产业产值之比等。比率也可以是同一现象在不同时间或空间上的数量之比。例如将2018年的国内生产总值与2017年的国内生产总值进行对比、计算,可以得到经济增长率;将一个地区的生产总值同另一个地区的生产总值进行对比,可以反映两个地区的经济发展水平差异;等等。

(二)顺序数据:累积频数和累积频率

以上关于分类数据的整理与展示方法,如频数、比例、百分比、比率等,也都适用于对顺序数据的整理与展示。但除了可使用上面的整理与展示技术外,顺序数据还可以计算累积频数和累积频率(百分比)。

1. 累积频数

累积频数就是将各类别的频数逐级累加起来。其方法有两种:一是从类别顺序的开始项向类别顺序的最后项累加频数(数值型数据则是从变量值小的一方向变量值大的一方累加频数),称为向上累积;二是从类别顺序的最后项向类别顺序的开始项累加频数(数值型数据则是从变量值大的一方向变量值小的一方累加频数),称为向下累积。通过累积频数,可以很容易看出某一类别(或数值)以下及某一类别(或数值)以上的频数之和。

2. 累积频率(百分比)

累积频率就是将各类别的频率(百分比)逐级累加起来,也有向上累积和向下累积两种方法。

下面我们来做例 3-1 中员工受教育程度这一顺序变量的频数分布表(表 3-6)。

表 3-6　企业员工受教育程度的频数分布表

受教育程度	员工人数	百分比/%	向上累积		向下累积	
			员工人数	百分比/%	员工人数	百分比/%
小学	2	3.3	2	3.3	60	100.0
初中	17	28.3	19	31.6	58	96.7
高中	7	11.7	26	43.3	41	68.4
本科	19	31.7	45	75.0	34	56.7
硕士	10	16.7	55	91.7	15	25.0
硕士以上	5	8.3	60	100.0	5	8.3
合计	60	100	—	—	—	—

二、用图形展示品质数据

(一) 分类数据的图示

频数分布表可以反映分类数据的频数分布,如果用图形来显示频数分布,就会更加形象和直观。一张好的统计图表,往往胜过冗长的文字表述。统计图的类型有很多,这里主要介绍条形图、饼图和环形图。

1. 条形图

条形图是用宽度相同条形的高度或长度来表示数据多少的图形。图 3-8 给出了例 3-1 中员工受教育程度的条形图。

用 R 软件绘制条形图:

```
ta<-table(jiaoyu)
name(ta)=c("小学","初中","高中","本科","硕士","硕士以上")
barplot(ta,names.arg=names(ta),main="教育程度分布图")
```

2. 饼图

饼图是用圆及圆内扇形的角度来表示数值大小的图形,它主要用于表示比例数据。根据表 3-5 中员工受教育程度的频数分布绘制如图 3-9 所示饼图。

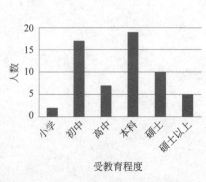

图 3-8　员工受教育程度的条形图

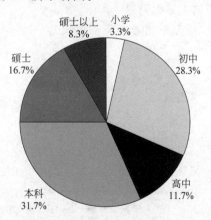

图 3-9　员工受教育程度的饼图

用 R 软件绘制饼图：

```
ta<-table(jiaoyu)
names <-c("小学","初中","高中","本科","硕士","硕士以上")
pie(table(jiaoyu),names,main="教育程度分布比例")
```

3. 环形图

环形图与饼图类似，但又有区别。环形图中间有一个"空洞"，总体中的每一部分数据用环中的一段表示。饼图只能显示一个总体各部分所占的比例，而环形图则可以同时绘制多个总体的数据系列，每一个总体的数据系列为一个环。因此环形图可以显示多个总体各部分所占的相应比例，从而有利于进行比较研究。

根据本章应用案例中 2017 年到 2019 年（2017 年到 2019 年从内向外）第一产业、第二产业、第三产业就业人数可以绘制出图 3-10。

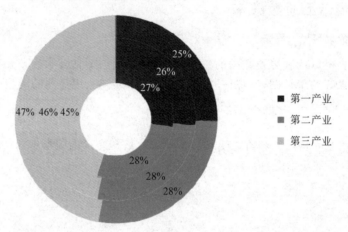

图 3-10 2017—2019 年第一产业、第二产业、第三产业就业人员的环形图

（二）顺序数据的图示

根据累积频数（率），可以绘制累积频数（率）分布图。接下来，根据表 3-6 绘制向上累积、向下累积频数分布图（图 3-11）。

用 R 软件绘制累积频数分布图：

向下累积：

```
员工受教育程度<-c(1,2,3,4,5,6)
累积人数<-c(60,58,41,34,15,5)
plot(员工受教育程度,累积人数,type="b")
```

向上累积：

```
员工受教育程度<-c(1,2,3,4,5,6)
累积人数<-c(2,19,26,45,55,60)
plot(员工受教育程度,累积人数,type="b")
```

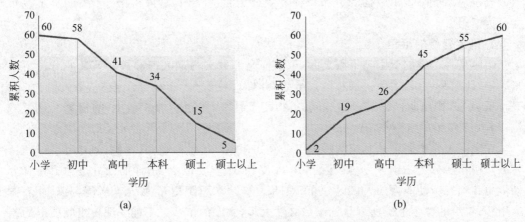

图 3-11 企业员工受教育程度的累积频数分布图
(a) 向下累积；(b) 向上累积

第三节 数值型数据的可视化

第二节中的品质数据的整理与展示方法也适用于数值型数据。但是数值型数据还有一些特殊的整理与展示方法。

一、用频数分布表展示数值型数据

做频数分布表前首先要对数值型数据进行分组，即要根据统计研究的需要，将数据按照某种标准划分成不同的组别。在统计分组的基础上，需要将总体中的所有单位按组归类整理，并按一定顺序排列，形成总体单位在各组间的分布，称为频数分布。频数分布反映总体的分布规律和性质，在统计定量分析中有广泛的用途，它可以用表的形式来反映，也可以用图形来表现。

分组的方法有单变量值分组和组距分组两种。

（一）单变量值分组

单变量值分组是把每一个变量值作为一组，这种分组方法通常只适合于离散变量且变量值较少时，相互之间的差异足以使每一个取值具有一种类型的经济意义。

（二）组距分组

在连续变量或变量值较多的情况下，可采用组距分组，它是将全部变量值依次划分为若干个区间，并将这一区间的变量值作为一组。在组距分组中，一个组的最小值称为下限，最大值称为上限。采用组距分组需要经过以下几个步骤。

1. 确定组数

数据分多少组合适，一般与数据本身的特点及数据的多少有关。由于分组目的之一是观察数据分布的特征，因此组数的多少应适中。若组数太少，数据的分布就会过于集中，而组数太多，数据的分布就会过于分散，这都不便于观察数据分布的特征和规律。组数的确定应以能够显示数据的分布特征和规律为目的。例如,可将例 3-1 中的员工按年龄分为 5 组。

2. 确定各组的组距

组距是一个组的上限与下限之差,可根据全部数据的最大值和最小值及所分的组数来确定,即组距=(最大值-最小值)/组数。例如,对于例 3-1 的年龄数据,最大值为 55,最小值为 16,则组距=(55-16)/5=8。为便于计算,组距宜取 5 或 10 的倍数。这里将例 3-1 员工年龄的组距取 10。

在实际工作中并不总是按等距分组。例如,《中国统计年鉴》在反映人口年龄结构时,将人口按年龄分为三组:0~14 岁、15~64 岁和 65 岁及以上,这样的划分是为了将有劳动能力和没有劳动能力的人口区分开。如果一味要求组距相等,如从头到尾都以 10 岁作为组距,年龄的整个范围所划分的组数必然太多,太多的组数又不能说明各组间质上的差别。另外这里的第一组和最后一组均采用了开口组,所谓开口组,指的是组距一端有确定的组限,另一端则是一个开口的或不确定的值。

3. 确定组限

组限,即相邻两组的界限。每组都有一个下限值和一个上限值,变量的性质不同,组限的确定方法也不同。对于离散变量,相邻两组的组限相连但不重叠,即本组上限与后一组下限能按序连接,但不相等。如例 3-1 中员工按年龄可分为:10~19 岁、20~29 岁如表 3-7 所示。对于连续变量,相邻组的组限必须重叠,这样组与组就紧紧相连了,以免遗漏数据。实际工作中,有时为了方便,确定离散变量的组限时也按连续变量的组限确定方法处理。如果遇到某变量值刚好等于相邻组的组限,例行规定是将这个变量值归入下限一组,亦即"上组限不在内"原则,但最后一组的上限应包括在本组中。如例 3-1 中员工的年龄为 40 岁,那么这个 40 岁应归入"40~50 岁"一组,而不是"30~40 岁"一组;若一个人的年龄为 60 岁,刚好等于最后一组的上限,则应归入"50~60 岁"一组。如表 3-8 所示。

4. 整理成频数分布表

在组限确定、分组划定之后,将其列在表中第 1 栏,表中第 2 栏作为频数分配栏;然后将相应的变量值,分别归入相应组中。表 3-7、表 3-8 就是例 3-1 中企业员工按年龄分组的频数分布表。

表 3-7 企业员工按年龄分组(组限不重叠)

年龄/岁	人数	百分比/%
10~19	9	15.0
20~29	13	21.7
30~39	21	35.0
40~49	12	20.0
50~59	5	8.3
合计	60	100

表 3-8 企业员工按年龄分组(组限重叠)

年龄/岁	人数	百分比/%
10~20	9	15.0
20~30	13	21.7
30~40	21	35.0
40~50	12	20.0
50~60	5	8.3
合计	60	100

在编制组距数列时,分布在各组的实际变量值已被变量变动的范围所取代。因此,统计计算和分析时,往往用组中值来反映各组实际变量值的一般水平,即取各组变量变化范

围的中间数值。组中值的算式为:组中值=(上限+下限)/2。

在计算开口组的组中值时,一般是将相邻组组距作为其组距,然后计算。其计算公式为

缺上限组的组中值=下限+邻组组距/2

缺下限组的组中值=上限-邻组组距/2

应当注意的是,组中值代表组内所有变量值的一般水平,是假定组中值等于相应的组平均值。但这种情况是很少见的,所以,根据组中值计算的结果是一个近似值。

二、用图形展示数值型数据

频数分布表是我们在后面计算频率分布特征值的基础,但它有一个缺点是不能清晰地反映频率分布的形态,分布图则正能弥补这一点,根据分布图可以更好地了解数据的分布规律。这里介绍单变量数值型数据常用的茎叶图和直方图。

(一)未分组数据的图示:茎叶图

茎叶图是一种同时显示数据顺序和分布形状的图形。仍以例 3-1 数据集中的员工年龄数据为例。首先将每一个数据的第一个数字列在垂直线的左边,然后,根据记录的顺序将每一个数据的最后一个数字记在垂直线的右边。每一个数据的最后一个数字所在的行与其第一个数字所在的行相对应,如图 3-12 所示。

```
1 | 6 6 6 7 8 8 9 9
2 | 0 1 4 5 5 6 8 8 9 9 9 9 9
3 | 0 0 1 1 2 2 2 2 2 2 2 3 3 6 6 6 7 7 7 8 9
4 | 0 0 0 1 2 2 2 3 3 3 8 8
5 | 0 0 1 1 5
```

图 3-12 员工年龄数据的茎叶图

上面的茎叶图显得过于拥挤,可以把它扩展,形成扩展的茎叶图,如图 3-13 所示。

```
1 | 6 6 6 7 8 8 8 9 9
2 | 0 1 4
2 | 5 5 6 8 8 9 9 9 9 9
3 | 0 0 1 1 2 2 2 2 2 2 2 3 3
3 | 6 6 6 7 7 7 8 9
4 | 0 0 0 1 2 2 2 3 3 3
4 | 8 8
5 | 0 0 1 1
5 | 5
```

图 3-13 扩展的茎叶图

图 3-12、图 3-13 竖线左侧的每一行称为一根茎,茎上的每一个数称为一片叶。例如,考虑图 3-12 的第一行:

1 | 6 6 6 7 8 8 9 9

这一行的意思是数据的第一个数字是 1 的数据有 9 个:16、16、16、17、18、18、18、19、19。同样,第五行表示第一个数字是 5 的数据有 5 个:50、50、51、51 和 55。由此可以看

出,茎叶图上的数据值被分为两个部分。每根茎的标号就是数据的第一个数字,每片叶就是数据的最后一个数字(即0,1,2,…,8,9)。垂直线只是将列在表上的两组数据分开。

为了把注意力集中在茎叶图所显示的形状上,用长方形来描绘每根茎上叶的"长度"。这样图3-13就成为图3-14。

将这张图逆时针旋转90°就得到一幅与以15~20、20~25、25~30、30~35、35~40、40~45、45~50、50~55、55~60为组限的直方图相似的图形。虽然茎叶图提供的信息与直方图相同,但它还有下面两个优点。

(1) 茎叶图很容易绘制。

(2) 在组距内,茎叶图比直方图提供更多的信息,因为茎叶图上有具体的数值。

像频数分布和直方图没有固定的分组数目一样,茎叶图也没有确定数目的行或茎。如果认为原始数据被过于浓缩,可以很容易地给每个首项数字两个或更多的茎来伸展茎叶图。例如,给每个首项数字两行,把所有以0、1、2、3和4结尾的数据值放在一行,而将以5、6、7、8和9结尾的数据值放在另一行,图3-13就采用了这种方法。

前面的例子显示茎叶图的数据只有两位数字,实际上,有较多位数字的数据也能够绘制茎叶图。

例3-2 一家快餐店15周中每一周汉堡包的销售数量如表3-9所示。

表3-9 汉堡包销售数量

| 1 852 | 1 644 | 1 766 | 1 888 | 1 912 | 2 044 | 1 812 | 1 790 |
| 1 679 | 2 008 | 1 565 | 1 952 | 1 976 | 1 954 | 1 733 | |

这些数据的茎叶图如图3-15所示(叶的单位=10)。

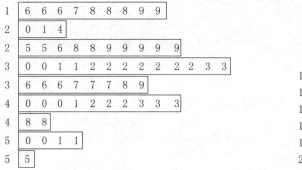

图3-14 突出形状的茎叶图   图3-15 汉堡包销售数量茎叶图

此茎叶图只使用数据值的前面3个数字。用语"叶的单位=10"表明叶值为1代表10~19,叶值为2代表20~29,其余依此类推。例如,图3-15第一行叶值为6代表60~69的数,意思是:有一个数据在1 560~1 569之间。

(二) 分组数据的图示:直方图

直方图一般是针对组距数列而制作的。对等距数列,其做法是将分组的标志值在横轴上标明,然后向上画长条,并按各组的频数取高,每一组形成一个长方形,从而构成的图形称为直方图。如果频数与频率同时出现,可以用左边的纵轴表示频数,右边的纵轴表示频率。图 3-16 是根据表 3-3 的数据绘制的直方图,它很清晰地显示出员工年龄的分布特征,这些数量特征,如分布的对称性与偏斜性、集中程度与离散程度等就是数据规律性的表现。

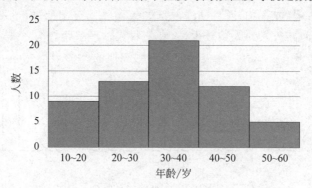

图 3-16　员工按年龄分组图

用 R 软件绘制直方图：

```
ta <-table(jiaoyu)
hist(ta,breaks=c(10,20,30,40,50,60),col="lightblue",border="black",labels=TRUE,ylim=c(0,25))
```

直方图与条形图不同,条形图是用条形的高度(或长度)表示各类别频数的多少,其宽度(表示类别)是固定的;直方图是用面积表示各组频数的多少,矩形的高度表示每一组的频数或百分比,宽度则表示各组的组距,因此其高度与宽度均有意义。另外,由于分组数据具有连续性,直方图的各矩形通常是连续排列,而条形图则是分开排列。

对异距数列,因各组频数受组距大小的影响,组距不同的组,其频数不能直接比较,若仍以频数表示矩形的高,绘制的直方图就不能准确反映总体的分布形态。应该计算频数密度以消除组距对频数的影响,并以频数密度为矩形的高、组距为矩形的宽来绘制直方图,频数密度=频数/组距。

如果是离散型变量,将离散型变量值画在横轴上,对于不同的变量值按次数多少画出竖线,将各竖线的顶点连接起来,并最后扩展到横轴上,这些顶点的连线就是分布曲线,也叫频数分布折线。如果是分组数据,在每组组中值的上方,按该组的频数或频率描一个圆点,并在横轴上找两点,一点的值等于第一组的组中值减其组距,另一点的值等于最后一组的组中值加其组距,然后将这些圆点用折线连接起来,就得到分布折线图,其面积应等于直方图中各矩形面积之和。绘制分布折线图也可以在直方图的基础上,用折线将各组频数(频率)高度的中点连接而成。

如果变量值非常多,划分的组限无限增加,多边形图便逐渐变成平滑的曲线。曲线图是组数趋向于无限多时,多边图的极限描绘,是一种理论的曲线。不同的客观事物有不同的数量规律性,因而也就形成了不同的频数分布曲线。

在日常生活和经济管理中,较常见的有三种分布曲线,即对称分布曲线、左偏态曲线、右偏态曲线(图 3-17)。对称分布曲线也称为钟形曲线,形状像左右对称的悬挂的大钟,这是客观事物数量特征表现最多的一种分布曲线,如人的身高、体重、智商,电子管中的热噪声、电流、电压,还有纤维长度、细纱强度,钢的含碳量,粮食作物产量,橡胶的抗张力,所有的试验、测量和观测误差等都服从正态分布。偏态曲线根据长尾拖向哪一方又可分为左偏(或负偏)和右偏(或正偏)两种曲线。例如人均收入分配的曲线就是正偏曲线,即低收入的人数较多,而高收入的人数较少,二者的收入水平差距较大。

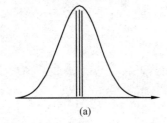 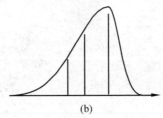 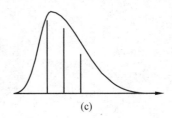

图 3-17 常见的分布曲线

(a) 对称分布曲线;(b) 左偏曲线;(c) 右偏曲线

例 3-3 对例 3-1 中员工月收入的数据进行图表描述。

解:(1)初步确定组数。表 3-3 的单位总数为 60,月收入的最大值为 13 372(元),最小值为 1 156(元),故得全距:$R = 13\ 372 - 1\ 156 = 12\ 216$(元),数据分散程度较大,不妨先假定分为 10 个组,即组数为 10。

(2)确定组距。组距=全距/组数=12 216/10=1 221.6。取整为 1 300。

(3)确定组限。员工月收入的最小值为 1 156,考虑到第一组的下限应低于最小变量值,定第一组下限为 1 100。在分组过程中,频数不满 5 的组合并,因此,最后一组为"8 900 以上"。

(4)整理成频数分布表,如表 3-10 所示。其直方图如图 3-18 所示。

表 3-10 员工月收入的频数分布表

月收入/元	人数	频率/%	月收入/元	人数	频率/%
1 100~2 400	11	18.3	6 300~7 600	8	13.3
2 400~3 700	6	10.0	7 600~8 900	6	10.0
3 700~5 000	10	16.7	8 900 以上	5	8.3
5 000~6 300	14	23.3	合 计	60	100

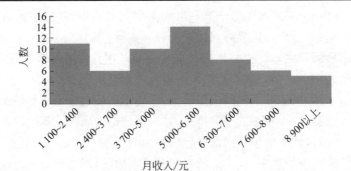

图 3-18 员工月收入的分布直方图

（三）多变量数据的图示：散点图、气泡图和雷达图

多变量数据图示法是将多变量用平面上的直观图形进行表示，以帮助人们去思维和判断，多变量数据图示法与上文所述有所不同，常见的多变量数据图示法有散点图、气泡图、雷达图等。

1. 散点图

散点图是用两组数据构成多个坐标点，考察坐标点的分布，判断两变量之间是否存在某种关联或总结坐标点的分布模式。散点图将序列显示为一组点。值由点在图表中的位置表示。类别由图表中的不同标记表示。散点图通常用于比较跨类别的聚合数据。

例 3-4 学生的成绩与学生的上课以及学生教师数量比有很大关系。为了解它们之间的关系，收集到如下数据，如表 3-11 所示，试根据表 3-11 绘制学生成绩与上课时间的散点图。

表 3-11 学生成绩与上课时间和学生教师数量比的数据

学　校	上课时间/天	学生教师数量比	学生平均成绩
A	10.5	18.1	88.6
B	10	17.6	84.2
C	7	12.6	71.2
D	8.5	15.6	80.4
E	8	13.4	76.1
F	9	16.7	82.6

根据表 3-11 中的数据绘制散点图，如图 3-19 所示。

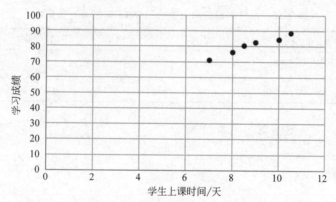

图 3-19 学生成绩与上课时间的散点图

用 R 软件绘制散点图：

```
x <-c(10.5,10,7,8.5,8,9)
y <-c(88.6, 84.2, 71.2, 80.4, 76.1, 82.6)
plot(x, y, xlab ="学生上课时间", ylab ="学生成绩", main="学生成绩与上课时间的散点图")
```

2. 气泡图

气泡图（bubble chart）可用于展示三个变量之间的关系。它与散点图类似，绘制时将一个变量放在横轴，另一个变量放在纵轴，而第三个变量则用气泡的大小来表示。气泡图与散点图的不同之处在于：气泡图允许在图表中额外加入一个表示大小的变量进行对比。

例如,根据表 3-11 可以绘制气泡图,如图 3-20 所示。

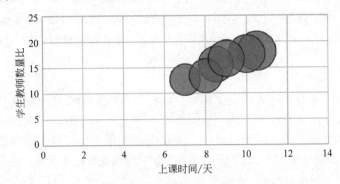

图 3-20 学生成绩与上课时间和学生教师数量比的气泡图
注:气泡大小表示成绩

3. 雷达图

雷达图是以从同一点开始的轴上表示的三个或更多个定量变量的二维图表的形式显示多变量数据的图形方法。轴的相对位置和角度通常是无信息的。雷达图也称为网络图、蜘蛛图、星图、蜘蛛网图、不规则多边形、极坐标图或 Kiviat 图。它相当于平行坐标图,轴径向排列。

例 3-5 表 3-12 是 A 股市场三家上市公司 2018 年相关财务数据,试根据表 3-12 绘制雷达图。

表 3-12 A 股市场三家上市公司 2018 年相关财务数据

公司	市净率	市盈率	市销率	每股收益	利息保障倍数
A	3.5	12.3	3.5	0.9	2.4
B	10.4	8.4	6.4	1.4	3.5
C	6.3	8.8	5.9	2.3	2.5

根据表 3-12,雷达图绘制如图 3-21 所示。

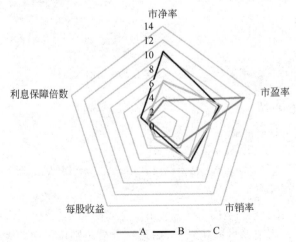

图 3-21 A、B、C 三家公司财务数据雷达图

第四节　用 Excel 进行数据的整理与展示

对收集到的数据进行整理,使之系统化、条理化,并进而用图表展示,对了解现象现状和拟定进一步的分析无疑是非常重要的,但当数据量巨大时无疑也是非常费事的,这时候,统计软件就成了很好的帮手。前文所述,本教材主要使用 Excel。Excel 中的有些操作非常简单和常见,如【数据】菜单下的【排序】和【筛选】,【插入】菜单下的【数据透视表】、【柱形图】、【折线图】、【饼图】、【条形图】、【散点图】等。但也有些需要在【数据】菜单的【数据分析】(如果没有此选项的话,需要通过【加载宏】加载【分析工具库】)下完成。

一、用 Excel 作品质数据的频数分布和条形图

例 3-6　用 Excel 作例 3-1 中受教育程度的频数分布和条形图。

Excel 提供了直方图工具,但被设计成只对数量数据有效,所以首先对受教育程度赋值,建立数值代码(表 3-13)。

表 3-13　用 Excel 建立员工受教育程度的频数分布和条形图

序号	受教育程度	受教育程度赋值	序号	受教育程度	受教育程度赋值
1	本科	4	24	本科	4
2	硕士	5	25	本科	4
3	硕士	5	26	小学	1
4	本科	4	27	硕士以上	6
5	高中	3	28	初中	2
6	硕士以上	6	29	本科	4
7	初中	2	30	本科	4
8	本科	4	31	初中	2
9	本科	4	32	本科	4
10	硕士以上	6	33	高中	3
11	本科	4	34	初中	2
12	本科	4	35	初中	2
13	初中	2	36	本科	4
14	硕士	5	37	本科	4
15	本科	4	38	硕士	5
16	高中	3	39	高中	3
17	初中	2	40	初中	2
18	本科	4	41	初中	2
19	硕士	5	42	高中	3
20	高中	3	43	硕士	5
21	初中	2	44	本科	4
22	小学	1	45	初中	2
23	初中	2	46	初中	2

续表

序号	受教育程度	受教育程度赋值	序号	受教育程度	受教育程度赋值
47	硕士以上	6	54	本科	4
48	本科	4	55	硕士	5
49	硕士	5	56	硕士	5
50	初中	2	57	初中	2
51	高中	3	58	硕士	5
52	初中	2	59	初中	2
53	硕士以上	6	60	本科	4

下列步骤描述了如何使用 Excel 来产生表 3-13 中的频数分布和条形图。

（1）【数据】菜单下选择【数据分析】，然后选择【直方图】，界面如图 3-22 所示。注意：需将表 3-13 数据排为一列，以便分析。

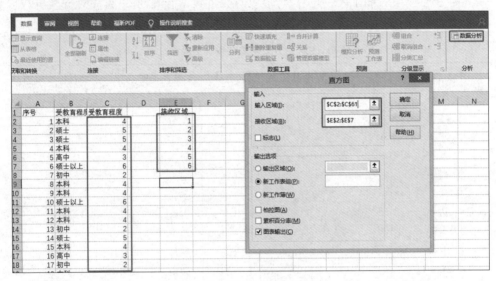

图 3-22 【直方图】选项界面

（2）做和图 3-22 的【输入区域】、【接收区域】、【标志】和【输出区域】同样的选项，单击【确定】按钮，即可得到频数分布表和其条形图，如图 3-23 所示。形成的频数分布表有【其他】一项，其值为零说明选择的变量值都按要求分到了各组中，没有未处理的数值。值得注意的是，此处接收区域就是受教育程度的类型。

需要说明的是，使用不同软件制作出来的图形不完全一样，各种软件各具特色。本教材使用 Excel 软件输出的图表。可以在图 3-23 中的条形图上直接进行编辑，满足要求后再复制到文档中。

二、用 Excel 作数值型数据的频数分布和直方图

例 3-7 用 Excel 完成例 3-1 中员工年龄的频数分布和直方图。员工年龄见表 3-14。

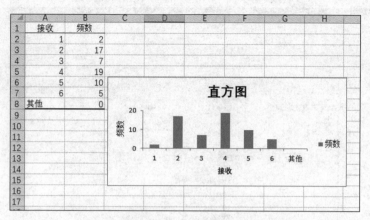

图 3-23 受教育程度的频数分布和直方图

表 3-14 用 Excel 作员工年龄的频数分布和直方图

序号	年龄	序号	年龄	序号	年龄	序号	年龄
1	37	16	39	31	19	46	28
2	40	17	19	32	40	47	31
3	29	18	32	33	25	48	51
4	42	19	29	34	17	49	32
5	25	20	43	35	18	50	32
6	24	21	21	36	30	51	48
7	33	22	18	37	38	52	16
8	36	23	43	38	41	53	36
9	51	24	29	39	42	54	28
10	37	25	29	40	16	55	43
11	32	26	16	41	20	56	31
12	48	27	36	42	30	57	32
13	40	28	42	43	29	58	50
14	50	29	37	44	33	59	32
15	32	30	26	45	18	60	55

下列步骤描述了如何使用 Excel 来产生表 3-14 中的频数分布和直方图。

(1)【数据】菜单下选择【数据分析】,然后选择【直方图】,界面如图 3-24 所示。

(2)做和图 3-24 的【输入区域】、【接收区域】、【标志】和【输出区域】同样的选项,单击【确定】按钮,即可得到频数分布表及其直方图,如图 3-25 所示。形成的频数分布表有【其他】一项,其值为零说明选择的变量值都按要求分到了各组中,没有未处理的数值。

有两点是用 Excel 作频数分布和直方图时必须注意的。

一是为了在分组时仍然保持"上组限不在内"原则,确定分组上限时就要考虑这个问题。图 3-25 中的数据上限组列是软件处理时的【接收区域】,如 19 这个数字,表示小于等于 19 的值会归在这一组,同样 29 这个数字表示大于 19 而又小于等于 29 的值归在这一组。

二是直接输出的图实际上是条形图,可以将鼠标放在图形上,右击,然后单击【设置数

图 3-24 【直方图】选项界面

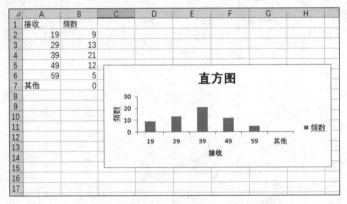

图 3-25 员工年龄的频数分布和直方图

据系列格式】,再在【系列选项】中将【分类间距】调到【无间距】。可以在图 3-25 所示的图上直接进行编辑,满足要求后再复制到文档中。

第五节 合理使用图表

统计图和统计表将一系列近似的数字放在一起对比,是一种非常有力的工具。图表中的数字通过形象、具体的方式将信息传递给读者。同样一组数字,用图表展示出来比用叙述或文字说明方式表述出来更具体、更精确。而且看统计图和统计表要比看枯燥的数字更有趣,也更容易理解。在对一些实际问题进行研究时,也经常要使用统计图和统计表。正确地使用统计图和统计表是做好统计分析的最基本技能。

一、合理使用统计图

一张精心设计的图形是展示数据的有效工具。前面介绍了用图形展示数据的方法,借助计算机软件可以很容易地绘制出漂亮的图形,但需要注意的是,初学者往往会在图形的修饰上花费太多的时间和精力,这样做得不偿失,也未必合理,或许会画蛇添足。

精心设计的图形可以正确表达数据所要传达的信息。设计图形时,应绘制得尽可能简洁,不应当有分散注意力的东西,以让读者将注意力集中在数据上。

二、合理使用统计表

1. 统计表的作用

统计表是统计用数字说话的一种最常用的形式。它有以下几方面作用。

(1) 能使大量的统计资料系统化、条理化,因而能更清晰地表述统计资料的内容。

(2) 利用统计表便于比较各项目之间的关系,而且也便于计算。

(3) 采用统计表表述统计资料显得紧凑、简明、醒目,使人一目了然。

(4) 利用统计表易于检查数字的完整性和正确性。

统计表既是调查整理的工具,又是分析研究的工具,广义的统计表包括统计工作各个阶段中所用的一切表格,如调查表、整理表、计算表等,它们都是用来提供统计资料的重要工具。

2. 统计表的结构

统计表一般由表头(总标题)、行标题、列标题和数字资料四个主要部分组成。表头应放在表的上方,它所说明的是统计表的主要内容,是表的名称;行标题和列标题通常安排在统计表的第一列和第一行,它所表示的主要是所研究问题的类别名称和指标名称,通常也被称为"类";数字资料通常放在统计表的下方,主要包括资料来源、指标的注释、必要的说明等内容。

3. 统计表的形式

统计表形式繁简不一,通常是按项目的多少,分为单式统计表与复式统计表两种。只对某一个项目数据进行统计的表格,称为单式统计表,也称为简单统计表。统计项目在2个或2个以上的统计表格,称为复式统计表。

(1) 按作用不同,统计表可分为:统计调查表、汇总表、分析表。

(2) 按分组情况不同,统计表可分为:简单表、简单分组表、复合分组表。

① 简单表:不经任何分组,仅按时间或单位进行简单排列的表。

② 简单分组表:仅按一个标志进行分组的表。

③ 复合分组表:按两个或两个以上标志进行层叠分组的表。

4. 统计表格的设计

由于使用者的目的以及统计数据的特点不同,统计表的设计在形式和结构上会有较大差异,但设计的基本要求是一致的。总体上来说,统计表的设计应符合科学、实用、简练、美观的要求。具体来说设计统计表时要注意以下几点。

(1) 合理安排统计表的结构。例如行标题、列标题、数字资料的位置应安排合理。

(2) 表头一般应包括表号、总标题和表中数据的单位等内容。

总标题应简明确切地概括出统计表的内容,一般需要表明统计数据的时间、地点以及何种数据,即标题内容应满足 3W(统计数据的时间、地点、何种数据的简称)要求。

(3) 如果表中的全部数据都是同一计量单位,可放在表的右上角标明,若各指标的计量单位不同,则应放在每个指标后或单列出一列标明。

(4) 表中的上下两条线一般用粗线,中间的其他线要用细线,这样看起来清楚、醒目。

(5) 在使用统计表时,必要时可在表的下方加上注释,特别要注明资料来源,以表示对他人劳动成果的尊重,方便读者查阅使用。

■ **统计图应用的经典案例**

拿破仑的俄罗斯远征

能否用一张简单的统计图描绘一场激烈的战争?能!如图3-26所示的漂亮的统计图描述了一部《战争与和平》的梗概。

图3-26是一张拿破仑远征进攻撤退路线图。图的上半部分是法军士兵进攻莫斯科时各战役减员的情况和由莫斯科撤退过程中的减员数字,下半部分是法军由莫斯科大撤退后的几个战役和受寒冬困扰的时间、地点和气温。读过《战争与和平》或有关拿破仑传记的人都很熟悉这张著名的拿破仑东征。1812年6月23日,拿破仑率42万法军越过涅曼河,进入俄国直接控制的立陶宛。这时,俄军主力已经撤离,老百姓也都撤走了,留给拿破仑的是无人的村落和荒凉的原野。法军由于供给不足,又无法得到新的给养,士兵减员严重。大约有1万匹战马,因为疲劳过度并吃杂草生病,死在进攻斯摩棱斯克的路上。从该图可以看出,进入俄国后,除了在维尔纳及在此之前派出的7万士兵由乌蒂诺统率去抵抗俄军外,主力部队应有30多万人,但在到达维捷布斯克时就只剩下17.5万人了(也包括留下一些军队驻守占领的城市和村镇),这一段损失巨大。在斯摩棱斯克战役中,法军又损失1万多人。在供应缺乏的情况下,拿破仑孤注一掷,继续东进,希望占领莫斯科后与沙皇讲和,获得一些利益。1812年9月7日,在离莫斯科还有100多公里的博罗季诺展开了19世纪第一场大规模的争夺战。拿破仑投入近600门大炮和全部兵力争夺这个村庄。巴格拉齐昂将军率领俄军主力与法军决战,双方争夺激烈,多次易手。在法军第9次进攻时,巴格拉齐昂将军负伤,俄军组织了有计划的撤退。在这场拉锯战中,双方损失数万人。当法军9月14日进入莫斯科时,占领的只是一座空城。这时法军只剩约10万人,并且寒冬来临,不得不在10月19日撤出莫斯科并试图从南路撤回法国。10月24日,法军遇到大雨,接下来温度降到0℃以下,减员不断。这时,原来派出的乌蒂诺元帅率领的3万人加入主力部队,一时增加到5万人。但在11月28日抢渡别列津纳河时,气温降到零下20℃。在俄军的攻击和破坏下,法军士兵有1万多人掉到河中淹死。结果,在12月中旬离开俄国时,法军由半年前的42万人只剩下1万多人了。"

我们看到,绘图者不仅描绘出一场宏大的战役,而且进攻和撤退的路线分别选用不同的标志,即以浅灰色表示路线,黑色表示撤退路线,以线的粗细反映军队人数的多少,使得一张统计图给人们的印象胜过半部小说。这个例子告诉我们,好的统计图可以描绘重大历史事件,反映历史进程和社会经济的发展。

资料来源:引自袁卫,刘超.统计学——思想、方法与应用[M].北京:中国人民大学出版社,2011

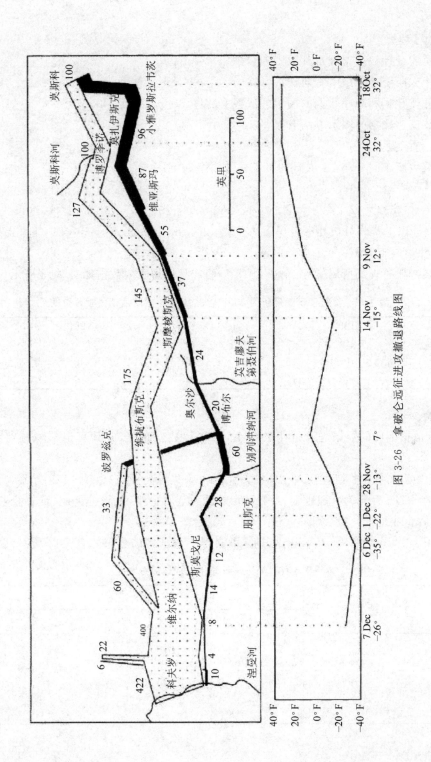

图 3-26 拿破仑远征进攻撤退路线图

第三章 统计数据的整理与展示

思考与练习

一、思考题

1. 简述统计数据整理及其原则和步骤。
2. 什么叫统计分组？有何作用？
3. 分类数据和顺序数据的图示方法各有哪些？
4. 数值型数据的图示方法有哪些？

二、练习题

1. 某生产车间 30 名工人日加工零件数（件）如下：

30　26　42　41　36　44　40　37　37　25　45　29　43　31　36
49　34　47　33　43　38　42　32　34　38　46　43　39　35　36

试根据以上资料分成如下几组：25～30,30～35,35～40,40～45,45～50,编制频数分布表,并绘制直方图。

2. 某行业管理局所属 40 个企业 2018 年的产品销售收入数据如表 3-15 所示。

表 3-15　某行业管理局所属 40 个企业 2018 年的产品销售收入数据

152	124	129	116	100	103	92	95	127	104
105	119	114	115	87	103	118	142	135	125
117	108	105	110	107	137	120	136	117	108
97	88	123	115	119	138	112	146	113	126

要求：

（1）根据上面的数据进行适当的分组,编制频数分布表,并计算出累积频数和累积频率。

（2）如果按规定：销售收入在 125 万元以上为先进企业,115 万～125 万元为良好企业,105 万～115 万元为一般企业,105 万元以下为落后企业,按先进企业、良好企业、一般企业、落后企业进行分组。

3. 甲、乙两个班各有 40 名学生,期末统计学考试成绩的分布如表 3-16 所示。

表 3-16　期末统计学考试成绩的分布

考试成绩	人 数	
	甲班	乙班
优	3	6
良	6	15
中	18	9
及格	9	8
不及格	4	2

要求：

（1）根据上面的数据,画出两个班考试成绩的对比条形图和环形图。

(2) 比较两个班考试成绩分布的特点。
(3) 画出雷达图,比较两个班考试成绩的分布是否相似。

4. 表 3-17 是北方某城市 1—2 月各天气温的记录数据:

表 3-17　北方某城市 1—2 月各天气温的记录数据

−3	2	−4	−7	−11	−1	7	8	9	−6
14	−18	−15	−9	−6	−1	0	5	−4	−9
6	−8	−12	−16	−19	−15	−22	−25	−24	−19
−8	−6	−15	−11	−12	−19	−25	−24	−18	−17
−14	−22	−13	−9	−6	0	−1	5	−4	−9
−3	2	−4	−4	−16	−1	7	8	−6	−5

要求:
(1) 指出表 3-17 数据属于什么类型。
(2) 对表 3-17 数据进行适当的分组,并编制分组频数表。
(3) 绘制直方图,说明该城市气温分布的特点。

5. 根据表 3-18 的数据绘制散点图。

表 3-18　散点图数据

x	2	3	4	1	8	7
y	25	25	20	30	16	18

6. 为了确定灯泡的使用寿命(小时),在一批灯泡中随机抽取 100 只进行测试,所得结果如表 3-19 所示。

表 3-19　灯泡使用寿命测试结果

700	716	728	719	685	709	691	684	705	718
706	715	712	722	691	708	690	692	707	701
708	729	694	681	695	685	706	661	735	665
668	710	693	697	674	658	698	666	696	698
706	692	691	747	699	682	698	700	710	722
694	690	736	689	696	651	673	749	708	727
688	689	683	685	702	741	698	713	676	702
701	671	718	707	683	717	733	712	683	692
693	697	664	681	721	720	677	679	695	691
713	699	725	726	704	729	703	696	717	688

要求:
(1) 以组距为 10 进行等距分组,整理成频数分布表,并绘制直方图;

(2) 绘制茎叶图,并与直方图做比较。

7. 表 3-20 和表 3-21 是 A、B 两个班学生的数学考试成绩数据:

表 3-20　A 班学生数学考试成绩

44	57	59	60	61	61	62	63	63	65
66	66	67	69	70	70	71	72	73	73
73	74	74	74	75	75	75	75	75	76
76	77	77	77	78	78	79	80	80	82
85	85	86	86	90	92	92	92	93	96

表 3-21　B 班学生数学考试成绩

35	39	40	44	44	48	51	52	52	54
55	56	56	57	57	57	58	59	60	61
61	62	63	64	66	68	68	70	70	71
71	73	74	74	79	81	82	83	83	84
85	90	91	91	94	95	96	100	100	100

要求:
(1) 将两个班的考试成绩用一个公共的茎制成茎叶图;
(2) 比较两个班考试成绩分布的特点。

即 测 即 练

第四章

数据的概括性度量

 应用案例

表 4-1 是 2018 年全国各省区市(不含港澳台)生产总值及排名情况。近年来,我国经济高质量发展,各省区市生产总值不断提升,在每一年公布的生产总值数据中,我们可以获得哪些信息?这些信息是否可以准确地描述经济发展情况呢?

表 4-1 2018 年全国各省区市(不含港澳台)生产总值及排名情况　　　亿元

排名	省份	生产总值	排名	省份	生产总值	排名	省份	生产总值
1	广东	97 300.0	12	北京	30 320.0	23	山西	16 818.1
2	江苏	92 595.4	13	安徽	30 006.8	24	吉林	15 074.6
3	山东	76 469.7	14	辽宁	25 300.0	25	贵州	14 806.5
4	浙江	56 197.0	15	陕西	24 438.3	26	新疆	12 199.1
5	河南	48 055.9	16	江西	21 984.8	27	甘肃	8 246.1
6	四川	40 678.1	17	重庆	20 363.2	28	海南	4 832.1
7	湖北	39 366.6	18	广西	20 352.5	29	宁夏	3 705.1
8	湖南	36 425.8	19	天津	18 809.6	30	青海	2 865.0
9	河北	36 010.3	20	云南	17 881.1	31	西藏	1 400.0
10	福建	35 804.0	21	内蒙古	17 289.2			
11	上海	32 679.9	22	黑龙江	16 361.6			

由 2018 年生产总值数据可以看到,广东、江苏可谓"双雄",将第三名远远甩在身后。山东 2018 年生产总值以 76 469.7 亿元排名第三,与广东、江苏中间隔着"8 万亿"这个量级。

2018 年生产总值排名前 10 位的省份,除了广东、江苏、山东,依次还有浙江、河南、四川、湖北、湖南、河北、福建。这些省份 2018 年的生产总量都在 3.5 万亿元以上。其中,四川首次进入"4 万亿俱乐部",2018 年实现生产总值 40 678.13 亿元。

通过计算,我们可以得到,全国各省区市(不含港澳台)生产总值的平均数为 29 504.4 亿元,那么,这个数字是否可以代表全国经济发展水平呢?除了平均数,是否有更好的指标进行度量?同时,各省区市经济发展差异应该如何度量呢?

如第三章中所述,利用图表数据可以让我们对数据分布的形状和特征有一个大致的了解。然而,进一步的推断、决策等研究不仅要求对其分布的形状和特征有直观的了解,而且要求用几个最简洁又最能充分描述其分布数量特征的数值将其分布变化的规律性表示出来。这些数量特征值包括集中趋势、离散程度和偏斜程度三个方面。本章将从这三个方面进一步对数据进行概括性度量。

第一节 集中趋势的度量

集中趋势(central tendency)是指一组数据向某一中心值靠拢的倾向,测度集中趋势是寻找数据一般水平的代表值或中心值。取得集中趋势代表值的方法通常有两种:一是先将总体各单位的变量值按一定顺序排列,然后取某一位置的变量值来反映总体各单位的一般水平,把这个特殊位置上的数值看作平均数,称作位置平均数。二是从总体各单位变量值中抽象出具有一般水平的量,这个量不是各个单位的具体变量值,但又要反映总体各单位的一般水平,这种平均数称为数值平均数。在经济统计分析中常用来描述数据集中趋势的统计量包括众数(mode)、中位数和算术平均数等。

一、众数

众数是数据中出现次数最多的变量值,用 M_o 表示。众数是位置平均数,主要用于测度品质数据的集中趋势,也可作为数值型数据集中趋势的测度值。

对于品质数据和未分组数据,确定众数比较简单,只需找出次数最多的变量值即可。如例 3-1 中"员工受教育程度"这一变量的众数为"本科",见表 3-3。

对于分组数据,要首先确定出现次数最多的组。然后用下面的公式计算:

$$M_o = L + \frac{\Delta_1}{\Delta_1 + \Delta_2} \times d \quad (下限公式)$$

$$M_o = U - \frac{\Delta_2}{\Delta_1 + \Delta_2} \times d \quad (上限公式)$$

式中,L 为众数所在组的下限;U 为众数所在组的上限;d 为众数所在组的组距;Δ_1 为众数所在组次数与前一组次数之差;Δ_2 为众数所在组次数与后一组次数之差。

该计算方法实际为一种插分法,用众数组前后两组的频数作为决定众数应在众数所在组组中值上面或下面的加权因子。实际进行经济分析时,也可用众数所在组的组中值作为众数的估计值。

例 4-1 计算表 3-10 中员工月收入的众数。

从表 3-10 中的数据可以看出,最大的频数值是 14,即众数组为 5 000~6 300 这一组。则有

$$\Delta_1 = 14 - 10 = 4, \quad \Delta_2 = 14 - 8 = 6$$

$$M_o = 5\ 000 + \frac{4}{4+6} \times 1\ 300 = 5\ 520, \quad M_o = 6\ 300 - \frac{6}{4+6} \times 1\ 300 = 5\ 520$$

如果一个频数分布出现几个众数,则称为多重众数。在分析这样的分布时,必须非常谨慎,以免推断发生错误。

众数可以直观地说明频数分布的集中趋势,并用它作为变量值的一般水平的代表值。例如,为了掌握集贸市场某种商品的价格水平,不必登记该商品的全部成交量与成交额再加以平均,只要用市场上最普遍(即成交量最多)的成交价格即可,以此代表当日的市场行情,既简便又富有代表性。不仅如此,在某些场合,只有众数才适合作为总体的代表值。

例如,服装、鞋帽等商品的生产和销售,企业的销售部门为了了解和满足消费者的需要,所关心的不是这些商品号码、尺寸、规格、型号的算术平均数,而是它们的众数。

二、中位数

将数据按从小到大的顺序排列,处于中间位置的值即为中位数,用 M_e 表示。中位数也是位置平均数,主要用于测度顺序数据的集中趋势,也可以用于测度数值型数据的集中趋势。

(1) 对于未分组数据,要先对数据进行排序,然后确定中位数的位置,最后确定中位数的具体数字。设一组数据 $x_1, x_2, \cdots, x_n$,按从小到大的顺序排序后为 $x_{(1)}, x_{(2)}, \cdots, x_{(n)}$,则中位数为

$$M_e = \begin{cases} x_{(n+1)/2}, & n \text{ 为奇数} \\ \dfrac{x_{(n/2)} + x_{(n/2+1)}}{2}, & n \text{ 为偶数} \end{cases}$$

例如,根据例 3-1 的数据,计算 60 名员工月收入的中位数。$n=60$,为偶数,中位数在第 30 个数值和第 31 个数值之间,即 $M_e = (5\,213 + 5\,276)/2 = 5\,244.5$(元)。

(2) 对于分组数据,需依据各组变量值在组内均匀分布的假定,先根据累积频数及 $\sum f/2$ 求出中位数所在的组,然后用下面的式子计算:

$$M_e = L + \frac{\sum f/2 - S_{m-1}}{f_m} \times d \quad (\text{下限公式})$$

$$M_e = U - \frac{\sum f/2 - S_{m+1}}{f_m} \times d \quad (\text{上限公式})$$

式中,L 为中位数所在组的下限;U 为中位数所在组的上限;d 为中位数所在组的组距;f_m 为中位数所在组的频数;S_{m-1} 为中位数组前一组的由小到大累积频数;S_{m+1} 为中位数组后一组的由大到小累积频数。

例 4-2 计算表 3-10 中员工月收入的中位数。

由表 3-10 可知,$\sum f = 60$,$\sum f/2 = 30$。将表中人数作向上累积,累积到 3 700~5 000 这一组时,累积人数为 27,累积到 5 000~6 300 这一组时累积人数为 41,则可判定中位数在 5 000~6 300 这一组,组距 $d=1\,300$,下限值 $L=5\,000$,上限值 $U=6\,300$,$S_{m-1} = 11+6+10=27$,$S_{m+1}=5+6+8=19$,$f_m=14$,则有

$$M_e = 5\,000 + \frac{30-27}{14} \times 1\,300 \approx 5\,278.57$$

$$M_e = 6\,300 - \frac{30-19}{14} \times 1\,300 \approx 5\,278.57$$

中位数是一个位置代表值,其特点是不受极端值的影响,具有稳健性。影响中位数的主要因素是变量值的多少而不是变量值的大小。

分位数也是一种位置测度方法。中位数是从中间点将全部数据等分为两部分,而分位数所测度的,不一定是中心位置,而是提供各变量值如何在最小值到最大值之间分布的

信息。常用的分位数有四分位数、十分位数、百分位数等。

四分位数用三个点将全部数据等分为四个部分,处在分位点项上的数据值就是四分位数,中间的四分位数也就是中位数。实际应用时,常用 Q_1、Q_2、Q_3 分别表示第一四分位数、第二四分位数、第三四分位数,Q_2 也就是中位数 M_e。

第 p 百分位数将数据分为两部分,有 $p\%$ 的数据项比第 p 百分位数小,有 $(100-p)\%$ 的数据项比第 p 百分位数大。

考生的入学考试成绩通常利用百分位数来公布。例如,假定一个考生入学的口语考试成绩是 34 分,与其他参加这次考试的考生相比较,该考生的表现如何并不清楚。但是,如果 34 分对应第 60 百分位数,就可以知道大约有 60% 的考生成绩比他低,或者说有 40% 的考生比他高。

三、平均数

平均数也称为均值(mean),是集中趋势的最主要、应用最广泛的测度值。它主要适用于数值型数据,而不适用于分类数据和顺序数据。根据所掌握的数据不同,平均数有不同的形式和计算公式。

1. 算术平均数

设一组样本数据为 $x_1, x_2, \cdots, x_n$,样本量(样本数据的个数)为 n,则样本平均数用 $\bar{x}$ 表示,计算公式为

$$\bar{x} = \frac{x_1 + x_2 + \cdots + x_n}{n} = \frac{\sum_{i=1}^{n} x_i}{n}$$

例如,根据例 3-1 的数据,计算 60 名员工月收入的平均数,即

$$\bar{x} = \frac{\sum_{i=1}^{60} x_i}{n} = \frac{315\,430}{60} \approx 5\,257.167$$

算术平均数的局限性主要表现为易受极端值影响,某个极端大值或极端小值都会影响算术平均数的代表性,同时还影响其对集中趋势测度的准确性。

2. 加权平均数

根据分组数据计算的平均数称为加权平均数(weighted mean)。设原始数据被分为 n 组,各组的组中值分别用 $M_1, M_2, \cdots, M_n$ 表示,各组变量值出现的频数分别用 $f_1, f_2, \cdots, f_n$ 表示,则样本加权平均数的计算公式为

$$\bar{x} = \frac{M_1 f_1 + M_2 f_2 + \cdots + M_n f_n}{f_1 + f_2 + \cdots + f_n} = \frac{\sum_{i=1}^{n} M_i f_i}{n}$$

式中,f_i 也称为权数,$n = \sum f_i$,即样本量。

例 4-3 企业员工年龄加权平均数计算表如表 4-2 所示。根据表 3-8 中的数据,计算员工年龄加权平均数。

表 4-2　企业员工年龄加权平均数计算表

A 按年龄分组	B 组中值 M	C 频数 f	D $\sum Mf$
10～20	15	9	135
20～30	25	13	325
30～40	35	21	735
40～50	45	12	540
50～60	55	5	275
合计	—	60	2 010

根据加权平均数计算公式可得 $\bar{x} = \dfrac{\sum M_i f_i}{\sum f_i} = \dfrac{2\,010}{60} = 33.5$。

3. 几何平均数

几何平均数是将若干个变量连乘再开方来计算的一种平均数，用 G 表示。它是计算平均比率和平均速度最适用的一种方法，几何平均数也有简单和加权之分。

对未分组数据，其计算公式是

$$G = \sqrt[n]{x_1 x_2 \cdots x_n} = \sqrt[n]{\prod x}$$

式中，n 为数据的个数；$\prod x$ 为 x 连乘。

对分组数据，其计算公式是

$$G = \sqrt[\sum f]{x_1^{f_1} x_2^{f_2} \cdots x_k^{f_k}} = \sqrt[\sum f]{\prod x}$$

几何平均数是适用于特殊数据的一种平均数，在经济统计中，常用在平均发展速度（水平法）的计算中。

四、众数、中位数和算术平均数的比较

将算术平均数、中位数、众数结合起来考虑时，频数分布中的许多有用信息便会显现出来，不仅有频数分布的集中趋势，而且有频数分布的偏斜度，如图 4-1 所示。

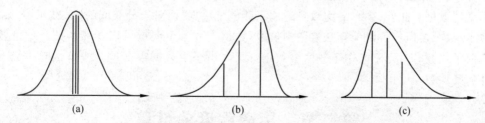

图 4-1　众数、中位数和算术平均数的关系
(a) $\bar{x} = M_e = M_o$；(b) $\bar{x} < M_e < M_o$；(c) $\bar{x} > M_e > M_o$

对称分布情况下,三者合而为一,即 $\bar{x}=M_e=M_o$。

而非对称分布时,三者之间存在一定差别。如果分布为右偏(正偏)分布,有 $\bar{x}>M_e>M_o$;如果分布为左偏(负偏)分布,则有 $\bar{x}<M_e<M_o$。在经济生活中,许多经济数据的分布都呈右偏分布,如,个人收入分布、个人储蓄分布、公司销售额分布等,在这些例子中,算术平均数远离中位数和众数,因而完全失去代表性。

从数值上的关系看,当数据分布的偏斜程度不是很大时,三者在数轴上的三个点构成一定的数量关系,即众数距离算术平均数最远,中位数在两者之间,如果把众数与算术平均数之间的距离作为1,则中位数与算术平均数之间的距离约为 1/3,中位数与众数之间的距离约为 2/3。

根据上述关系,可以得出

$$M_o = \bar{X} - 3(\bar{X} - M_e) = 3M_e - 2\bar{X}$$

可以利用该关系式,用两个已知统计量来估计另一个统计量。

众数、中位数和算术平均数各自具有不同的特点,掌握它们之间的关系和各自不同的特点,有助于在实际应用中选择合理的测度值来描述数据的集中趋势。

众数是一组数据分布的峰值,是一种位置代表值,其优点是易于理解,不受极端值的影响,当数据的分布具有明显的集中趋势时,尤其是对呈偏态分布的数据,众数的代表性比算术平均数要好。其缺点是具有不唯一性,对于一组数据可能有一个众数,也可能有两个或多个众数,也可能没有众数。

中位数是一组数据中间位置上的代表值,与中位数类似的还有四分位数、百分位数。它们也都是位置代表值,其特点是不受数据极端值的影响。尤其是对呈偏态分布的数据,中位数的代表性要比算术平均数好。

算术平均数是就全部数据计算的,它具有良好的数学性质,是实际中应用最广泛的集中趋势测度值。其主要缺点是易受数据极端值的影响,对于呈偏态分布的数据,算术平均数的代表性较差。作为算术平均数变形的几何平均数,是适用于特殊数据的代表值,主要用于计算比率数据的平均数,它与算术平均数一样易受极端值的影响。

从各种代表值之间的关系及其特点可以看出:当数据呈对称分布或接近对称分布时,三个代表值相等或者接近相等,这时应选择算术平均数作为集中趋势的代表值,因为算术平均数包含全部数据信息,而且易被大多数人所理解和接受;当数据呈偏态分布,特别是当偏斜的程度较大时,应选择众数或者中位数等位置代表值,这时它们的代表性要比算术平均数好。此外,算术平均数只适用于数值型数据,而对于分类或顺序数据则无法计算算术平均数,但却可以计算众数和中位数,数值型数据也同样可以计算众数和中位数。而几何平均数有时则不能用于数值型数据,因为,当一组数据中出现 0 或负数时,无法计算几何平均数。

第二节　离散程度的度量

第一节我们讨论了对一组数据集中趋势测度的方法。要把握一组数据的数量变化规律,仅仅有集中趋势的测度值是不够的,与集中趋势相对应的,还要了解数据的离散程度。

本节介绍离散程度测度的主要方法：全距、四分位差、方差和标准差、离散系数和 Z 分数。

一、异众比率

异众比率(variation ratio)是总体中非众数次数与总体全部次数之比，简写为 V_r。换句话说，异众比率指非众数组的频数占总频数的比例。其计算公式为

$$V_r = \frac{\sum f_i - f_m}{\sum f_i} = 1 - \frac{f_m}{\sum f_i}$$

异众比率主要适合测度分类数据的离散程度，当然，对于顺序数据以及数值型数据也可以计算异众比率。它虽然也是一个反映离散程度的相对指标，但是与标准差系数不同。

异众比率主要用于衡量众数对一组数据的代表程度。异众比率越大，说明非众数组的频数占总频数的比重越大，众数的代表性就越差；异众比率越小，说明非众数组的频数占总频数的比重越小，众数的代表性越好。

例 4-4 根据表 3-10 中的数据，计算异众比率。

从表 3-10 中的数据可以看出，最大的频数值是 14，即众数组为 5 000~6 300 这一组。因此

$$V_r = \frac{\sum f_i - f_m}{\sum f_i} = \frac{60 - 14}{60} \approx 76.7\%$$

这说明在企业 60 名员工中，收入不在 5 000~6 300 范围内的人数较多，用众数组 5 000~6 300 代表该企业员工整体收入情况不是很好。

二、全距和四分位差

1. 全距

全距(range)是指数据的最大值与最小值之差，主要用于顺序数据的度量，全距又称为极差，通常用 R 表示，即

$$R = X_{\max} - X_{\min}$$

全距只根据两个极端标志值计算，方法简便，易于计算，为了对一组数据的分散程度获得一个粗略的印象，这一指标是有用的，但它不能全面反映变量值的变异情况，对多种分析目的来说是不合适的。

例如：根据表 3-3 计算企业员工年龄的全距：由表知企业员工年龄最大值为 55 岁，最小值为 16 岁，所以

$$R = X_{\max} - X_{\min} = 55 - 16 = 39$$

2. 四分位差

四分位差是第三四分位数与第一四分位数之差，以 IQR 表示，其计算公式为

$$\text{IQR} = Q_3 - Q_1$$

四分位差实际上是一组资料中间一半变量值的全距，仅与 50% 的数据有关，而不考虑一组数据前、后各占 25% 的数据，这样就避免了全距容易受极端值影响的缺陷。四分位差常和中位数配合用以说明数据分布的特征，因为当一组数据为对称分布时，第一四分

位数至中位数的距离等于中位数至第三四分位数的距离,这一性质可用来判断分析某一组数据是否对称分布。

例 4-5 根据表 3-3 计算企业员工年龄的四分位差。

首先对企业员工年龄进行重新排序,排序结果如下:

16 16 16 17 18 18 18 19 19 20 21 24 25 25 26 28 28 29 29
29 29 29 30 30 31 31 32 32 32 32 32 32 32 33 33 36 36 36
37 37 37 38 39 40 40 40 41 42 42 42 43 43 43 48 48 50 50
51 51 55

然后,根据定义知 Q_3 位置 $=\frac{3}{4}n=\frac{3}{4}\times 60=45$,$Q_1$ 位置 $=\frac{1}{4}n=\frac{1}{4}\times 60=15$。因此,找到第三四分位数为该数组的第 45 位数字,为 40,找到第一四分位数为该数组的第 15 位数字,为 26,所以

$$IQR=Q_3-Q_1=40-26=14$$

三、方差和标准差

方差(variance)、标准差(standard deviation)是测度数据变异程度(离散程度)最重要、最常用的指标。在概率统计中,随机变量 x 有两个重要的数字特征,一个是期望,另一个是方差即标准差的平方。

方差是一组数据中各变量值与其算术平均数的离差平方和的算术平均数,它是利用了所有数据的值来测度数据的变异程度。方差既反映一组数据变量值的平均差异程度,也反映数据分布的离中趋势。方差越小,说明平均数的代表性越好,数据分布越集中;方差越大,说明平均数的代表性越差,数据分布越分散。

1. 总体方差和标准差

总体方差一般用 σ^2 表示。

(1) 对于未分组数据,其计算公式为

$$\sigma^2=\frac{\sum(x-\mu)^2}{N}$$

(2) 对于分组数据,其计算公式为

$$\sigma^2=\frac{\sum(x-\mu)^2 f}{\sum f}$$

2. 样本方差和标准差

实际应用中,我们所掌握的数据通常是样本数据,样本的方差常用字母 S^2 表示。

(1) 对于未分组数据,其计算公式为

$$S^2=\frac{\sum(x-\bar{x})^2}{n-1}$$

式中,$n-1$ 为自由度(degree of freedom,DF)。可以这样理解,自由度是一组数据中可以自由取值的个数。当样本数据个数为 n 时,一旦样本算术平均数确定,样本数据只有

$n-1$ 个可以自由取值,另一个数据则不能自由取值。另外从统计应用的角度来说,在计算样本方差时,也希望用它来估计总体的方差。在抽样估计中将会讲到,只有当自由度是 $n-1$ 时,样本方差才是总体方差的无偏估计。

(2) 对于分组数据,其计算公式为

$$S^2 = \frac{\sum (x-\bar{x})^2 f}{\sum f - 1}$$

标准差是方差的正的平方根。以 σ 表示总体标准差,S 表示样本标准差,则

$$\sigma = \sqrt{\sigma^2}, \quad S = \sqrt{S^2}$$

例 4-6 根据表 3-8 计算企业员工年龄的标准差,计算过程如表 4-3 所示。

表 4-3 企业员工年龄标准差计算表

按年龄分组	组中值 x	频数 f	$(x_i-\bar{x})^2$	$(x_i-\bar{x})^2 f_i$
10~20	15	9	342.25	3 080.25
20~30	25	13	72.25	939.25
30~40	35	21	2.25	47.25
40~50	45	12	132.25	1 587
50~60	55	5	462.25	2 311.25
合计	—	60	—	7 965

根据定义知

$$S^2 = \frac{\sum (x_i-\bar{x})^2 f}{\sum f - 1} = \frac{7\ 965}{59} = 135$$

所以该企业员工年龄的标准差为 $S = \sqrt{S^2} = \sqrt{135} \approx 11.619$。

将方差转为与其相对应的标准差的好处是,标准差是具有量纲的,它与变量值的计量单位相同,其实际意义比方差清楚,更容易与平均数以及其他与原始数据单位相同的统计量进行比较。在社会经济统计中,我们更多使用标准差。

四、离散系数

标准差是反映变量值变异程度的绝对量。标准差的大小,不仅取决于变量值的离散程度,还取决于变量值水平的高低。因而对于具有不同水平的数据,就不能直接用标准差来比较其变异程度的大小,可以用相对数的形式来进行比较。这个相对数称为离散系数(coefficient of variation),或变异系数。其计算公式为

$$V_\sigma = \frac{\sigma}{\mu}, \quad V_s = \frac{s}{\bar{x}}$$

例 4-7 现有两组数据,甲组为 1,2,2,2,3;乙组为 171,172,172,172,173(单位均为件)。它们的标准差分别为

$$\sigma_\text{甲} = \sqrt{\frac{(1-2)^2+(2-2)^2\times 3+(3-2)^2}{5}} = \sqrt{\frac{2}{5}} \approx 0.63(\text{件})$$

$$\sigma_乙 = \sqrt{\frac{(171-172)^2 + (172-172)^2 \times 3 + (173-172)^2}{5}} \approx \sqrt{\frac{2}{5}} \approx 0.63(件)$$

若以此来说明这两组数据的变异程度一样的话,显然不公平。如果把它们分别除以各自的平均数得到相对的变异程度——离散系数,就更为合理一些。

$$V_甲 = \frac{\sigma_甲}{\mu_甲} = \frac{0.63(件)}{2(件)} = 0.315$$

$$V_乙 = \frac{\sigma_乙}{\mu_乙} = \frac{0.63(件)}{172(件)} \approx 0.004$$

可见,$V_甲 > V_乙$,即乙组的变异程度比甲组的小。

五、z 分数

利用平均数和标准差,可以确定任一数据在整个数据集中的相对位置,用 z 分数表示。z 分数是标准化的数值,表示数据值 x_i 与平均数 $\bar{x}$ 的距离是标准差的多少倍。假定有一个容量为 n 的样本,其变量值分别用 $x_1, x_2, x_3, \cdots, x_n$ 表示。如果样本平均数 $\bar{x}$ 和样本标准差 S 都已计算出来,则每个变量值 x_i 的 z 分数为

$$z_i = \frac{x_i - \bar{x}}{S}$$

式中,z_i 为第 i 个数据的 z 分数;$\bar{x}$ 为样本平均数;S 为样本标准差。

例如:$z_1 = 1.2$ 意思是 x_1 比样本平均数大 1.2 倍的标准差。另外从上面的公式也可以看出 z 分数大于 0 的数据是那些比平均数大的数据值,z 分数小于 0 的数据是那些比平均数小的数据值。z 分数为 0 的数据与平均数的值相等。

任何数据的 z 分数都可以解释为该数据在整个数据集中的相对位置测度。两个位于不同的数据集的数据,若其 z 分数相等,说明两个数据在各自的数据集中的相对位置,即偏离平均数的标准差个数相等。

第三节 偏度与峰度的度量

集中趋势和离散程度是数据分布的两个重要特征,但要全面了解数据分布的特点,还需要知道数据分布的形状是否对称、偏斜的程度以及分布的扁平程度等。偏度和峰度就是对分布形状的测度。

一、偏度及其测度

"偏度"(skewness)一词是由统计学家皮尔逊(K.Pearson)于 1895 年首次提出的,它是对数据分布对称性的一种度量。测度偏度的统计量是偏度系数,记作 SK。在对未分组的数据计算偏度系数时,通常采用下面的公式:

$$SK = \frac{n \sum (x_i - \bar{x})^3}{(n-1)(n-2)s^3}$$

式中,s^3 为样本标准差的三次方。

根据分组数据计算偏度系数,一般采用下式:

$$SK = \frac{\sum_{i=1}^{k}(M_i - \bar{x})^3 f_i}{ns^3}$$

如果一组数据的分布是对称的,则偏度系数等于 0;如果偏度系数明显不等于 0,表明分布是非对称的。若偏度系数大于 0,为右偏分布,偏度系数小于 0,为左偏分布。而且一般认为:偏度系数大于 1 或者小于 -1,称为高度偏态分布;若偏度系数在 0.5~1 或者 -1~-0.5,被认为是中等偏态分布;偏度系数越接近 0,偏斜程度就越低。

例 4-8 根据表 3-8 中的数据,计算该企业员工年龄的偏度系数。

计算过程如表 4-4 所示。

表 4-4 企业员工年龄偏度系数及峰度系数计算表

按年龄分组	组中值 M	频数 f	$\sum_{i=1}^{k}(M_i - \bar{x})^3 f_i$	$\sum_{i=1}^{k}(M_i - \bar{x})^4 f_i$
10~20	15	9	-56 984.6	1 054 216
20~30	25	13	-7 983.63	67 860.81
30~40	35	21	70.875	106.312 5
40~50	45	12	18 250.5	209 880.8
50~60	55	5	49 691.88	1 068 375
合计	—	60	3 045	2 400 439

将计算结果代入分组数据偏度公式得

$$SK = \frac{\sum_{i=1}^{k}(M_i - \bar{x})^3 f_i}{ns^3} = \frac{\sum_{i=1}^{k}(M_i - 33.5)^3 f_i}{60 \times 5.916^3} = \frac{3\ 045}{60 \times 5.916^3} \approx 0.245$$

经计算,偏度系数为正数,且数值较小,说明该公司员工年龄呈右偏分布且倾斜程度不大。

二、峰度及其测度

"峰度"(kurtosis)一词是由统计学家皮尔逊于 1905 年首次提出的。它是对数据分布平峰或尖峰程度的测量。测量峰度的统计量则是峰度系数,记作 K。

峰度通常是与标准正态分布相比较而言的。如果一组数据服从标准正态分布,则峰度系数的值等于 0;若峰度系数的值明显不等于 0,则表明分布比正态分布更平或更尖,通常称为平峰分布或尖峰分布。

在根据未分组数据计算峰度系数时,通常采用下面的公式:

$$K = \frac{n(n+1)\sum(x_i - \bar{x})^4 - 3\left[\sum(x_i - \bar{x})^2\right]^2 (n-1)}{(n-1)(n-2)(n-3)s^4}$$

根据分组数据计算峰度系数是用离差四次方的平均数再除以标准差的四次方,其计算公式为

$$K = \frac{\sum_{i=1}^{k}(M_i - \bar{x})^4 f_i}{ns^4} - 3$$

式中,s^4 为样本标准差的四次方。

用峰度系数说明分布的尖峰和扁平程度,是通过与标准正态分布的峰度进行比较来实现的。由于正态分布的峰度系数为0,所以当峰度系数大于0时为尖峰分布,表明数据的分布比正态分布更尖更集中;当峰度系数小于0时为扁平分布,表明数据的分布比正态分布更平更分散。

例 4-9 根据表 4-4 中的数据,计算该公司员工的峰度系数。

将表 4-4 中的结果代入分组数据峰度系数计算公式中,可以得到

$$K = \frac{\sum_{i=1}^{k}(M_i - \bar{x})^4 f_i}{ns^4} - 3 = \frac{2\,400\,439}{60 \times 5.916^4} - 3 \approx 29.66$$

由于峰度系数大于零且数值较大,这说明员工年龄分布较为集中。

三、用 Excel 及 R 做数据概括性度量

本章我们介绍了数据分布特征的各种测度值,其中多数可以通过 Excel【数据分析】菜单下的【描述统计】或 R 软件来实现。

例 4-10 用 Excel 计算例 3-1 中员工月收入的描述统计测度值。

表 4-5 为用 Excel 输出的员工月收入的概括性测度值。

表 4-5 员工月收入的概括性测度值

A	B	C	D	A	B	C	D
月收入			月收入	月收入			月收入
4 601				7 836		偏度	0.454 419
6 937		平均	5 257.167	3 790		区域	12 216
4 396		标准误差	342.210 3	7 175		最小值	1 156
5 523		中位数	5 244.5	5 767		最大值	13 372
4 946		众数	#N/A	1 157		求和	315 430
6 006		标准差	2 650.75	5 343		观测数	60
6 200		方差	7 026 475	4 270			
3 164		峰度	0.147 253				

表 4-5 中的平均指算术平均数(均值),区域指全距,求和为 60 个变量值的总和。表中的众数为"#N/A",说明这组数据没有众数。峰度系数、偏度系数均大于0,表明员工月收入呈右偏分布,分布形状比正态分布更尖、更集中。

相应的 R 软件计算输入为

```
data1=read.csv("C:/Users/Administrator/Desktop/月收入.csv", header=T)
                                                    #读取数据文件
a =data1[,1]                                        #选取数据第一列
```

```
mean(a)                          #计算均值
median(a)                        #计算中位数
sd(a)                            #计算标准差
var(a)                           #计算方差
min(a)                           #计算最小值
max(a)                           #计算最大值
sum(a)                           #求和
mean(((a-mean(a))/sd(a))^3)      #计算偏度
mean(((a-mean(a))/sd(a))^4)      #计算峰度
```

思考与练习

一、思考题

1. 一组数据的分布特征可以从哪几个方面进行测度？
2. 怎样理解均值在统计中的地位？
3. 简述众数、中位数和均值的特点和应用场合。
4. 为什么要计算离散系数？

二、练习题

1. 某百货公司 6 月各天的销售额数据如下（单位：万元）。

　　　　257　276　297　252　238　310　240　236　265　278
　　　　271　292　261　281　301　274　267　280　291　258
　　　　272　284　268　303　273　263　322　249　269　295

计算该百货公司日销售额的均值、中位数和四分位数。

2. 甲、乙两个企业生产三种产品的单位成本和总成本资料如表 4-6 所示。

表 4-6　甲、乙两个企业生产三种产品的单位成本和总成本资料　　　　　　　　元

产品名称	单位成本	总 成 本	
		甲 企 业	乙 企 业
A	15	2 100	3 255
B	20	3 000	1 500
C	30	1 500	1 500

比较哪个企业的总平均成本高，并分析其原因。

3. 一项关于大学生体重状况的研究发现，男生的平均体重为 60 千克，标准差为 5 千克；女生的平均体重为 50 千克，标准差为 5 千克。请回答下面的问题：

（1）是男生的体重差异大还是女生的体重差异大？为什么？
（2）以磅为单位（1 千克＝2.2 磅），求体重的平均数和标准差。
（3）粗略地估计一下，男生中有百分之几的人体重在 55 千克到 65 千克之间。
（4）粗略地估计一下，女生中有百分之几的人体重在 40 千克到 60 千克之间。

4. 一家公司在招收职员时，首先要通过两项能力测试。在 A 项测试中，其平均分数是 100 分，标准差是 15 分；在 B 项测试中，其平均分数是 400 分，标准差是 50 分。一位应

试者在 A 项测试中得了 115 分,在 B 项测试中得了 425 分。与平均分数相比,该应试者哪一项测试更为理想?

5. 对某地区抽取的 120 家企业按利润额进行分组,结果如表 4-7 所示。

表 4-7　企业按利润额分组的结果

按利润额分组/万元	企业数/个
200～300	19
300～400	30
400～500	42
500～600	18
600 以上	11
合计	120

计算 120 家企业利润额的均值和标准差。

6. 一种产品需要人工组装,现有三种可供选择的组装方法。为检验哪种方法更好,随机抽取 15 个工人,让他们分别用三种方法组装。表 4-8 是 15 个工人分别用三种方法在相同的时间内组装的产品数量(单位:个)。

表 4-8　15 个工人分别用三种方法在相同的时间内组装的产品数量

方法 A	方法 B	方法 C	方法 A	方法 B	方法 C
164	129	125	164	128	127
167	130	126	162	128	127
168	129	126	163	127	125
165	130	127	166	128	126
170	131	126	167	128	116
165	130	128	166	125	126
164	129	127	165	132	125
168	127	126			

你准备采用什么方法来评价组装方法的优劣?如果让你选择一种方法,你会作出怎样的选择?试说明理由。

第五章 概率论初步

 应用案例

不少人购买彩票时都做着中大奖的美梦,甚至还有很多人认为大奖和自己并不遥远。可事实真的如此吗?

以中国福利彩票双色球为例,投注者须先从33个号码中选择6个,再从16个号码中选择1个组成一注。通过计算可以得出,双色球的中奖概率大概为1 772万分之一。

1 772万分之一,是什么概念呢?下面的一组数据或许可以作为参考:

一家祖孙三代人的生日都在同一天的概率约为27万分之一;

白人与黑人的夫妻产下一黑一白双胞胎的概率约为100万分之一;

小行星撞击地球的概率保守推测是200万分之一;

生出全男或全女四胞胎的概率约为352万分之一……

以上这些事情的发生概率都比中双色球头奖高很多。

在前面的章节中我们介绍了收集、整理和描述统计数据的方法。然而现实当中,由于现象总体的复杂性和范围的广泛性,获得总体的全部数据是很困难的。如果我们想通过样本数据来推导总体的一些结论,就要考虑不确定性。前已述及,推断统计是统计学的核心,是在对样本数据进行收集、整理、观测的基础上,对总体特征进行推断,其特点是根据随机性的观测样本数据以及问题的条件和假设,对未知事物作出的以概率形式表述的推断。由于在管理决策中存在着不确定性,对其的评价往往要用到概率论。本章主要介绍概率与概率分布的基础知识。

第一节 随机事件及其概率

一、随机试验

在概率论中,把具有以下三个特征的试验称为随机试验。

(1) 可以在相同条件下重复地进行。

(2) 每次试验的可能结果不止一个,并且能事先明确试验的所有可能结果。

(3) 进行一次试验之前不能确定哪一个结果会出现,但一次试验中必有且仅有其中一个结果出现。

我们将通过随机试验来研究随机现象,随机试验又可简称为试验①,通常用字母 E 表示,例如:

---

① 试验是一个广泛的术语。它包括各种各样的科学实验,也包括对客观事物进行的"调查""观察"或"测量"等。

E_1：抛一枚质地均匀的硬币，观察出现正面还是反面。

E_2：掷一颗质地均匀的骰子，观察出现的点数。

E_3：从一批产品中任取三件，记录出现正品的件数。

E_4：记录某公共汽车站某口某时刻的等车人数。

E_5：射击一目标，直到击中为止，记录射击次数。

E_6：从一批灯泡中任取一只，测试其寿命。

人们在长期实践中发现，尽管对随机现象所进行的个别试验，其结果呈不确定性，但在大量重复试验中，其结果却呈现出某种规律性。例如，多次重复抛一枚质地均匀的硬币，出现正面和反面的次数之比大约为1∶1；查看各国人口统计资料，就会发现新生婴儿中，男女比例基本持平。在大量重复试验中所呈现出的这种规律性，称为统计规律性。统计规律是随机现象本身所固有的，它是不依人们的意愿而改变的，概率论与数理统计就是研究随机现象统计规律性的一门数学学科。

二、随机事件与样本空间

概率论与数理统计是通过随机试验中的随机事件来研究随机现象的。

基本事件（样本点） 随机试验中的每一个基本结果，称为该随机试验的基本事件，或称为样本点，记为 ω。

样本空间 基本事件的全体，称为试验 E 的样本空间，记为 Ω。

例如，试验 E_1 中，基本结果有两个：正面朝上（币值面朝上），反面朝上（国徽面朝上），即有两个样本点，样本空间为 $\Omega_1=\{正,反\}$。

试验 E_2 中，基本结果有六个："出现1点"，"出现2点"，…，"出现6点"，分别用1、2、3、4、5、6表示，即有六个样本点，样本空间为 $\Omega_2=\{1,2,3,4,5,6\}$。

试验 E_3 的样本空间为 $\Omega_3=\{0,1,2,3\}$。

试验 E_4 的样本空间为 $\Omega_4=\{0,1,2,\cdots\}$。

试验 E_5 的样本空间为 $\Omega_5=\{1,2,\cdots\}$。

试验 E_6 的样本空间为 $\Omega_6=\{t|t\geqslant 0\}$。

样本空间可分为两种类型。

(1) 有限样本空间：样本空间中的样本点数是有限的，如 Ω_1、Ω_2、Ω_3。

(2) 无限样本空间：样本空间中的样本点数是无限的，如 Ω_4、Ω_5、Ω_6。

由此可见，随机事件是由一个或多个样本点组成的，所以随机事件是样本空间 Ω 的一个子集。

随机事件 随机试验的一种结果称为该随机试验的随机事件，简称为事件，通常用字母 A、B、C 等表示。

例如，试验 E_2（即掷一颗骰子的试验）中，"出现偶数点""出现奇数点""出现 i 点（$i=1,2,3,4,5,6$）"等都是随机事件。

再例如，试验 E_6（即测试灯泡寿命的试验）中，"所取灯泡的寿命不超过200小时""所取灯泡的寿命超过500小时"等都是随机事件。

随机事件可以分为以下几种类型。

基本事件　只含一个样本点的随机事件为基本事件。例如，E_2 中，"出现 1 点"，"出现 2 点"，…，"出现 6 点"，都是基本事件。

复合事件　由两个或两个以上的样本点组成的事件为复合事件。例如，E_2 中，"点数小于 5""点数为偶数"，都是复合事件。

必然事件　由全体样本点组成的事件，在每次试验中必然发生的，称为必然事件，也用 Ω 表示。例如，试验 E_2 中"点数小于 7"就是必然事件。

不可能事件　不包含任何样本点，作为样本空间的子集，在每次试验中绝不会发生的，称为不可能事件，记为 $\varnothing$。

必然事件与不可能事件并不是随机事件，为了讨论问题的方便，将它们归入随机事件，可作为随机事件的两个极端情况。必然事件可理解为样本空间本身，不可能事件可理解为空集。

随机事件的发生　因为随机事件是样本空间 Ω 的子集，所以随机事件发生，当且仅当随机事件所包含的样本点之一在试验中出现。

例如，在试验 E_2 中，设事件 $A=$"朝上的那一面的点数为奇数"$=\{1,3,5\}$，若试验中 3 出现，即朝上的那一面的点数是 3，则称事件 A 发生；相反，若事件 A 发生，则意味着 1、3、5 之一必然出现。总之，随机事件是"一触即发"。

三、事件之间的关系及运算

由于随机事件都是样本空间的子集，下面根据集合的关系和运算，讨论事件的关系和运算，并设试验 E 的样本空间为 Ω。A、B、A_k、$B_k (k=1,2,\cdots)$ 为 E 中事件。

1. 事件的运算

事件的和　事件 A 与事件 B 至少有一个发生就发生的事件，即 A 与 B 的样本点合在一起组成的事件，称为 A 与 B 的和事件，记为 $A\cup B$ 或 $A+B$ [如图 5-1(a)中阴影部分]。

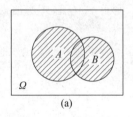
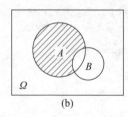
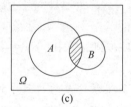

(a)　　　　　　　　(b)　　　　　　　　(c)

图 5-1　事件的运算

(a) $A\cup B$；(b) $A-B$；(c) $A\cap B$

根据定义，显然有 $A+A=A$。

类似地，事件 $A_k(k=1,2,\cdots,n)$ 中至少有一个发生就发生的事件称为事件 $A_1,A_2,\cdots,A_n$ 的和事件，记为 $\bigcup\limits_{k=1}^{n}A_k$ 或 $\sum\limits_{k=1}^{n}A_k$。

例 5-1　设试验 E 为掷一颗骰子，$\omega_k(k=1,2,3,4,5,6)$ 表示出现 k 点，令 A 表示出现奇数点事件，则 $A=\omega_1+\omega_3+\omega_5$，即出现奇数点事件是出现 $k(k=1,3,5)$ 点这三个事

件的和事件。

事件的差 事件 A 发生而事件 B 不发生的事件,即属于 A 而不属于 B 的样本点所组成的事件,称为 A 与 B 的差,记为 $A-B$[图 5-1(b)]。

如例 5-1 中,令 B 表示出现 3 的倍数点事件,则 $B=\omega_3+\omega_6$,则 $A-B=\omega_1+\omega_5$。

事件的积 事件 A 与事件 B 同时发生时才发生的事件,即 A 与 B 的公共样本点所组成的事件,称为 A 与 B 的积事件,记为 $A\bigcap B$ 或 AB[图 5-1(c)]。

如例 5-1 中,则 $AB=\omega_3$。

类似地,事件 $A_1,A_2,\cdots,A_n$ 同时发生才发生的事件称为 $A_1,A_2,\cdots,A_n$ 的积事件,记为 $\bigcap\limits_{k=1}^{n}A_k$ 或 $A_1A_2\cdots A_n$。

显然有 $AA\cdots A=A$。

2. 事件的关系

包含 若事件 A 发生必然导致事件 B 发生,即 A 的样本点都在 B 中,则称事件 A 包含于 B 或 B 包含 A,记为 $A\subset B$ 或 $B\supset A$[图 5-2(a)]。

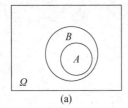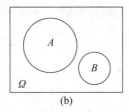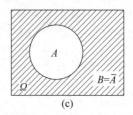

图 5-2 事件的关系

(a) $A\subset B$ 或 $B\supset A$; (b) $AB=\varnothing$; (c) $A=\overline{B}$ 或 $B=\overline{A}$

例 5-1 中的 A 与 $\omega_k(k=1,3,5)$ 之间的关系为 $A\supset\omega_k$。

相等 若 $A\supset B$ 且 $B\supset A$,则称 A 与 B 相等,记为 $A=B$。

互斥 若事件 A 与事件 B 不能同时发生,即 $AB=\varnothing$,则称 A 与 B 是互斥的或互不相容[图 5-2(b)]。

例如,在例 5-1 中,令 $A=\omega_1+\omega_3+\omega_5$,$C=\omega_2+\omega_4+\omega_6$,表示出现偶数点,则 A 与 C 是互斥的。

注:基本事件是两两互斥的。

互逆/对立 如果在一次试验中,事件 A 与事件 B 必有一个且仅有一个发生,即 $A+B=\Omega$ 且 $AB=\varnothing$,则称 A 与 B 互为逆事件,或称 A 与 B 是对立事件,记为 $A=\overline{B}$ 或 $B=\overline{A}$[如图 5-2(c)]。显然,$\overline{A}=\Omega-A$。

由定义可知,对立事件必为互斥事件,其逆不真,即互斥事件不一定是对立事件。如例 5-1 中,令 $D=\omega_2+\omega_4$,A 与 D 互斥,但不是对立事件。

四、随机事件的概率

1. 频率

在相同的条件下,进行了 n 次试验,在这 n 次试验中,事件 A 发生的次数 n_A 称为事

件 A 发生的频数，比值 $\dfrac{n_A}{n}$ 称为事件 A 发生的频率，记作

$$f_n(A) = \dfrac{n_A}{n}$$

频率具有下述性质。

(1) 对任一事件 A，有 $0 \leqslant f_n(A) \leqslant 1$。

(2) 对必然事件 Ω，有 $f_n(\Omega) = 1$。

(3) 若 $A_1, A_2, \cdots, A_n$ 两两互斥，则 $f_n\left(\bigcup\limits_{i=1}^{n} A_i\right) = \sum\limits_{i=1}^{n} f_n(A_i)$。

历史上著名的统计学家蒲丰(Buffon)、皮尔逊曾进行过大量掷硬币的试验，所得结果如表 5-1 所示。

表 5-1 掷硬币事件结果

试验者	n	n_A	$f_n(A)$
蒲丰	4 040	2 048	0.506 9
皮尔逊	12 000	6 019	0.501 6
皮尔逊	24 000	12 012	0.500 5

表 5-1 中的 A 表示"出现正面"这一事件。

从以上试验结果可以得出以下结论。

(1) 同一事件 A 的频率是不全相同的，即频率具有随机波动性。

(2) 在大量重复试验中，同一事件 A 出现的频率非常稳定，而且随着试验次数的增多，频率的波幅也逐渐减小，最终会稳定于某个数附近$\left(\text{表中频率稳定于 } \dfrac{1}{2}\right)$，即频率具有稳定性。

对每个事件 A 都有这样一个客观存在的常数 p 与之对应，即随机事件发生可能性的大小是随机事件本身固有的一种客观属性，而不是依人的主观意志随意改变的，只要试验是在相同条件下进行的，频率所接近和稳定到的这个常数就不会改变，此常数标志着随机事件发生可能性的大小，因此可以用这个常数作为度量随机事件发生可能性大小的客观尺度，并称之为概率。

2. 概率的统计定义

在相同条件下，重复进行了 N 次试验，设在 N 次试验中事件 A 发生了 n 次，如果当 N 增大时，事件 A 发生的频率 $\dfrac{n}{N}$ 稳定地在某一常数 p 附近摆动，则称此常数 p 为事件 A 发生的概率，记为 $P(A) = p$。

显然，按此定义来求概率需要进行大量的统计工作，但实际上，不可能对每一事件都做大量的试验，以期得到频率的稳定值，实际应用中可用当 N 足够大时的频率值作为概率的近似值。

由于频率 $\dfrac{n}{N}$ 总是介于 0 和 1 之间，因而由概率的统计定义可知，对任一随机事件 A，

有 $0 \leqslant P(A) \leqslant 1$,而对必然事件 Ω 和不可能事件 $\varnothing$,分别有 $P(\Omega)=1, P(\varnothing)=0$。

3. 概率的古典定义

首先看两个简单的试验。

投掷一枚均匀硬币:掷出正面和反面的可能性是一样的,按照概率的统计定义,即用频率稳定值 $\frac{1}{2}$ 来刻画"正面朝上"和"反面朝上"两事件发生的可能性,两事件的概率都为 $\frac{1}{2}$。

摸球模型:假设袋中装有 n 个分别标有 $1 \sim n$ 的小球,搅匀后从中任取一个,由于小球只有号码的区别而无其他区别,在任一次摸球时,袋中各球被摸到的可能性的大小是一样的。

以上所提到的模型有以下特点。

(1) 有限性:试验 E 的样本空间是有限的,即样本点的个数(设为 n)是有限的,记为 $\Omega = \{\omega_1, \omega_2, \cdots, \omega_n\}$。

(2) 等可能性:每个样本点出现的可能性都相等,即事件 $\omega_1, \omega_2, \cdots, \omega_n$ 的发生是等可能的,它们出现的概率都一样,记为 $P(\omega_1) = P(\omega_2) = \cdots = P(\omega_n) = \frac{1}{n}$。

具有上述两个特征的模型就称为**古典概型**。

概率的古典定义 设 E 是一个古典型随机试验,对其任给事件 A,称

$$P(A) = \frac{N(A)}{N(\Omega)} = \frac{\text{事件 } A \text{ 中包含的样本点数}}{\text{样本空间的样本点总数}} = \frac{m}{n}$$

为随机事件 A 的概率。

例 5-2 袋中装有 a 只白球和 b 只黑球,从中任取一只,求取到的是白球的概率。

解: 由于球除颜色外为无其他区别,所以从袋中取球时每一球被取到的可能性都是相等的,共有 $a+b$ 种取法,因此该样本空间为

$$\Omega = \{\omega_1, \omega_2, \cdots, \omega_a, \omega_{a+1}, \omega_{a+2}, \cdots, \omega_{a+b}\}$$

其中前 a 号为白球,后 b 号为黑球,令 A 表示"取到的是白球",则 $A = \{\omega_1, \omega_2, \cdots, \omega_a\}$,故

$$P(A) = \frac{A \text{ 中样本点总数}}{\text{样本空间的样本点总数}} = \frac{a}{a+b}$$

4. 概率的公理化定义

概率的统计定义和古典定义各有不足:前者需要进行大量的统计工作;后者不能用于有无限多个可能结果的情况,也不能用于虽然试验只包含有限可能结果,但它们的发生不是等可能的情况。下面给出概率的公理化定义。

概率的公理化定义 设随机试验 E 的样本空间为 Ω,若按照某种方法对 E 的每一事件 A 都赋予一个实数 $P(A)$,且满足以下公理,则称实数 $P(A)$ 为事件 A 的概率。

(1) 非负性:对任一事件 A,有 $P(A) \geqslant 0$。

(2) 规范性:$P(\Omega) = 1$。

(3) 完全可加性:对 E 的任意一列两两互斥的事件 $A_1, A_2, \cdots, A_n, \cdots$,有

$$P\left(\bigcup_{i=1}^{\infty} A_i\right) = \sum_{i=1}^{\infty} P(A_i)$$

此定义只给出概率必须满足的三条性质,并未给事件 A 的概率 $P(A)$ 选定一个具体数值。只有在古典概率模型下,对每个事件 A 给出了概率 $P(A) = \dfrac{m}{n}$。一般地,可以进行重复试验,得到事件 A 的频率,就以频率作为 $P(A)$ 的估计值。

由概率的公理化定义可知概率还具有如下性质。

性质 1 对任一事件 A,都有 $0 \leqslant P(A) \leqslant 1$。

性质 2 $P(\Omega) = 1, P(\varnothing) = 0$。

性质 3 有限可加性:若事件 $A_1, A_2, \cdots, A_n$ 两两互斥,则
$$P(A_1 \bigcup A_2 \bigcup \cdots \bigcup A_n) = P(A_1) + P(A_2) + \cdots + P(A_n)$$

性质 4 对任意事件 A,有 $P(\bar{A}) = 1 - P(A)$。

性质 5 对事件 A、B,若 $A \subset B$,则有 $P(B - A) = P(B) - P(A)$,且 $P(B) \geqslant P(A)$。

性质 6(加法定理) 对任意两事件 A、B 有 $P(A \bigcup B) = P(A) + P(B) - P(AB)$。

例 5-3 某班共有 36 名学生,其中有 12 人选修日语课,有 10 人选修德语课,有 5 人同时选修这两门课,从中任选一人,求其至少选修一门课的概率。

解:令 A、B 分别表示"选到的学生选修日语课"和"选到的学生选修德语课",按题意需要求 $P(A \bigcup B)$,由性质 6 得 $P(A \bigcup B) = P(A) + P(B) - P(AB) = \dfrac{12}{36} + \dfrac{10}{36} - \dfrac{5}{36} = \dfrac{17}{36}$。

五、条件概率与事件的独立性

条件概率是概率论中一个重要而实用的概念,它所考虑的是在事件 B 已经发生的条件下,事件 A 发生的概率问题。

条件概率 设 A、B 是某随机试验中的两个事件,且 $P(B) \neq 0$(即所给的条件不应是不可能事件),则称 $P(A|B) = \dfrac{P(AB)}{P(B)}$ 为在事件 B 已发生的条件下事件 A 发生的条件概率。

例 5-4 一批零件共 100 个,其中有 5 个次品,从中每次取出一个零件检测,检测后不再放回,连续检测两次,求:

(1) 第一次检测是正品的概率;

(2) 第一次检测到正品后,第二次检测是正品的概率;

(3) 两次检测全是正品的概率。

解:令 A、B 分别表示"第一次检测是正品"和"第二次检测是正品"的事件,则由题意可知:

(1) $P(A) = \dfrac{95}{100} = 0.95$;

(2) $P(B|A) = \dfrac{94}{99} = 0.9495$;

(3) $P(AB)=P(A)P(B|A)=0.902$。

独立性 若事件 A 与事件 B 满足 $P(AB)=P(A)P(B)$，则称事件 A 与事件 B 相互独立。

这就意味着 $P(B|A)=P(B)$，此式说明事件 A 的发生对事件 B 发生的概率没有任何影响，这时也称事件 B 与事件 A 相互独立。

通常我们都有这样的感受，大雾、阴雨天发生车祸的可能性要大一些，而大雾、阴雨天与某人买彩票中奖则毫无关系。这说明有的事件发生对另一事件的发生有影响，而有些事件之间是互不影响的。

事件独立性总结如下。

(1) 如果事件 A 与事件 B 相互独立，且 $P(B)\neq 0$，则 $P(A|B)=P(A)$。

(2) 必然事件 Ω 和不可能事件 $\varnothing$ 与任意事件 A 都相互独立。

(3) 若事件 A 与事件 B 相互独立，则 $\bar{A}$ 与 B、A 与 $\bar{B}$、$\bar{A}$ 与 $\bar{B}$ 也相互独立。

六、全概率公式与贝叶斯公式

1. 全概率公式

直接求一个较复杂的事件的概率往往很困难，若能将其分解为若干个互不相容的简单事件之和，就可以利用概率的性质，只需要计算简单事件的概率，就可最终求出复杂事件的概率。全概率公式的意义就在于此。

首先给出全概率公式中用到的划分概念。

定义 1 若样本空间 Ω 中事件 $A_1, A_2, \cdots, A_n$ 满足以下条件，则称 $A_1, A_2, \cdots, A_n$ 为样本空间 Ω 的一个划分或一个完备事件组（图 5-3）。

(1) $A_i A_j = \varnothing$ $(i \neq j; i,j = 1,2,\cdots,n)$。

(2) $A_1 + A_2 + \cdots + A_n = \bigcup\limits_{i=1}^{n} A_i = \Omega$。

全概率公式 设事件 $A_1, A_2, \cdots, A_n$ 为样本空间 Ω 的一个划分（图 5-4），且 $P(A_i) \neq 0 (i=1,2,\cdots,n)$，则对 Ω 中的任意事件 B 有

$$P(B) = \sum_{i=1}^{n} P(A_i) P(B|A_i) \tag{5-1}$$

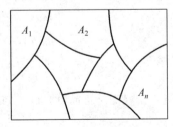

图 5-3 完备事件组

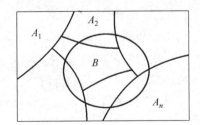

图 5-4 样本空间划分

在很多实际问题中，$P(B)$ 不易直接求得，但容易找到 Ω 的一个划分 $A_1, A_2, \cdots, A_n$，且 $P(A_i)$ 和 $P(B|A_i)$ 或为已知，或为易求。从表面上看，全概率公式将简单问题变复杂

了,实际上,公式的左端形式虽简单,但本质却很复杂,右端则不然。

例 5-5 某工厂生产的产品以 100 件为一批,假定每一批产品中次品最多 3 件,且具有如下的概率(表 5-2)。

表 5-2 某工厂次品概率

次品数	0	1	2	3
概率	0.1	0.4	0.3	0.2

现从每批中随机抽取 10 件来检验,若发现其中有次品,则认为该批产品不合格,求一批产品通过检验的概率。

解:令 B 表示"一批产品通过检验",$A_i(i=0,1,2,3)$ 表示"一批产品中含有 i 件次品",则 $\bigcup_{i=0}^{3} A_i = \Omega$。再计算出

$$P(A_0)=0.1, \quad P(B|A_0)=1$$

$$P(A_1)=0.4, \quad P(B|A_1)=\frac{C_{99}^{10}}{C_{100}^{10}}=0.900$$

$$P(A_2)=0.3, \quad P(B|A_2)=\frac{C_{98}^{10}}{C_{100}^{10}}=0.809$$

$$P(A_3)=0.2, \quad P(B|A_3)=\frac{C_{97}^{10}}{C_{100}^{10}}=0.652$$

由全概率公式得

$$P(B)=\sum_{i=0}^{3} P(A_i)P(B|A_i) \approx 0.833$$

例 5-5 的结果提供了这样一个信息:若工厂生产了 1 000 件产品,则通过检验以合格品出厂的约有 833 件。而作为合格品出售的产品,每批中仍可能含有 $i(i=0,1,2,3)$ 件次品。因此,对顾客而言,希望所买的产品中含次品少的概率大,即概率 $P(A_i|B)(i=0,1,2,3)$ 中最大的一个所对应的 i 越小越好,这也是下面将要讨论的贝叶斯(Bayes)公式。

2. 贝叶斯公式

设事件 $A_1, A_2, \cdots, A_n$ 为样本空间 Ω 的一个划分,B 为 Ω 中的任意事件,且 $P(B) \neq 0$,由条件概率有 $P(A_i|B)=\frac{P(A_iB)}{P(B)}$,再由乘法公式和全概率公式有

$$P(A_i|B)=\frac{P(A_i)P(B|A_i)}{\sum_{k=1}^{n} P(A_k)P(B|A_k)} \quad (i=1,2,\cdots,n)$$

上式称为逆概率公式,此公式是数学家贝叶斯于 1763 年发表的,所以又称为贝叶斯公式,它也是用来求条件概率的重要公式。

贝叶斯公式实用性较强。若将 B 视为观察的"结果",将 $A_i(i=1,2,\cdots,n)$ 理解为原因,则贝叶斯公式反映了"因果"的概率规律,并作出了"由果溯因"的推断。

例 5-6 假定根据某种化验指标诊断肝炎,根据以往的临床记录 $P(A|C)=0.95$,

$P(\overline{A}|\overline{C}) = 0.97$,其中 A 表示事件"化验结果为阳性",C 表示事件"被检查者患有肝炎",又根据普查的资料知道在某地区肝炎患者占 0.004,即 $P(C) = 0.004$。现在有此地区的一人,其化验结果为阳性,试求此人的确患有肝炎的概率。

解:依题意应求 $P(C|A)$,由贝叶斯公式得

$$P(C|A) = \frac{P(C)P(A|C)}{P(C)P(A|C) + P(\overline{C})P(A|\overline{C})}$$

$$= \frac{0.004 \times 0.95}{0.004 \times 0.95 + 0.996 \times 0.03}$$

$$\approx 0.1128$$

第二节 随机变量及其概率分布

在第一节中我们用样本空间的子集来表示试验的各种结果,这是一种"定性"的描述,对全面讨论随机现象的统计规律性有很大的局限性。本章将用随机变量描述各种随机现象,用实数来表示试验的各种结果,这是一种"定量"的描述,它不仅能更全面地揭示随机现象客观存在的统计规律性,而且给利用微积分知识进行讨论带来极大的方便。

一、随机变量的概念

在研究随机试验结果的规律性时,我们发现,大多数试验的结果可以直接用一个数来表示,而有些随机试验的可能结果并不是数,但只要将每一个可能结果与一个实数相对应,那么,试验的不同可能结果就可以用一个变量来表示了。

例如,随意掷一颗骰子,观察出现的点数。此试验的可能结果便可用 1、2、3、4、5、6 来表示;测试灯泡的寿命,试验的可能结果为任意非负实数。像这类随机试验,自然地可以用一个变量 X 来表示它们的结果。

又如,在"掷硬币"的试验中,若令"正面朝下"对应数 0,"正面朝上"对应数 1,则试验结果也可以用变量 X 来表示,即

$$X = \begin{cases} 0, & \text{正面朝下} \\ 1, & \text{正面朝上} \end{cases}$$

总之,随机试验的可能结果都可以用一个变量来表示,此变量取什么值不仅依赖于试验的可能结果(样本点),而且取各个值时都有某个概率相伴。

下面给出随机变量的定义。

随机变量 设 $\Omega = \{\omega\}$ 是随机试验的样本空间,对于每一个样本点 $\omega \in \Omega$,有一个实数 $X = X(\omega)$ 与之对应,这样,就得到一个定义在 Ω 上的单值实函数 $X = X(\omega)$(且对任意实数 x,$\{\omega | X(\omega) \leqslant x, \omega \in \Omega\}$ 是随机事件),则称 $X(\omega)$ 为随机变量,简记为 X。

通常用大写英文字母 X、Y、Z 或希腊字母 ξ、η、ζ 表示随机变量,用相应的小写英文字母 x、y、z 表示随机变量的取值。

引入随机变量后,就可以用含随机变量 X 的等式或不等式来表示随机事件。例如,$\{X = 2\}$、$\{X < 5\}$、$\{0 \leqslant X < 1\}$ 等,这样表示不仅简单,而且可以利用高等数学的方法来研

究随机试验。

在实际中常用的随机变量有如下两类。

(1) **离散型随机变量**：这类随机变量的主要特征是它所有可能取值为有限个或可列（像自然数一样可依次一一列出）无限个。

(2) **连续型随机变量**：这类随机变量的主要特征是它所有可能取值充满某个区间(a,b)（其中a可以为$-\infty$,b可以为$+\infty$）或多个区间的并集。

二、随机变量的概率分布

(一) 离散型随机变量及概率分布

1. 概率分布列

掌握一个离散型随机变量X的统计规律，只要知道X的所有可能取值以及X取每一个可能值的概率，对这两点的全面描述就被称作离散型随机变量的分布。

定义 2 设离散型随机变量X的全部可能取值为$x_k(k=1,2,\cdots)$，且取x_k的概率为p_k，即

$$P\{X=x_k\}=p_k \quad (k=1,2,\cdots) \tag{5-2}$$

称式(5-2)为离散型随机变量X的概率分布或分布列，简称分布。

分布列也可以用表格的形式表示，如表5-3所示。

表5-3 分布列的表格形式

X	x_1	x_2	$\cdots$	x_k	$\cdots$
$P\{X=x_k\}$	p_1	p_2	$\cdots$	p_k	$\cdots$

2. 分布列的性质

由概率的定义易知，分布列满足如下两条性质。

(1) $p_k \geqslant 0(k=1,2,\cdots)$。

(2) $\sum\limits_{k=1}^{\infty} p_k = 1$。

反之，具有这两个性质的数列必是某个离散型随机变量的分布列。

例 5-7 为了给手机更换1个元件，某修理员从装有4个元件的盒中逐一取出元件进行测试，已知盒中只有2个正品，求此修理员首次取到正品元件所需次数X的分布列。

解：令A_k表示事件"第k次取到正品"$(k=1,2,3)$，则X的分布列为

$p_1 = P\{X=1\} = P(A_1) = \dfrac{1}{2}$

$p_2 = P\{X=2\} = P(\overline{A}_1 A_2) = P(\overline{A}_1)P(A_2|\overline{A}_1) = \dfrac{1}{2} \times \dfrac{2}{3} = \dfrac{1}{3}$

$p_3 = P\{X=3\} = P(\overline{A}_1 \overline{A}_2 A_3) = P(\overline{A}_1)P(\overline{A}_2|\overline{A}_1)P(A_3|\overline{A}_1\overline{A}_2) = \dfrac{1}{2} \times \dfrac{1}{3} \times 1 = \dfrac{1}{6}$

其表格形式如表5-4所示。

表 5-4 分 布 列

X	1	2	3
p_k	$\frac{1}{2}$	$\frac{1}{3}$	$\frac{1}{6}$

3. 几种常见的离散型随机变量的分布

1) 两点(0-1)分布

若随机变量 X 的分布列为

$$P\{X=k\}=p^k(1-p)^{1-k} \quad (k=0,1;\ 0<p<1)$$

其概率分布表如表 5-5 所示。

表 5-5 概率分布表

X	0	1
p_k	$1-p$	p

则称 X 服从参数为 p 的两点(0-1)分布。

如果一个随机试验的样本空间只包含两个样本点,如检查一产品的质量合格或不合格;投篮一次,投中或投不中;对目标射击一次,命中或命不中;登记一新生婴儿的性别等,均可用服从 0-1 分布的随机变量来描述。但对不同的问题,参数 p 的取值不同。

2) 二项分布

若随机变量 X 可能取值为 $0,1,2,\cdots,n$,且

$$P\{X=k\}=C_n^k p^k q^{n-k} \quad (k=0,1,2,\cdots,n)$$

其中 $0<p<1, p+q=1, n$ 为非负整数,则称 X 服从参数为 n、p 的二项分布或伯努利分布,记为 $X \sim B(n,p)$。

容易看出,当 $n=1$ 时,二项分布正是 0-1 分布,故当 X 服从 0-1 分布时,常记为 $X \sim B(1,p)$。

可以证明二项分布满足如下两条性质。

(1) $P\{X=k\}=C_n^k p^k q^{n-k}>0 (k=0,1,2,\cdots,n)$。

(2) $\sum_{k=0}^{n} P\{X=k\} = \sum_{k=0}^{n} C_n^k p^k q^{n-k} = (p+q)^n = 1$。

由(2)可知,随机变量 X 取 k 值的概率为 $P\{X=k\}=C_n^k p^k q^{n-k}(k=0,1,2,\cdots,n)$,恰好是 $(p+q)^n$ 的展开式的第 $k+1$ 项,所以称 X 服从二项分布。

例 5-8 某篮球运动员投篮 3 次,每次投中的概率为 0.6,求投中次数的分布列。

解:令 X 表示投中的次数,则 $X \sim B(3,0.6)$,X 的可能取值为 0、1、2、3,相应的概率分别为

$$P\{X=0\}=C_3^0 (0.6)^0 (0.4)^3 = 0.064$$

$$P\{X=1\}=C_3^1 (0.6)^1 (0.4)^2 = 0.288$$

$$P\{X=2\}=C_3^2 (0.6)^2 (0.4)^1 = 0.432$$

$$P\{X=3\}=C_3^3 (0.6)^3 (0.4)^0 = 0.216$$

即 X 的概率分布,其概率分布图如图 5-5 所示。

从图 5-5 中看到,$P\{X=k\}$ 的概率先是随着 k 的增大而增加,直到达到最大值,而后单调减少。一般的二项分布 $B(n,p)$ 也具有这一性质。

3) 泊松分布

设随机变量 X 的分布列

$$P\{X=k\}=\frac{\lambda^k}{k!}e^{-\lambda} \quad (k=0,1,2,\cdots)$$

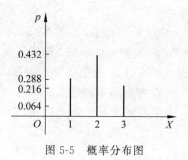

图 5-5 概率分布图

其中 $\lambda>0$ 为常数,则称 X 服从参数为 λ 的泊松(Poisson)分布,记为 $X\sim P(\lambda)$。

泊松分布满足如下两条基本性质。

(1) $P\{X=k\}>0 \quad (k=0,1,2,\cdots)$。

(2) $\sum_{k=0}^{\infty}P\{X=k\}=1$。

泊松分布是一种常见的重要分布之一,服从泊松分布的随机现象特别集中在社会生活和物理学领域,在社会生活中,又尤其适用于各种服务的需求现象或排队现象。如纺织厂生产的一批布匹上的疵点个数;某种昆虫产卵个数;在一段时间间隔里放射性物质发出的经过计数器的 α 粒子数;某一地区一段时间内发生交通事故的次数;某市级医院一天内的急诊病人数;某公共汽车终点站一段时间内的乘客数;一本书一页中的印刷错误数等,都服从或近似服从泊松分布。

泊松分布是作为二项分布的近似,从而就产生了二项分布的近似公式,是法国数学家泊松(S.D.Poisson)在 1837 年引入的。

当 n 很大,p 很小时,有近似公式

$$C_n^k p^k q^{n-k}\approx\frac{\lambda^k}{k!}e^{-\lambda} \quad (k=0,1,2,\cdots,n;p+q=1)$$

其中 $\lambda=np$。在实际计算中,当 $n\geqslant 10,p\leqslant 0.1$ 时,就可用泊松分布来近似二项分布。

例 5-9(人寿保险问题) 若一年内某类保险者中人的死亡率为 0.005,现有 10 000 人参加保险,试求在未来一年内这些人中有 40 人死亡的概率。

解:设未来一年中死亡人数为 X,则 $X\sim B(10\ 000,0.005)$。由于 $n=10\ 000$ 较大,$p=0.005$ 较小,$\lambda=np=50$,故可用泊松分布近似求解。

$$P\{X=40\}=C_{10\ 000}^{40}(0.005)^{40}(0.995)^{9\ 960}$$

$$\approx\frac{50^{40}}{40!}e^{-50}\approx 0.021\ 5$$

(二)连续型随机变量及其概率分布

1. 概率密度函数

定义 对于随机变量 X,若存在一个非负可积函数 $f(x)(-\infty<x<+\infty)$,使对任意的 $x_1,x_2(x_1<x_2)$,都有

$$P\{x_1<X\leqslant x_2\}=\int_{x_1}^{x_2}f(x)\mathrm{d}x \tag{5-3}$$

成立，则称 X 为连续型随机变量，称 $f(x)$ 为 X 的概率密度函数，简称密度函数或概率密度。

式(5-3)表明，X 落在 $(x_1, x_2]$ 中的概率等于图 5-6 中阴影部分的面积。由此看出，$f(x)$ 取值较大的区间，X 落入该区间的概率也大，因此概率密度函数 $f(x)$ 刻画了连续型随机变量 X 的概率分布情况。

2. 密度函数的性质

由密度函数的定义可知，$f(x)$ 具有以下性质。

(1) $f(x) \geqslant 0$。

(2) $\int_{-\infty}^{+\infty} f(x) \mathrm{d}x = 1$。

若某个函数满足性质(1)、(2)，则此函数可作为某个随机变量的密度函数。性质(2)表示介于曲线 $y = f(x)$ 与 x 轴之间的平面图形的面积为 1(图 5-7)。

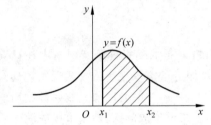
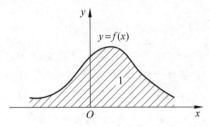

图 5-6　连续型随机变量 X 的概率分布图　　图 5-7　随机变量的密度函数

因为 $P\{X = a\} = 0$，所以连续型随机变量取任何固定值的概率为零。

3. 几种常见的连续型随机变量

1) 均匀分布

若连续型随机变量 X 的密度函数为

$$f(x) = \begin{cases} \dfrac{1}{b-a} & a \leqslant x \leqslant b, \\ 0, & \text{其他} \end{cases}$$

则称 X 在区间 $[a, b]$ 上服从均匀分布，记为 $X \sim U[a, b]$。

均匀分布的密度函数满足如下两个条件。

(1) $f(x) \geqslant 0$(显然)。

(2) $\int_{-\infty}^{+\infty} f(x) \mathrm{d}x = \int_a^b \dfrac{1}{b-a} \mathrm{d}x = 1$。

若 $a \leqslant c < d \leqslant b$，易得

$$P\{c < X < d\} = \int_c^d \dfrac{1}{b-a} \mathrm{d}x = \dfrac{d-c}{b-a}$$

上式说明在 $[a, b]$ 上服从均匀分布的随机变量 X 落入 $[a, b]$ 中任一子区间 (c, d) 内的概率与该子区间的长度 $d - c$ 成正比，而与子区间在 $[a, b]$ 上的具体位置无关。即它落入区间 $[a, b]$ 中任意等长度的子区间内的可能性是相同的，这就是均匀分布的概率意义。在实际问题中，公共汽车站乘客的候车时间、近似计算中的舍入误差等都服从均匀分布。

2) 指数分布

若连续型随机变量 X 的密度函数为

$$f(x)=\begin{cases}\lambda e^{-\lambda x}, & x\geqslant 0\\ 0, & x<0\end{cases}$$

其中 $\lambda>0$ 为常数,则称随机变量 X 服从参数为 λ 的指数分布,记为 $X\sim E(\lambda)$。

指数分布的密度函数满足如下两条。

(1) $f(x)\geqslant 0$(显然)。

(2) $\int_{-\infty}^{+\infty}f(x)\mathrm{d}x=\int_{0}^{+\infty}\lambda e^{-\lambda x}\mathrm{d}x=1$。

在实际问题中,动物的寿命和电子元件的寿命等都服从指数分布。

例 5-10 假设某元件的寿命服从参数 $\lambda=0.0015$ 的指数分布,求它使用 1 000 h 后还没有坏的概率。

解:设 X 为该元件的寿命,则

$$P\{X>1\,000\}=\int_{1\,000}^{+\infty}f(x)\mathrm{d}x=0.001\,5\int_{1\,000}^{+\infty}e^{-0.001\,5x}\mathrm{d}x=e^{-1.5}\approx 0.223$$

即该元件使用 1 000 h 后还没有坏的概率为 0.223。

3) 正态分布

若连续型随机变量 X 的密度函数为

$$f(x)=\frac{1}{\sqrt{2\pi}\sigma}e^{-\frac{(x-\mu)^2}{2\sigma^2}}\quad (-\infty<x<+\infty)$$

其中 $\mu,\sigma>0$ 为常数,则称 X 服从参数为 μ 和 σ 的正态分布,或高斯(Gauss)分布,记为 $X\sim N(\mu,\sigma^2)$。

正态分布的密度函数满足如下两条。

(1) $f(x)>0\quad(-\infty<x<+\infty)$。

(2) $\int_{-\infty}^{+\infty}f(x)\mathrm{d}x=1$。

正态分布的密度曲线呈钟形(图 5-8),称其为正态曲线。

σ 值越大,曲线越平缓,即分布越分散;σ 值越小,曲线越陡峭,即分布越集中(图 5-9)。从几何直观上可看出,参数 σ 决定曲线 $f(x)$ 的形状,故称 σ 为形状参数,它反映了 X 所取值的离散程度。

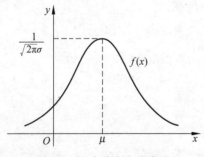

图 5-8 正态分布密度曲线

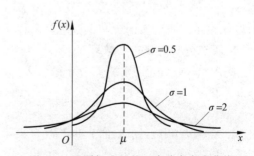

图 5-9 不同标准差的正态分布密度曲线

特别地,称参数 $\mu=0$、$\sigma=1$ 的正态分布为标准正态分布,记为 $X\sim N(0,1)$,其密度

函数为
$$\varphi(x) = \frac{1}{\sqrt{2\pi}} e^{-\frac{x^2}{2}} \quad (-\infty < x < +\infty)$$

其图形如图 5-10 所示。

定理 若随机变量 $X \sim N(\mu, \sigma^2)$，则随机变量
$$Y = \frac{X-\mu}{\sigma} \sim N(0,1)$$

且
$$f_x(x) = \frac{1}{\sigma} \varphi\left(\frac{x-\mu}{\sigma}\right) \quad (-\infty < x < +\infty)$$

证略。

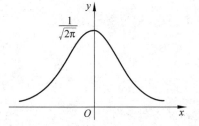

图 5-10 标准正态分布密度曲线

此定理表明，一般正态分布的随机变量经标准化变换 $Y = \frac{X-\mu}{\sigma}$ 后得到的是一个标准正态分布的随机变量，从而一般正态分布的随机变量落在某区域内的概率可以利用标准正态分布来计算。

正态分布是概率论中最常见的分布之一，它在概率统计的理论与应用中都占据头等重要的地位。自然界和工程技术中的很多随机变量都服从正态分布。例如，测量的误差、一批产品的质量指标、人体的身高或体重、农作物的单位面积产量、弹着点的分布、气象中的月平均气温、湿度、降水量等都服从或近似服从正态分布。此外，它在产品检验、无线电噪声理论和自动控制等领域也有着广泛的应用。

三、分布函数的概念

1. 定义

设 X 是一个随机变量，x 为任意实数，称函数
$$F(x) = P\{X \leqslant x\}$$

为 X 的分布函数。

由此定义，若已知随机变量 X 的分布函数 $F(x)$，则 X 落入任一区间 $(x_1, x_2]$ 的概率等于 $F(x)$ 在此区间上的增量，即
$$P\{x_1 < X \leqslant x_2\} = P\{X \leqslant x_2\} - P\{X \leqslant x_1\}$$
$$= F(x_2) - F(x_1)$$

因此，知道了随机变量的分布函数也就掌握了该随机变量的统计规律性。

2. 正态分布的分布函数

若 $X \sim N(\mu, \sigma^2)$，则 X 的分布函数为
$$F(x) = \frac{1}{\sqrt{2\pi}\sigma} \int_{-\infty}^{x} e^{-\frac{(t-\mu)^2}{2\sigma^2}} dt \quad (-\infty < x < +\infty)$$

若 $X \sim N(0,1)$，则 X 的分布函数为
$$\Phi(x) = \frac{1}{\sqrt{2\pi}} \int_{-\infty}^{x} e^{-\frac{t^2}{2}} dt \quad (-\infty < x < +\infty)$$

$\Phi(x)$ 的几何意义为标准正态密度曲线与横轴之间在直线 $t=x$ 左边部分图形的面积

(图 5-11)。由于 $\Phi(+\infty)=1$,所以曲线与横轴所夹面积为 1。

对于 $\Phi(x)$,有 $\Phi(-x)=1-\Phi(x)$。其直观含义如图 5-12 所示。

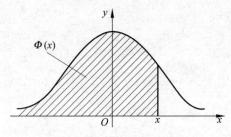
图 5-11 标准正态分布概率

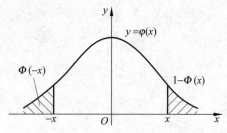
图 5-12 标准正态分布中负值概率

由此可以推得以下两个结论。

(1) $P\{|X|\leqslant x\}=2\Phi(x)-1$。

(2) $P\{|X|\geqslant x\}=2[1-\Phi(x)]$。

标准正态分布的分布函数 $\Phi(x)$ 的值可查正态分布表获得。有关标准正态分布的概率的计算都可以转化为查 $\Phi(x)$ 的相应值来解决。

例 5-11 已知 $X\sim N(0,1)$,求:(1) $P\{X<0.68\}$;(2) $P\{X\geqslant 1.74\}$;(3) $P\{X>-1.24\}$;(4) $P\{|X|\leqslant 1.96\}$;(5) $P\{-0.68\leqslant X\leqslant 1.74\}$;(6) $P\{|X|\geqslant 1.84\}$。

解:(1) $P\{X<0.68\}=P\{X\leqslant 0.68\}=\Phi(0.68)=0.751\,7$;

(2) $P\{X\geqslant 1.74\}=1-P\{X<1.74\}=1-\Phi(1.74)=1-0.959\,1=0.040\,9$;

(3) $P\{X>-1.24\}=1-P\{X\leqslant -1.24\}=\Phi(1.24)=0.892\,5$;

(4) $P\{|X|\leqslant 1.96\}=2\Phi(1.96)-1=2\times 0.975-1=0.95$;

(5) $P\{-0.68\leqslant X\leqslant 1.74\}=\Phi(1.74)-\Phi(-0.68)=\Phi(1.74)-[1-\Phi(0.68)]$
$=0.959\,1-(1-0.751\,7)=0.710\,8$;

(6) $P\{|X|\geqslant 1.84\}=2[1-\Phi(1.84)]=2(1-0.967\,1)=0.065\,8$。

3. 定理

若随机变量 $X\sim N(\mu,\sigma^2)$,则随机变量

$$Y=\frac{X-\mu}{\sigma}\sim N(0,1)$$

且

$$F_X(x)=\Phi\left(\frac{x-\mu}{\sigma}\right)\quad (-\infty<x<+\infty)$$

从而一般正态分布的随机变量落在某区域内的概率可以利用标准正态分布来计算,即

$$P\{a<X\leqslant b\}=F_X(b)-F_X(a)=\Phi\left(\frac{b-\mu}{\sigma}\right)-\Phi\left(\frac{a-\mu}{\sigma}\right)$$

例 5-12 设随机变量 $X\sim N(3,4)$,求 $P\{-1<X<4\}$ 和 $P\{X\geqslant 2\}$。

解:$P\{-1<X<4\}=F(4)-F(-1)=\Phi\left(\frac{4-3}{2}\right)-\Phi\left(\frac{-1-3}{2}\right)$

$=\Phi\left(\frac{1}{2}\right)-\Phi(-2)=\Phi\left(\frac{1}{2}\right)-[1-\Phi(2)]$

$$= \Phi\left(\frac{1}{2}\right) + \Phi(2) - 1 = 0.691\,5 + 0.977\,2 - 1 = 0.668\,7;$$

$$P\{X \geqslant 2\} = 1 - P\{X < 2\} = 1 - \Phi\left(\frac{2-3}{2}\right) = 1 - \Phi\left(-\frac{1}{2}\right)$$

$$= 1 - \left[1 - \Phi\left(\frac{1}{2}\right)\right] = \Phi\left(\frac{1}{2}\right) = 0.691\,5。$$

例 5-13 设随机变量 $X \sim N(\mu, \sigma^2)$，求：(1) $P\{|X-\mu|<\sigma\}$；(2) $P\{|X-\mu|<2\sigma\}$；(3) $P\{|X-\mu|<3\sigma\}$。

解：(1) $P\{|X-\mu|<\sigma\} = P\left\{\left|\frac{X-\mu}{\sigma}\right|<1\right\} = 2\Phi(1) - 1 = 2 \times 0.841\,2 - 1 = 0.682\,4$；

(2) $P\{|X-\mu|<2\sigma\} = P\left\{\left|\frac{X-\mu}{\sigma}\right|<2\right\} = 2\Phi(2) - 1 = 2 \times 0.977\,3 - 1 = 0.954\,6$；

(3) $P\{|X-\mu|<3\sigma\} = P\left\{\left|\frac{X-\mu}{\sigma}\right|<3\right\} = 2\Phi(3) - 1 = 2 \times 0.998\,7 - 1 = 0.997\,4$。

由此例可看出，若随机变量 $X \sim N(\mu, \sigma^2)$，则随机变量 X 落在区间 $[\mu-3\sigma, \mu+3\sigma]$ 内的概率几乎等于 1，即 X 值落入以 μ 为中心、3σ 为半径的区间内几乎是必然的，而事件 $\{|X-\mu|>3\sigma\}$ 是一个小概率事件（图 5-13）。通常被称为"3σ 原则"。

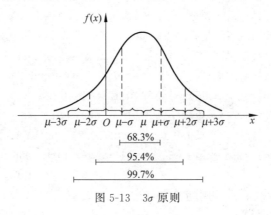

图 5-13　3σ 原则

第三节　随机变量的数字特征

在实际问题中，有时不容易确定随机变量的分布，有时则并不需要完全知道随机变量的分布，而只需要知道它的某些特征就够了，这些特征就是随机变量的数字特征，它们是由随机变量的分布所决定的常数，刻画了随机变量某一方面的性质。

例如，考察某种大批量生产的产品的使用寿命，它可以用随机变量来描述，如果知道了这个随机变量的分布函数，就可以计算寿命落在任一指定界限内的产品的百分比有多少，这是对产品寿命状况的完整刻画。如果不知道随机变量的分布函数，而知道产品的平均使用寿命，虽然不能对产品寿命状况提供一个完整的刻画，但却在一个重要方面刻画了产品寿命的状况，这往往也是我们最为关心的一个方面。类似的情况很多，如评定某地区粮食产量的水平时，经常考虑平均亩产量；对某一射手进行技术评估时，经常考察射击命中环数的平均值；检查一批棉花的质量时，所关心的是棉花纤维的平均长度等。这个重要的数字特征就是数学期望，简称为期望，常常也称为均值。

另一个重要的数字特征用以衡量一个随机变量取值的分散程度。例如对一射手进行技术评定时，除考察射击命中环数的平均值以外，还要了解命中点是分散还是比较集中。在检查一批棉花的质量时，除关心棉花纤维的平均长度以外，还要考虑纤维的长度与平均长度的偏离程度。如果两批棉花的平均长度相同，而一批棉花纤维的长度与平均长度接近，另一批棉花则相差较大，显然，前者显得整齐，也便于使用，而后者显得参差不齐，不便于使用。描述随机变量取值分散程度的数字特征就是方差。

期望和方差是刻画随机变量性质的两个最重要的数字特征。数字特征能够比较容易地估算出来，在理论上和实践上都具有重要的意义。其他的数字特征还有矩和协方差、相关系数等。

一、数学期望

（一）离散型随机变量的数学期望

定义 设离散型随机变量 X 的概率分布为 $P\{X=x_i\}=p_i(i=1,2,\cdots)$，若级数 $\sum_i x_i p_i$ 绝对收敛，即 $\sum_i |x_i| p_i$ 收敛，则称 $\sum_i x_i p_i$ 为离散型随机变量 X 的数学期望（或均值），简称期望，记作 $E(X)$，即

$$E(X) = \sum_i x_i p_i$$

期望的定义表明，期望就是随机变量 X 的取值 x_i 以它们的概率为权重的加权平均，从这个意义上说，把 $E(X)$ 称为 X 的均值更能反映这个概念的本质。

例 5-14 某只股票的预期回报率 r_e 可以用概率论中的期望值来衡量：

$$r_e = \sum_{k=1}^n p_k r_k$$

式中，p_k 为第 k 种经济状况出现的概率；r_k 为出现第 k 经济状况时该只股票的报酬率；n 为所有可能结果的数目。

常见的离散型随机变量的数学期望有以下三种。

1. 两点分布

设 X 服从参数为 $p(0<p<1)$ 的两点分布，即其表格形式如表 5-6 所示。

表 5-6 两点分布

X	0	1
p	$1-p$	p

则 $E(X)=0\times(1-p)+1\times p=p$。

2. 二项分布

设 $X \sim B(n,p)$，其概率分布为

$$P\{X=k\}=C_n^k p^k (1-p)^{n-k} \quad (k=0,1,2,\cdots,n)$$

则 $E(X)=np$。

二项分布的期望是 np，直观上也比较容易理解这个结果。因为 X 是 n 次试验中某事件 A 出现的次数，它在每次试验时出现的概率为 p，那么 n 次试验中当然平均出现 np 次。

3. 泊松分布

设 $X \sim P(\lambda)$，概率分布为

$$P\{X=k\} = \frac{\lambda^k}{k!}e^{-\lambda} \quad (k=0,1,2,\cdots;\lambda>0)$$

则 $E(X) = \lambda$。

这表明，在泊松分布中，参数 λ 是它的数学期望。

（二）连续型随机变量的数学期望

定义 设连续型随机变量 X 的概率密度为 $f(x)$，若积分 $\int_{-\infty}^{+\infty} xf(x)dx$ 绝对收敛，则称积分 $\int_{-\infty}^{+\infty} xf(x)dx$ 的值为随机变量 X 的期望，记为 $E(X)$，即

$$E(X) = \int_{-\infty}^{+\infty} xf(x)dx$$

常见的连续型随机变量的数学期望有以下三种。

1. 均匀分布

设 $X \sim U[a,b]$，其概率密度为

$$f(x) = \begin{cases} \dfrac{1}{b-a}, & a \leqslant x \leqslant b \\ 0, & 其他 \end{cases}$$

则

$$E(X) = \int_a^b \frac{x}{b-a}dx = \frac{1}{2}(a+b)$$

2. 指数分布

设 X 服从参数为 λ 的指数分布 $E(\lambda)$，概率密度为

$$f(x) = \begin{cases} \lambda e^{-\lambda x}, & x \geqslant 0 \\ 0, & x < 0 \end{cases} \quad (\lambda > 0)$$

则

$$E(X) = \int_0^{+\infty} x\lambda e^{-\lambda x}dx = \frac{1}{\lambda}$$

3. 正态分布

设 $X \sim N(\mu,\sigma^2)$，其概率密度为

$$f(x) = \frac{1}{\sqrt{2\pi}\sigma}e^{-\frac{(x-\mu)^2}{2\sigma^2}} \quad (-\infty < x < +\infty)$$

则

$$E(X) = \int_{-\infty}^{+\infty} \frac{x}{\sqrt{2\pi}\sigma}e^{-\frac{(x-\mu)^2}{2\sigma^2}}dx$$

作变量代换，令 $t = \dfrac{x-\mu}{\sigma}$，

$$\int_{-\infty}^{+\infty} \dfrac{x}{\sqrt{2\pi}\sigma} e^{-\frac{(x-\mu)^2}{2\sigma^2}} dx = \dfrac{1}{\sqrt{2\pi}} \int_{-\infty}^{+\infty} (\mu+\sigma t) e^{-\frac{t^2}{2}} dt = \mu$$

从而

$$E(X) = \mu$$

这说明，在正态分布 $N(\mu,\sigma^2)$ 中，参数 μ 是该分布的期望。

（三）数学期望的性质

数学期望具有下列性质（设所涉及的随机变量的数学期望都存在）。

性质 1 设 C 为常数，则 $E(C) = C$。

性质 2 设 k 为常数，则 $E(kX) = kE(X)$。

性质 3 设 X、Y 均为随机变量，则 $E(X+Y) = E(X) + E(Y)$；

对于任意 n 个随机变量 $X_1, X_2, \cdots, X_n$，也有

$$E(X_1 + X_2 + \cdots + X_n) = E(X_1) + E(X_2) + \cdots + E(X_n)$$

性质 4 设 X、Y 均为随机变量且相互独立，则 $E(XY) = E(X)E(Y)$。

对于 n 个相互独立的随机变量 $X_1, X_2, \cdots, X_n$，也有

$$E(X_1 X_2 \cdots X_n) = E(X_1) E(X_2) \cdots E(X_n)$$

例 5-15 将一枚均匀的骰子连掷 10 次，求所得点数之和的数学期望。

解：设 X_i 是第 i 次掷骰子时所得的点数（$i=1,2,\cdots,10$），则掷 10 次骰子所得点数之和为

$$X = X_1 + X_2 + \cdots + X_{10}$$
$$E(X) = E(X_1) + E(X_2) + \cdots + E(X_{10})$$

对每个 X_i，所有可能取的值为 1、2、3、4、5、6，由于骰子是均匀的，因此取每个可能值的概率均为 $\dfrac{1}{6}$，于是对 $i=1,2,\cdots,10$，有

$$E(X_i) = 1 \times \dfrac{1}{6} + 2 \times \dfrac{1}{6} + 3 \times \dfrac{1}{6} + 4 \times \dfrac{1}{6} + 5 \times \dfrac{1}{6} + 6 \times \dfrac{1}{6} = 3.5$$

$$E(X) = 10 \times 3.5 = 35$$

二、方差

（一）方差的概念

方差是随机变量的另一数字特征，它刻画了随机变量的取值在其中心位置附近的分散程度，也就是随机变量与平均值的偏离程度。

定义 设 X 为一随机变量，如果 $E\{[X-E(X)]^2\}$ 存在，则称之为 X 的方差，记为 $D(X)$ 或 $\text{var}(X)$，即

$$D(X) = E\{[X-E(X)]^2\}$$

并称 $\sqrt{D(X)}$ 为 X 的标准差或均方差。

对离散型随机变量 X，若其概率分布为 $P\{X=x_i\} = p_i (i=1,2,\cdots)$，则

$$D(X) = \sum_i [x_i - E(X)]^2 p_i$$

对连续型随机变量 X，若其概率密度为 $f(x)$，则

$$D(X) = \int_{-\infty}^{+\infty} [x - E(X)]^2 f(x) \mathrm{d}x$$

计算方差可利用以下。

利用期望的性质，有

$$\begin{aligned} D(X) &= E\{[X - E(X)]^2\} \\ &= E\{X^2 - 2XE(X) + [E(X)]^2\} \\ &= E(X^2) - 2E(X)E(X) + [E(X)]^2 \\ &= E(X^2) - [E(X)]^2 \end{aligned}$$

即

$$D(X) = E(X^2) - [E(X)]^2$$

因此可以按下列步骤计算方差。

(1) 计算 $E(X)$：$E(X) = \begin{cases} \sum\limits_i x_i p_i, & X \text{ 为连续型随机变量} \\ \int_{-\infty}^{+\infty} x f(x) \mathrm{d}x, & X \text{ 为离散型随机变量} \end{cases}$

(2) 计算 $E(X^2)$：$E(X^2) = \begin{cases} \sum\limits_i x_i^2 p_i, & X \text{ 为连续型随机变量} \\ \int_{-\infty}^{+\infty} x^2 f(x) \mathrm{d}x, & X \text{ 为离散型随机变量} \end{cases}$

(3) 计算 $D(X)$：$D(X) = E(X^2) - [E(X)]^2$

例 5-16 设离散型随机变量 X 的分布列如表 5-7 所示。

表 5-7 随机变量 X 的分布列

X	0	1	2
p	0.2	0.5	0.3

求 $D(X)$。

解：$E(X) = 0 \times 0.2 + 1 \times 0.5 + 2 \times 0.3 = 1.1$

$E(X^2) = 0^2 \times 0.2 + 1^2 \times 0.5 + 2^2 \times 0.3 = 1.7$

$D(X) = E(X^2) - [E(X)]^2 = 1.7 - 1.1^2 = 0.49$

例 5-17 设随机变量 X 的概率密度为

$$f(x) = \begin{cases} 2x, & 0 \leqslant x \leqslant 1 \\ 0, & \text{其他} \end{cases}$$

求 $D(X)$。

解：$E(X) = \int_0^1 2x^2 \mathrm{d}x = \dfrac{2}{3}$

$E(X^2) = \int_0^1 2x^3 \mathrm{d}x = \dfrac{1}{2}$

$$D(X) = E(X^2) - [E(X)]^2 = \frac{1}{2} - \left(\frac{2}{3}\right)^2 = \frac{1}{18}$$

（二）几种常见的随机变量的方差

1. 两点分布

设 X 服从参数为 $p(0<p<1)$ 的两点分布 $B(1,p)$，如表 5-8 所示。

表 5-8　两点分布

X	0	1
p	$1-p$	p

则

$$E(X) = 0 \times (1-p) + 1 \times p = p$$
$$E(X^2) = 0^2 \times (1-p) + 1^2 \times p = p$$
$$D(X) = E(X^2) - [E(X)]^2 = p - p^2 = p(1-p)$$

2. 二项分布

设 $X \sim B(n,p)$，其概率分布为

$$P\{X=k\} = C_n^k p^k (1-p)^{n-k} \quad (k=0,1,2,\cdots,n)$$

从而

$$E(X) = np$$
$$E(X^2) = \sum_{k=0}^{n} k^2 C_n^k p^k (1-p)^{n-k} = n(n-1)p^2 + np \text{（过程略）}$$
$$D(X) = E(X^2) - [E(X)]^2 = np(1-p)$$

3. 泊松分布

设 $X \sim P(\lambda)$，概率分布为

$$P\{X=k\} = \frac{\lambda^k}{k!} e^{-\lambda} \quad (k=0,1,2,\cdots; \lambda > 0)$$

则

$$E(X) = \lambda$$
$$E(X^2) = \sum_{k=0}^{\infty} k^2 \frac{\lambda^k}{k!} e^{-\lambda} = \lambda^2 + \lambda \text{（过程略）}$$
$$D(X) = E(X^2) - [E(X)]^2 = \lambda$$

这表明，在泊松分布中，它的唯一参数 λ 既是它的数学期望，又是它的方差。

4. 均匀分布

设 $X \sim U[a,b]$，其概率密度为

$$f(x) = \begin{cases} \dfrac{1}{b-a}, & a \leqslant x \leqslant b \\ 0, & \text{其他} \end{cases}$$

则

$$E(X) = \int_a^b \frac{x}{b-a} dx = \frac{1}{2}(a+b)$$

$$E(X^2) = \int_a^b \frac{x^2}{b-a} dx = \frac{1}{3}(a^2 + ab + b^2)$$

$$D(X) = E(X^2) - [E(X)]^2 = \frac{1}{12}(b-a)^2$$

5. 指数分布

设 X 服从参数为 λ 的指数分布 $E(\lambda)$，其概率密度为

$$f(x) = \begin{cases} \lambda e^{-\lambda x}, & x \geq 0 \\ 0, & x < 0 \end{cases} (\lambda > 0)$$

则

$$E(X) = \int_0^{+\infty} x \lambda e^{-\lambda x} dx = \frac{1}{\lambda}$$

$$E(X^2) = \int_0^{+\infty} x^2 \lambda e^{-\lambda x} dx = \frac{2}{\lambda^2}$$

$$D(X) = E(X^2) - [E(X)]^2 = \frac{1}{\lambda^2}$$

6. 正态分布

设 $X \sim N(\mu, \sigma^2)$，其概率密度为

$$f(x) = \frac{1}{\sqrt{2\pi}\sigma} e^{-\frac{(x-\mu)^2}{2\sigma^2}} \quad (-\infty < x < +\infty)$$

则

$$E(X) = \mu$$

$$E(X^2) = \mu^2 + \sigma^2$$

$$D(X) = \int_{-\infty}^{+\infty} \frac{(x-\mu)^2}{\sqrt{2\pi}\sigma} e^{-\frac{(x-\mu)^2}{2\sigma^2}} dx = \sigma^2 (\text{过程略})$$

（三）方差的性质

方差具有以下重要性质。

性质 1 设 C 为常数，则 $D(C) = 0$。

证　$D(C) = E\{[C - E(C)]^2\} = 0$

性质 2 设 C 为常数，则 $D(X+C) = D(X)$。

证　$D(X+C) = E\{[(X+C) - E(X+C)]^2\}$
$= E\{[X - E(X)]^2\}$
$= D(X)$

性质 3 设 k 为常数，则 $D(kX) = k^2 D(X)$。

证　$D(kX) = E\{[kX - E(kX)]^2\}$
$= k^2 E\{[X - E(X)]^2\}$
$= k^2 D(X)$

性质 4 设随机变量 X、Y 相互独立且方差 $D(X)$、$D(Y)$ 都存在，则有
$$D(X \pm Y) = D(X) + D(Y)$$
对于 n 个相互独立的随机变量 $X_1, X_2, \cdots, X_n$，也有
$$D\left(\sum_{i=1}^{n} X_i\right) = \sum_{i=1}^{n} D(X_i)$$

例 5-18 设随机变量 $X \sim B(10, 0.1)$，$Y = 3X - 5$，求 $E(Y)$、$D(Y)$。

解：$n = 10$，$p = 0.1$，$1 - p = 0.9$
$$E(X) = np = 10 \times 0.1 = 1$$
$$D(X) = np(1-p) = 10 \times 0.1 \times 0.9 = 0.9$$
所以
$$E(Y) = E(3X - 5) = 3E(X) - 5 = 3 \times 1 - 5 = -2$$
$$D(Y) = D(3X - 5) = 3^2 D(X) = 9 \times 0.9 = 8.1$$

第四节 大数定律和中心极限定理

本节将介绍有关随机变量序列的最基本的两类极限定理：大数定律和中心极限定理（central limit theorem），它们在概率论与数理统计的理论研究和实际应用中都具有重要的意义。

我们注意到，随机现象的统计规律性是在相同条件下进行大量重复试验时呈现出来的。例如，在概率的统计定义中，谈到一个事件发生的频率具有稳定性，即频率趋于事件的概率，这里是指试验的次数无限增大时，在某种收敛意义下逼近某一定数，这就是最早的一个大数定律。一般的大数定律讨论 n 个随机变量平均值的稳定性。大数定律对上述情况从理论的高度给予了概括和论证。

中心极限定理证明了在很一般的条件下，n 个随机变量的和当 $n \to \infty$ 时的极限分布是正态分布。利用这些结论，在数理统计中许多复杂的随机变量的分布可以用正态分布近似，而正态分布有许多完美的理论，从而可以获得既简单又实用的统计分析。

下面将介绍大数定律和中心极限定理中最简单也是最重要的结论。

一、切比雪夫不等式

定理 1［切比雪夫（Chebyshev）不等式］ 设随机变量 X 具有有限方差 $D(X)$，则对任一正数 ε，有
$$P\{|X - E(X)| \geqslant \varepsilon\} \leqslant \frac{D(X)}{\varepsilon^2}$$

证明略。

不等式表明，当方差 $D(X)$ 越来越小时，事件 $\{|X - E(X)| \geqslant \varepsilon\}$ 发生的概率将会变得更小。此时，X 落入 $E(X)$ 的小邻域 $(E(X) - \varepsilon, E(X) + \varepsilon)$ 内的可能性相当大。由此说明 X 的取值将集中在 $E(X)$ 的附近，这正是方差概念的本义。

切比雪夫不等式的等价形式是

$$P\{|X-E(X)|<\varepsilon\} \geqslant 1-\frac{D(X)}{\varepsilon^2}$$

设想,取 $\varepsilon=k\sigma$,以及记 $E(X)=\mu, D(X)=\sigma^2$,于是有

$$P\{|X-\mu|<k\sigma\} \geqslant 1-\frac{\sigma^2}{k^2\sigma^2}=1-\frac{1}{k^2}$$

可见,不管随机变量 X 服从什么分布,X 落入区间 $(\mu-k\sigma, \mu+k\sigma)$ 内的概率不小于 $1-\frac{1}{k^2}$。当取 $k=3$ 时,X 落入区间 $(\mu-3\sigma, \mu+3\sigma)$ 内的概率不小于 0.888 9。等价地,有 $P\{|X-\mu|\geqslant 3\sigma\}\leqslant 0.111\ 1$,即 X 落入区间 $(\mu-3\sigma, \mu+3\sigma)$ 外的概率不大于 0.111 1。于是 $\{|X-\mu|\geqslant 3\sigma\}$ 是发生可能性很小的事件。这里的概率估计与正态分布下的"3σ 原则"相比,精度不是很高,但它的最大优点是:这种估计是在不涉及分布情况下进行的。

切比雪夫不等式仅仅借助数学期望、方差就给出了事件 $\{|X-E(X)|\geqslant \varepsilon\}$ 或事件 $\{|X-E(X)|<\varepsilon\}$ 的概率估计,所以它在应用和理论两方面都很有价值。大数定律讨论将以此为工具。

例 5-19 已知随机变量 X 的期望 $E(X)=14$,方差 $D(X)=\frac{35}{3}$,试估计 $P\{10<X<18\}$ 的大小。

解:因为

$$P\{10<X<18\}=P\{10-E(X)<X-E(X)<18-E(X)\}$$
$$=P\{|X-14|<4\}$$

由切比雪夫不等式,得

$$P\{|X-14|<4\} \geqslant 1-\frac{35/3}{4^2} \approx 0.271$$

即

$$P\{10<X<18\} \geqslant 0.271$$

二、大数定律

众所周知,随机现象是在大量重复试验中才能呈现出明显的规律性。集中体现这个概率的是频率的稳定性,可是至今确切的数学含义尚不清晰。大数定律将为此提供理论依据。

定理 2(切比雪夫大数定律) 假定 $X_1, X_2, \cdots, X_n$ 为两两相互独立的随机变量序列,且方差一致有上界,即存在有限常数 c,使得

$$D(X_i) \leqslant c, \quad (i=1,2,3,\cdots,n)$$

则对任一正数 ε,有

$$\lim_{n\to\infty} P\left\{\left|\frac{1}{n}\sum_{i=1}^{n}X_i-\frac{1}{n}\sum_{i=1}^{n}E(X_i)\right|<\varepsilon\right\}=1$$

证明略。

满足 $\lim_{n\to\infty} P\left\{\left|\frac{1}{n}\sum_{i=1}^{n}X_i-\frac{1}{n}\sum_{i=1}^{n}E(X_i)\right|<\varepsilon\right\}=1$ 的随机变量序列 $\{X_n\}$ 被称为服从大

数定律。这一结果是俄国数学家切比雪夫于 1866 年所证明。它是关于大数定律相当普遍的结论,许多大数定律的古典形式可视为其特例。

由切比雪夫大数定律,容易得出如下推论。

推论(辛钦大数定律) 设随机变量 $X_1, X_2, \cdots, X_n$ 相互独立且服从同一分布,$E(X_i) = \mu, D(X_i) = \sigma^2 < +\infty$,则

$$\lim_{n \to \infty} P\left\{ \left| \frac{1}{n} \sum_{i=1}^{n} X_i - \mu \right| < \varepsilon \right\} = 1$$

即 n 个相互独立同分布的随机变量的算术平均值以极大的可能性接近于它们的数学期望 μ。需要指出的是辛钦大数定律可以去掉 $D(X_i) = \sigma^2 < +\infty$ 这个条件。

定理 3(伯努利大数定律) 假设事件 A 在一重伯努利试验中发生的概率为 p,记随机变量 n_A 为 A 在 n 重伯努利试验中发生的次数。则对于任一正数 ε,有

$$\lim_{n \to \infty} P\left\{ \left| \frac{n_A}{n} - p \right| < \varepsilon \right\} = 1$$

证明略。

大数定律揭示了大量随机变量在取极限过程中的概率性质。

切比雪夫大数定律告诉我们,随机变量的算术平均以极大的可能性接近于它们的数学期望的平均。由此说明,在给定的条件下,随机变量的平均几乎是一个确定的常数。这为在实际工作中广泛使用的算术平均法则提供了理论依据。例如,为确定某一零件的长度,在相同条件下进行了 n 次重复测量,每次测量值不尽相同。那么,究竟采用哪一次测量值作为长度真值的近似呢?依据切比雪夫大数定律,以所有测量值的平均作为零件长度真值的近似为最佳。

伯努利大数定律确切的数学含义是频率 $f_n = \dfrac{n_A}{n}$ 将依概率 1 收敛于事件概率 p。也就是说,伯努利大数定律以严格的数学形式表述了频率稳定于概率的事实。这样,频率的稳定性以及由此形成的统计定义就有了理论上的依据。同时也提示了我们,当 n 充分大时,可用事件发生的频率来近似替代该事件发生的概率。

三、中心极限定理

前面我们提到,在自然现象和社会现象中,大量的随机变量都是服从或近似服从正态分布的。中心极限定理就是以此为背景的,关于"在一定条件下大量的相互独立的随机变量和的极限分布是正态分布"的一系列定理。在这里只介绍其中两个。

定理 4(独立同分布中心极限定理) 设 $X_1, X_2, \cdots, X_n$ 相互独立同分布,且 $E(X_i) = \mu, D(X_i) = \sigma^2 > 0$,则对一切实数 x,有

$$\lim_{n \to \infty} P\left\{ \frac{\sum_{i=1}^{n} X_i - n\mu}{\sqrt{n}\sigma} \leqslant x \right\} = \frac{1}{\sqrt{2\pi}} \int_{-\infty}^{x} e^{-\frac{t^2}{2}} dt = \Phi(x)$$

此定理说明,相互独立且服从同一分布,但不一定服从正态分布的随机变量 $X_1, X_2, \cdots, X_n$ 的 n 项和的标准化随机变量

$$Z_n = \frac{\sum_{i=1}^{n} X_i - n\mu}{\sqrt{D\left(\sum_{i=1}^{n} X_i\right)}}$$

在 n 充分大时，Z_n 近似服从标准正态分布，n 项和 $\sum_{i=1}^{n} X_i$ 近似服从正态分布 $N(n\mu, n\sigma^2)$。

进一步还有以下结论：在一定的条件下，定理 4 中的 $X_1, X_2, \cdots, X_n$ 服从同一分布的条件可以去掉，只要 $X_1, X_2, \cdots, X_n$ 独立，$E(X_i) = \mu_i$，$D(X_i) = \sigma_i^2 (i=1,2,\cdots,n)$ 存在，则 n 充分大时，同样有上述结论。在许多问题中，所考虑的随机变量经常可以表示成这样的大量相互独立的随机变量之和，因而近似服从正态分布。这就是正态分布在概率论中占有重要地位的主要原因。

例 5-20 已知相互独立的随机变量 $X_1, X_2, \cdots, X_{100}$ 都在区间 $[-1,1]$ 上服从均匀分布，试求这些随机变量总和的绝对值不超过 10 的概率。

解：由均匀分布的题设可知

$$E(X_i) = 0, \quad D(X_i) = \frac{[1-(-1)]^2}{12} = \frac{1}{3} \quad (i=1,2,\cdots,100)$$

于是，对于它们的总和 $n_A = \sum_{i=1}^{100} X_i$，有

$$E(n_A) = 0, \quad D(n_A) = \frac{100}{3}$$

且

$$n_A \sim N\left(0, \frac{100}{3}\right)$$

故

$$P\{|n_A| < 10\} = P\{-10 < n_A < 10\}$$
$$\approx \Phi\left(\frac{10}{\sqrt{100/3}}\right) - \Phi\left(\frac{-10}{\sqrt{100/3}}\right)$$
$$= \Phi(1.73) - \Phi(-1.73) = 2\Phi(1.73) - 1$$
$$= 2 \times 0.9582 - 1 = 0.9164$$

作为定理 4 的特例最终完成于 18 世纪中叶、被誉为第一个中心极限定理的棣莫弗-拉普拉斯(De Moivre-Laplace)中心极限定理。

四、棣莫弗-拉普拉斯中心极限定理

定理 5（棣莫弗-拉普拉斯中心极限定理） 设 $X_1, X_2, \cdots, X_n$ 相互独立且 $X_i \sim B(1, p)(i=1,2,\cdots,n)$，$n_A = \sum_{i=1}^{n} X_i \sim B(n,p)$，则对任意一个 $x(-\infty < x < +\infty)$，总有

$$\lim_{n \to \infty} P\left\{\frac{n_A - np}{\sqrt{np(1-p)}} \leqslant x\right\} = \frac{1}{\sqrt{2\pi}} \int_{-\infty}^{x} e^{-\frac{t^2}{2}} dt = \Phi(x)$$

由此定理可知：当 n 充分大时，二项分布 $B(n,p)$ 可近似地用正态分布 $N(np,np(1-p))$ 来代替。因此，当 $X\sim B(n,p)$，且 n 充分大时，有

$$P\{a<x\leqslant b\}\approx \Phi\left(\frac{b-np}{\sqrt{np(1-p)}}\right)-\Phi\left(\frac{a-np}{\sqrt{np(1-p)}}\right)$$

式中，$\Phi(x)$ 为标准正态分布 $N(0,1)$ 的分布函数。

这表明，除了泊松分布是二项分布的极限分布外，正态分布也是二项分布的极限分布。但前者以"$n\to\infty$ 同时 $p\to 0$，$np\to\lambda$"为条件，而后者只要求 $n\to\infty$ 这一条件。一般来说，对于 n 很大，p（或 $1-p$）很小（$np\leqslant 5$）的二项分布，用泊松分布计算的近似程度较好；而当 n 较大（$n\geqslant 50$，或放松到 $n\geqslant 30$）且 p 不太接近 0 或 1（一般 $0.1\leqslant p\leqslant 0.9$，$\sqrt{np(1-p)}\geqslant 3$）时，常用正态分布来近似计算。

例 5-21 设一个车间有 400 台同类型的机器，每台机器工作需要用电为 Q 瓦。由于工艺关系，每台机器并不连续开动，开动的时间只占工作时间的 $\frac{3}{4}$。问应该供应多少瓦电力才能以 99% 的概率保证该车间的机器正常工作？这里，假定各台机器的停、开是相互独立的。

解：令 X 为考虑的时刻正在开动的机器的台数。那么 X 可以看作 400 次相互独立的重复试验中事件"开动"出现的次数。在每次试验中，"开动"的概率为 $\frac{3}{4}$。因此，X 服从 $B\left(400,\frac{3}{4}\right)$。

由于 $n=400$ 比较大，所以，由棣莫弗-拉普拉斯中心极限定理，对于任一实数 x，有

$$P\left\{\frac{X-400\times\frac{3}{4}}{\sqrt{400\times\frac{3}{4}\left(1-\frac{3}{4}\right)}}\leqslant x\right\}\approx \Phi(x)$$

现在，希望 $\Phi(x)=0.99$。查正态分布表，得满足这个等式的 x 为 2.326。因此

$$P\left\{\frac{X-400\times\frac{3}{4}}{\sqrt{400\times\frac{3}{4}\left(1-\frac{3}{4}\right)}}\leqslant 2.326\right\}\approx 0.99$$

即

$$X\leqslant 400\times\frac{3}{4}+2.326\sqrt{400\times\frac{3}{4}\left(1-\frac{3}{4}\right)}$$

$$=300+2.326\times 20\times\frac{\sqrt{3}}{4}\approx 300+20=320$$

从而，只要供应 $320Q$ 瓦电力便能以 99% 的概率保证该车间的机器正常工作。

思考与练习

一、思考题

1. 如何理解概率?
2. 根据自己的经验体会,举几个服从正态分布的随机变量的实例。

二、练习题

1. 某市有 50% 的住户订日报,有 65% 的住户订晚报,有 85% 的住户至少订两种报纸中的一种,求同时订两种报纸的住户的百分比。

2. 设 A 与 B 是两个随机事件,已知 $P(A)=P(B)=\frac{1}{3}$,$P(A|B)=\frac{1}{6}$,求 $P(\bar{A}|\bar{B})$。

3. 某种品牌的电视机用到 5 000 小时未坏的概率为 3/4,用到 10 000 小时未坏的概率为 1/2。现在有一台这种品牌的电视已经用了 5 000 小时未坏,它能用 10 000 小时的概率是多少?

4. 某厂有 A、B、C、D 四个车间生产同种产品,日产量分别占全厂产量的 30%、27%、25%、18%。已知这四个车间产品的次品率分别为 0.10,0.05,0.20 和 0.15,从该厂任意抽取一件产品,发现为次品,且这件产品是由 A 车间生产的概率为多少?

5. 一工厂生产的电子管寿命 X(以小时计算)服从期望值 $\mu=160$ 的正态分布,若要求 $P\{120<X<200\}\geqslant 0.08$,允许标准差 σ 最大为多少?

6. 一本书排版后一校时出现错误处数 X 服从正态分布 $N(200,400)$,试求:

(1) 出现错误处数不超过 230 的概率。

(2) 出现错误处数在 190~210 之间的概率。

即 测 即 练

第六章 统计量及其抽样分布

全球新冠肺炎疫情暴发以来,湖北武汉成为公众的焦点。调查清楚健康人群中的感染情况以及无症状感染者比例有助于进一步提高新冠病毒的防控效率。2020 年 4 月 14 日,武汉启动了为期三天的 1.1 万人的血清流行病学调查:共覆盖 13 个行政区,依据新冠肺炎累计发病情况和辖区人口比例,每区抽取 5~11 个街道,每个街道从给定的社区范围中选取一个社区,共 100 个社区作为调查点,抽样人次 1.1 万人。

本章对统计推断的基本要素——抽样分布进行介绍。统计推断是将数据转化为信息的过程。在统计问题中,我们关心的不是每个个体的所有特性,而仅仅是它的某一项或某几项数量指标和该数量指标在总体中的分布情况。对总体而言,一个数量指标就是一个随机变量。由于我们主要是研究总体的某个数量指标,所以总体也可以等同地视为一个随机变量 X,总体的分布就是指对应的随机变量的分布。

第一节 抽样与统计量

通常我们把所研究对象的一个或多个指标的全体称为**总体**,组成整体的基本单位称为**个体**,从总体中抽取出来的若干个个体组成的集合称为**样本**,而样本中所含的个体的数量称为**样本容量**。如调查一家企业员工的健康情况,该企业所有员工的健康情况就是研究总体,而企业内的每个员工的健康情况就是个体,从企业中随机抽取 100 名员工进行调查,这里 100 名员工就是一个样本,样本容量为 100。

为推断总体的基本情况,需要从总体中按一定的抽样方法抽取若干个个体,我们将这一过程称为**抽样**。

虽然样本是总体的代表与反映,但抽样所得的样本值初看起来是杂乱无序的,必须先对这些数据进行加工与整理,将样本中所包含的信息集中起来。整理与加工的方法千差万别,其中之一就是根据问题的需要相应地构造出样本的某种函数。这样的函数,在数理统计中称为**统计量**。

定义 设 $(X_1, X_2, \cdots, X_n)$ 为来自总体 X 的一个样本,若 $X_1, X_2, \cdots, X_n$ 的某一 n 元函数 $T(X_1, X_2, \cdots, X_n)$ 不含任何未知参数,则称 $T(X_1, X_2, \cdots, X_n)$ 为样本 $(X_1, X_2, \cdots, X_n)$ 的一个统计量。

若 $(x_1, x_2, \cdots, x_n)$ 是样本观察值,则 $T(x_1, x_2, \cdots, x_n)$ 是 $T(X_1, X_2, \cdots, X_n)$ 的一次观察值。

注:因为样本 $(X_1, X_2, \cdots, X_n)$ 是随机变量,而 $T(X_1, X_2, \cdots, X_n)$ 为样本函数,所以 $T(X_1, X_2, \cdots, X_n)$ 也是一个随机变量。

例如，设$(X_1, X_2, \cdots, X_n)$为来自正态总体$N(\mu, \sigma^2)$的一个样本，参数μ已知，σ^2未知，则
$$T_1(X_1, X_2, \cdots, X_n) = X_1^2 + X_2^2 + \cdots + X_n^2$$
及
$$T_2(X_1, X_2, \cdots, X_n) = X_1 + X_2 + \cdots + X_n - n\mu$$
都是统计量；而
$$T_3(X_1, X_2, \cdots, X_n) = X_1^2 + X_2^2 + \cdots + X_n^2 - n\sigma^2$$
及
$$T_4(X_1, X_2, \cdots, X_n) = \frac{1}{\sigma^2} \sum_{i=1}^{n} (X_i - \mu)^2$$
都不是统计量。

常用的统计量有以下几种。

(1) 样本均值：
$$\overline{X} = \frac{1}{n} \sum_{i=1}^{n} X_i$$

(2) 样本方差：
$$S^2 = \frac{1}{n-1} \sum_{i=1}^{n} (X_i - \overline{X})^2 = \frac{1}{n-1} \left(\sum_{i=1}^{n} X_i^2 - n\overline{X}^2 \right)$$

(3) 样本标准差（样本均方差）：
$$S = \sqrt{S^2} = \sqrt{\frac{1}{n-1} \sum_{i=1}^{n} (X_i - \overline{X})^2}$$

(4) k阶样本原点矩：
$$A_k = \frac{1}{n} \sum_{i=1}^{n} X_i^k \quad (k = 1, 2, \cdots)$$

(5) k阶样本中心矩：
$$B_k = \frac{1}{n} \sum_{i=1}^{n} (X_i - \overline{X})^k \quad (k = 2, 3, \cdots)$$

以上统计量称为样本的数字特征。

性质 若总体X的期望为μ，方差为σ^2，则有以下结论。

(1) $E(\overline{X}) = E(X) = \mu$。

(2) $D(\overline{X}) = \dfrac{D(X)}{n} = \dfrac{\sigma^2}{n}$。

(3) $E(S^2) = D(X) = \sigma^2$。（证略）

第二节 抽样分布

统计量是随机变量，其取值具有随机性。因此，用统计量对总体作出的推断结果带有一定程度的不确定性。这种不确定性可用概率的大小来度量，称在一定的概率意义下作出的判断为统计推断。

为了了解用某个统计量 U 作出推断的效果如何,就必须了解统计量的概率分布及其性质,从而了解 U 取到所得的观察值 $T(x_1,x_2,\cdots,x_n)$ 的概率的大小等情况,进而可以对 U 的优劣及所做的推断的可靠性作出恰当的评价。因为随机变量大多都服从正态分布,所以着重介绍在正态总体的统计推断中起重要作用的几个统计量的分布。

1. 样本线性函数的分布

定理 1 设 $(X_1,X_2,\cdots,X_n)$ 相互独立,且 $X_i \sim N(\mu_i,\sigma_i^2)(i=1,2,\cdots,n)$,则

$$U = \sum_{i=1}^{n} a_i X_i \sim N\left(\sum_{i=1}^{n} a_i \mu_i, \sum_{i=1}^{n} a_i^2 \sigma_i^2\right) \quad (a_1,a_2,\cdots,a_n \text{ 为已知常数})$$

证明略。

2. χ^2 分布

定义 设 $(X_1,X_2,\cdots,X_n)$ 为来自总体 $X \sim N(0,1)$ 的一个样本,则称统计量 $\chi^2 = \sum_{i=1}^{n} X_i^2$(即样本二阶原点矩)服从自由度为 n 的 χ^2(卡方)分布,记作 $\chi^2 \sim \chi^2(n)$。

自由度是统计学中常用的一个概念,它可以解释为独立变量的个数,还可以解释为二次型的秩。例如,$Y=X^2$ 服从自由度为 1 的 χ^2 分布,$\mathrm{rank}(Y)=1$;$Z = \sum_{i=1}^{n} X_i^2$ 服从自由度为 n 的 χ^2 分布,$\mathrm{rank}(Y)=n$。

χ^2 分布的密度函数比较复杂,本书不予介绍。t 分布、F 分布的密度函数也不予介绍。有兴趣的读者可参见数学形式比较严谨的有关数理统计书。

下面给出当 $n=1$、$n=2$、$n=6$ 时,χ^2 分布的密度函数曲线,如图 6-1 所示。

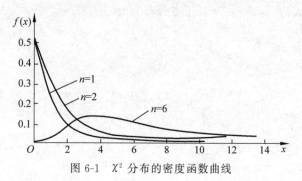

图 6-1 χ^2 分布的密度函数曲线

χ^2 分布具有两个性质。

性质 1 设 $\chi^2 \sim \chi^2(n)$,则 $E(\chi^2)=n$,$D(\chi^2)=2n$。

性质 2 (**χ^2 分布具有可加性**) 若 $Y_1,Y_2,\cdots,Y_k$ 相互独立,且 $Y_i \sim \chi^2(n_i)(i=1,2,\cdots,k)$,则 $\sum_{i=1}^{k} Y_i \sim \chi^2(n_1+n_2+\cdots+n_k)$。

由图 6-1 还可以看出,当自由度增加到足够大时,χ^2 分布的概率密度曲线趋于对称。当 $n \to \infty$ 时,χ^2 分布的极限分布是正态分布。$\chi^2(n)$ 的 p 分位数 $\chi_p^2(n)$ 可以从卡方分布表查得。当自由度 n 很大时,$\sqrt{2\chi^2(n)}$ 近似服从 $N(\sqrt{2n-1},1)$。实际上,当自由度 $n>45$ 时,有

$$\chi_p^2(n) \approx \frac{1}{2}(\mu_p + \sqrt{2n-1})^2$$

式中，μ_p 即 Z_p，为正态 p 分位数，可由正态分布表查得。

3. t 分布

定义 设 $X \sim N(0,1), Y \sim \chi^2(n)$，且 X, Y 相互独立，则称 $T = \dfrac{X}{\sqrt{Y/n}}$ 服从自由度为 n 的 t 分布，记为 $T \sim t(n)$。

t 分布又称学生氏（Student）分布。t 分布的密度函数曲线如图 6-2 所示。

当 $n \geqslant 2$ 时，t 分布的数学期望 $E(t) = 0$。

当 $n \geqslant 3$ 时，t 分布的方差 $D(t) = \dfrac{n}{n-2}$。

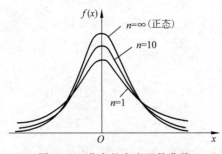

图 6-2　t 分布的密度函数曲线

由图 6-2 可知，t 分布的密度函数曲线与标准正态分布 $N(0,1)$ 的密度函数曲线非常相似，都是单峰偶函数，只是 $t(n)$ 的密度函数在两侧的尾部都要比 $N(0,1)$ 的密度函数两侧尾部粗一些。$t(n)$ 的方差比 $N(0,1)$ 的方差大。

自由度为 1 的分布称为柯西分布，随着自由度 n 的增加，t 分布的密度函数越来越接近标准正态分布的密度函数。实际应用中，一般当 $n \geqslant 30$ 时，t 分布与准正态分布就非常接近。t 分布的诞生对于统计学中小样本理论及其应用有着重要的促进作用。

推论：设 $X_1, X_2, \cdots, X_n$ 是来自正态分布 $N(\mu, \sigma^2)$ 的一个样本，$\overline{X} = \dfrac{1}{n}\sum_{i=1}^{n} X_i$，$S^2 = \dfrac{1}{n-1}\sum_{i=1}^{n}(X_i - \overline{X})^2$，则

$$T = \frac{\overline{X} - \mu}{S/\sqrt{n}} \sim t(n-1)$$

称为服从自由度为 $(n-1)$ 的 t 分布。

设 X 和 Y 是两个相互独立的总体，$X \sim N(\mu_1, \sigma^2), Y \sim N(\mu_2, \sigma^2)$，$X_1, X_2, \cdots, X_n$ 是来自 X 的一个样本，$Y_1, Y_2, \cdots, Y_m$ 是来自 Y 的一个样本，记

$$\overline{X} = \frac{1}{n}\sum_{i=1}^{n} X_i$$

$$\overline{Y} = \frac{1}{m}\sum_{i=1}^{m} X_i$$

$$S_x^2 = \frac{1}{n-1}\sum_{i=1}^{n}(X_i - \overline{X})^2$$

$$S_y^2 = \frac{1}{m-1}\sum_{i=1}^{m}(Y_i - \overline{Y})^2$$

$$S_{xy}^2 = \frac{(n-1)S_x^2 + (m-1)S_y^2}{n+m-2}$$

则
$$\frac{(\overline{X}-\overline{Y})-(\mu_1-\mu_2)}{S_{xy}}\sqrt{\frac{mn}{m+n}} \sim t(n+m-2)$$

4. F 分布

定义 设 $X \sim \chi^2(n_1)$，$Y \sim \chi^2(n_2)$，且 X 与 Y 相互独立，则称 $F = \dfrac{X/n_1}{Y/n_2}$ 服从第一自由度为 n_1、第二自由度为 n_2 的 F 分布，记为 $F \sim F(n_1, n_2)$。

F 分布的密度函数曲线如图 6-3 所示。

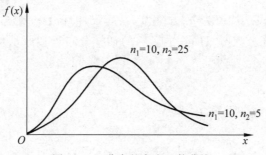

图 6-3　F 分布的密度函数曲线

F 分布的密度函数图形是不对称的，但当参数 n_1、n_2 增大时，图形趋于对称。

设随机变量 X 服从 $F(n_1, n_2)$ 分布，则数学期望和方差分别为

$$E(X) = \frac{n_2}{n_2-2}, \quad n_2 > 2$$

$$D(X) = \frac{2n_2^2(n_1+n_2-2)}{n_1(n_2-2)(n_2-4)}, \quad n_2 > 4$$

F 分布的性质：若 $F \sim F(n_1, n_2)$，则 $\dfrac{1}{F} \sim F(n_2, n_1)$。

F 的 p 分位数 $F_p(n_1, n_2)$ 可查 F 分布表获得，且

$$F_p(n_1, n_2) = \frac{1}{F_{1-p}(n_2, n_1)}$$

由此可知，在 F 分布中，两个自由度的位置不可以互换。此外，这一性质在查 F 分布表时有重要应用。

F 分布与 t 分布存在如下关系。

如果设随机变量 X 服从 $t(n)$ 分布，则 X^2 服从 $F(1,n)$ 的 F 分布，这在回归分析的回归系数的显著性检验中有用。

第三节　样本均值的分布与中心极限定理

设 $X_1, X_2, \cdots, X_n$ 是从某一总体中抽取的样本，则它们是相互独立且与总体有相同分布的随机变量，当总体服从正态分布 $N(\mu, \sigma^2)$ 时，有

$$\bar{X} \sim N\left(\mu, \frac{\sigma^2}{n}\right)$$

上述结果说明，$\bar{X}$ 的均值与总体均值 μ 相同，而方差则缩小为总体方差的 $1/n$。这说明当用样本均值 $\bar{X}$ 去估计总体均值 μ 时，平均来说没有偏差；当 n 越来越大时，$\bar{X}$ 的散布程度越来越小，即用 $\bar{X}$ 来估计 μ 越来越准确。

然而在实际问题中，总体的分布并不总是正态分布或近似正态分布，此时 $\bar{X}$ 的分布也将取决于总体分布的情况。但当样本个数 n 比较大时，不管总体的分布是什么，只要总体的方差 σ^2 有限，此时样本均值 $\bar{X}$ 的分布就是近似正态分布，这就是中心极限定理的基本思想。

中心极限定理　设从均值为 μ、方差为 σ^2（有限）的任意一个总体中抽取一个样本容量为 n 的样本，当 n 充分大时，样本均值 $\bar{X}$ 的抽样分布近似服从均值为 μ、方差为 σ^2/n 的正态分布。

因为

$$E(\bar{X}) = E\left(\frac{1}{n}\sum_{i=1}^{n} X_i\right) = \frac{1}{n}\sum_{i=1}^{n} E(X_i) = \mu$$

$$D(\bar{X}) = D\left(\frac{1}{n}\sum_{i=1}^{n} X_i\right) = \frac{1}{n^2}\sum_{i=1}^{n} D(X_i) = \frac{\sigma^2}{n}$$

所以，当 n 很大时，$\bar{X}$ 近似服从 $N\left(\mu, \frac{\sigma^2}{n}\right)$，等价地有 $\frac{\bar{X} - \mu}{\sigma/\sqrt{n}} \sim N(0,1)$。

中心极限定理要求 n 必须充分大，那么多大才叫充分大呢？这与总体的分布形状有关。总体偏离正态越远，要求 n 越大。然而在实际应用中，总体的分布未知，此时常要求 $n \geqslant 30$。一般统计学中的 $n \geqslant 30$ 为大样本，$n < 30$ 为小样本只是一种经验说法。

在统计学中，由于正态分布有着十分重要的地位，因此常把证明其极限分布为正态分布的定理统称为中心极限定理。最早的中心极限定理是在 18 世纪初由棣莫弗所证明的，即二项分布以正态分布为其极限分布的定理。现在叙述的中心极限定理是 19 世纪 20 年代林德伯格和勒维证明的任意分布的总体中抽取样本，其样本均值极限分布为正态分布。

第四节　样本比例的抽样分布

前面讨论的抽样分布问题，都是关于计量值的变量，然而在实际应用中，还常会遇到计数资料的情形。例如，消费调查及民意测验中，常要对某一特征的产品或事物的喜好人数进行研究。那时我们常假定总体中对具有某一特征产品的喜好比例为 π，在此条件下去研究当从总体中随机抽取 n 个个体进行调查时，喜好某一产品的人数 X 的比例。在实际应用中，我们所关心的正是总体中对某一特征产品的喜好人数的比例 π。如果在样本容量为 n 的样本中具有某一特征的个体数为 X，则样本比例用 $\hat{p}$ 表示：

$$\hat{p} = \frac{X}{n}$$

以后就用样本比例 $\hat{p}$ 来估计总体比例 π。

由二项分布的原理,当 n 充分大时,$\hat{p}$ 的分布可用正态分布去逼近。此时,$\hat{p}$ 服从均值为 π、方差为 $\dfrac{\pi(1-\pi)}{n}$ 的正态分布,即

$$\hat{p} \sim N\left(\pi, \dfrac{\pi(1-\pi)}{n}\right)$$

一般情况下,如果 X 是随机变量,C 为一常数,则 CX 与 X 有相同的分布形状。设 $E(X)=\mu$,$D(X)=\sigma^2$,则 $E(CX)=C\mu$,$D(CX)=C^2\sigma^2$。

例 6-1 假定某统计人员在其填写的报表中有 2% 至少会有一处错误,如果我们检查一个由 600 份报表组成的随机样本,其中至少有一处错误的报表所占比例在 0.025~0.070 的概率有多大?

解:设 600 份报表中至少有一处错误的报表所占的比例为 $\hat{p}$,由题意可知:

$$\mu_{\hat{p}} = \pi = 0.02, \quad \sigma_{\hat{p}} = \sqrt{\dfrac{\pi(1-\pi)}{n}} = \sqrt{\dfrac{0.02(1-0.02)}{600}} = 0.005\,7$$

因为

$$\mu_{\hat{p}} - 2\sigma_{\hat{p}} = 0.02 - 0.011\,4 = 0.008\,6$$
$$\mu_{\hat{p}} + 2\sigma_{\hat{p}} = 0.02 + 0.011\,4 = 0.031\,4$$

均在 [0,1],故根据中心极限定理,有

$$\hat{p} \sim N\left(\pi, \dfrac{\pi(1-\pi)}{n}\right)$$

即

$$\hat{p} \sim N(0.02, 0.005\,7^2)$$

从而所求概率为

$$P(0.025 \leqslant \hat{p} \leqslant 0.070) = P\left(\dfrac{0.025-\pi}{\sqrt{\dfrac{\pi(1-\pi)}{n}}} \leqslant \dfrac{\hat{p}-\pi}{\sqrt{\dfrac{\pi(1-\pi)}{n}}} \leqslant \dfrac{0.070-\pi}{\sqrt{\dfrac{\pi(1-\pi)}{n}}}\right)$$
$$= P(0.877 \leqslant Z \leqslant 8.77)$$
$$= \Phi(8.77) - \Phi(0.877) = 0.190\,2$$

即该统计人员所填写的报表中至少有一处错误的报表所占比例在 0.025~0.070 的概率为 0.190 2。

第五节 两个样本均值之差的分布

在实际应用中,我们常会遇到比较两个平均值或比例的问题。例如,要比较人们的购买行为中喜欢产品甲的比例与喜欢产品乙的比例;比较两种不同投资项目的预期回报;比较不同班组生产不合格品的比例等。以上问题都可概括为相对应的样本统计量的比较。

在比较两个总体均值之差的问题中,可以考虑从两个总体中选出的两个独立随机样本的平均值 $\overline{X}_1$ 与 $\overline{X}_2$ 之差。那么,$\overline{X}_1 - \overline{X}_2$ 与 $\mu_1 - \mu_2$ 的接近程度如何呢?这就要研究 $\overline{X}_1 - \overline{X}_2$ 的抽样分布。

设 $\overline{X}_1$ 是独立地抽自总体 $X_1 \sim N(\mu_1, \sigma_1^2)$ 的一个样本容量为 n_1 的样本均值，$\overline{X}_2$ 是独立地抽自总体 $X_2 \sim N(\mu_2, \sigma_2^2)$ 的一个样本容量为 n_2 的样本均值，则有

$$E(\overline{X}_1 - \overline{X}_2) = E(\overline{X}_1) - E(\overline{X}_2) = \mu_1 - \mu_2$$

$$D(\overline{X}_1 - \overline{X}_2) = D(\overline{X}_1) + D(\overline{X}_2) = \frac{\sigma_1^2}{n_1} + \frac{\sigma_2^2}{n_2}$$

如果两个总体均为正态分布，则 $\overline{X}_1 - \overline{X}_2$ 也服从正态分布。当 n_1 和 n_2 较大时，一般要求 $n_1 \geqslant 30, n_2 \geqslant 30$，则 $\overline{X}_1 - \overline{X}_2$ 的抽样分布不管总体分布如何均可由正态分布来近似，即

$$\overline{X}_1 - \overline{X}_2 \sim N\left(\mu_1 - \mu_2, \frac{\sigma_1^2}{n_1} + \frac{\sigma_2^2}{n_2}\right)$$

例 6-2 甲、乙两所著名高校在某年录取新生时，甲校的平均分为 655 分，且服从正态分布，标准差为 20 分；乙校的平均分为 625 分，也服从正态分布，标准差为 25 分。现从甲、乙两校随机抽取 8 名新生计算其平均分数，出现甲校比乙校平均分低的可能性有多大？

解：因为两个总体均为正态分布，所以 8 名新生的平均成绩 $\overline{X}_1$、$\overline{X}_2$ 分别服从正态分布，$\overline{X}_1 - \overline{X}_2$ 也服从正态分布。依据题意

$$P(\overline{X}_1 - \overline{X}_2 \leqslant 0) = P\left(\frac{\overline{X}_1 - \overline{X}_2 - (\mu_1 - \mu_2)}{\sqrt{\frac{\sigma_1^2}{n_1} + \frac{\sigma_2^2}{n_2}}} \leqslant \frac{0 - (655 - 625)}{\sqrt{\frac{20^2}{8} + \frac{25^2}{8}}}\right)$$

$$= P(Z \leqslant -2.65) = 0.004$$

由此可见，出现甲校平均成绩低于乙校平均成绩的可能性很小。

在此，顺便讨论一下两个样本比例之差的抽样分布。

从两个总体中选出的两个独立随机样本的比例分别为 $\hat{p}_1$ 与 $\hat{p}_2$。那么，样本比例之差 $\hat{p}_1 - \hat{p}_2$ 与总体比例之差 $\pi_1 - \pi_2$ 的接近程度如何呢？这就要研究 $\hat{p}_1 - \hat{p}_2$ 的抽样分布。

设分别从具有参数 π_1 和 π_2 的两个二项总体中抽取包含 n_1 个观测值和 n_2 个观测值的独立样本，则两个样本比例差的抽样分布为

$$\hat{p}_1 - \hat{p}_2 = \frac{\overline{X}_1}{n_1} - \frac{\overline{X}_2}{n_2}$$

具有下列性质。

(1) $E(\hat{p}_1 - \hat{p}_2) = \pi_1 - \pi_2$，$D(\hat{p}_1 - \hat{p}_2) = \frac{\pi_1(1-\pi_1)}{n_1} + \frac{\pi_2(1-\pi_2)}{n_2}$。

(2) 当 n_1 和 n_2 很大时，$\hat{p}_1 - \hat{p}_2$ 的抽样分布近似为正态分布。

例 6-3 一项抽样调查表明甲城市的消费者中有 15% 的人喝过"圣洁"牌矿泉水，而乙城市的消费者中只有 8% 的人喝过该种矿泉水。如果这些数据是真实的，那么当我们分别从甲城市抽取 120 人，从乙城市抽取 140 人组成两个独立的随机样本时，样本比例差不低于 0.08 的概率有多大？

解：根据题意，$\pi_1=0.15$，$\pi_2=0.08$，$n_1=120$，$n_2=140$，$\hat{p}_1-\hat{p}_2$ 的抽样分布可认为近似服从正态分布，即

$$\hat{p}_1-\hat{p}_2 \sim N\left(\pi_1-\pi_2, \frac{\pi_1(1-\pi_1)}{n_1}+\frac{\pi_2(1-\pi_2)}{n_2}\right)$$

即

$$\hat{p}_1-\hat{p}_2 \sim N(0.07, 0.001\,59)$$

从而所求概率为

$$P(\hat{p}_1-\hat{p}_2 \geqslant 0.08) = P\left(\frac{\hat{p}_1-\hat{p}_2-0.07}{\sqrt{0.001\,59}} \geqslant \frac{0.08-0.07}{\sqrt{0.001\,59}}\right)$$
$$= P(Z \geqslant 0.251) = 0.400\,9$$

第六节 关于样本方差的分布

1. 样本方差的分布

样本方差的分布比较复杂，它与总体的分布有关。这里只介绍当总体为正态分布时样本方差的分布。

设 $X_1, X_2, \cdots, X_n$ 为来自正态分布的样本，则可以推导出如下结果。

设总体分布为 $N(\mu, \sigma^2)$ 的正态分布，则样本方差 S^2 的分布为

$$(n-1)S^2/\sigma^2 \sim \chi^2(n-1)$$

式中，将 $\chi^2(n-1)$ 称为自由度为 $n-1$ 的卡方分布。

2. 两个样本方差比的分布

若 $X_1, X_2, \cdots, X_{n_1}$ 为取自总体 $N(\mu_1, \sigma_1^2)$ 的样本，$Y_1, Y_2, \cdots, Y_{n_2}$ 为取自总体 $N(\mu_2, \sigma_2^2)$ 的样本，且它们互相独立，则

$$F = \frac{S_x^2/S_y^2}{\sigma_1^2/\sigma_2^2} = \frac{S_x^2/\sigma_1^2}{S_y^2/\sigma_2^2} \sim F(n_1-1, n_2-1)$$

其中，$\overline{X} = \dfrac{1}{n_1}\sum\limits_{i=1}^{n_1} X_i$，$S_x^2 = \dfrac{1}{n_1-1}\sum\limits_{i=1}^{n_1}(X_i-\overline{X})^2$

$\overline{Y} = \dfrac{1}{n_2}\sum\limits_{i=1}^{n_2} Y_i$，$S_y^2 = \dfrac{1}{n_2-1}\sum\limits_{i=1}^{n_2}(Y_i-\overline{Y})^2$

$F(n_1-1, n_2-1)$ 是第一自由度为 n_1-1、第二自由度为 n_2-1 的 F 分布。

思考与练习

一、思考题

1. 常见的统计量有哪些？
2. 简述正态分布、卡方分布、t 分布和 F 分布的关系。

二、练习题

1. 从 $\mu=100$、$\sigma=20$ 的正态分布中抽取 $n=25$ 的样本，请计算下列概率：
   (1) $P(\overline{X}>105)$；

(2) $P(\overline{X}<96)$。

2. 一位统计教师发现学生成绩服从正态分布,1 班期末考试平均得分为 73 分,标准差为 12 分,而 2 班期末考试平均得分为 77 分,标准差为 10 分。从 2 个班级中各抽取 16 名学生,1 班学生平均得分高于 2 班学生平均得分的概率是多少?

即 测 即 练

第七章

参 数 估 计

工薪族的通勤时间是决定生活幸福感的关键因素之一。通勤时间越长的人幸福感越低,而且还会感觉特别疲劳,在工作中也容易意志消沉。一个城市的平均通勤时间和平均通勤距离是社会关注的焦点问题。2019年,北京交通发展研究院发布了《北京市通勤出行特征与典型区域分析》报告和《北京市居民公共交通出行特征分析》报告。报告针对抽样调查数据,采用参数估计的方法,估计北京市六环内的平均通勤时间为56分钟,平均通勤距离为12.4千米。

参数是反映总体分布规律的特征值,通常用 θ 表示。一般情况下,总体参数是未知的,需要通过样本信息来推断参数。参数估计是推断统计的重要内容之一。它是在抽样及抽样分布的基础上,根据样本统计量来推断所关心的总体参数。本章将介绍参数估计的一般问题、一个总体参数的区间估计和两个总体参数的区间估计,最后介绍参数估计中样本容量的确定。

第一节 参数估计的一般问题

研究对象的全体称为总体。如果能够掌握总体的全部数据,只需做一些简单的统计描述,就可以得到所关心的总体特征,如总体均值、方差、比例等。但现实情况比较复杂,有些现象的覆盖范围比较广,不可能对总体中的每个单位都进行测定,或者有些总体的个体数很多,不可能也没有必要进行一一测定,这就需要从总体中抽取一部分个体进行调查,进而利用样本提供的信息来推断总体的特征。

如果总体的分布形态未知,利用样本信息去推断总体的分布,这是非参数估计。如果总体的分布形态已知,仅包含未知的参数,利用样本信息去推断总体参数,这是参数估计。例如,已知全国成年男性的身高总体服从正态分布,但是平均身高 μ 未知,通过随机抽样,利用样本信息来推断平均身高 μ,就是参数估计。

参数估计就是通过样本统计量去估计总体的未知参数。例如用样本均值 $\bar{x}$ 估计总体均值 μ,用样本比例 p 估计总体比例 π,用样本方差 s^2 估计总体方差 σ^2,等等。如果将总体参数笼统地用符号 θ 来表示,参数估计也就是如何用样本统计量 $\hat{\theta}$ 来估计 θ。常用的参数估计方法有矩估计、最大似然估计、最小二乘估计等。本章采用的估计方法主要为矩估计。

一、估计量与估计值

1. 估计量

在参数估计中,用来估计参数的样本统计量称为估计量。样本均值、样本比例、样本方差等都可以是一个估计量。

2. 估计值

根据一个具体的样本计算出来的估计量的数值称为估计值。由于抽样的随机性,估计量是一个随机变量,而估计值是估计量的一次实现。通过多次抽样,可以得到估计量的多个估计值。

例如,要估计某高校大一年级学生英语考试的平均分数。全体大一学生的英语平均分数是未知的,称为参数,用 μ 表示。从中抽取一个随机样本,根据样本计算出的平均分数 $\bar{x}$ 就是一个估计量。假定计算出来的样本平均分数是 80 分,这个 80 分就是估计量的一个具体数值,称为估计值。

二、点估计与区间估计

参数估计可以分为点估计和区间估计。如果在估计中仅用一个估计值来对参数作出估计,这就是点估计。如果更进一步,除了对参数进行点估计以外,还要对参数所在的区间范围进行估计,这就是区间估计。区间估计是在点估计的基础上形成的,所以我们首先讨论点估计。

1. 点估计

设 θ 是总体 X 分布中的未知参数,即待估参数。从总体 X 中抽取一个样本 $(X_1, X_2, \cdots, X_n)$,与之相应的一个样本观察值为 $(x_1, x_2, \cdots, x_n)$,利用样本 $X_1, X_2, \cdots, X_n$ 构造适当的统计量 $\hat{\theta} = \hat{\theta}(X_1, X_2, \cdots, X_n)$,用它的观察值 $\hat{\theta}(x_1, x_2, \cdots, x_n)$ 来估计未知参数 θ 的方法称为点估计。称统计量 $\hat{\theta}(X_1, X_2, \cdots, X_n)$ 为 θ 的估计量,称 $\hat{\theta}(x_1, x_2, \cdots, x_n)$ 为 θ 的估计值。在不致混淆的情况下,统称估计量与估计值为估计,简记为 $\hat{\theta}$。

点估计就是用样本统计量 $\hat{\theta}$ 的某个取值直接作为总体参数 θ 的估计值。例如用样本均值 $\bar{x}$ 作为总体均值 μ 的估计值,用样本比例 p 作为总体比例 π 的估计值,用样本方差 s^2 作为总体方差 σ^2 的估计值,等等。上例中如果用随机样本计算出来的样本平均分数 80 分作为全校大一学生的英语平均分数的一个估计值,就是点估计。再如,若要估计一批产品的合格率,根据抽样结果合格率为 96%,将 96% 作为这批产品合格率的估计值,这也是一个点估计。

扩展阅读 7-1 二战中的点估计

未知参数的点估计,只是给出参数的一个估计值,并没有给出估计值与参数真值的接近程度,也就是没有给出估计的精度。

2. 区间估计

由于样本是随机的,抽出一个具体的样本得到的估计值很可能不同于参数真值。对于未知参数,在测量或计算它时,我们不但希望能得出其估计值,而且需要估计误差,即要求知道估计值的精确程度,也就是估计值在真值附近的哪一个区间内变动。因此,对于待估的未知参数 θ,除了求出它的点估计 $\hat{\theta}$ 外,我们希望估计出一个范围(区间),并希望知道这个区间包含 θ 真值的可信程度。这种形式的参数估计称为区间估计,所求出的包含参数 θ 的区间称为置信区间。总体和分布之间插入大写 X,即总体 X 分布。

置信区间 设总体 X 分布中含有未知参数 θ,由样本确定两个统计量 $\hat{\theta}_1(X_1, X_2, \cdots, X_n)$ 及 $\hat{\theta}_2(X_1, X_2, \cdots, X_n)$,如果对于给定的 $\alpha(0<\alpha<1)$ 有

$$P\{\hat{\theta}_1 < \hat{\theta} < \hat{\theta}_2\} = 1-\alpha$$

则称区间 $(\hat{\theta}_1, \hat{\theta}_2)$ 为 θ 的置信水平为 $1-\alpha$ 的置信区间,称 $\hat{\theta}_1$ 为**置信下限**,$\hat{\theta}_2$ 为**置信上限**,称 $1-\alpha$ 为**置信水平**或**置信度**,如图 7-1 所示。

对置信区间的理解,有以下几点需要注意。

(1) 总体参数的真值是固定的、唯一的,而样本构造的置信区间是不固定的。若抽取不同的样本,用该方法可以得到不同的区间。从这个意义上说,置信区间是一个随机区间,它会因样本的不同而不同,而且不是所有的区间都包含总体真值。一个置信区间就像是捕获未知参数而撒下的网,不是所有的撒网地点都能捕获到参数。

(2) 如果用某种方法构造的置信区间中,有 95% 的区间包含了总体参数的真值,5% 的区间没有包含,那么,用该方法构造的置信区间称为置信水平为 95% 的置信区间。同样,其他置信水平的置信区间也可以用类似的方式进行表述。

(3) 在实际问题中,进行估计时往往只抽取一个样本,此时所构造的是与样本相联系的一定置信水平(如 95%)下的置信区间。由于用该样本所构造的区间是一个特定的区间,而不再是随机区间,所以无法知道这个样本所产生的区间是否包含总体参数的真值。我们只希望这个区间是大量包含总体参数真值的区间中的一个。例如,从一个总体中抽取 20 组随机样本,得到总体均值 μ 的 20 个置信区间,如图 7-2 所示。图中每个区间的中点表示 μ 的点估计,即样本均值。可以看出 20 个区间中只有第 8 个区间没有包含总体均值 μ。如果这是 95% 的置信区间,最后只有 5% 的区间没有包含 μ。

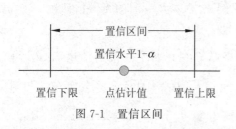

图 7-1 置信区间

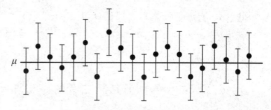

图 7-2 重复构造出的 μ 的 20 个置信区间

例如,用 95% 的置信水平得到某班学生平均成绩的置信区间为 60~80,我们不能说全班学生平均考试成绩的真值以 95% 的概率落在 60~80 分,这样的表述是错误的。总体均值 μ 是一个常数,而不是一个随机变量,μ 要么在这一范围内,要么不在这一范围,这里并不涉及概率。这个概率不是用来描述某个特定的区间,而是针对随机区间而言的。

一个特定的区间"总是包含"或"绝对不包含"参数的真值,不存在"以多大的概率包含总体参数"的问题。但是,用概率可以知道在多次抽样得到的区间中大概有多少个区间包含了参数的真值。

实际上,置信区间的构造方法并不唯一。我们希望构造的置信区间一方面有较大的可靠性,另一方面置信区间的宽度越小越好。因此,评价区间估计的优良标准主要有两条。

(1) 可靠性:$1-\alpha$ 越大,估计越可靠。

(2) 精确性:$E(\hat{\theta}_2-\hat{\theta}_1)$ 越小,估计越精确。

扩展阅读 7-2 内曼对参数估计的贡献

这两条标准是对立的,提高可靠性往往会降低精确性。通常是在保证可靠性的前提下,找到宽度最小的置信区间,即为最优的区间估计。

置信区间的概念最早由统计学家内曼提出,内曼对参数估计的贡献见扩展阅读 7-2。

三、评价估计量的标准

参数估计是用样本统计量 $\hat{\theta}$ 去估计总体未知参数 θ。实际上用来估计 θ 的估计量有很多,如可以用样本均值作为总体均值的估计量,也可以用样本中位数作为总体均值的估计量,等等。那么,究竟用样本的哪种估计量作为总体参数的估计呢?自然要用估计效果最好的那种估计量。什么样的估计量才算是一个好的估计量呢?这就需要有一定的评价标准。统计学家给出了评价估计量的一些标准,主要有以下几个。

1. 无偏性

估计量是一个随机变量,对于不同的样本观察值得到的参数估计值也是不同的,但总希望这些估计值能在待估参数真值的附近摆动,这就是无偏性的概念。设 $\hat{\theta}$ 为未知参数 θ 的估计量,若 $E(\hat{\theta})=\theta$,则称 $\hat{\theta}$ 为 θ 的无偏估计量。图 7-3 给出了无偏估计和有偏估计的两种情形。

根据估计量抽样分布的性质可知,$E(\bar{x})=\mu$,$E(p)=\pi$,$E(s^2)=\sigma^2$,因此 $\bar{x}$、p、s^2 分别是总体均值 μ、总体比例 π、总体方差 σ^2 的无偏估计量。

图 7-3 有偏估计量和无偏估计量

2. 有效性

当未知参数 θ 存在两个无偏估计量 $\hat{\theta}_1$、$\hat{\theta}_2$,即 $E(\hat{\theta}_1)=\theta$,$E(\hat{\theta}_2)=\theta$,如何判断二者的好与坏呢?我们希望估计量能密集分布在 θ 的附近,即方差小的估计量更好,若 $D(\hat{\theta}_1) \leqslant D(\hat{\theta}_2)$,则称 $\hat{\theta}_1$ 较 $\hat{\theta}_2$ 有效,这就是有效性的概念。

图 7-4 说明了两个无偏估计量 $\hat{\theta}_1$ 和 $\hat{\theta}_2$ 的抽样分布。可以看到 $\hat{\theta}_1$ 的方差比 $\hat{\theta}_2$ 的方差小,因此总体上 $\hat{\theta}_1$ 的值比 $\hat{\theta}_2$ 的值更接近总体参数,即 $\hat{\theta}_1$ 比 $\hat{\theta}_2$ 更有效,是一个更好的估计量。

3. 一致性

一致性是指随着样本容量的增大,点估计量的取值越来越接近被估计的总体参数。

换言之,一个大样本给出的估计量要比一个小样本给出的估计量更接近总体参数。以正态总体均值的估计量样本均值为例。根据样本均值的抽样分布可知,在总体的标准差为 σ 时,样本均值的标准差为 $\sigma_{\bar{x}} = \sigma/\sqrt{n}$,由于 $\sigma_{\bar{x}}$ 与样本容量 n 有关,样本容量越大,$\sigma_{\bar{x}}$ 的值就越小。因此可以说,样本均值是总体均值的一个一致估计量。对于一致性,也可以用图 7-5 直观地说明它的意义。

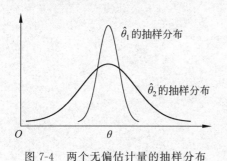

图 7-4 两个无偏估计量的抽样分布

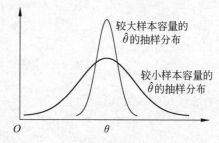

图 7-5 两个不同样本容量的估计量的抽样分布

第二节 一个总体参数的区间估计

研究一个总体时,所关心的参数主要有总体均值 μ、总体比例 π 和总体方差 σ^2 等。本节将介绍如何用样本统计量来构造一个总体参数的置信区间。

一、总体均值的区间估计

在对总体均值进行区间估计时,需要考虑总体是否为正态分布,总体方差是否已知,用于构造统计量的样本是大样本(通常要求 $n \geq 30$)还是小样本($n < 30$)等几种情况。

1. 正态总体、方差已知或非正态总体、大样本

当总体服从正态分布,且方差 σ^2 已知时,或者总体不服从正态分布但为大样本时,样本均值 $\bar{x}$ 的抽样分布均为正态分布,其数学期望为总体均值 μ,方差为 σ^2/n。因此有

$$z = \frac{\bar{x} - \mu}{\sigma/\sqrt{n}} \sim N(0,1) \tag{7-1}$$

由标准正态分布的特点(图 7-6),对于给定的 α,查标准正态分布表得 $z_{\alpha/2}$,使

$$P\left\{-z_{\alpha/2} < \frac{\bar{x} - \mu}{\sigma/\sqrt{n}} < z_{\alpha/2}\right\} = 1 - \alpha$$

即

$$P\left\{\left|\frac{\bar{x} - \mu}{\sigma/\sqrt{n}}\right| < z_{\alpha/2}\right\} = 1 - \frac{\alpha}{2}$$

由不等式

$$-z_{\alpha/2} < \frac{\bar{x} - \mu}{\sigma/\sqrt{n}} < z_{\alpha/2}$$

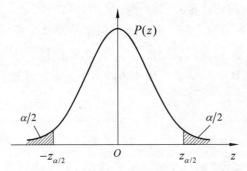

图 7-6 标准正态分布的概率密度函数

转化为等价形式

$$\bar{x} - z_{\alpha/2} \frac{\sigma}{\sqrt{n}} < \mu < \bar{x} + z_{\alpha/2} \frac{\sigma}{\sqrt{n}}$$

可得 μ 的置信区间为

$$\left(\bar{x} - z_{\alpha/2} \frac{\sigma}{\sqrt{n}}, \bar{x} + z_{\alpha/2} \frac{\sigma}{\sqrt{n}} \right) \quad (7-2)$$

其中,$\bar{x} - z_{\alpha/2} \frac{\sigma}{\sqrt{n}}$ 称为置信区间下限,$\bar{x} + z_{\alpha/2} \frac{\sigma}{\sqrt{n}}$ 称为置信区间上限;α 是事先确定好的一个概率值,也称为风险值,它是总体均值不包括在置信区间内的概率;$z_{\alpha/2}$ 是标准正态分布的上侧 $\alpha/2$ 分位数,大于该值的概率为 $\alpha/2$;$z_{\alpha/2} \frac{\sigma}{\sqrt{n}}$ 是估计总体均值时的估计误差,用来描述估计量的估计精度。这就是说,总体均值的置信区间由点估计值和估计误差两部分组成。

求总体均值 μ 的 $1-\alpha$ 置信区间可以归纳为如下的步骤。

(1) 求点估计值 $\bar{x}$。

(2) 由 $P\left\{ \frac{\bar{x} - \mu}{\sigma/\sqrt{n}} < z_{\alpha/2} \right\} = 1 - \frac{\alpha}{2}$,查标准正态分布表,得 $z_{\alpha/2}$,并计算 $z_{\alpha/2} \frac{\sigma}{\sqrt{n}}$。

(3) 写出 μ 的 $1-\alpha$ 置信区间 $(\hat{\theta}_1, \hat{\theta}_2)$,其中 $\hat{\theta}_1 = \bar{x} - z_{\alpha/2} \frac{\sigma}{\sqrt{n}}, \hat{\theta}_2 = \bar{x} + z_{\alpha/2} \frac{\sigma}{\sqrt{n}}$。

如果 σ^2 未知,只要在大样本条件下,不管总体服从正态分布或不服从正态分布,根据中心极限定理,式(7-2)中的总体方差 σ^2 都可以用样本方差 s^2 代替,这时 μ 的置信区间为

$$\left(\bar{x} - z_{\alpha/2} \frac{s}{\sqrt{n}}, \bar{x} + z_{\alpha/2} \frac{s}{\sqrt{n}} \right) \quad (7-3)$$

例 7-1 顾客到银行办理业务时往往需要等待一段时间,通常情况下,上午 9:00—11:00 间顾客等待的时间相对较长。为了研究某商业银行的服务效率,某天上午随机抽取了 36 位顾客进行研究,得到 36 位顾客的等候时间,如表 7-1 所示。

表 7-1 某商业银行顾客等候时间

10	9	7	4	20	12
8	15	18	11	5	3
25	19	14	16	11	21
16	23	6	12	7	20
13	8	23	14	17	6
19	22	5	10	12	16

试估计顾客等候时间的置信区间,置信水平为 95%。

解:已知 $n=36, 1-\alpha=95\%, z_{\alpha/2}=1.96$。由于总体方差未知,但为大样本,可用样本方差来代替总体方差。

根据样本数据计算的样本均值和标准差如下:

$$\bar{x} = \frac{\sum_{i=1}^{n} X_i}{n} = 13.25$$

$$s = \sqrt{\frac{\sum_{i=1}^{n}(X_i - \bar{X})^2}{n-1}} \approx 6.11$$

根据式(7-3)得

$$\bar{x} \pm z_{\alpha/2} \frac{s}{\sqrt{n}} = 13.25 \pm 1.96 \times \frac{6.11}{\sqrt{36}} \approx 13.25 \pm 2.00$$

所以,顾客平均等候时间 95% 的置信区间为 11.25~15.25 分钟。

用 Excel 中的统计函数功能计算例 7-1 中总体均值置信区间的操作步骤如下。

第 1 步:进入 Excel 表格界面,在单元格区域 A1:A36 输入数据。

第 2 步:在单元格 B1 输入公式"=AVERAGE(A1:A36)",回车得到样本均值 13.25。

第 3 步:在单元格 B2 输入公式"=STDEV(A1:A36)",回车得到样本标准差 6.11。

第 4 步:在单元格 B3 输入公式"=NORMSINV(0.975)",回车得到 $z_{\alpha/2}=1.96$。

第 5 步:计算置信区间下限:在单元格 B4 输入公式"=B1-B3*B2/SQRT(36)",回车后得到的结果为 11.25。

第 6 步:计算置信区间上限:在单元格 B4 输入公式"=B1+B3*B2/SQRT(36)",回车后得到的结果为 15.25。

2. 正态总体、方差未知、小样本

当总体服从正态分布时,只要总体的方差 σ^2 已知,则无论样本容量如何,都可以按式(7-1)建立总体均值的置信区间。但是,如果正态总体的方差 σ^2 未知,而且是在小样本情况下,那么需要用样本方差 s^2 来代替 σ^2,这时,样本均值标准化之后服从自由度为 $n-1$ 的 t 分布,即

$$t = \frac{\bar{x} - \mu}{s/\sqrt{n}} \sim t(n-1) \tag{7-4}$$

t 分布是一种类似于正态分布的钟形对称分布,通常用来描述小样本数据所服从的分布,要比正态分布平坦和分散。一个特定的 t 分布依赖于自由度参数。随着自由度的增大,t 分布逐渐趋于正态分布,如图 7-7 所示。

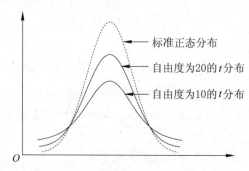

图 7-7 不同自由度的 t 分布与标准正态分布曲线的比较

根据 t 分布建立的总体均值在置信水平 $1-\alpha$ 下的置信区间为

$$\left(\bar{x}-t_{\alpha/2}\frac{s}{\sqrt{n}},\bar{x}+t_{\alpha/2}\frac{s}{\sqrt{n}}\right)$$

其中,$t_{\alpha/2}$ 是自由度为 $n-1$ 时,t 分布的上侧 $\alpha/2$ 分位数,大于该值的概率为 $\alpha/2$;该值可通过书后所附的 t 分布表查得,也可利用 Excel 提供的 TINV 统计函数计算 t 分布的分位数,其语法为 TINV(α,df),其中 α 为对应于双尾 t 分布的概率,df 为自由度。例如函数"=TINV(0.05,10)"的结果为 2.228 1。

例 7-2 欧洲之星是欧洲首列穿越海峡隧道、连接英国和欧洲大陆的国际列车。它能承载 800 名乘客,最高时速可达 190 英里(1 英里≈1.609 千米)。假设列车车速服从正态分布。读取 20 次列车的速度,其平均速度为 174 英里/小时,标准差为 19 英里/小时。试建立平均速度的置信区间,置信水平为 95%。

解:根据题意,车速总体分布为正态分布,但样本容量 $n=20$,为小样本,总体方差未知,可用 t 统计量进行区间估计。$1-\alpha=0.95,\alpha=0.05,t_{\alpha/2}(n-1)=t_{0.025}(19)=2.093$,$\bar{x}=174,s=19$。由式(7-4)得平均速度的置信区间为

$$\bar{x}\pm t_{\alpha/2}\frac{s}{\sqrt{n}}=174\pm2.093\times\frac{19}{\sqrt{20}}\approx174\pm8.89$$

所以,欧洲之星列车平均速度的 95% 的置信区间为 165.11~182.89 英里/小时。

例 7-3 对某旅行社随机访问了 25 名旅游者,得知平均消费额 $\bar{x}=800$ 元,样本标准差 $s=120$ 元,已知旅游者消费额服从正态分布,求旅游者平均消费额 μ 的置信度为 95% 的置信区间。

解:根据题意,消费额服从正态分布,但样本容量 $n=25$,为小样本,总体方差未知,$1-\alpha=95\%$,所以 $\alpha=0.05,\bar{x}=800,s=120$,

$$t_{\alpha/2}(n-1)=t_{0.025}(24)=2.064$$

$$\bar{x}-t_{\alpha/2}(n-1)\frac{s}{\sqrt{n}}=800-2.064\times\frac{120}{\sqrt{25}}\approx750.5$$

$$\bar{x} + t_{\alpha/2}(n-1)\frac{s}{\sqrt{n}} = 800 + 2.064 \times \frac{120}{\sqrt{25}} \approx 849.5$$

即平均消费额 μ 的置信度为 95% 的置信区间为 750.5~849.5 元。

二、总体比例的区间估计

在许多社会经济现象中,常需要估计总体中具有某种特征的单位占总体全部单位的比例,如居民收入中用于食品消费的比例;人口中患某种流行病人口的比例;居民住户的宽带普及率等。我们称总体中具有某种特征的单位占总体全部单位的比例为总体比例,用字母 π 表示;称样本中具有该种特征的单位占样本全部单位的比例为样本比例,用字母 p 表示。根据中心极限定理,在大样本情况下,如果满足 $np \geqslant 5$ 和 $n(1-p) \geqslant 5$,那么样本比例 p 服从均值为 π、方差为 $\pi(1-\pi)/n$ 的正态分布。样本比例经过标准化之后服从标准正态分布,即

$$z = \frac{p-\pi}{\sqrt{\pi(1-\pi)/n}} \sim N(0,1) \tag{7-5}$$

与总体均值的区间估计类似,在样本比例 p 的基础上加减估计误差,即得到总体比例 π 在 $1-\alpha$ 置信水平下的置信区间为

$$p \pm z_{\alpha/2}\sqrt{\frac{\pi(1-\pi)}{n}} \tag{7-6}$$

用式(7-6)计算总体比例的置信区间时,π 应该是已知的。但实际情况不然,π 恰好是要估计的,所以要用样本比例 p 来代替 π。这时,总体比例的置信区间可表示为

$$p \pm z_{\alpha/2}\sqrt{\frac{p(1-p)}{n}} \tag{7-7}$$

式中,$z_{\alpha/2}$ 是标准正态分布的上侧 $\alpha/2$ 分位数;$z_{\alpha/2}\sqrt{\frac{p(1-p)}{n}}$ 是估计总体比例时的估计误差,描述估计精度。这就是说,总体比例的置信区间由点估计值和估计误差两部分组成。

扩展阅读 7-3 民意调查真的能反映民意吗?

例 7-4 某企业在一项关于职工流动原因的研究中,从该企业前职工的总体中随机选取了 200 人组成一个样本。在对其进行访问时,有 140 人说他们离开该企业是由于同管理人员不能融洽相处。试对由于这种原因而离开该企业的人员的真正比例构造 95% 的置信区间。

解:已知 $n = 200, p = 0.7, np = 140 > 5, n(1-p) = 60 > 5, 1-\alpha = 95\%, z_{\alpha/2} = 1.96$

根据式(7-7)得

$$p \pm z_{\alpha/2}\sqrt{\frac{p(1-p)}{n}} = 0.7 \pm 1.96 \times \sqrt{\frac{0.7(1-0.7)}{200}} \approx 0.7 \pm 0.0635$$

即由于同管理人员不能融洽相处而离开该企业的人员的真正比例的 95% 的置信区间为

63.65%～76.35%。

三、总体方差的区间估计

上面讨论了总体均值和总体比例的区间估计,给出了相应的置信区间。但有些实际问题要求对总体方差 σ^2 进行区间估计,即根据样本测算 σ^2 的置信区间。下面只讨论正态总体的情形。

设总体 $X\sim N(\mu,\sigma^2)$,总体方差 σ^2 未知。我们知道,样本方差 s^2 是 σ^2 的无偏估计量。而且,由样本方差的抽样分布性质可知

$$\chi^2=\frac{(n-1)s^2}{\sigma^2}\sim \chi^2(n-1) \tag{7-8}$$

因此,可以利用 χ^2 分布构造总体方差的置信区间。

由图 7-8 可以看出,建立总体方差 σ^2 的置信区间,就是要找到一个 χ^2 值,在置信水平为 $1-\alpha$ 时,使其满足 $\chi^2_{1-\alpha/2}(n-1)<\chi^2<\chi^2_{\alpha/2}(n-1)$。根据式(7-8),可以得到

$$P\left(\chi^2_{1-\alpha/2}<\frac{(n-1)s^2}{\sigma^2}<\chi^2_{\alpha/2}\right)=P\left(\frac{(n-1)s^2}{\chi^2_{\alpha/2}}<\sigma^2<\frac{(n-1)s^2}{\chi^2_{1-\alpha/2}}\right)=1-\alpha$$

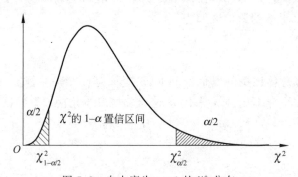

图 7-8 自由度为 $n-1$ 的 χ^2 分布

从而得总体方差 σ^2 的 $1-\alpha$ 置信区间为

$$\left(\frac{(n-1)s^2}{\chi^2_{\alpha/2}},\frac{(n-1)s^2}{\chi^2_{1-\alpha/2}}\right) \tag{7-9}$$

其中, $\chi^2_{\alpha/2}(n-1)$、$\chi^2_{1-\alpha/2}(n-1)$ 可查 χ^2 分布表得到,也可利用 Excel 提供的 CHIINV 统计函数计算,语法为 CHIINV(α,df),它给出概率水平为 α、自由度为 df 的 χ^2 分布上侧分位数。例如,函数"=CHIINV(0.025,24)"的结果为 39.36,函数"=CHIINV(0.975,24)"的结果为 12.40。因为 $(n-1)s^2=\sum_{i=1}^{n}(x_i-\bar{x})^2$,故式(7-9)可写作

$$\left(\frac{\sum_{i=1}^{n}(x_i-\bar{x})^2}{\chi^2_{\alpha/2}(n-1)},\frac{\sum_{i=1}^{n}(x_i-\bar{x})^2}{\chi^2_{1-\alpha/2}(n-1)}\right) \tag{7-10}$$

例 7-5 对例 7-3,求旅游者消费额的方差 σ^2 的 95% 的置信区间。

解:因为 $s=120, n=25, \alpha=0.05$,查 χ^2 分布表得

$$\chi^2_{1-\alpha/2}(n-1)=\chi^2_{0.975}(24)=12.40$$

$$\chi^2_{\alpha/2}(n-1) = \chi^2_{0.025}(24) = 39.36$$

$$\frac{(n-1)s^2}{\chi^2_{\alpha/2}} = \frac{(25-1)\times 120^2}{39.36} \approx 8\,780.49$$

$$\frac{(n-1)s^2}{\chi^2_{1-\alpha/2}} = \frac{(25-1)\times 120^2}{12.40} \approx 27\,870.97$$

所以旅游者消费额的方差 σ^2 的 95% 的置信区间为 $(8\,780.49, 27\,870.97)$。

图 7-9 总结了一个总体参数估计的不同情形及所使用的分布。

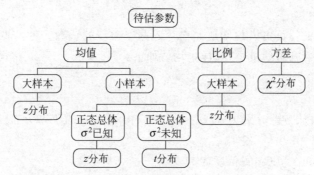

图 7-9　一个总体参数估计的不同情形及所使用的分布

第三节　两个总体参数的区间估计

对于两个总体，所关心的参数主要有两个总体的均值之差 $\mu_1 - \mu_2$、两个总体的比例之差 $\pi_1 - \pi_2$、两个总体的方差之比 σ_1^2/σ_2^2 等。

一、两个总体均值之差的区间估计

设两个总体的均值分别为 μ_1 和 μ_2，从两个总体中分别抽取样本容量为 n_1 和 n_2 的两个随机样本，其样本均值分别为 $\bar{x}_1$ 和 $\bar{x}_2$。两个总体均值之差 $\mu_1 - \mu_2$ 的估计量显然是两个样本的均值之差 $\bar{x}_1 - \bar{x}_2$。

（一）两个总体均值之差 $\mu_1 - \mu_2$ 的区间估计：独立样本

1. 大样本的估计

如果两个样本是从两个总体中独立抽取的，即一个样本中的个体与另一个样本中的个体互相独立，则称为独立样本。如果两个总体都服从正态分布，或两个总体不服从正态分布但两个样本都是大样本（$n_1 \geq 30$ 和 $n_2 \geq 30$），根据抽样分布的知识可知，两个样本均值之差 $\bar{x}_1 - \bar{x}_2$ 的抽样分布服从均值为 $\mu_1 - \mu_2$、方差为 $\left(\dfrac{\sigma_1^2}{n_1} + \dfrac{\sigma_2^2}{n_2}\right)$ 的正态分布，标准化后服从标准正态分布，即

$$\frac{(\bar{x}_1 - \bar{x}_2) - (\mu_1 - \mu_2)}{\sqrt{\dfrac{\sigma_1^2}{n_1} + \dfrac{\sigma_2^2}{n_2}}} \sim N(0,1) \tag{7-11}$$

当两个总体的方差 σ_1^2 和 σ_2^2 都已知时，两个总体均值之差 $\mu_1-\mu_2$ 在 $1-\alpha$ 的置信水平下的置信区间为

$$(\bar{x}_1-\bar{x}_2) \pm z_{\alpha/2}\sqrt{\frac{\sigma_1^2}{n_1}+\frac{\sigma_2^2}{n_2}} \tag{7-12}$$

当两个总体方差 σ_1^2 和 σ_2^2 未知时，可以用两个样本方差 s_1^2 和 s_2^2 来代替，这时，两个总体均值之差 $\mu_1-\mu_2$ 在 $1-\alpha$ 的置信水平下的置信区间为

$$(\bar{x}_1-\bar{x}_2) \pm z_{\alpha/2}\sqrt{\frac{s_1^2}{n_1}+\frac{s_2^2}{n_2}} \tag{7-13}$$

例 7-6 一个银行负责人想知道储户存入两家银行的钱数。他从两家银行各抽取了一个由 25 个储户组成的随机样本，样本均值如下：

银行 A：4 500 元；

银行 B：3 250 元。

设已知两个总体服从方差分别为 $\sigma_A^2=2\,500$ 和 $\sigma_B^2=3\,600$ 的正态分布。试求 $\mu_A-\mu_B$ 的区间估计。

(1)置信度为 95%；(2)置信度为 99%。

解： 已知两样本容量 $n_A=n_B=25$，两总体的均值 $\bar{x}_A=4\,500$ 和 $\bar{x}_B=3\,250$，两总体的方差 $\sigma_A^2=2\,500$ 和 $\sigma_B^2=3\,600$，则

$$z=\frac{(4\,500-3\,250)-(\mu_A-\mu_B)}{\sqrt{\frac{2\,500}{25}+\frac{3\,600}{25}}} \sim N(0,1)$$

查标准正态分布表得：(1) $z_{0.025}=1.96$；(2) $z_{0.005}=2.58$。

从而 $\mu_A-\mu_B$ 的置信度为 95% 和 99% 的置信区间分别为

$$\left(4\,500-3\,250-1.96\sqrt{\frac{2\,500}{25}+\frac{3\,600}{25}},\, 4\,500-3\,250+1.96\sqrt{\frac{2\,500}{25}+\frac{3\,600}{25}}\right)$$

$=(1\,250-1.96\times 15.62, 1\,250+1.96\times 15.62)\approx(1\,219.38, 1\,280.62)$

$$\left(4\,500-3\,250-2.58\sqrt{\frac{2\,500}{25}+\frac{3\,600}{25}},\, 4\,500-3\,250+2.58\sqrt{\frac{2\,500}{25}+\frac{3\,600}{25}}\right)$$

$=(1\,250-2.58\times 15.62, 1\,250+2.58\times 15.62)\approx(1\,209.70, 1\,290.30)$

因此，在置信度为 95% 时，储户存入两家银行的钱数的均值之差在 1 219.38～1 280.62 元之间。在置信度为 99% 时，储户存入两家银行的钱数的均值之差在 1 209.70～1 290.30 元之间。

2. 小样本的估计

在两个样本都是小样本的情况下，为了估计两个总体的均值之差，需要做出以下假定。

(1) 两个总体都服从正态分布。

(2) 两个随机样本独立地分别抽取自这两个总体。

在上述假定下，无论样本容量大小，两个样本均值之差都服从正态分布。当两个总体方差 σ_1^2 和 σ_2^2 都已知时，可用式(7-12)建立两个总体均值之差的置信区间。当两个总体

方差 σ_1^2 和 σ_2^2 未知时,有以下两种情况。

(1) 当两个总体方差 σ_1^2 和 σ_2^2 未知但相等时,即 $\sigma_1^2 = \sigma_2^2$,需要用两个样本的方差 s_1^2 和 s_2^2 来估计,这时,需要将两个样本的数据组合在一起,以给出总体方差的合并估计量 s_p^2,其计算公式为

$$s_p^2 = \frac{(n_1-1)s_1^2 + (n_2-1)s_2^2}{n_1+n_2-2} \tag{7-14}$$

这时,两个样本均值之差经过标准化后服从自由度为 (n_1+n_2-2) 的 t 分布,即

$$t = \frac{(\bar{x}_1 - \bar{x}_2) - (\mu_1 - \mu_2)}{s_p\sqrt{\frac{1}{n_1} + \frac{1}{n_2}}} \sim t(n_1+n_2-2) \tag{7-15}$$

因此,两个总体均值之差 $\mu_1 - \mu_2$ 在 $1-\alpha$ 的置信水平下的置信区间为

$$(\bar{x}_1 - \bar{x}_2) \pm t_{\alpha/2}(n_1+n_2-2)\sqrt{s_p^2\left(\frac{1}{n_1} + \frac{1}{n_2}\right)} \tag{7-16}$$

(2) 当两个总体的方差 σ_1^2 和 σ_2^2 未知且不相等时,即 $\sigma_1^2 \neq \sigma_2^2$,两个样本均值之差经过标准化后服从自由度为 v 的 t 分布,自由度 v 的计算公式为

$$v = \frac{\left(\dfrac{s_1^2}{n_1} + \dfrac{s_2^2}{n_2}\right)^2}{\dfrac{(s_1^2/n_1)^2}{n_1-1} + \dfrac{(s_2^2/n_2)^2}{n_2-1}} \tag{7-17}$$

两个总体均值之差 $\mu_1 - \mu_2$ 在 $1-\alpha$ 的置信水平下的置信区间为

$$(\bar{x}_1 - \bar{x}_2) \pm t_{\alpha/2}(v)\sqrt{\frac{s_1^2}{n_1} + \frac{s_2^2}{n_2}} \tag{7-18}$$

例 7-7 为了估计两种方法组装产品所需时间的差异,分别对两种不同的组装方法各随机安排 12 名工人,每名工人组装一件产品所需的时间如表 7-2 所示。

表 7-2 两种方法组装产品所需的时间(一)　　　　　　　　分钟

方法 1	方法 2	方法 1	方法 2
28.3	27.6	36.0	31.7
30.1	22.2	37.2	26.0
29.0	31.0	38.5	32.0
37.6	33.8	34.4	31.2
32.1	20.0	28.0	33.4
28.8	30.2	30.0	26.5

假定两种方法组装产品的时间服从正态分布,且方差相等,试以 95% 的置信水平建立两种方法组装产品所需平均时间之差的置信区间。

解:根据样本数据计算得到:

方法 1:$\bar{x}_1 = 32.5, s_1^2 = 15.996$。

方法 2：$\bar{x}_2 = 28.8, s_2^2 = 19.358$。

总体方差的合并估计量为

$$s_p^2 = \frac{(n_1-1)s_1^2 + (n_2-1)s_2^2}{n_1 + n_2 - 2}$$

$$= \frac{(12-1) \times 15.996 + (12-1) \times 19.358}{12+12-2} = 17.677$$

根据 $\alpha = 0.05$，自由度 $(12+12-2) = 22$，查 t 分布表得 $t_{0.05/2}(22) = 2.0739$。两个总体均值之差 $\mu_1 - \mu_2$ 在 95% 的置信水平下的置信区间为

$$(\bar{x}_1 - \bar{x}_2) \pm t_{\alpha/2}(n_1+n_2-2) \sqrt{s_p^2 \left(\frac{1}{n_1} + \frac{1}{n_2}\right)}$$

$$= (32.5 - 28.8) \pm 2.0739 \times \sqrt{17.677 \times \left(\frac{1}{12} + \frac{1}{12}\right)}$$

$$\approx 3.7 \pm 3.56$$

即 (0.14, 7.26)，因此两种方法组装产品所需平均时间之差的 95% 的置信区间为 0.14～7.26 分钟。

例 7-8 仍沿用例 7-7 的数据。假定第一种方法随机安排 12 名工人，第二种方法随机安排 8 名工人，即 $n_1 = 12, n_2 = 8$，所得有关数据如表 7-3 所示。

表 7-3　两种方法组装产品所需的时间（二）　　　　分钟

方法 1	方法 2	方法 1	方法 2
28.3	27.6	36.0	31.7
30.1	22.2	37.2	26.5
29.0	31.0	38.5	
37.6	33.8	34.4	
32.1	20.0	28.0	
28.8	30.2	30.0	

同时假定两个总体的方差不相等，试以 95% 的置信水平建立两种方法组装产品所需平均时间之差的置信区间。

解： 根据样本数据计算得到：

方法 1：$\bar{x}_1 = 32.5, s_1^2 = 15.996$。

方法 2：$\bar{x}_2 = 27.875, s_2^2 = 23.014$。

计算自由度为

$$v = \frac{\left(\frac{s_1^2}{n_1} + \frac{s_2^2}{n_2}\right)^2}{\frac{(s_1^2/n_1)^2}{n_1-1} + \frac{(s_2^2/n_2)^2}{n_2-1}} = \frac{\left(\frac{15.996}{12} + \frac{23.014}{8}\right)^2}{\frac{(15.996/12)^2}{12-1} + \frac{(23.014/8)^2}{8-1}} \approx 13$$

根据自由度 13 查 t 分布表得 $t_{0.05/2}(13) = 2.1604$。两个总体均值之差 $\mu_1 - \mu_2$ 在 95% 的置信水平下的置信区间为

$$(\bar{x}_1 - \bar{x}_2) \pm t_{\alpha/2}(v)\sqrt{\frac{s_1^2}{n_1} + \frac{s_2^2}{n_2}}$$

$$= (32.5 - 27.875) \pm 2.1604 \times \sqrt{\frac{15.996}{12} + \frac{23.014}{8}}$$

$$\approx 4.625 \pm 4.433$$

即(0.192,9.058)，两种方法组装产品所需平均时间之差的95%的置信区间为0.192～9.058分钟。

（二）两个总体均值之差 $\mu_1 - \mu_2$ 的区间估计：匹配样本

在例 7-7 中使用的是两个独立样本，但是用独立样本用来估计两个总体均值之差存在着潜在的弊端。例如，在对每种方法随机指派 12 名工人时，偶尔可能会将技术比较差的 12 名工人指定给方法 1，而将技术比较好的 12 名工人指定给方法 2，这种不公平的指派可能会掩盖两种方法组装产品所需时间的真正差异。

为解决这一问题，可以使用匹配样本，即一个样本中的数据与另一个样本中的数据相对应。例如，先指定 12 名工人用第一种方法组装产品，然后再让这 12 名工人用第二种方法组装产品，这样得到的两种方法组装产品的数据就是匹配样本。匹配样本可以消除由于样本指定的不公平造成的两种方法组装时间上的差异。

使用匹配样本进行估计时，在大样本条件下，两个总体均值之差 $\mu_d = \mu_1 - \mu_2$ 在置信水平 $1-\alpha$ 下的置信区间为

$$\bar{d} \pm z_{\alpha/2} \frac{\sigma_d}{\sqrt{n}} \tag{7-19}$$

式中，d 为两个匹配样本对应数据的差值；$\bar{d}$ 为各差值的均值；σ_d 表示各差值的标准差。当总体的 σ_d 未知时，可用样本差值的标准差 s_d 来代替。

在小样本情况下，假定两个总体各观察值的配对差服从正态分布。两个总体均值之差 $\mu_d = \mu_1 - \mu_2$ 在 $1-\alpha$ 置信水平下的置信区间为

$$\bar{d} \pm t_{\alpha/2} \frac{s_d}{\sqrt{n}} \tag{7-20}$$

例 7-9 由 10 名学生组成一个随机样本，让他们分别采用 A、B 两套试卷进行测试，结果如表 7-4 所示。

表 7-4 10 名学生两套试卷得分

学生编号	试卷 A	试卷 B	差值 d
1	78	71	7
2	63	44	19
3	72	61	11
4	89	84	5
5	91	74	17
6	49	51	−2
7	68	55	13

学生编号	试卷 A	试卷 B	差值 d
8	76	60	16
9	85	77	8
10	55	39	16

假定两套试卷得分之差服从正态分布,试建立两套试卷平均分数之差 $\mu_d = \mu_1 - \mu_2$ 的 95% 的置信区间。

解:根据表 7-4 的数据计算得到

$$\bar{d} = \frac{\sum_{i=1}^{10} d_i}{n_d} = \frac{110}{10} = 11$$

$$s_d = \sqrt{\frac{\sum_{i=1}^{10}(d_i - \bar{d})^2}{n_d - 1}} = 6.53$$

根据自由度 $(10-1)=9$ 查 t 分布表得 $t_{0.05/2}(9) = 2.2622$。根据式(7-20)得两套试卷平均分数之差 $\mu_d = \mu_1 - \mu_2$ 的 95% 的置信区间为

$$\bar{d} \pm t_{\alpha/2}(n-1)\frac{s_d}{\sqrt{n}} = 11 \pm 2.2622 \times \frac{6.53}{\sqrt{10}}$$

$$\approx 11 \pm 4.7$$

即 (6.3, 15.7),两套试卷平均分数之差的 95% 的置信区间为 6.3~15.7 分。

二、两个总体比例之差的区间估计

在社会经济问题的研究中,我们常常需要对两个总体比例之差进行了解,如对两企业市场占有率进行比较等。

由样本比例的抽样分布可知,从两个二项总体中抽取两个独立的样本,则两个样本的比例之差的抽样分布可以用正态分布近似。同样,两个样本的比例之差经过标准化后的随机变量则服从标准正态分布,即

$$z = \frac{(p_1 - p_2) - (\pi_1 - \pi_2)}{\sqrt{\frac{\pi_1(1-\pi_1)}{n_1} + \frac{\pi_2(1-\pi_2)}{n_2}}} \sim N(0,1) \tag{7-21}$$

当两个总体比例 π_1 和 π_2 未知时,可用样本比例 p_1 和 p_2 来代替,因此,根据正态分布建立的两个总体比例之差 $\pi_1 - \pi_2$ 在 $1-\alpha$ 置信水平下的置信区间为

$$(p_1 - p_2) \pm z_{\alpha/2}\sqrt{\frac{p_1(1-p_1)}{n_1} + \frac{p_2(1-p_2)}{n_2}} \tag{7-22}$$

例 7-10 某饮料公司对其所做的报纸广告在两个城市的效果进行了比较,它们从两个城市中分别随机地调查了 1 000 个成年人,其中看过广告的比例分别为

$$p_1 = 0.18$$
$$p_2 = 0.14$$

试求两城市成年人中看过广告的比例之差的95%的置信区间。

解：当 $\alpha=0.05$ 时，$z_{\alpha/2}=1.96$，则置信区间为

$$(p_1-p_2)\pm z_{\alpha/2}\sqrt{\frac{p_1(1-p_1)}{n_1}+\frac{p_2(1-p_2)}{n_2}}$$

$$=(0.18-0.14)\pm 1.96\sqrt{\frac{0.18(1-0.18)}{1\,000}+\frac{0.14(1-0.14)}{1\,000}}\approx 0.04\pm 0.032\,1$$

我们有95%的把握估计两城市成年人中看过该广告的比例之差在 0.79% ~ 7.21% 之间。

三、两个总体方差比的区间估计

在实际问题中，经常会遇到比较两个总体方差大小的问题。例如，希望比较用两种不同方法生产的产品性能的稳定性，比较不同测量工具的精度，等等。

由两个样本方差之比的抽样分布性质可知

$$F=\frac{s_1^2/\sigma_1^2}{s_2^2/\sigma_2^2}\sim F(n_1-1,n_2-1) \tag{7-23}$$

因此，可以利用 F 分布构造两个总体方差比 σ_1^2/σ_2^2 的置信区间。

由图7-10可以看出，建立两个总体方差比的置信区间，就是要找到一个 F 值，使其满足：$F_{1-\alpha/2}<F<F_{\alpha/2}$。根据式(7-23)，可以得到

$$P\left(F_{1-\alpha/2}<\frac{s_1^2/\sigma_1^2}{s_2^2/\sigma_2^2}<F_{\alpha/2}\right)=P\left(\frac{s_1^2/s_2^2}{F_{\alpha/2}}<\frac{\sigma_1^2}{\sigma_2^2}<\frac{s_1^2/s_2^2}{F_{1-\alpha/2}}\right)=1-\alpha$$

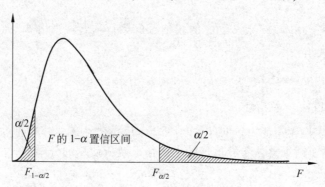

图7-10 分子自由度为 n_1，分母自由度为 n_2 的 F 分布

所以，σ_1^2/σ_2^2 的置信度为 $1-\alpha$ 的置信区间为

$$\frac{s_1^2/s_2^2}{F_{\alpha/2}}<\frac{\sigma_1^2}{\sigma_2^2}<\frac{s_1^2/s_2^2}{F_{1-\alpha/2}} \tag{7-24}$$

式中，$F_{\alpha/2}$ 和 $F_{1-\alpha/2}$ 为分子自由度为 n_1-1 和分母自由度为 n_2-1 的 F 分布的上侧 $\alpha/2$ 分位数和 $1-\alpha/2$ 分位数。由于 F 分布表中只给出面积较小的右侧分位数，此时可以利用下面的关系求得 $F_{1-\alpha/2}$ 的分位数值

$$F_{1-\alpha}(n_1,n_2)=\frac{1}{F_\alpha(n_2,n_1)} \tag{7-25}$$

式中，n_1 为分子自由度；n_2 为分母自由度。

例 7-11 居民消费支出是指城乡居民个人和家庭用于生活消费以及集体用于个人消费的全部支出,包括购买商品支出以及享受文化服务和生活服务等非商品支出。我国城镇居民消费支出与农村居民消费支出存在较大差距,为研究城镇居民与农村居民在消费支出(单位:元)上的差异,在某省某年份各随机抽取 25 名城镇居民和 25 名农村居民,得到下面的结果:

城镇居民:$\bar{x}_1 = 12\,000$,$s_1^2 = 9\,800$

农村居民:$\bar{x}_1 = 8\,000$,$s_1^2 = 6\,200$

假设城镇居民与农村居民的消费支出都服从正态分布。试以 90% 的置信水平估计城镇居民和农村居民消费支出方差比的置信区间。

解:根据自由度 $n_1 = 25 - 1 = 24$ 和 $n_2 = 25 - 1 = 24$,查 F 分布表,得

$$F_{\alpha/2}(24,24) = F_{0.05}(24,24) = 1.98$$

根据式(7-25)得

$$F_{1-\alpha/2}(24,24) = F_{0.95}(24,24) = \frac{1}{1.98} = 0.505$$

根据式(7-24)得

$$\frac{9\,800/6\,200}{1.98} \leqslant \frac{\sigma_1^2}{\sigma_2^2} \leqslant \frac{9\,800/6\,200}{0.505}$$

即 $0.80 \leqslant \frac{\sigma_1^2}{\sigma_2^2} \leqslant 3.13$,城镇居民与农村居民消费支出方差比的 90% 的置信区间为 0.80~3.13。

一般地,若两个总体方差比 σ_1^2/σ_2^2 的置信区间为 $(\hat{\theta}_1, \hat{\theta}_2)$,则由 θ_1、θ_2 的取值状况,便可判断 σ_1^2、σ_2^2 的大小关系:

若 $\hat{\theta}_1 > 1$,则可认为 $\sigma_1^2 > \sigma_2^2$;

若 $\hat{\theta}_2 < 1$,则可认为 $\sigma_1^2 < \sigma_2^2$;

若 $\hat{\theta}_1 < 1, \hat{\theta}_2 > 1$,则不能由区间 $(\hat{\theta}_1, \hat{\theta}_2)$ 对 σ_1^2、σ_2^2 的大小关系作出推断。

图 7-11 总结了两个总体参数估计的不同情形及所使用的分布。

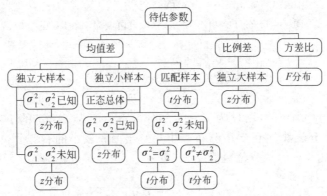

图 7-11 两个总体参数估计的不同情形及所使用的分布

第四节 样本容量的确定

在前面的讨论中,我们假设样本容量是已知的,但在实际问题中,需要自己动手设计调查方案,这时如何决定样本容量是摆在我们面前的问题。如果样本容量过大,会增加调查成本。如果样本容量过小,会使估计误差增大。这里我们仅就估计总体均值和总体比例两种情况进行讨论。

一、估计总体均值时样本容量的确定

在总体均值的区间估计中,在大样本情况下,置信区间由公式 $\bar{x} \pm z_{\alpha/2} \dfrac{\sigma}{\sqrt{n}}$ 确定,其中,$z_{\alpha/2} \dfrac{\sigma}{\sqrt{n}}$ 为置信区间的一半。此段距离表示在置信水平 $1-\alpha$ 下,用样本均值估计总体均值时所允许的最大绝对误差,$z_{\alpha/2}$ 的值和样本容量 n 共同确定了估计误差的大小。一旦确定了置信水平 $1-\alpha$,$z_{\alpha/2}$ 的值就确定了。对于给定的 $z_{\alpha/2}$ 值和总体标准差 σ,就可以确定任一希望的估计误差所需要的样本容量。令 E 代表所能够允许的估计误差,即

$$E = z_{\alpha/2} \frac{\sigma}{\sqrt{n}} \tag{7-26}$$

由此可推算出确定样本容量的公式:

$$n = \frac{(z_{\alpha/2})^2 \sigma^2}{E^2} \tag{7-27}$$

从式(7-27)可看出,样本容量与总体方差、允许误差、置信水平存在以下关系。

第一,样本容量与总体方差成正比。总体方差越大,样本容量越大。

第二,样本容量与允许误差的平方成反比。在既定的置信水平下,允许误差越大,样本容量就越小。

第三,样本容量与 $z_{\alpha/2}$ 的平方成正比。置信水平越高,$z_{\alpha/2}$ 越大,样本容量应越大。

例 7-12 拥有工商管理学士学位的大学毕业生年薪的标准差大约为 2 000 元,假定想要估计年薪的 95% 的置信区间,允许的估计误差为 400 元,应取多大的样本容量?

解:已知 $\sigma = 2\,000, E = 400, z_{\alpha/2} = 1.96$。

根据式(7-27)得

$$n = \frac{(z_{\alpha/2})^2 \sigma^2}{E^2} = \frac{1.96^2 \times 2\,000^2}{400^2} = 96.04 \approx 97$$

即应抽取 97 人做样本。

二、估计总体比例时样本容量的确定

与估计总体均值时样本容量的确定方法类似,在重复抽样或无限总体抽样条件下,估计总体比例置信区间的估计误差为 $z_{\alpha/2}\sqrt{\dfrac{\pi(1-\pi)}{n}}$,所以 $z_{\alpha/2}$ 的值、总体比例 π 和样本容

量 n 共同确定了估计误差的大小。一旦确定了置信水平 $1-\alpha$，$z_{\alpha/2}$ 的值就确定了。由于总体比例 π 值是固定的，所以估计误差的值由样本容量确定，样本容量越大，估计误差就越小，估计的精度就越好。因此，对于给定的 $z_{\alpha/2}$ 的值，就可以确定任一希望的估计误差所需要的样本容量。令 E 代表所能够允许的估计误差，即

$$E = z_{\alpha/2} \sqrt{\frac{\pi(1-\pi)}{n}} \tag{7-28}$$

由此可推算出重复抽样或无限总体抽样条件下确定样本容量的公式

$$n = \frac{(z_{\alpha/2})^2 \pi(1-\pi)}{E^2} \tag{7-29}$$

如果能够求出 π 的具体值，就可以用式(7-29)计算所需的样本容量。在实际应用中，如果不知道 π 的值，可以用类似的样本比例来代替，也可以用试验调查的办法，选择一个初始样本，以该样本的比例作为 π 的估计值。当无法知道 π 值时，通常取 $\pi(1-\pi)$ 的最大值 0.25，此时，有

$$n = \frac{(z_{\alpha/2})^2}{4E^2} \tag{7-30}$$

例 7-13 随着网络技术的不断发展，网络购物作为一种新的购物方式正在悄然改变着我们的生活。为了解某地区网络购物用户占该地区网民的比例，对该地区的网民采取随机抽样的方式进行调查。现要求估计误差为 5%，在 95% 的置信区间下，应抽取多少网民作为样本？

解：已知 $E=5\%$，$\alpha=0.05$，$z_{\alpha/2}=1.96$，而总体比例 π 未知。

根据式(7-30)，可得

$$n = \frac{(z_{\alpha/2})^2}{4E^2} = \frac{1.96^2}{4 \times 0.05^2} = 384.16 \approx 385$$

即应抽取 385 个网民作为样本。

思考与练习

一、思考题

1. 置信度、置信区间的内涵是什么？
2. 何为参数估计，包含哪些类别？
3. 简述评价估计量优良的标准。
4. 为什么说点估计和区间估计是互为补充的两种估计？
5. 确定必要样本容量应考虑的因素有哪些？怎样确定样本容量？

二、练习题

1. 有一大批糖果。先从中抽取 16 袋，称得重量(以克计)如表 7-5。

表 7-5 糖果重量

506	508	499	503	504	510	497	512
514	505	493	496	506	502	509	496

设袋装糖果的重量近似服从正态分布,试求袋装糖果平均重量的置信区间(置信水平为95%)。

2. 对某鱼塘的鱼进行抽样调查,从鱼塘的不同部位同时撒网捕到鱼150条,其中草鱼123条,草鱼平均每条重2千克,标准差0.75千克。试按95%的置信水平:(1)对该鱼塘草鱼平均每条重量做区间估计;(2)对该鱼塘草鱼所占比重做区间估计。

3. 在对某地区由800个企业构成的随机样本的调查中,发现有144个企业有偷税漏税行为。根据99%的置信水平估计偷税漏税企业比例的置信区间。

4. 为研究企业CEO(首席执行官)究竟具有什么样的教育背景,组织了一次对大中型企业的调查,共抽取了300位CEO,其中有85位CEO拥有MBA学位。请按95%的置信水平推断,在大中型企业所有CEO中,有多大比例的CEO拥有MBA学位?

5. 一家旅行社的经理想了解内地居民到香港旅游度假的大致比例,他所制定的置信水平是95.45%,估计误差不超过5%。假设该经理对实际的比例完全无从知晓,他要估计这一总体的比例,应该抽取多大的样本容量?

6. 随机地从A批导线中抽取4根,从B批导线中抽取5根,测得电阻(Ω)为

A批:0.143   0.142   0.143   0.137
B批:0.140   0.142   0.136   0.138   0.140

设测定数据分别来自正态分布 $N(\mu_1, \sigma^2)$、$N(\mu_2, \sigma^2)$,且两样本相互独立,又 μ_1、μ_2 和 σ^2 均未知,试求 $\mu_1 - \mu_2$ 的置信水平为95%的置信区间。

7. 设高速公路上汽车的速度服从正态分布,现对汽车的速度独立地做了5次测试,求得这5次测试值的方差 $s^2 = 0.09 (\text{m/s})^2$。求汽车速度的方差 σ^2 的置信度为90%的置信区间。

即 测 即 练

第八章 假设检验

1920年的剑桥大学,一群科学家正如同往常一样准备冲泡奶茶的时候,一位女士突然说:"冲泡的顺序对于奶茶的风味影响很大。先放奶后放茶,与先放茶后放奶,这两种冲泡方式所泡出的奶茶口味截然不同。我可以轻松地辨别出来。"当时恰好著名的统计学家R.A. Fisher先生在座,他很兴奋地说:"我们做实验来检定这个假设吧。"于是大家一共准备了8杯茶,有的先放奶后放茶,有的先放茶后放奶,让这位女士品尝,看是否能品对。

正是在这一验证过程中,Fisher提出以"随机"的顺序让这位女士品茶,这是第一次在统计学意义上提出"随机"的思想。

另外,验证这位女士说得对错的过程,其实正是假设检验的过程:如果这位女士没有品尝能力,那么,她能够正确品对1杯的概率有50%。这种情况下,即使她品对了,我们也不会立刻就相信她有这种能力,因为这种概率太高了,理论上一半人都可以做到。但是,如果给她8杯,她都正确品对了,这种情况下,我们不得不重新考虑。因为如果她没有这种能力的话,仅凭猜测而都猜对的概率实在太低了,只有0.39%,以至于我们不得不怀疑一开始所做假设(即这位女士不具备这种能力)的正确性,这就是小概率事件原理。

参数估计和假设检验是统计推断的两个组成部分,它们都是利用样本对总体进行某种推断,但推断的角度不同。参数估计讨论的是如何用样本统计量估计总体参数的方法,总体参数 θ 在估计前是未知的。而在假设检验中,则是对参数 θ 的值提出一个假设,然后利用样本信息去检验这个假设是否成立。因此,本章讨论的是如何利用样本信息,对假设成立与否作出判断的方法。

第一节 假设检验的基本问题

一、假设检验的基本概念

假设检验是统计推断中的一项重要内容。在日常生活和社会实践中,我们对所研究的问题通常会有一定的观念、想法,并想通过调查分析对其进行验证。这些观念、想法可称为假设,对其验证的过程称为假设检验。例如在市场调查中有如下的假设:①某商店的消费群体中有20%是大学生;②在外观设计上,甲厂家产品比乙厂家产品更为消费者所喜爱;③不同职业的消费者的消费方式有显著差别。这些假设是否正确,需要通过假设检验的方法来验证,为我们研究认识市场形势,采取应对策略,提供必要的信息。

假设检验是通过抽取样本,利用样本统计量来检验对总体参数作出的假设成立与否的统计方法。这个样本统计量称为检验统计量。本章的内容不妨从下面的例子谈起。

例 8-1 身体质量指数(BMI)是国际上常用的衡量人体肥胖程度和健康与否的重要标准。肥胖程度的判断不能采用体重的绝对值,它与身高有关。因此,BMI通过人体体重和身高两个数值获得相对客观的参数,并用这个参数所处范围衡量身体质量:

$$BMI = 体重 / 身高的平方(单位:kg/m^2)$$

某高校欲了解大一新生的身体素质,选择用BMI作为其中一项调查指标。根据统计资料,该年龄段人群的标准BMI为21.0。从全体大一新生BMI中随机地抽取100位,算得BMI均值为21.4,能否认为该校全体大一新生的BMI均值等于21.0呢?

解: 从抽样结果看,随机抽取的100位大一新生的BMI均值为21.4,比标准BMI高0.4,这个差异可能源于不同的情况。一种情况是,全体大一新生BMI均值与预想的21.0没什么差别,差异是由抽样的随机性造成的;另一种情况是,抽样的随机性不可能造成0.4这样大的差异,全体大一新生的BMI均值与21.0有显著差异。

上述问题的关键点是,0.4的差异说明了什么?这个差异能不能用抽样的随机性来解释?为了回答这个问题,我们可以采取假设的方法。假设全体大一新生的BMI均值与21.0没有显著差异,如果用 μ_0 表示标准BMI,μ 表示大一新生的BMI均值,我们的假设可以表示为 $\mu = \mu_0$ 或 $\mu - \mu_0 = 0$,现在要利用100位大一新生的样本信息检验上述假设是否成立。如果成立,说明全体大一新生BMI均值与预想的21.0没有显著差别;如果不成立,说明全体大一新生的BMI均值与21.0有显著差异。在这里,问题是以假设的形式提出的,问题的解决方案是检验提出的假设是否成立。所以假设检验的实质是检验我们关心的总体参数——全体大一新生的BMI均值是否等于我们预想的数值。

在现实生活中,我们所研究的总体参数往往是未知的,在这种情况下,我们常常根据历史的有关资料、以往工作积累的经验或一些客观事实,对总体参数进行假设,即假定总体参数符合一定条件。为了验证这些假设是否成立,统计工作者根据抽样调查的原理,从总体中抽取样本,计算检验统计量,通过比较检验统计量和假设的总体参数,确定是否有充分的证据支持假设。显然,如果检验统计量的值接近对参数所作出的假设,说明原假设为真,或者说不拒绝原假设;反之,被接受的可能性就小。当这种可能性太小,以致我们不能接受时,我们说原假设为假,从而拒绝原假设。

假设检验的基本思想是利用小概率事件原理,即小概率事件在一次试验中不会发生。事件发生的概率小,说明事件出现的可能性小,那么这样的事件在一次或少量观察中,往往是不会出现的,因此小概率事件一旦发生,就有理由怀疑原假设的真实性。但概率取值多少时,才能称得上是小概率呢?对此,无法断然给出一个标准,它应根据检验问题的具体情况来定,所以在进行统计假设检验的时候,人们视问题的要求规定一个小概率的参考值 $\alpha(0 < \alpha < 1)$,然后把事件发生的概率 p 与 α 进行比较,如果 $p \leq \alpha$,可以认为该事件发生的概率很小,在一次试验或观察中几乎是不可能出现的。α 也称为显著性水平。

二、原假设和备择假设

在一些应用中,如何建立原假设和备择假设并不是显而易见的。必须谨慎构造适当的假设,从而使得假设检验的结论能够提供研究者或决策者所需要的信息。在假设检验的过程中,建立原假设和备择假设的规则通常分三种情况。

1. 检验研究中的假设

假设检验在交通控制领域有着广泛的应用。例如,考虑某种汽车型号,目前的汽油平均效率为每加仑 32 英里。某个产品研究小组专门设计了一种新型汽化器来提高每加仑汽油的效率,并安装在汽车上进行检验。产品研究小组试图寻找证据证明该种汽化器可以提高每加仑汽油的效率。在这种情形下,研究中的假设是该新型汽化器的平均效率超过了每加仑 32 英里,即 $u>32$。作为一个普遍使用的原则,将研究中的假设作为备择假设。因此,在这一研究中原假设和备择假设为

$$H_0: u \leqslant 32, \quad H_1: u > 32$$

如果样本结果表明不能拒绝 H_0,则研究者不能得出该新型汽化器更优的结论,也许应该进行更深入的研究和检验。然而,如果样本结果表明可以拒绝 H_0,则研究者可以推断 $H_1: u>32$ 成立。这个结果表明:研究者认为该种新型汽化器提高了每加仑汽油的平均效率的观点得到了统计数据的支持。该种新型汽化器产品可以投入生产。

在这些研究中,拒绝 H_0 将得出支持研究的结论并采取行动。于是,在建立原假设和备择假设时,研究中所用的假设将被表达为备择假设。

2. 检验某项声明的有效性

某汽车润滑剂制造商声明,2 升容量的润滑剂产品中内容物的平均含量至少为 50 盎司。我们以此例来说明在检验一项声明的有效性时如何确定假设。随机抽取一些 2 升容量的产品为样本,通过测量其内容物的含量来检验该制造商的声明是否有效。在这种类型的假设检验中,除非样本能够提供其他证据,我们通常假设制造商的声明是真的。在润滑剂的例子中采用此种方法,建立原假设和备择假设为

$$H_0: \mu \geqslant 50, \quad H_1: \mu < 50$$

如果样本结果表明不能拒绝 H_0,则不能对制造商的说明提出异议;如果样本结果表明可以拒绝 H_0,则可以推断 $H_1: \mu<50$ 成立,即统计证据表明,制造商的声明不正确,该种润滑剂的内容物平均含量少于 50 盎司。应考虑对该制造商采取适当的措施。

在涉及对某项声明的有效性进行检验时,原假设通常是假定该声明为真。当拒绝 H_0 时,应考虑采取措施纠正该项声明。

3. 决策中的假设检验

在检验研究中的假设或某项声明的有效性时,如果拒绝 H_0,则必须采取措施。然而,对于决策中的假设检验,不论是否拒绝 H_0,均应采取相应的措施。例如,消费者协会接到消费者投诉,某品牌饮料标明的容量为 500 毫升,然而实际容量不足,有欺骗消费者之嫌。于是,消费者协会从市场上随机抽取 100 盒该品牌饮料,测试发现其平均含量为 498 毫升,小于 500 毫升。这是生产中正常的波动,还是厂商的有意行为?消费者协会能否根据该样本数据,判定饮料厂商欺骗了消费者呢?在这种情况下,建立如下原假设和备择假设:

$$H_0: u = 500, \quad H_1: u \neq 500$$

如果样本结果表明不能拒绝 H_0,毫无疑问,消费者协会将认为该批产品达到了规格要

求,应该接受该品牌饮料。然而,如果样本结果表明应该拒绝 H_0,则认为该批产品不符合规格要求。这种情况下,消费者协会有足够的证据判定厂商欺骗了消费者。因此,无论是否拒绝 H_0,都必须采取措施。

三、假设检验的基本流程

下面以例 8-1 为例,介绍假设检验的基本流程。

(一)提出原假设 H_0 和备择假设 H_1

假设检验的第一步是提出原假设 H_0 和备择假设 H_1。简单地说,统计上的假设就是关于总体参数的某个主张或说明,它可以通过随机抽取样本来进行检验。其中,原假设 H_0 通常是对现状的描述,即没有差异或没有效应。如果没有拒绝原假设,说明现状未发生变化。备择假设则是出现了差异或产生了效应。如果拒绝原假设,则原有的看法就要改变。因此,原假设和备择假设是对立的。例 8-1 中关于某高校大一新生 BMI 的研究中,μ 表示未知的总体均值,$\mu_0 = 21.0$ 表示标准 BMI 值,原假设和备择假设分别为

$$H_0: \mu = \mu_0, \quad H_1: \mu \neq \mu_0 \tag{8-1}$$

通常原假设 H_0 是待检验的假设。原假设 H_0 可以被拒绝,但在一次检验中却不能被认定是可以接受的。一般来说,统计检验有两种结果:一种是原假设 H_0 被拒绝,接受备择假设 H_1;另一种是原假设 H_0 未被拒绝。仅根据一次检验中原假设 H_0 未被拒绝,就判断可以接受原假设 H_0,这是不正确的。因为在经典假设检验中,没有有效的方法来判定原假设 H_0 是否正确。

(二)选择适当的检验统计量

对原假设进行检验,需要选择适当的检验统计量。研究者应考虑采用哪一种检验统计量,该统计量的抽样分布是怎样的。在选择检验统计量时,应视具体的样本容量和方差、总体分布等情况而定。检验统计量一般服从常见的抽样分布,如标准正态分布、t 分布、χ^2 分布、F 分布等。例 8-1 中,如果根据以往经验,该校大一新生 BMI 的标准差 $\sigma = 2.0$,在大样本情形下 ($n \geq 30$),检验统计量可选用 z 统计量,它服从标准正态分布。检验统计量用式(8-2)表示:

$$z = \frac{\bar{x} - \mu_0}{\sigma / \sqrt{n}} \sim N(0, 1) \tag{8-2}$$

检验统计量 z 描述了样本均值 $\bar{x}$ 与 μ_0 的差异性,可以由此推测总体均值 μ 与 μ_0 是否存在显著差异。

(三)确定显著性水平 α

假设检验是利用小概率事件原理,小概率的参考值 α 称为显著性水平。α 提前指定,通常选择 0.1、0.05 或 0.01。

(四)根据样本数据资料计算检验统计量

根据样本数据资料和式(8-2),可以计算检验统计量的具体值。例 8-1 中,总体标准差 $\sigma = 2.0$ 已知,$\bar{x} = 21.4$,$n = 100$,检验统计量 z 为

$$z = \frac{\bar{x} - \mu_0}{\sigma/\sqrt{n}} = \frac{21.4 - 21.0}{2/10} = 2.0$$

（五）与临界值比较（或进行概率值比较），进行决策，得出结论

如果检验统计量 z 值过大或过小，显著地偏离于 0，均说明样本均值 $\bar{x}$ 与 μ_0 存在显著差距，由此推测总体均值 μ 偏离于 μ_0，此时考虑拒绝原假设。如果 z 值与 0 较近，说明样本均值 $\bar{x}$ 与 μ_0 的差距不够显著，由此推测总体均值 μ 可能等于 μ_0，此时不拒绝原假设。那么，$\bar{x}$ 与 μ_0 相差多少可认为存在显著差距呢？

根据标准正态分布性质，当 $-z_{\alpha/2} < \frac{\bar{x} - \mu_0}{\sigma/\sqrt{n}} < z_{\alpha/2}$ 时，认为 $\bar{x}$ 与 μ_0 的差距不够显著，而 $\left|\frac{\bar{x} - \mu_0}{\sigma/\sqrt{n}}\right| \geq z_{\alpha/2}$ 则表明差距显著。因此，$-z_{\alpha/2}$ 和 $z_{\alpha/2}$ 是两个临界值，在此范围之间的区域称为接受域，而大于 $z_{\alpha/2}$ 或小于 $-z_{\alpha/2}$ 的区域称为拒绝域。对于拒绝域在两侧的检验，称为双侧检验。在显著性水平 $\alpha = 0.05$ 时，$z_{\alpha/2} = 1.96$。我们的检验统计量 $z = 2.0 > z_{\alpha/2}$，落在拒绝域内，因而得出拒绝原假设 H_0 的结论，即接受 H_1，该校大一新生的 BMI 均值与 21.0 存在显著差距。

扩展阅读 8-1　p 值之争

除此之外，也可以进行概率值比较，从而进行决策。由于是双侧检验，在计算出检验统计量 $z = 2.0$ 后，我们可以根据正态分布表计算出 $|z| > 2.0$ 的概率，此概率值称为 p 值，然后将 p 值与显著性水平 α 相比较。根据标准正态分布的性质，概率 p 值 $P(|z| > 2.0) = 2[1 - P(z \leq 2.0)] = 2 \times (1 - 0.977\,2) = 0.045\,6$，小于原定的显著性水平 $\alpha = 0.05$，因而拒绝原假设 H_0，即接受 H_1，这与前面的分析是一致的。

由以上例子，可归纳出进行判定的规则：如果计算出的检验统计量落入拒绝域，或者检验统计量对应的概率 p 值小于显著性水平 α，拒绝 H_0；如果计算出的检验统计量落入接受域，或者检验统计量对应的概率 p 值大于显著性水平 α，则不拒绝 H_0。

四、假设检验中的两类错误

所有假设检验，都是通过对样本数据的分析进行的。由于存在着抽样误差的风险，所以就会产生两种类型的错误。

(1) 将本来是正确的原假设误判为假，即"认真为假"，这叫作"第一类型错误"，其概率用希腊字母 α 表示，常用水平为 0.1、0.05 和 0.01，按照我们所要求的精确度而事先规定。α 是用来说明检验结果和拟定假设是否有显著差距的界限，超过这个差距就表示差距过大，应该拒绝原假设，接受备择假设，因而称为显著性水平。例 8-1 中，如果规定显著性水平为 0.05，则表示如果抽样推断的 BMI 均值与 21.0 有差距，而且出现或超过此差距的对应概率低于 5%，即有显著性差距，那就要否定原假设。但也有可能该校大一新生 BMI 的总体均值是符合原假设的，只是在抽样时偶然出现这样大的差距，那么否定 H_0 就是犯了第一类型错误。确定显著水平为 0.05，则说明我们犯第一类型错误的概率不超

过 5%。

从 α 的含义可以看出,$1-\alpha$ 就是在原假设为真的条件下而被接受的概率,而这是正确的判断。在每次进行假设检验时,必须首先规定显著性水平,与区间估计时必须首先规定置信水平的道理一致。不规定显著性水平,假设检验就缺乏作出结论的标准。

(2) 接受本来是错误的原假设,将备择假设成立误判为原假设成立。即"认假为真",这称为"第二类型错误",其概率用希腊字母 β 表示。在上例中,如果原假设本来就是错误的,但按抽样结果,却认为是正确的,这就是犯了第二类型错误。反过来说,$1-\beta$ 表示原假设为假的条件下而被拒绝的概率,这也是正确的判断。

在以上两类错误中,统计人员经过大量研究后,认为第一类型错误相对重要,而第二类型错误相对次要。其主要缘由是:在现实工作中,原假设通常是简单假设,而备择假设常常是复合假设,原假设通常是明确的,而备择假设通常是模糊的。如前面例子中,BMI 的总体均值 $\mu=21.0$,这个原假设是十分明确的,但备择假设是模糊的,μ 不等于 21.0,是比 21.0 大,还是比 21.0 小,以及到底大或小多少,这对我们来说是不清楚的。所以,若错误地将原假设成立误判为备择假设成立,而备择假设又是不清楚的,这种错误的风险是很大的,因而第一类型错误是重要的。

由于以上两类错误的性质不同,我们通常将严重的错误放在第一类型错误上。这样可以通过尽量减小和控制第一类型的错误,降低我们决策的风险。显著性水平一旦确定,检验的临界值就确定了。

上面已说明了在假设检验中,存在着两种由抽样误差导致的错误类型。第一类型错误是拒绝正确的原假设,其概率为 α。这是在进行检验前根据检验的目的和需要而规定的。第二类型错误是接受错误的原假设,它的概率是 β,是可以通过计算求得的。对于确定的样本来说,这两类错误呈现负向关系,显著性水平 α 值增大,第二类型错误 β 值就会减小;反之亦然。表 8-1 给出了假设检验的统计决策表。

表 8-1 统计决策表

H_0 的真假	没有拒绝 H_0	拒绝 H_0
H_0 为真	$1-\alpha$(正确决策)	α(弃真错误)
H_0 为假	β(取伪错误)	$1-\beta$(正确决策)

例如,按照某国法律,在证明被告有罪之前先假定他是无罪的。也就是原假设 H_0:被告无罪,备择假设 H_1:被告有罪。陪审团可能犯的第一类型错误是:被告无罪但判他有罪;第二类型错误是:被告有罪但判他无罪。犯第一类型错误的性质是"冤枉好人",犯第二类型错误的性质是"放过坏人"。为了减小"冤枉好人"的概率,应尽可能认为原假设成立,判被告无罪,这就有可能增大了"放过坏人"的概率;反过来,为了不"放过坏人",陪审团增大拒绝原假设的概率,相应地就又增加了"冤枉好人"的可能性,这就是 α 与 β 的关系。当然,这只是在"一定的证据下"的两难选择。如果进一步收集有关的证据,在充分的证据下,就有可能做到既不冤枉好人,又不放过坏人。在现有证据不充分的条件下,陪审团控制两类错误概率的实践是:按案件的性质决定首先要控制哪一类错误的概率,如果案件将来对社会危害大,就要控制犯第二类型错误的概率,免得放过的坏人继续危害社

会;如果案件对社会没有什么大的危害,放过坏人也就罢了,免得冤枉了好人,影响当事人"一生的前程"。

检验力定义为当原假设为假时将其正确舍弃的概率,其值为 $1-\beta$。它越大,表明检验功效越好。一般说来,α 应尽量降低,$1-\beta$ 值应尽量提高,因为只有如此,才能提高假设检验的功效。影响检验力的因素很多,如样本容量大小、显著性水平大小、原假设和备择假设的方向性、实验技术和测定工具的可靠性等。这里我们重点说明样本容量、显著性水平对检验力的影响。

(1) 样本容量与检验力的关系。检验力与样本容量大小是正向关系,样本容量越大,检验力就越强;相反,样本容量越小,检验力就越弱。在经费条件允许的情况下,应尽量扩大样本容量,以增强检验的功效。当然,样本容量的增大,在减少第一类型错误和第二类型错误的同时,也会导致调查费用和成本的上升,在经济上是否值得,需要认真考虑。

(2) 显著性水平与检验力的关系。一般显著性水平 α 增大,第二类型错误 β 值就会减小,检验力$(1-\beta)$就会增强。我们知道,第一类型错误 α 是我们主要避免的错误,应首先考虑减少第一类型错误的发生概率。第一类型错误 α 取较小的值,意味着临界值的位置将尽量向两侧移动,其结果是使 β 值逐渐增大,直至接近于1,同时检验力$(1-\beta)$逐渐减小,直至趋于零。这样,失去了统计假设检验的功效。同样,为增强检验功效,应减小 β 值,但势必会导致 α 增大。这样在 α 和 β 之间有一个取舍的问题。既要减小第一类型错误 α,又要增强检验功效,减小第二类型错误 β,只有增大样本容量才能解决。对于给定的样本容量,那么同时兼顾这两种风险,就不可能了。此时,应首先考虑控制第一类型错误 α,减小其风险。

五、双侧检验与单侧检验

假设检验有双侧检验和单侧检验两种类型。

(一) 双侧检验

双侧检验的目的是看在规定的显著性水平下,所抽取的样本是否取自原假设所确定的参数的总体。如果样本统计量与假设参数的差距(无论是正方向的还是负方向的)显著地超出规定水平,就说明参数等于某确定数值的原假设不能成立。差距不分正负就是把 α 风险平均分摊在抽样分布曲线的左侧和右侧,拒绝域在双侧,所以叫作双侧检验,如图8-1所示。例如显著性水平为0.05,即 $\alpha=0.05$,则抽样分布曲线左右两端各占 $\alpha/2$,即0.025。

例 8-2 我国出口的某种汽车零件,标准规格是每件净重250克。根据以往经验,标准差是3克。现在某工厂生产了一批这种汽车零件,从中抽取100件检验,其平均净重是251克。按规定显著性水平 $\alpha=0.05$,问该批零件是否合乎出口标准(即净重确为250克)?

解:在解答这个问题之前,我们首先要了解本问题的经济意义。汽车零件之所以要规定一定的净重是为了保障买卖双方的合理经济利益。如规定净重为250克,当净重远远超出250克时,生产成本增加,卖方吃亏;而净重远远低于250克时,买方如果接受了这批货物就会吃亏,若拒收这批货物,仍是卖方吃亏,所以零件既不能过重,也不能过轻。

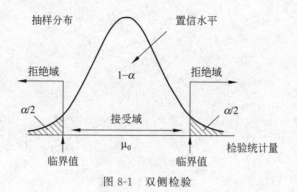

图 8-1 双侧检验

提出原假设：$H_0: \mu = 250$ 克，备择假设：$H_1: \mu \neq 250$ 克。由于样本容量 $n=100$，所以是大样本，根据中心极限定理，样本均值近似服从正态分布，因此可以构造 z 统计量。$\alpha = 0.05$，查标准正态分布表得到 $z_{\alpha/2} = 1.96$，所以把 $z_{\alpha/2} = 1.96$ 和 $-z_{\alpha/2} = -1.96$ 作为临界值。在临界值及以内是接受域，而临界值以外是拒绝域。

本例中，$\bar{x} = 251$ 克，$\sigma = 3$ 克，则

$$z = \frac{\bar{x} - \mu}{\sigma/\sqrt{n}} = \frac{251 - 250}{3/\sqrt{100}} \approx 3.33$$

由于检验统计量 z 值为 3.33，远大于临界值 1.96。我们认为这种差别不属于抽样误差，因此拒绝原假设 H_0，也就是认为零件的净重偏高。同样，如果 $\bar{x} = 249$ 克，则 $z = -3.33$，小于临界值 -1.96，也拒绝原假设，认为零件的净重偏低。双侧检验需要同时注意样本估计值偏高或偏低的倾向。

（二）单侧检验

单侧检验只关心估计值是否偏高（或偏低），是单向的。例如铁路轨道对外出口按规定平均重量不得低于 75 kg/m。如果为保证出口符合要求，对一批铁路轨道抽查重量，原假设就应为 $\mu \leqslant 75$ kg/m，即样本平均重量要超过临界值才拒绝原假设，方可允许出口。由于临界值和拒绝域是在概率分布的右侧，所以为右单侧检验，如图 8-2 所示。但是如果公司一向重视规格要求，所开具出口铁路轨道的重量证明可靠，不宜轻易否定，则抽查时就可以原假设为 $\mu \geqslant 75$ kg/m，即只有显著低于 75 kg/m（样本平均重量低于临界值）时才能拒绝。这样就是左单侧检验，如图 8-3 所示。

下面举两个质量控制的例子来说明单侧检验的性质。

例 8-3 某汽车加工公司要进口一批金属器件，要求平均拉力强度至少为 2 800 kg/cm²。该公司从进口的货物中，取 100 只金属器件为样本进行检验。由于接受一批不合格产品蒙受损失的风险较大，所以原假设应是：这批金属器件的平均拉力强度不超过 2 800 kg/cm²，即 $H_0: \mu \leqslant 2\,800$ kg/cm²；备择假设是：这批金属器件的平均拉力强度大于 2 800 kg/cm²，即 $H_1: \mu > 2\,800$ kg/cm²。

本例所要检验的是：样本所取自的总体，其参数是否大于某一个特定数值，因而应当采用右单侧检验。如果根据样本资料所计算的平均数高于临界值（大小取决于显著性水平），则拒绝原假设，从而接受这批金属器件。如果样本平均数小于临界值，原假设成立，

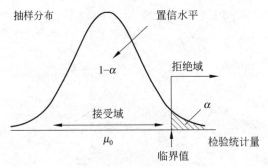

图 8-2　右单侧检验

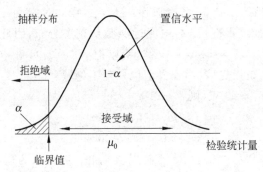

图 8-3　左单侧检验

拒绝接受这批金属器件。

原假设是关于参数的一种陈述，例 8-2 中 $H_0: \mu = 250$ 克；例 8-3 中 $H_0: \mu \leqslant 2\,800$ kg/cm^2。这两个原假设中都有等号。应当注意原假设应包括等号在内。原假设能断言总体参数最少（或最多）等于某特定数值，我们才有确定临界值的基础，才能决定当检验统计量是什么数值时，在规定的显著性水平下可以拒绝或接受原假设。

例 8-4　轮胎负荷指数是指轮胎在标准规定的使用条件下，按速度符号标明的速度行驶所能承受最大负荷的数字代号。汽车的行驶安全需要达标的轮胎负荷能力保障。某汽车生产商欲购进一批轮胎，最后锁定市场上的某轮胎生产厂家，按照合同要求，轮胎的负荷指数不能低于 100，已知轮胎负荷指数服从正态分布，标准差为 15。从轮胎生产厂家生产的该批轮胎中随机抽取了 50 个轮胎，得知负荷指数的样本均值为 95，那么是否同意购进该批轮胎呢？

解：这是一个单侧检验问题。显然，如果轮胎的负荷指数超过了 100，汽车生产商是欢迎的，因为他用已定的价格购进了更高质量的产品，他会购进这批轮胎。问题在于样本均值为 95 时，他是否应当购进。因为即便总体均值为 100，由于抽样的随机性，样本均值略小于 100 的情况也是会经常出现的。在这种场合下，汽车生产商更为关注可以容忍的下限，即当轮胎负荷指数低于什么水平时拒绝购进该批轮胎。于是检验的形式为

$$H_0: \mu \geqslant 100$$
$$H_1: \mu < 100$$

临界值和拒绝域在左侧,所以,需要进行左单侧检验。

不论是左单侧检验或右单侧检验,查表的方法都是一样的,只有方向不同。在这里只提大样本的检验,所以只考虑 z 分布。当显著性水平 $\alpha=0.05$ 时,由标准正态分布表可查得,$z_\alpha=1.645$。左单侧检验时,取临界值 $-z_\alpha=-1.645$;右单侧检验时,取临界值 $z_\alpha=1.645$。本例中,$\bar{x}=95, \sigma=15$,则 $z=(\bar{x}-\mu)/(\sigma/\sqrt{n})=(95-100)/(15/\sqrt{50})\approx-2.36$。样本统计量的值小于临界值 $-z_\alpha$,所以拒绝原假设,不应购进该批轮胎。

第二节 一个总体参数的假设检验

根据检验的不同内容和检验的不同条件,需要采用不同的检验统计量,在一个总体参数的检验中,用到的检验统计量主要有三个:z 统计量、t 统计量和 χ^2 统计量。z 统计量和 t 统计量通常用于总体均值和总体比例的检验,χ^2 统计量则用于总体方差的检验。

一、总体均值的假设检验

前面章节中已概括说明了假设检验的两种类型。下面将着重说明假设检验的不同情况的具体应用。对总体均值的假设检验,需要根据总体是否符合正态分布、总体标准差是否已知,以及样本容量的大小来确定检验统计量。

1. 样本容量 n

样本容量大小是选择检验统计量的一个要素。由抽样分布理论可知,在大样本的条件下,如果总体为正态分布,样本均值服从正态分布;如果总体为非正态分布,样本均值渐近服从正态分布。所以在大样本情况下,不管总体是否服从正态分布,我们都可以把样本均值视为正态分布,这时使用 z 统计量。在总体标准差 σ 已知时,z 统计量的计算公式为

$$z = \frac{\bar{x}-\mu}{\sigma/\sqrt{n}} \sim N(0,1) \tag{8-3}$$

实践中当总体标准差 σ 未知时,可以用样本标准差 s 代替,则

$$z = \frac{\bar{x}-\mu}{s/\sqrt{n}} \sim N(0,1) \tag{8-4}$$

样本量较小时,情况有些复杂。在假设总体为正态分布的情况下,要看我们是否掌握了总体标准差 σ 的信息。

2. 总体标准差 σ 是否已知

在小样本情况下,如果总体标准差已知,样本均值将服从正态分布,这时可以采用 z 统计量。如果总体标准差未知,进行检验所依赖的信息有所减少,这时只能使用样本标准差,样本统计量服从 t 分布,应采用 t 统计量。与正态分布相比,t 分布更为扁平,在相

同概率条件下，t 分布的临界点向两边更为扩展，临界点与中心距离更远，这意味着推断的精度下降，这是总体信息 σ 未知所需要付出的代价。

t 统计量的计算公式为

$$t = \frac{\bar{x} - u}{s/\sqrt{n}} \sim t(n-1) \tag{8-5}$$

t 统计量的自由度为 $n-1$。

由上述讨论看出，样本容量大小是选择检验统计量的一个很重要的因素，在大样本情况下一般可以使用 z 统计量。但样本容量 n 为多大才算大样本，不同的人可能给出不同的答案，同时也与被检验的对象有关。仅就分布本身而言，当 n 较小时，t 分布与 z 分布的差异明显，但随着 n 的扩大，t 分布向 z 分布逼近，它们之间的差异逐渐缩小，t 分布以 z 分布为极限。当样本容量 $n>30$ 时，t 分布和 z 分布已经非常接近了，具备了用 z 分布取代 t 分布的理由。所以可以说，当 $n<30$ 时，如果 σ 未知，必须使用 t 统计量；在 $n>30$ 的条件下，选择 t 分布还是 z 分布可以根据使用者的偏爱。

下面分别举例说明总体均值假设检验的三种情形：①大样本；②小样本、σ 已知、正态总体；③小样本、σ 未知、正态总体。

例 8-5 根据经验可知，某厨具生产厂商制造的某种容器直径服从正态分布，总体均值为 28cm。现机器更新后生产同一种容器，并随机抽取 150 个进行检验，测量得出容器直径的样本均值为 27.4cm，样本标准差为 6cm，试通过假设检验判断新机器加工的容器总体直径均值与之前有无差异，显著性水平 $\alpha = 0.05$。

解：我们所关心的是新机器加工的容器总体直径均值与之前有无差异，于是可以假设：

$$H_0: \mu = 28 \text{ cm}$$
$$H_1: \mu \neq 28 \text{ cm}$$

这是一个双侧检验问题，所以只要 $\mu > \mu_0$ 或 $\mu < \mu_0$ 二者之中有一个成立，就可以拒绝原假设。由题意可知，$\mu_0 = 28\text{cm}, s = 6\text{cm}, \bar{x} = 27.4\text{cm}$。因为 $n>30$，故选用 z 统计量：

$$z = \frac{\bar{x} - \mu_0}{s/\sqrt{n}} = \frac{27.4 - 28}{6/\sqrt{150}} \approx -1.22$$

$\alpha = 0.05$，查表可以得出临界值：$z_{\alpha/2} = 1.96$。z 的下标 $\alpha/2$ 表示双侧检验。因为 $|z| < z_{\alpha/2}$，根据决策准则，不能拒绝 H_0，新机器加工的容器总体直径均值与之前没有显著差别。

用 Excel 中的统计函数功能计算 p 值的操作步骤如下。

第 1 步：进入 Excel 表格界面，选择【插入】下拉菜单。

第 2 步：选择【函数】。

第 3 步：在函数分类中选"统计"，随后，在函数名的菜单中选择字符"NORMSDIST"，然后单击【确定】。

第4步：输入 z 的绝对值(本例为1.22)，得到的函数值为 0.888 768，这意味着在标准正态分布条件下，z 值 1.22 左边的面积为 0.888 768，如图 8-4 所示。

$z=1.22$ 右边和 $z=-1.22$ 左边的面积是一样的。在我们的例子中是双侧检验，故最后的 p 值为

$$p=2\times(1-0.888\ 768)=0.222\ 464$$

p 值大于 α，故不拒绝 H_0，得到与前面相同的结论。

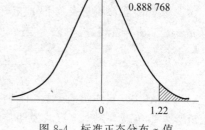

图 8-4　标准正态分布 z 值

例 8-6　随着工作节奏的加快，罐装咖啡因购买便利性和易储存性成为人们提高工作效率的选择之一。某品牌罐装咖啡的规定标准净含量为净含量，标准差为 19 毫升，并假设服从正态分布。从该品牌的某批次罐装咖啡中随机抽取了 25 罐，检测得到其平均实际可用容量为 241 毫升，能否证明该批罐装咖啡质量显著高于规定标准呢($\alpha=0.05$)？

解：首先需要规定检验的方向。要证明该批咖啡净含量超过规定标准净含量，因而是单侧检验。从逻辑上看，如果样本均值低于 237 毫升，显然无法证明该批罐装咖啡质量高于规定标准，即使略高于 237 毫升，我们也会难以判断是否由抽样的随机性导致。只有当样本均值远高于 237 毫升，以至于用抽样的随机性也难以解释时，我们才能认可该批咖啡净含量确实超过规定标准。所以用右单侧检验更为适宜。

由题意可知，$\mu_0=237$，$\bar{x}=241$，$\sigma=19$，$n=25$，$\alpha=0.05$。虽然 $n<30$，但由于总体服从正态分布且 σ 已知，可以使用 z 统计量。进行检验的过程为

$$H_0:\mu\leqslant 237$$
$$H_1:\mu>237$$
$$z=\frac{\bar{x}-\mu_0}{\sigma/\sqrt{n}}=\frac{241-237}{19/\sqrt{25}}=1.052\ 6$$

因为这是右单侧检验，由图 8-2 可知拒绝域在右侧，查表得知临界值 $z_\alpha=1.645$。由于 $z=1.052\ 6$ 未落入拒绝域，所以不能拒绝 H_0，无法证明该批罐装咖啡净含量显著地高于规定标准。

若用 p 值检测，方法与前相同，在 z 值框内输入 1.052 6，得到函数值为 0.853 738，由于是单侧检验，故 p 值为

$$p=1-0.853\ 738=0.146\ 262$$

由于 $p>\alpha$，故不能拒绝 H_0，无法证明该批罐装咖啡净含量显著高于规定标准。

例 8-7　某保温杯生产厂家近期生产一批内胆直径标准为 6.5 厘米的保温杯，且内胆直径服从正态分布。为检验该厂家制造出的保温杯规格是否合格，随机抽取 15 个保温杯，测得其平均直径为 6.85 厘米，标准差为 0.5 厘米，试检验该批保温杯是否合格($\alpha=0.05$)。

解：保温杯内胆直径只能在标准规格附近，过大或过小都不符合产品质量标准，所以是双侧检验问题。于是可以假设

$$H_0: \mu = 6.5 \text{ 厘米}$$
$$H_1: \mu \neq 6.5 \text{ 厘米}$$

由于总体服从正态分布但 σ 未知,且样本量 n 较小,所以应采用 t 统计量。已知条件为 $\mu_0 = 6.5, \bar{x} = 6.85, s = 0.5, \alpha = 0.05$,故

$$t = \frac{\bar{x} - \mu_0}{s/\sqrt{n}} = \frac{6.85 - 6.5}{0.5/\sqrt{15}} = 2.711\ 1$$

当 $\alpha = 0.05$,自由度 $n-1 = 14$ 时,查 t 分布表 $t_{\alpha/2}(14) = 2.145$。因为 $t > t_{\alpha/2}$,样本统计量落入拒绝域,故拒绝 H_0,说明该批保温杯没有达到标准。

用 Excel 中的统计函数功能计算 p 值的操作步骤如下。

第 1 步:进入 Excel 表格界面,选择【插入】下拉菜单。

第 2 步:选择【函数】。

第 3 步:在函数分类中选"统计",至此为止,与 z 统计量检验中的 p 值计算步骤完全相同。随后,在函数名的菜单中选择字符"TDIST",然后单击【确定】按钮。

第 4 步:在弹出的 X 栏中,输入计算出的 t 值(本例为 2.711 1)。

在自由度(Deg_freedom)栏中,输入本例中的自由度 14。

在 Tails 栏中,输入 2,表明是双侧检验,如果是单侧检验,则在该栏内输入 1。

Excel 计算的 p 值的结果为 0.016 885。

二、总体比例的假设检验

比例值总是在 0~1 或 0~100% 之间,在实际问题中,常常需要检验总体比例是否为某个假设值 π_0。例如,产品合格率、种子发芽率等。如果一个事件只可能有两种结果,我们将其称为二项分布,可以证明,在大样本的情况下,若 $np > 5, n(1-p) > 5$,则可以把二项分布问题变换为正态分布问题近似地去求解。

扩展阅读 8-2 20% 的人掌握 80% 的财富比例吗?

这就是说,在总体比例的检验中,通常采用 z 统计量。一般而言,在有关比例问题的调查中往往使用大样本量,而小样本量的结果是极不稳定的。例如,随机抽取 10 个产品,如果有 6 个合格,合格率为 60%;如果有 7 个合格,合格率则为 70%,样本中一个产品的合格情况导致调查结果相差 10%,这种不稳定性是我们不愿意看到的。

在比例问题的检验中,z 统计量的计算公式为

$$z = \frac{p - \pi_0}{\sqrt{\dfrac{\pi_0(1-\pi_0)}{n}}} \tag{8-6}$$

例 8-8 我国出口的某款汽车畅销于某国际市场。据以往调查经验,购买此款车的客户中 40 岁以上的男子占比为 50%。经营该车的进口公司关心这个百分比是否发生了变化,委托国外某咨询机构随机抽选了 400 名顾客进行调查,结果 40 岁以上的男子有 210 名。可否根据调查结果认为原比例发生改变($\alpha = 0.05$)?

解 本例是一个双侧检验,原假设和备择假设可以表述如下:

$$H_0: \pi = 0.50, \quad H_1: \pi \neq 0.50$$

因为是大样本，所以可以用正态曲线作为样本比例（p 是 π 的点估计值）的近似分布。根据样本数据计算的结果如下：

$$z = \frac{p - \pi_0}{\sqrt{\frac{\pi_0(1-\pi_0)}{n}}} = \frac{210/400 - 0.5}{\sqrt{\frac{0.5(1-0.5)}{400}}} = 1.0$$

$\alpha = 0.05$，查标准正态分布表可以得出临界值：$z_{\alpha/2} = 1.96$。因为 $|z| < z_{\alpha/2}$，根据决策准则，不能拒绝 H_0，即认为总体比例没有改变。

三、总体方差的假设检验

在假设检验中，有时不仅需要检验正态总体的均值、比例，而且需要检验正态总体的方差。例如，在汽车产品的质量检验中，质量标准是通过不同类型的指标反映的，有些属于均值类型，如尺寸、重量、抗拉强度等；有些属于比例类型，如合格率、废品率等。而方差反映着产品的稳定性。方差大说明产品的性能不稳定、波动大。凡与均值有关的指标，通常也与方差有关，方差从另一方面说明了研究现象的状况。

对方差进行检验的程序，与均值检验和比例检验是一样的，它们之间的主要区别是所使用的检验统计量不同，方差检验所使用的是 χ^2 统计量。对一个方差为 σ^2 的正态总体反复抽样，计算每一个样本方差 s^2 的分布大体呈现 χ^2 分布。

由于 $s^2 = \dfrac{\sum(x_i - \bar{x})}{n-1}$，故

$$\sum (x_i - \bar{x})^2 = (n-1)s^2$$

可以证明，$\sum (x_i - \bar{x})^2$ 除以总方差 σ^2 将服从 χ^2 分布，即

$$\chi^2 = \frac{(n-1)s^2}{\sigma^2} \sim \chi^2(n-1) \tag{8-7}$$

假设检验中 χ^2 统计量与 z 统计量和 t 统计量一样，在确定 α 水平下，也有其相应的拒绝域。

若进行双侧检验，拒绝域分布在 χ^2 统计量分布曲线的两边，两个临界点的位置分别为 $\chi^2_{1-\alpha/2}(n-1)$ 和 $\chi^2_{\alpha/2}(n-1)$。若是单侧检验，拒绝域分布在 χ^2 统计量分布曲线的一边。具体是在左边还是右边，需要根据原假设和备择假设的情况而定。

例 8-9 抗拉强度是金属由均匀塑性变形向局部集中塑性变形过渡的临界值，也是金属在静拉伸条件下的最大承载能力。在某工厂金属材料生产线随机抽取样本容量为 10 的一批材料，测得其抗拉强度（单位：MPa）如下：85.4、94.6、98.4、95.8、87.6、87.2、89.1、107.5、91.9、114.2，已知该批材料的抗拉强度总体服从正态分布，试问其方差与 60 之间是否有显著差异（$\alpha = 0.1$）？

解：本例是双侧检验问题。于是可以假设

$$H_0: \sigma^2 = 60$$
$$H_1: \sigma^2 \neq 60$$

由题知 $n=10, \alpha=0.1, s^2=87.6823$,本例为方差检验,因此构建检验统计量：

$$\chi^2 = \frac{(n-1)s^2}{\sigma^2} = \frac{(10-1)\times 87.6823}{60} = 13.1523$$

双侧检验中 χ^2 统计量的拒绝域为

$$\chi^2 \leqslant \chi^2_{1-\frac{\alpha}{2}}(n-1) \quad \text{或} \quad \chi^2 \geqslant \chi^2_{\frac{\alpha}{2}}(n-1)$$

当 $\alpha=0.1$ 时,$\chi^2_{1-\frac{\alpha}{2}}(n-1)=\chi^2_{0.95}(9)=3.325$,$\chi^2_{\frac{\alpha}{2}}(n-1)=\chi^2_{0.05}(9)=16.919$,因此 $\chi^2=13.1523$ 介于两个临界值之间,不能拒绝 H_0,所以在显著性水平 $\alpha=0.1$ 下,认为该批材料抗拉强度的方差与 60 没有显著差异。

第三节 两个总体参数的假设检验

在许多情况下,人们需要比较两个总体的参数,看它们是否有显著的区别。例如,在相同价位的汽车中,德系车和日系车的性能是否有明显差异;同一种教学方法,在不同的年级或不同内容的课程中是否有不同效果;不同性别员工收入水平是否相同;等等。对此可以用两个总体参数检验寻求答案。

两个总体参数检验的主要内容有：两个总体均值之差的检验,两个总体比例之差的检验,两个总体方差之比的检验。与一个总体参数的检验讨论的问题类似,两个总体参数的检验也将涉及检验统计量的选择等问题。选择什么样的检验统计量取决于总体的分布形态、样本容量大小等。

一、两个总体均值之差的假设检验

从两个不同总体中独立地随机抽取两个样本,分别计算其样本均值,这两个样本均值之间通常会出现一定的差距。可以应用假设检验的方法,检验其差距是否显著。例如某汽车公司研发某种新的技术,如果采用新技术的车速和之前的车速(路面状况、汽油、司机、天气状况等都相同)有显著性差异,才能认为新技术优于之前技术。在工业生产中如采用某种新工艺方法所生产的产品在质量、生产成本、节约工时、节省原材料或能源等方面和原有工艺方法所生产的产品有显著性差异,才能认为新工艺方法相对于原有工艺方法有实质的优越性。

两个总体均值之差的检验,按目的不同可以采用双侧检验、左单侧检验或右单侧检验。例如在农业科学试验中为了检验新品种亩产是否显著高于对照品种,或工业生产试验中,为了检验新工艺方法是否比原有工艺方法节省原材料,则用单侧检验。如果不规定检验的方向性,重点只在于检验两个总体均值之间是否存在显著差异,则用双侧检验。

1. σ_1^2、σ_2^2 已知

检验两个总体均值是否相等的假设表达式为

$$H_0: \mu_1 - \mu_2 = 0, \quad H_1: \mu_1 - \mu_2 \neq 0 \tag{8-8}$$

或 $H_0: \mu_1 = \mu_2, H_1: \mu_1 \neq \mu_2$

当两个总体均服从正态分布或虽然两个总体的分布形式未知,但抽取自两个总体的样本容量均较大,且两个总体的方差 σ_1^2、σ_2^2 已知时,可以证明,由两个独立样本算出的

$\bar{x}_1 - \bar{x}_2$ 的抽样分布为正态分布,标准差为

$$\sigma_{\bar{x}_1-\bar{x}_2} = \sqrt{\frac{\sigma_1^2}{n_1} + \frac{\sigma_2^2}{n_2}}$$

此时,作为检验统计量 z 的计算公式为

$$z = \frac{(\bar{x}_1 - \bar{x}_2) - (\mu_1 - \mu_2)}{\sqrt{\frac{\sigma_1^2}{n_1} + \frac{\sigma_2^2}{n_2}}} \sim N(0,1)$$

在 $H_0: \mu_1 = \mu_2$ 成立的条件下,上式化为

$$z = \frac{\bar{x}_1 - \bar{x}_2}{\sqrt{\frac{\sigma_1^2}{n_1} + \frac{\sigma_2^2}{n_2}}} \sim N(0,1) \tag{8-9}$$

即在检验时我们用 z 检验统计量。

例 8-10 欲调查 A、B 两家银行 2019 年储户的年存款余额情况,分别随机抽取容量为 45 和 50 的样本,样本均值分别为 5 380 元和 5 490 元,根据往年经验可知两家银行储户年存款余额的总体方差分别为 3 800 和 4 100,能否认为两家银行储户的平均年存款余额有显著差异($\alpha = 0.05$)?

解:该问题为双侧检验问题,构建的假设为

$$H_0: \mu_1 - \mu_2 = 0$$
$$H_1: \mu_1 - \mu_2 \neq 0$$

已知 $n_1 = 45, n_2 = 50, \bar{x}_1 = 5\,380, \bar{x}_2 = 5\,490, \sigma_1^2 = 3\,800, \sigma_2^2 = 4\,100$,本例中均为大样本,并且总体方差已知,故采用 z 统计量:

$$z = \frac{(\bar{x}_1 - \bar{x}_2) - (\mu_1 - \mu_2)}{\sqrt{\frac{\sigma_1^2}{n_1} + \frac{\sigma_2^2}{n_2}}} = \frac{(5\,380 - 5\,490) - 0}{\sqrt{\frac{3\,800}{45} + \frac{4\,100}{50}}} \approx -8.53$$

由标准正态分布表可知 $z_{0.025} = 1.96$。因为 $|z| > z_{\alpha/2}$,所以拒绝 H_0,两家银行储户平均年存款余额有显著差别。

2. σ_1^2、σ_2^2 未知,且 n 较小

在 σ_1^2、σ_2^2 未知且 n 较小的情况下,进行两个总体均值之差的检验需要使用 t 统计量,这里又分两种情况。

一种情况是虽然两个总体方差未知,但是知道 $\sigma_1^2 = \sigma_2^2$。这个条件成立,往往是从大量的经验中得到的,或者事先进行了关于两个方差相等的检验,并得到肯定的结论。这时,$\sigma_{\bar{x}_1-\bar{x}_2}$ 的估计为

$$\hat{\sigma}_{\bar{x}_1-\bar{x}_2} = s_p \sqrt{\frac{1}{n_1} + \frac{1}{n_2}}$$

式中,

$$s_p^2 = \frac{(n_1-1)s_1^2 + (n_2-1)s_2^2}{n_1 + n_2 - 2}$$

于是,检验统计量的计算公式为

$$t = \frac{(\bar{x}_1 - \bar{x}_2) - (\mu_1 - \mu_2)}{s_p \sqrt{\dfrac{1}{n_1} + \dfrac{1}{n_2}}} \tag{8-10}$$

t 的自由度为 $n_1 + n_2 - 2$。

另一种情况是 σ_1^2、σ_2^2 未知,且没有理由判定 σ_1^2、σ_2^2 相等,故认为 $\sigma_1^2 \neq \sigma_2^2$。当 σ_1^2、σ_2^2 未知时,自然是用样本方差 s_1^2、s_2^2 分别估计 σ_1^2、σ_2^2,$\sigma_{\bar{x}_1 - \bar{x}_2}$ 的估计为

$$\hat{\sigma}_{\bar{x}_1 - \bar{x}_2} = \sqrt{\frac{s_1^2}{n_1} + \frac{s_2^2}{n_2}}$$

但此时抽样分布已不服从自由度为 $(n_1 + n_2 - 2)$ 的 t 分布,而是近似服从自由度为 f 的 t 分布,f 的计算公式为

$$f = \frac{\left(\dfrac{s_1^2}{n_1} + \dfrac{s_2^2}{n_2}\right)^2}{\dfrac{(s_1^2/n_1)^2}{n_1 - 1} + \dfrac{(s_2^2/n_2)^2}{n_2 - 1}}$$

这时,检验统计量的 t 的计算公式为

$$t = \frac{(\bar{x}_1 - \bar{x}_2) - (\mu_1 - \mu_2)}{\sqrt{\dfrac{s_1^2}{n_1} + \dfrac{s_2^2}{n_2}}} \tag{8-11}$$

t 的自由度为 f。

例 8-11 研究表明女性 18~23 周岁时身高基本停止增加,为验证这个结论,从某高校本科二年级和四年级女生中各随机抽取一个样本,样本容量分别为 $n_1 = 20$,$n_2 = 25$。已知两个年级女生身高服从正态分布,两个总体方差未知。样本情况如表 8-2 所示。

表 8-2 两个样本的身高情况　　　　　　　　　　　　　　厘米

样本	身　高
x_1	161.3　165.5　162.4　165.9　159.7　167.4　163.2 168.3　172.1　158.6　161.4　157.4　161.2　163.4 162.4　167.8　162.4　160.9　159.8　160.4
x_2	165.2　171.4　161.2　159.8　164.2　161.6　158.6 163.6　161.5　161.7　162.4　159.7　161.3　168.3 158.3　168.3　162.5　157.9　160.9　163.1　160.2 166.4　159.3　160.2　162.5

试通过假设检验判断两个年级女生身高是否有显著差别($\alpha = 0.05$)?

解:本例为双侧检验问题,建立假设为

$$H_0: \mu_1 = \mu_2$$
$$H_1: \mu_1 \neq \mu_2$$

由于 n_1、n_2 均较小,σ_1^2、σ_2^2 未知并且无法断定 $\sigma_1^2 = \sigma_2^2$ 是否成立,因此属于 σ_1^2、σ_2^2 未知并且 $\sigma_1^2 \neq \sigma_2^2$ 的情况,采用自由度为 f 的 t 分布。计算可知 $\bar{x}_1 = 163.1$ 厘米,$\bar{x}_2 = 162.4$ 厘米,$s_1^2 = 13.7$,$s_2^2 = 11.3$。自由度计算如下:

$$f = \frac{\left(\dfrac{s_1^2}{n_1} + \dfrac{s_2^2}{n_2}\right)^2}{\dfrac{\left(\dfrac{s_1^2}{n_1}\right)^2}{n_1-1} + \dfrac{\left(\dfrac{s_2^2}{n_2}\right)^2}{n_2-1}} = \frac{(0.685+0.452)^2}{\dfrac{(0.685)^2}{19} + \dfrac{(0.452)^2}{24}} \approx 39$$

由 t 分布表可知 $t_{0.025}(39) = 2.023$，检验统计量 t 的值为

$$t = \frac{(\bar{x}_1 - \bar{x}_2) - (\mu_1 - \mu_2)}{\sqrt{\dfrac{s_1^2}{n_1} + \dfrac{s_2^2}{n_2}}} = \frac{(163.1 - 162.4) - 0}{\sqrt{\dfrac{13.7}{20} + \dfrac{11.3}{25}}} \approx 0.66$$

由于 $|t| < t_{\alpha/2}$，不能拒绝原假设，因此该高校本科二年级和四年级女生的身高没有显著差异。

用 Excel 进行两个总体均值之差的检验的操作步骤如下。

将表 8-2 中总体 1 的 20 个数据输入工作表中的 A1：A20，总体 2 的 25 个数据输入工作表中的 B1：B25。然后按如下步骤操作。

第 1 步：进入 Excel 表格界面，选择【插入】下拉菜单。

第 2 步：选择【函数】。

第 3 步：在函数分类中选"统计"，在函数名的菜单中选择字符"TTEST"，然后单击【确定】按钮。

第 4 步：当出现对话框时：

在【第一组数值】方框内输入数据区域 A1：A20。

在【第二组数值】方框内输入数据区域 B1：B25。

在【尾数】方框内输入 2。本例为双侧检验，输入 2；若为单侧检验，输入 1。

在【类型】方框内输入 3。本例为总体方差不相同；若相同，输入 2。

单击【确定】按钮。

Excel 计算的 p 值的结果为 0.533 137，不能拒绝原假设。

二、两个总体比例之差的假设检验

如果要对两个总体比例之差进行假设检验，其决策程序在概念上与前所述两个总体均值之差的假设检验相同。仅在计算细节上有些差别。现在举例说明计算方法。

检验两个总体比例之差是否为零的假设表达式为

$$H_0: \pi_1 - \pi_2 = 0, \quad H_1: \pi_1 - \pi_2 \neq 0 \tag{8-12}$$

或 $H_0: \pi_1 = \pi_2, H_1: \pi_1 \neq \pi_2$

此时用到的检验统计量为

$$z = \frac{(p_1 - p_2) - (\pi_1 - \pi_2)}{\sqrt{\dfrac{p_1(1-p_1)}{n_1} + \dfrac{p_2(1-p_2)}{n_2}}} \sim N(0,1)$$

在 $H_0: \pi_1 - \pi_2 = 0$ 成立的条件下，上式化为

$$z = \frac{p_1 - p_2}{\sqrt{\dfrac{p_1(1-p_1)}{n_1} + \dfrac{p_2(1-p_2)}{n_2}}} \sim N(0,1) \qquad (8\text{-}13)$$

即在检验时我们用 z 检验统计量。

例 8-12 设某进出口公司为研究我国生产的某种型号的汽车在 A、B 两个国际市场上的竞争能力有无差别,委托一个国外市场研究组织进行调查,结果如下。

A 市场:$p_1 = 0.50, n_1 = 150$

B 市场:$p_2 = 0.515, n_2 = 200$

上面 p_1 和 p_2 分别代表在 A、B 市场上所抽取的顾客中购买该种型号汽车的人数比例,n_1 和 n_2 代表样本容量。如果规定显著性水平为 5%,问这两个比例有无显著性差别?

解:这是一个双侧检验的例子,原假设和备择假设是

$$H_0: \pi_1 - \pi_2 = 0, \quad H_1: \pi_1 - \pi_2 \neq 0$$

计算 z 统计量,有

$$z = \frac{(p_1 - p_2) - (\pi_1 - \pi_2)}{\sqrt{\dfrac{p_1(1-p_1)}{n_1} + \dfrac{p_2(1-p_2)}{n_2}}}$$

$$= \frac{(0.50 - 0.515) - 0}{\sqrt{\dfrac{0.5(1-0.5)}{150} + \dfrac{0.515(1-0.515)}{200}}}$$

$$\approx 0.2778$$

由于 $z_{0.025} = 1.96, |z| = 0.2778 < z_{0.025}$,不能拒绝 H_0,即在 A、B 两个不同的国际市场上,我国所生产的该种型号的汽车的竞争能力,没有实质性的差别。

以上的例子采用双侧检验,但有时由于研究问题的要求不同,需要用单侧检验。上面例子中,如果国外经销商认为汽车在 B 市场的竞争能力大于 A 市场,准备多分配给 B 市场一些货源。现在要检验一下经销商的意见是否应予以接受。我方认为不要轻易调整出口格局,则根据这个问题的性质,原假设和备择假设可以表述如下:

$$H_0: \pi_2 \leqslant \pi_1, \quad H_1: \pi_2 > \pi_1$$

上面的两种假设也可以写成如下的形式:

$$H_0: \pi_2 - \pi_1 \leqslant 0, \quad H_1: \pi_2 - \pi_1 > 0$$

如果样本比例之差 $p_2 - p_1$ 显著地大于 0,就应拒绝原假设 H_0,接受备择假设 H_1,即认为汽车在 B 市场上的竞争能力确实大于 A 市场,因此应该给 B 市场多分配一些货源。

三、两个总体方差之比的假设检验

如果要检验两个总体的方差是否相等,可以通过检验两个总体方差之比是否等于 1 来进行。现实中经常遇到关注两个总体方差是否相等的问题,如比较两个生产过程的稳定性、比较两种投资方案的风险等。前面讨论两个总体均值之差的检验时,假定两个总体方差相等或不相等。实际上,在许多情况下总体方差是否相等事先往往并不知道,因此进

行两个总体均值之差检验之前，也可以先进行两个总体方差是否相等的检验，由此获得所需要的信息。

为了比较两个未知的总体方差 σ_1^2、σ_2^2，我们用两个样本方差的比来判断，如果 s_1^2/s_2^2 接近于 1，说明两个总体方差 σ_1^2、σ_2^2 很接近，如果比值结果远离 1，说明 σ_1^2、σ_2^2 之间有较大的差异。在两个正态总体的条件下，两个方差之比服从 F 分布，即

$$F = \frac{s_1^2/\sigma_1^2}{s_2^2/\sigma_2^2} \sim F(n_1-1, n_2-1) \tag{8-14}$$

在原假设成立时：$\sigma_1^2 = \sigma_2^2$，则 $F = s_1^2/s_2^2$。

在单侧检验中，一般把较大的 s^2 放在分子 s_1^2 的位置，此时 $F > 1$，拒绝域在 F 分布的右侧，原假设和备择假设分别为

$$H_0: \sigma_1^2 \leqslant \sigma_2^2$$
$$H_1: \sigma_1^2 > \sigma_2^2$$

临界点为 $F_\alpha(n_1-1, n_2-1)$。这样处理含义明确，易于理解，而且查表方便。

在双侧检验中，拒绝域在 F 分布的两侧，两个临界点的位置分别为

$$F_{1-\alpha/2}(n_1-1, n_2-1), \quad F_{\alpha/2}(n_1-1, n_2-1)$$

通常，F 分布表仅绘出 $F_{\alpha/2}$ 的位置，可以用它来推算 $F_{1-\alpha/2}$ 的位置，推算公式为

$$F_{1-\alpha/2}(n_1-1, n_2-1) = \frac{1}{F_{\alpha/2}(n_2-1, n_1-1)}$$

注意在上式中，等号右边的分母 $F_{\alpha/2}$ 的自由度需要调换一下。

例 8-13 为了检测两个不同品牌机器的制造性能，欲分析机器制造的零件直径的方差，现从两个品牌制造的零件中分别抽取两个样本，$n_1 = 13$，$n_2 = 25$，测得两样本方差分别为 $s_1^2 = 131.6$，$s_2^2 = 142.8$，现以 $\alpha = 0.05$ 的显著性水平检验两个总体的方差有无显著差异。

解：本例是双侧检验问题，构建假设为

$$H_0: \sigma_1^2 = \sigma_2^2$$
$$H_1: \sigma_1^2 \neq \sigma_2^2$$

$$F = \frac{s_1^2}{s_2^2} = \frac{131.6}{142.8} \approx 0.922$$

本例是双侧检验，临界值为

$$F_{\alpha/2}(n_1-1, n_2-1) = F_{0.025}(12, 24) = 2.54$$
$$F_{\alpha/2}(n_2-1, n_1-1) = F_{0.025}(24, 12) = 3.02$$
$$F_{1-\alpha/2}(n_1-1, n_2-1) = \frac{1}{F_{\alpha/2}(n_2-1, n_1-1)} = \frac{1}{3.02} = 0.331$$

$F_{1-\alpha/2} < F < F_{\alpha/2}$，因此不能拒绝原假设，两个总体方差没有显著差异。

四、检验中的匹配样本

在前面对两个总体参数进行显著性检验的讨论中，我们都假定样本是独立的。在可能情况下采用存在相依关系的匹配样本分析，可以进一步提高效率。

例 8-14 某肥料公司生产 A 品牌肥料,并声称给马铃薯施加该肥料比不施加亩产量至少高 35 千克,为验证其说法是否可信,调查人员随机抽取 10 块马铃薯种植地,测得其产量,如表 8-3 所示。

表 8-3　施加肥料前后的亩产量　　　　　　　　　　　　　千克

施肥前	136	141	127	135	129	139	126	142	137	139
施肥后	165	169	161	170	171	175	161	175	169	177

试问调查结果是否支持该公司的说法($\alpha=0.05$)?

解: 在涉及对某项声明的有效性进行检验时,原假设通常是假定该声明为真。当拒绝 H_0 时,应考虑采取措施纠正该项声明。

构建假设为

$$H_0: \mu_2 - \mu_1 \geq 35$$
$$H_1: \mu_2 - \mu_1 < 35$$

施肥前后差值情况如表 8-4 所示。

表 8-4　施肥前后差值情况

施肥前	施肥后	差值 d
136	165	29
141	169	28
127	161	34
135	170	35
129	171	42
139	175	36
126	161	35
142	175	33
137	169	32
139	177	38

差值的均值和标准差分别为

$$\bar{d} = \frac{\sum d}{n_d} = \frac{342}{10} = 34.2$$

$$s_d = \sqrt{\frac{\sum(d_i - \bar{d})^2}{n_d - 1}} = \sqrt{\frac{(29-34.2)^2 + \cdots + (38-34.2)^2}{10-1}} \approx 4.104$$

由于是小样本,并且为左单侧检验,因此临界值为

$$-t_\alpha(n-1) = -t_{0.05}(9) = -1.833$$

为判断差值的均值是否大于 35 千克,可计算出拒绝原假设的临界点:

$$35 - t_\alpha(n-1)\frac{s_d}{\sqrt{n}} = 35 - 1.833 \times 1.298 = 32.621$$

若 $\bar{d} > 32.621$,无法拒绝原假设,反之则拒绝原假设。本例中 $\bar{d} = 34.2 > 32.621$,不拒

绝原假设,无法否定该公司的声明。

思考与练习

扩展阅读 8-3 许宝騄对假设检验的贡献

一、思考题

1. 试述假设检验的流程。
2. 试述小概率原理及其在假设检验中的应用。
3. 试述两类错误的区别和联系。
4. 在实际应用中如何判断是用单侧检验还是用双侧检验?

二、练习题

1. 某食品加工厂为检查一台自动装罐机工作状况,从该机器生产的一批罐头中随机抽取 10 罐,已知该批罐头生产标准为每罐 300 克,且总体服从正态分布,抽取的罐头重量分别为(单位:克):

287、296、302、316、283、309、305、310、298、293

试问该机器工作是否正常($\alpha=0.1$)?

2. 某品牌元件的规定使用寿命不低于 1 000 小时,先从某工厂生产的一批元件中随机抽取 25 个,经检测平均使用寿命为 960 小时,已知该批元件使用寿命服从标准差为 80 小时的正态分布,试在显著性水平为 0.05 时检验该批元件是否符合规定。

3. 某工厂称其生产的铜丝质量十分稳定,折断力服从标准差为 10 的正态分布。为调查该公司声称是否可信,现随机抽取 10 根铜丝进行折断力测试,结果为

613、604、611、606、612、603、615、609、610、598

试问该工厂的声称是否可信($\alpha=0.05$)?

4. 随着互联网和手机的发展,人们获取新闻的渠道越来越多,为调查某区职工家庭订阅报纸情况是否有所改变,现随机抽取 100 户职工家庭,有 36 户家庭订阅报纸,已知去年该区职工家庭订阅报纸比例为 39%,试问该区职工订阅报纸率是否有所降低($\alpha=0.05$)?

5. 已知某高校大一女生和大二女生 800 米跑成绩均服从正态分布,总体方差未知。从两个年级中分别随机抽取 25 名和 20 名女生的 800 米跑成绩,计算得到样本均值分别为 237.6 秒、243.1 秒,样本标准差分别为 27.3 秒和 24.1 秒。试问两个年级女生的 800 米跑成绩是否有显著差异($\alpha=0.05$)?

6. 某报告称在退休老年人中,男性每天(除不可抗因素)去广场健身的比例比女性多 10%。为验证这个结论,现从某市退休老年人中随机抽取 200 名男性和 200 名女性,调查发现有 95 名男性和 87 名女性每天去广场健身,试问调查结果是否支持该报告结论($\alpha=0.05$)?

7. 某公司欲检验新购机器与老机器性能是否有差别,现从两台机器生产的零件中各随机抽取 10 件,测得零件直径如下(单位:毫米)。

新机器:16.5、17.2、15.8、16.2、16.3、17.0、16.9、16.7、17.1、17.0
老机器:17.1、16.5、16.3、15.9、17.1、17.3、17.5、16.8、16.4、16.7

试问新旧机器的生产稳定性是否相同（$\alpha=0.05$）？

8. 某女性瘦身机构号称可以用一个月时间帮助顾客减重 6 千克，现随机抽取 10 名顾客进行瘦身前后体重记录，体重如下（单位：千克）。

减肥前：75、79、71、82、68、77、80、69、70、81

减肥后：70、72、67、76、61、71、76、64、64、76

试在显著性水平为 0.1 时判断该机构声称是否可信。

即 测 即 练

第九章

方差分析

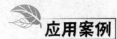 **应用案例**

Tinbergen 将引力模型引入国际贸易学研究领域,用于分析双边贸易流量。他的分析结论是两国双边贸易规模与它们的经济总量成正比,与两国之间的距离成反比。所以,欧盟从一国进口山地自行车的规模与进口来源地的地理区域和地理位置有关系。

为验证地理位置不同,进口规模也不同的观点,根据欧盟统计局的数据,从其进口来源的国家或地区中,选择欧洲、亚洲和美洲三个地理区域的国家/地区作为样本,具体数据如表 9-1 所示。

表 9-1　2018 年欧盟从不同国家或地区进口山地自行车的金额

序号	欧洲		亚洲		美洲	
	国家或地区	USD	国家或地区	USD	国家或地区	USD
1	塞尔维亚	8 012 728	中国台湾	467 080 154	美国	2 603 730
2	瑞士	2 115 323	柬埔寨	358 641 085	加拿大	1 425 589
3	挪威	158 755	孟加拉国	73 115 434	哥伦比亚	320 268
4	白俄罗斯	41 038	中国大陆	66 600 795	哥斯达黎加	24 132
5	俄罗斯	23 149	菲律宾	49 936 623	巴西	10 428
6	乌克兰	19 747	印度尼西亚	39 427 380	巴拿马	9 457
7	捷克	11 698	土耳其	33 788 322	阿根廷	8 446
8			泰国	33 482 399	委内瑞拉	5 731
9			斯里兰卡	22 966 869	智利	5 653
10			越南	22 560 942		
11			印度	10 754 736		

由于均值是描述一组数据整体特征最常用的统计指标,因此验证地理区域不同,进口规模也不同的观点可以转换为:检验欧盟从欧洲、美洲和亚洲进口山地自行车的进口额均值是否相等。如果三个洲的进口额均值相等,就意味着地理区域对欧洲山地自行车进口规模没有影响,欧洲从不同地理区域国家或地区进口山地自行车的金额没有显著差异;如果均值不全相等,则意味着地理区域对欧洲山地自行车进口规模是有影响的,欧洲从不同地理区域国家或地区进口山地自行车的规模存在显著差异。

第一节　方差分析的基本原理

方差分析(analysis of variance,ANOVA)是由著名的英国统计学家 R.A.Fisher 于 20 世纪 20 年代在进行试验设计时,为解释试验数据而引入的。方差分析是分析各个自变量对因变量影响的一种方法,其中自变量既可以是分类变量(称为因子或因素),也可以是定量变量(被称为协变量)。它是对数据差异进行显著性检验的一种延伸,是在对依据自变量取值的分组数据基础上,通过将观测值对总体平均数的离差平方和(描述数据的"总变差")分解为因素影响的离差平方和与误差平方和,然后利用 F 统计量进行检验,以判断所研究变量对因变量的影响是否显著。

方差分析可以利用来自多个总体的样本(>2)特征值来判断总体均值之间有无显著的差异。它是工农业生产、科学研究和市场分析中分析数据的一种工具。市场分析员在进行产品销售方案设计时需要了解不同年龄段的消费者对产品的消费偏好是否相同;物流工程师在物流流程设计时需要考虑不同物流流程的效率是否显著不同;农业部门想要获得高产需要考虑种子筛选、肥料配比、杀虫剂剂量以及湿度和温度控制等影响因素。

一、方差分析的基本概念

从表现形式上来看,方差分析是检验多个(>2)总体均值是否相等的统计方法。在具体应用中,它实质上是研究分类自变量对数值型因变量是否存在显著的影响。方差分析中要检验的对象(即分析中的自变量)称为因素或因子(factor)。因素的不同表现称为水平(level)或处理(treatment)。每个因子水平下得到的样本数据称为观测值。

例 9-1　按照欧盟统计局的数据,2018 年欧盟从全球进口约 12.24 亿美元的山地自行车,主要从亚洲、欧洲和美洲不同地区进口。2018 年欧盟山地自行车的进口地理分布情况见表 9-1。试分析地理区域是否对欧盟山地自行车的进口额有显著影响($\alpha=0.05$)。

案例数据

要验证地理区域对进口额是否有显著影响,地理区域就是需要进行分析的因素或因子,欧洲、亚洲和美洲是地理区域这个因素(因子)的水平,欧盟从每个国家/地区进口山地自行车的进口额是因素(因子)的观测值,如表 9-2 所示。

表 9-2　因素、水平与观测值的判断

序号	地 理 区 域			→因素
	欧洲进口额/USD	亚洲进口额/USD	美洲进口额/USD	→不同水平
1	8 012 728	467 080 154	2 603 730	↓
2	2 115 323	358 641 085	1 425 589	
3	158 755	73 115 434	320 268	
4	41 038	66 600 795	24 132	观

续表

	地 理 区 域			→因素
5	23 149	49 936 623	10 428	测
6	19 747	39 427 380	9 457	值
7	11 698	33 788 322	8 446	
8		33 482 399	5 731	
9		22 966 869	5 653	
10		22 560 942		
11		10 754 736		

按所分析的分类自变量(因素)的多少,方差分析可分为只涉及一个自变量的单因素方差分析(one-way analysis of variance)、涉及两个自变量的双因素方差分析(two-way analysis of variance)和涉及多个自变量的多元方差分析(multivariate analysis of variance)。

以最基本的单因素方差分析为例来说明。需要强调的是,单因素方差分析的各因素水平的观测值个数可以相等,也可以不相等。单因素方差分析问题的一般提法如下。

设因素有 k 个水平,每个水平的均值分别用 $\mu_1,\mu_2,\cdots,\mu_k$ 表示。要检验 k 个水平(总体)的均值是否相等,需要提出如下假设。

$H_0: \mu_1=\mu_2=\cdots=\mu_k$ 自变量对因变量没有显著影响

$H_1: \mu_1,\mu_2,\cdots,\mu_k$ 不全相等 自变量对因变量有显著影响

在表 9-1 中,设来自欧洲各国的山地自行车进口额均值为 μ_1,来自美洲各国的山地自行车进口额均值为 μ_2,来自亚洲各国的山地自行车进口额均值为 μ_3。为分析地理区域对欧盟山地自行车进口额是否有影响,提出如下假设。

$H_0: \mu_1=\mu_2=\mu_3$ 地理区域对欧盟山地自行车进口额没有显著影响

$H_1: \mu_1,\mu_2,\mu_3$ 不全相等 地理区域对欧盟山地自行车进口额有显著影响

二、基本假设与基本思想

1. 方差分析中的基本假设

如无特殊说明,本章所指方差分析均为狭义方差分析、古典方差分析。英国统计学家费歇尔在提出方差分析方法时,提出了以下三个基本前提假设。

(1) 每个总体都应服从正态分布。也就是说,对于因素的每一个水平,其观测值是来自正态分布总体的简单随机样本。也就是说,每个因素的水平都可以看作一个总体(即所分析的因素有多少水平就意味着有多少个总体)。例如,在例 9-1 中假设欧盟从每个洲的不同国家/地区进口山地自行车的金额服从正态分布。

(2) 各个总体的方差 σ^2 必须相同,也就是方差齐性假设(homogeneity of variance)。也就是说,对于各组(不同水平下)观察数据,是从具有相同方差的正态总体中抽取的。例如,在例 9-1 中,假设欧盟从每个洲的不同国家/地区进口山地自行车的金额的方差都相同。

(3) 观测值是独立的。如在例 9-1 中,要求每个被抽中的国家/地区对欧盟出口山地

自行车的金额都与其他国家/地区的这个观测值独立。

2. 图形描述

怎样判断地理区域对欧盟山地自行车进口额有显著影响？或者说地理区域和欧盟山地自行车进口额之间是否有显著的关系？我们可以通过散点图的描绘,直观地得到二者之间是否存在关系。利用例 9-1 的数据获得散点图 9-1。

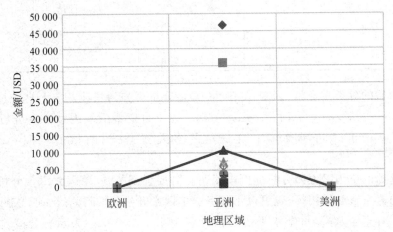

图 9-1　欧盟从不同地理区域进口山地自行车金额的散点图

从散点图可以看出,欧盟从不同地理区域进口的山地自行车金额有明显差异,而且即使在同一地理区域,欧盟从不同国家进口的山地自行车金额也各不相同。其中来自亚洲国家/地区的进口金额最高,而来自欧洲和美洲的进口金额相对较低。如果地理区域和欧盟山地自行车进口额之间没有关系,那么不同地理区域的进口额均值在散点图中会比较接近,图 9-1 中的均值线(图中的折线),就会近似水平。

3. 方差分析的基本思想

方差分析的基本思想是将所有样本数据的总体方差(数据的变差)分为若干个来源,再讨论来源之间的关系,构建检验统计量,最后对多样本均值是否存在差异进行统计检验,因此被称为方差分析。下面结合例 9-1 中的数据说明数据之间的误差来源及其分解过程。

首先,同一地理区域内的样本观测值不同。例如欧盟从亚洲 11 个国家/地区的进口金额不同。假设国家/地区是随机抽取的,因此欧盟从同一地理区域内不同国家/地区进口山地自行车的金额差异可以看成是抽样的随机因素造成的,这种数据误差称为组内误差,来自亚洲的 11 个国家/地区进口金额之间的误差就是组内误差。当然,组内误差就是指随机误差。

其次,不同地理区域之间观测值存在差异,称为组间误差。组间存在的数据差异可能是由抽样本身形成的随机误差,也可能是由不同地理区域本身造成的系统误差。因此,组间误差可以看成是随机误差和系统误差之和。

要进行定量分析,需要对组内误差、组间误差和总的误差进行量化,才能进行之后的计算分析。那么如何量化？描述数据误差的最常用指标是方差,方差的计算形式表现为平方和与自由度之比,由此可以定义以下指标。

反映全部数据误差大小的平方和称为总(离差)平方和(也有教材称总变异、总误差、总方差),记为 SST(total sum of square)。例 9-1 中,欧盟来自 27 个国家/地区的山地自行车进口额的误差平方和就是总平方和,反映了全部观测值(x_{ij})的离散状况。即不同地理区域的所有观测值与全部数据均值($\bar{\bar{x}}$)之间的离差平方和。

计算公式如下:

$$\text{SST} = \sum_{i=1}^{k}\sum_{j=1}^{n_i}(x_{ij}-\bar{\bar{x}})^2 \qquad (9\text{-}1)$$

式中,k 为因素的水平个数;n_i 为第 i 个水平的样本容量。

反映组内误差大小的平方和称为组内(离差)平方和,也称为误差平方和或残差平方和,记为 SSE(sum of square for error)。例 9-1 中,各地理区域的内部各观测值与各地理区域均值($\bar{x}_i$)的偏离,又称组内变异,反映了每个样本内各观测值的差异状况。计算公式如下:

$$\text{SSE} = \sum_{i=1}^{k}\sum_{j=1}^{n_i}(x_{ij}-\bar{x}_i)^2 \qquad (9\text{-}2)$$

反映组间误差大小的平方和称为组间(离差)平方和,是各变量均值与所有数据总均值之间的差异,也称为因素平方和,记为 SSA(sum of square for factor A)。例如,欧盟从三个地理区域进口山地自行车金额之间的误差平方和就是组间平方和,反映了样本均值之间的差异程度。其计算公式如下:

$$\text{SSA} = \sum_{i=1}^{k}n_i(\bar{x}_i-\bar{\bar{x}})^2 \qquad (9\text{-}3)$$

由此又出现了两个问题:①总平方和与组间平方和、组内平方和是总体与局部的关系,但是三者之间的定量关系如何?②组间平方和、组内平方和的大小与各组的数据个数相关,如何剔除数据个体差异对组间平方和与组内平方和比值的影响?

在统计学家费歇尔的三大前提假设下,前人证明了总平方和与组间平方和、组内平方和三者之间存在简单的平方和分解公式,也就是总平方和=组间平方和+组内平方和,也就是说,上述三个平方和之间的关系为

$$\text{SST} = \text{SSA} + \text{SSE} \qquad (9\text{-}4)$$

由于误差平方和的大小与观测值的个数有关,为了消除观测值多少对误差平方和大小的影响,以便进行统一比较分析,费歇尔采用的方法是将三种平方和除以各自的自由度,三个平方和所对应的自由度分别为:SST 的自由度为($n-1$),其中 n 为全部观测值的个数。SSA 的自由度为 $k-1$,其中 k 为因素水平(总体)的个数。SSE 的自由度为 $n-k$。

组间误差同时包括系统误差与随机误差,而组内误差只有随机误差,如果不同地理区域对欧盟山地自行车进口额没有影响,也就是说系统误差接近于 0,那么经过自由度统一处理后的组间误差与组内误差(即组间方差与组内方差)应该很接近,或者说二者的比值会接近 1。相反,如果不同地理区域对欧盟山地自行车进口额有影响,在组间误差中除了包含随机误差,还包含系统误差,此时组间方差就会大于组内方差,二者的比值就会大于

1. 当这个比值大到一定程度时,就可以认为因素的不同水平(不同地理区域)之间存在着显著差异,意味着地理区域对欧盟山地自行车进口额有显著影响。由此,问题转换为比较组间方差和组内方差之间的比值与1的差异大小。那么,该差异大到何种程度,才表明有系统误差显著存在呢?

扩展阅读 9-1　统计学家费歇尔

统计学家费歇尔证明了经过自由度统一处理后的组间误差与组内误差(即组间方差/组内方差)的比值在经典三大基本前提假设下服从 F 分布。于是问题最终转换为:将统计量组间方差/组内方差比值的值,也就是 F 值与给定的显著性水平 α 对应的临界值 F_α 进行比较,从而作出对原假设 H_0 的决策。

第二节　单因素方差分析

一、单因素方差分析数据结构

单因素方差分析的数据结构如表 9-3 所示。

表 9-3　单因素方差分析的数据结构

观测值(j)	因素(i)			
	A_1	A_2	⋯	A_k
1	x_{11}	x_{21}	⋯	x_{k1}
2	x_{12}	x_{22}	⋯	x_{k2}
⋮	⋮	⋮	⋮	⋮
n	x_{1n}	x_{2n}	⋯	x_{kn}

为叙述方便,在单因素方差分析中,用 A 表示因素,因素的 k 个水平(总体)分别用 $A_1, A_2, \cdots, A_k$ 表示,每个观测值用 $x_{ij}(i=1,2,\cdots,k;j=1,2,\cdots,n)$ 表示,即 x_{ij} 表示第 i 个水平(总体)的第 j 个观测值。例如,x_{21} 表示第二个水平的第一个观测值。其中,从不同水平中所抽取的样本量可以相等,也可以不相等。

二、单因素方差分析的一般步骤

1. 提出假设

检验因素的 k 个水平(总体)的均值是否相等,提出如下形式的假设。

$H_0: \mu_1 = \mu_2 = \cdots = \mu_k$　自变量对因变量没有显著影响

$H_1: \mu_1, \mu_2, \cdots, \mu_k$ 不全相等　自变量对因变量有显著影响

式中,μ_i 为第 i 个总体的均值。

如果拒绝原假设 H_0,则意味着自变量对因变量有显著影响。

例 9-1 中,为检验地理区域对欧盟山地自行车进口额是否有影响,假设如下:

$H_0: \mu_1 = \mu_2 = \mu_3$　地理区域对欧盟山地自行车进口额没有显著影响

$H_1: \mu_1, \mu_2, \mu_3$ 不全相等　地理区域对欧盟山地自行车进口额有显著影响

2. 计算 F 检验统计量

在构建 F 统计量时,先计算各个样本的均值,再计算全部观测值的总均值(表9-4),最后计算各项误差平方和。

表9-4　三个地理区域的欧盟山地自行车进口额及其均值

序号	地 理 区 域		
	欧洲进口额/万美元	亚洲进口额/万美元	美洲进口额/万美元
1	801.272 8	46 708.015 4	260.373 0
2	211.532 3	35 864.108 5	142.558 9
3	15.875 5	7 311.543 4	32.026 8
4	4.103 8	6 660.079 5	2.413 2
5	2.314 9	4 993.662 3	1.042 8
6	1.974 7	3 942.738 0	0.945 7
7	1.169 8	3 378.832 2	0.844 6
8		3 348.239 9	0.573 1
9		2 296.686 9	0.565 3
10		2 256.094 2	
11		1 075.473 6	
平均值	$\bar{x}_1 = 148.32$	$\bar{x}_2 = 10\ 712.32$	$\bar{x}_3 = 49.04$
总平均值	$\bar{\bar{x}}_1 = 4\ 419.08$		

(1) 总平方和 SST 是全部观测值 x_{ij} 与总均值 $\bar{\bar{x}}$ 的误差平方和。利用表9-4中的数据计算:$\text{SST} = \sum_{i=1}^{3} \sum_{j=1}^{n_i} (x_{ij} - 4\ 419.08)^2$,得总平方和 $\text{SST} = 3.11 \times 10^9$,它反映了全部27个观测值与这27个观测值平均数之间的差异。

(2) 组间平方和 SSA,它是各组均值 $\bar{x}_i (i=1,2,\cdots,k)$ 与总均值 $\bar{\bar{x}}$ 的误差平方和,反映各样本均值之间的差异程度。利用表9-4中的数据计算,得组间平方和

$\text{SSA} = 7 \times (148.32 - 4\ 419.08)^2 + 11 \times (10\ 712.32 - 4\ 419.08)^2 +$
$9 \times (49.04 - 4\ 419.08)^2 = 7.35 \times 10^8$

(3) 组内平方和 SSE 是每个水平或组的样本数据与其组内均值的误差平方和,反映了每个样本观测值之间的离散状况,反映随机误差的大小。既可以用计算公式直接计算:$\text{SSE} = \sum_{i=1}^{k} \sum_{j=1}^{n_i} (x_{ij} - \bar{x}_i)^2$,也可以利用 SSE=SST−SSA 进行计算。

在例9-1中,先求出每个地理区域的欧盟山地自行车进口额与其均值的误差平方和,然后将三个地理区域的误差平方和加总,即为 $\text{SSE} = 2.379 \times 10^9$。

很明显,上面的计算结果验证平方和分解公式:$3.11 \times 10^9 \approx 2.379 \times 10^9 + 7.35 \times 10^8$。

经过自由度处理后的 SSA 即为组间均方或组间方差,记为 MSA,其计算公式为

$$\text{MSA} = \frac{\text{组间平方和}}{\text{自由度}} = \frac{\text{SSA}}{k-1} \tag{9-5}$$

例 9-1 计算的 MSA 为

$$\text{MSA} = \frac{\text{SSA}}{k-1} = \frac{7.35 \times 10^8}{3-1} = 3.68 \times 10^8$$

经过自由度处理后的 SSE 也称为组内均方或组内方差,记为 MSE,其计算公式为

$$\text{MSE} = \frac{\text{组内平方和}}{\text{自由度}} = \frac{\text{SSE}}{n-k} \tag{9-6}$$

根据例 9-1 计算的 MSE 为

$$\text{MSE} = \frac{\text{SSE}}{n-k} = \frac{2.379 \times 10^9}{27-3} = 9.91 \times 10^7$$

MSA 和 MSE 比值构成的检验统计量,当 H_0 为真时,该比值服从分子自由度为 $k-1$、分母自由度为 $n-k$ 的 F 分布,即

$$F = \frac{\text{MSA}}{\text{MSE}} \sim F(k-1, n-k) \tag{9-7}$$

根据例 9-1 计算,得

$$F = \frac{\text{MSA}}{\text{MSE}} = \frac{3.68 \times 10^8}{9.91 \times 10^7} \approx 3.71$$

3. 统计决策

将上述计算所得值 F 与给定的显著性水平 α 临界值 F_α 进行比较。根据给定的显著性水平 α,若 $F > F_\alpha$,则拒绝原假设 $H_0: \mu_1 = \mu_2 = \cdots = \mu_k$,表明所检验的因素(不同地理区域)对观测值(欧盟山地自行车进口额)有显著影响。若 $F < F_\alpha$,则不能拒绝原假设,没有证据表明所检验的因素(不同地理区域)对观测值(欧盟山地自行车进口额)有显著影响。

若取显著性水平 $\alpha = 0.05$,根据分子自由度 $df_1 = k - 1 = 3 - 1 = 2$ 和分母自由度 $df_2 = n - k = 27 - 3 = 24$,使用 Excel 来计算相应的临界值 $F_\alpha(n-1, n-k)$,任选 Excel 中一个单元格,输入公式"=FINV(0.05,2,24)",回车,得到临界值 $F_\alpha(2, 24) \approx 3.40$。

上面的计算结果为 $F = 3.71$。

由于 $F > F_\alpha$,所以拒绝原假设 $H_0: \mu_1 = \mu_2 = \mu_3$,表明地理区域对欧盟山地自行车进口额有显著影响。

为了方便阅读计算结果,通常将上述过程的内容列成单因素方差分析表,其一般形式(Excel 等软件输出形式)如表 9-5 所示。

表 9-5 单因素方差分析

误差来源	SS	df	MS	F	P-value	F crit
组间	SSA	$k-1$	MSA	MSA/MSE		
组内	SSE	$n-k$	MSE			
总计	SST	$n-1$				

4. 用 Excel 进行单因素方差分析

进行方差分析涉及大量的计算工作,目前的计算机软件中都有现成的方差分析程序以减轻计算工作负担。在理解方差分析的基本原理的基础上,就可以对计算机输出的结果进行合理的解释和分析。下面结合例 9-1 介绍用 Excel 进行方差分析的步骤与得到的结果。

第 1 步:选择【工具】下拉菜单,并选择【数据分析】选项。

第 2 步:在分析工具中选择【方差分析:单因素方差分析】,然后单击【确定】按钮。如图 9-2 所示。

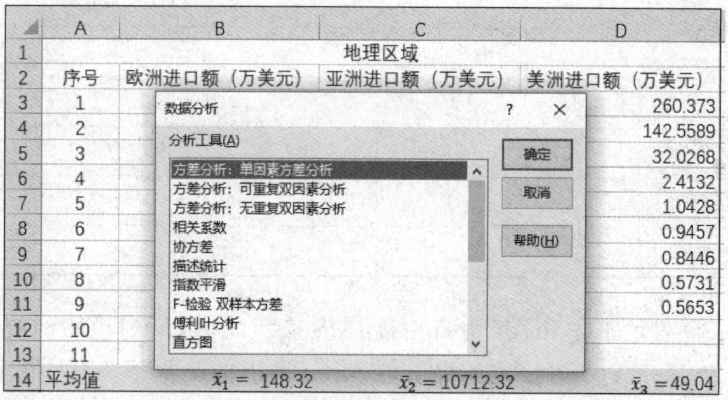

图 9-2 选择方差分析框图

第 3 步:对话框出现,如图 9-3 所示。

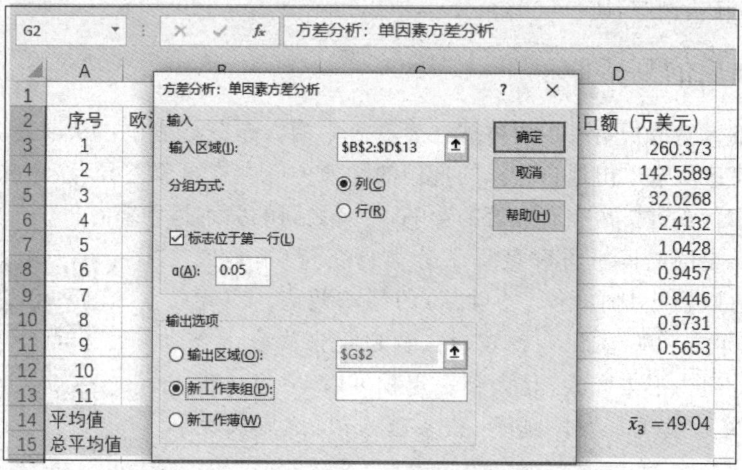

图 9-3 单因素方差分析对话框

在【输入区域】方框内输入数据单元格区域 B2:D13。

勾选【标志位于第一行】。

在【α】方框内输入 0.05(可根据需要确定)。

在【输出选项】中默认选择新工作表组。

单击【确定】按钮后,得到的输出结果如表 9-6 所示。

表 9-6　Excel 输出的单因素方差分析结果

方差分析：单因素方差分析

SUMMARY

组	观测数	求和	平均	方差
欧洲进口额/万美元	7	1 038.24	148.32	88 845.10
亚洲进口额/万美元	11	117 835.47	10 712.32	2.4E+08
美洲进口额/万美元	9	441.34	49.04	8 438.67

方差分析

差异源	SS	df	MS	F	P-value	F crit
组间	7.35E+08	2	3.68E+08	3.709	0.039	3.403
组内	2.38E+09	24	9.91E+07			
总计	3.11E+09	26				

表 9-5 中，SS 表示平方和；df 为自由度；MS 表示均方；F 为检验的统计量；P-value 为用于检验的 P 值；F crit 为给定的显著性水平（α）下的临界值。从方差分析表可以看到，由于 $F=3.709 > F_\alpha = 3.403$，所以拒绝原假设 H_0，表明 μ_1, μ_2, μ_3 之间的差异是显著的，即地理区域对欧盟山地自行车进口额的影响是显著的。当然，也可以直接利用方差分析表中 P 值（P-value）与显著性水平 α 的值进行比较。若 $P < \alpha$，则拒绝 H_0；若 $P > \alpha$，则不拒绝 H_0。在本例中，$P = 0.039 < 0.05$，所以拒绝 H_0。

三、关系强度的测量

例 9-1 的方差分析结果主要体现在表 9-6 中的方差分析表中。从前述分析可知，欧盟从不同地理区域进口山地自行车的金额的均值之间存在显著差异，这意味着地理区域对欧盟山地自行车进口额有着显著的影响，二者之间的关系是显著的。

表 9-6 给出的组间平方和度量了分类自变量（地理区域）对因变量（欧盟山地自行车进口额）的影响效应。实际上，只要组间平方和不等于 0，就表明二者之间有关系。当组间平方和比组内平方和大，且大到一定程度时，才意味着二者之间的关系显著。大得越多，关系越强；反之则关系越弱。

扩展阅读 9-2　单因素方差分析的 R 处理

如何度量二者关系的强弱？一般采用组间平方和（SSA）占总平方和（SST）的比例大小，记作 R^2（即回归分析中的判定系数，其平方根则称为相关系数），来反映。

$$R^2 = \frac{SSA}{SST} \tag{9-8}$$

根据表 9-6 的结果计算得：

$$R^2 = \frac{\text{SSA}}{\text{SST}} = \frac{7.35 \times 10^8}{3.11 \times 10^9} \approx 0.236\,3 = 23.63\%$$

这表明，地理区域对欧盟山地自行车进口额的影响效应占总效应的 23.63%，而其他因素所占的比例为 76.37%。尽管 R^2 并不高，但已经达到统计显著的程度。

四、方差分析中的多重比较

对例 9-1 的分析表明不同地理区域欧盟山地自行车进口额的均值不完全相同，但 μ_1, μ_2 与 μ_3 之间究竟是哪两个不同呢？为了解决这一问题，统计学家提出了多重比较方法（multiple comparison procedures）。由于多重比较是在前面的分析步骤之后进行的，因此多重比较又被称为事后检验（post hoc test）。常见多重比较方法有：最小显著差异（LSD）法、Bonferroni 修正差别法、Duncan 多范围检验（SSR）、Tukey's honenstly significant difference、Tukey's-b、Scheffe 差别检验法、Student-Newman-Keuls 检验（又称 q 检验）等。本书着重介绍费歇尔提出的 LSD 方法。

LSD 法又称最小显著差异方法，使用该方法进行检验的具体步骤如下。

第 1 步：提出假设：$H_0: \mu_i = \mu_j, H_1: \mu_i \neq \mu_j$。

第 2 步：计算检验统计量：$\bar{x}_i - \bar{x}_j$ 即第 i 个样本和第 j 个样本的均值之差。

第 3 步：计算 LSD 统计量，其公式为

$$\text{LSD} = t_{\alpha/2} \sqrt{\text{MSE}\left(\frac{1}{n_i} + \frac{1}{n_j}\right)} \tag{9-9}$$

式中，$t_{\alpha/2}$ 为 t 分布临界值，其自由度为 $(n-k)$，n 是全部观测值的个数，k 是因素中水平的个数；n_i 和 n_j 分别为第 i 个样本和第 j 个样本的样本容量；MSE 为组内方差。

第 4 步：如果 $|\bar{x}_i - \bar{x}_j| > \text{LSD}$，则拒绝 H_0；如果 $|\bar{x}_i - \bar{x}_j| < \text{LSD}$，则不拒绝 H_0。

例 9-2 续例 9-1 根据表 9-6 中的输出结果，对三个地理区域的均值做多重比较。

解：

第 1 步：提出如下假设。

检验 1　$H_0: \mu_1 = \mu_2, H_1: \mu_1 \neq \mu_2$

检验 2　$H_0: \mu_1 = \mu_3, H_1: \mu_1 \neq \mu_3$

检验 3　$H_0: \mu_2 = \mu_3, H_1: \mu_2 \neq \mu_3$

第 2 步：计算检验统计量。

$$|\bar{x}_1 - \bar{x}_2| = |148.32 - 10\,712.32| = 10\,564$$

$$|\bar{x}_1 - \bar{x}_3| = |148.32 - 49.04| = 99.28$$

$$|\bar{x}_2 - \bar{x}_3| = |10\,712.32 - 49.04| = 10\,663.28$$

第 3 步：计算 LSD。根据表 9-6 的结果，$\text{MSE} = 9.91 \times 10^7$。由于三个地理区域的样本容量不同，需要分别计算 LSD。根据自由度 df=24，使用 Excel 来计算相应的临界值 $t_{\alpha/2}$，任选 Excel 中一个单元格，输入公式"=TINV(0.05,24)"，回车后得到临界值得 $t_{\alpha/2} \approx 2.064$。计算公式如下。

检验 1　$\text{LSD}_1 = 2.064 \times \sqrt{9.91 \times 10^7 \times \left(\frac{1}{7} + \frac{1}{11}\right)} \approx 9\,934.29$

检验2　$LSD_2 = 2.064 \times \sqrt{9.91 \times 10^7 \times \left(\dfrac{1}{7} + \dfrac{1}{9}\right)} \approx 10\,354.66$

检验3　$LSD_3 = 2.064 \times \sqrt{9.91 \times 10^7 \times \left(\dfrac{1}{11} + \dfrac{1}{9}\right)} \approx 9\,235.14$

第4步：作出决策。

$|\bar{x}_1 - \bar{x}_2| = 10\,564 > 9\,934.29$，拒绝 H_0，欧盟的山地自行车进口额在欧洲与亚洲之间存在显著差异。

$|\bar{x}_1 - \bar{x}_3| = 99.28 < 10\,354.66$，不能拒绝 H_0，欧盟的山地自行车进口额在欧洲与美洲之间没有显著差异。

$|\bar{x}_2 - \bar{x}_3| = 10\,663.28 > 9\,235.14$，拒绝 H_0，欧盟的山地自行车进口额在亚洲与美洲之间存在显著差异。

第三节　双因素方差分析

一、双因素方差分析及其类型

在对实际问题的研究中，有时需要考虑几个变量对试验结果的影响。例如分析影响电冰箱销售额的变量时，需要考虑品牌、销售地区、价格、质量等多个自变量的影响。分析欧盟山地自行车进口额变动时，需要考虑地理区域、收入水平、不同年份等多个变量的影响。当方差分析中涉及两个分类变量时，称为双变量方差分析（two-way analysis of variance）。

例 9-3　不同时期欧盟的山地自行车进口额在不同地理区域有所不同，通过欧盟统计局获得 2014—2018 年欧盟自各国/地区的山地自行车进口额数据，如表 9-7 所示。试分析地理区域（即不同国家/地区）和时间对欧盟山地自行车进口额是否有显著影响（$\alpha = 0.05$）。

表 9-7　2014—2018 年欧盟自不同国家/地区的山地自行车进口额　　美元

年　份	中国台湾	柬埔寨	孟加拉国	中国大陆	菲律宾	印度尼西亚
2014	645 575 323	312 060 937	72 853 470	24 126 754	51 456 443	25 842 733
2015	636 690 105	346 947 212	80 931 369	28 683 167	45 143 563	25 573 924
2016	578 639 169	325 528 265	71 770 460	20 263 848	37 841 811	34 596 463
2017	492 936 032	322 455 712	72 711 282	58 001 096	51 683 003	31 825 611
2018	467 080 154	358 641 085	73 115 434	66 600 795	49 936 623	39 427 380

双因素方差分析又分为两种情况。

第一种情况是如果两个分类自变量对因变量的影响是相互独立的，分别判断两个分类自变量对因变量的影响，此时的双因素方差分析称为无交互作用双因素方差分析。

第二种情况是如果两个分类自变量的搭配还会对欧盟山地自行车进口额产生一种超越于两个因素单独产生的新影响，此时的双因素方差分析称为有交互作用双因素方差分析。

二、无交互作用双因素方差分析

双因素方差分析中，一个因素安排在"行"（row）的位置，称为行因素；另一个因素安排在"列"(column)的位置,称为列因素。设行因素有 k 个水平:行 1,行 2,…,行 k;列因素有 r 个水平:列 1,列 2,…,列 r。行因素和列因素的每一个水平都可以搭配成一组,观察它们对试验数据的影响,共抽取 kr 个观察数据,其数据结构如表 9-8 所示。

表 9-8 双因素方差分析的数据结构

因 素		列因素(j)				平均值 $\bar{x}_{i.}$
		列 1	列 2	…	列 r	
行因素 i	行 1	x_{11}	x_{12}	…	x_{1r}	$\bar{x}_{1.}$
	行 2	x_{21}	x_{22}	…	x_{2r}	$\bar{x}_{2.}$
	⋮	⋮	⋮	⋮	⋮	⋮
	行 k	x_{k1}	x_{k2}	…	x_{kr}	$\bar{x}_{k.}$
平均值 $\bar{x}_{.j}$		$\bar{x}_{.1}$	$\bar{x}_{.2}$	…	$\bar{x}_{.r}$	$\bar{\bar{x}}$

表 9-8 中,$\bar{x}_{i.}$ 是行因素的第 i 个水平下各观察值的平均值,其计算公式为

$$\bar{x}_{i.} = \frac{\sum_{j=1}^{r} x_{ij}}{r}, \quad (i=1,2,\cdots,k; j=1,2,\cdots,r) \tag{9-10}$$

$\bar{x}_{.j}$ 是列因素的第 j 个水平下各观察值的平均值,其计算公式为

$$\bar{x}_{.j} = \frac{\sum_{i=1}^{k} x_{ij}}{k}, \quad (i=1,2,\cdots,k; j=1,2,\cdots,r) \tag{9-11}$$

$\bar{\bar{x}}$ 是全部 $k \times r$ 个样本数据的总平均值,其计算公式为

$$\bar{\bar{x}} = \frac{\sum_{i=1}^{k}\sum_{j=1}^{r} x_{ij}}{kr}, \quad (i=1,2,\cdots,k; j=1,2,\cdots,r) \tag{9-12}$$

无交互作用双因素方差分析的步骤与单因素方差分析的步骤完全一样。

1. 提出假设

对行因素提出的假设为

$H_0: \mu_{1.}=\mu_{2.}\cdots=\mu_{i.}=\cdots=\mu_{k.}$　　行因素(自变量)对因变量没有显著影响

$H_1: \mu_{1.},\mu_{2.},\cdots,\mu_{k.}$ 不全相等　　行因素(自变量)对因变量有显著影响

式中,$\mu_{i.}$ 为行因素第 i 个水平(总体)的均值。

对列因素提出的假设为

$H_0: \mu_{.1}=\mu_{.2}=\cdots=\mu_{.i}=\cdots=\mu_{.r}$　　列因素(自变量)对因变量没有显著影响

$H_1: \mu_{.1},\mu_{.2},\cdots,\mu_{.r}$ 不全相等　　列因素(自变量)对因变量有显著影响

式中,$\mu_{.j}$ 为列因素第 j 个水平的均值。

2. 计算 F 检验统计量

与单因素方差分析构造统计量方法一样,也从总平方和的分解入手。总平方和是全部样本观察值 $x_{ij}, i=1,2,\cdots,k; j=1,2,\cdots,r$,与总样本平均值 $\bar{\bar{x}}$ 的误差平方和,记为

SST，即

$$SST = \sum_{i=1}^{k} \sum_{j=1}^{r} (x_{ij} - \bar{\bar{x}})^2$$

$$= \sum_{i=1}^{k} \sum_{j=1}^{r} (\bar{x}_{i\cdot} - \bar{\bar{x}})^2 + \sum_{i=1}^{k} \sum_{j=1}^{r} (\bar{x}_{\cdot j} - \bar{\bar{x}})^2 +$$

$$\sum_{i=1}^{k} \sum_{j=1}^{r} (x_{ij} - \bar{x}_{i\cdot} - \bar{x}_{\cdot j} + \bar{\bar{x}})^2 \tag{9-13}$$

其中，分解后的等式右边的第一项是行因素所产生的误差平方和，记为 SSR，即

$$SSR = \sum_{i=1}^{k} \sum_{j=1}^{r} (\bar{x}_{i\cdot} - \bar{\bar{x}})^2 \tag{9-14}$$

第二项是列因素所产生的误差平方和，记为 SSC，即

$$SSC = \sum_{i=1}^{k} \sum_{j=1}^{r} (\bar{x}_{\cdot j} - \bar{\bar{x}})^2 \tag{9-15}$$

第三项是除行因素和列因素之外的剩余因素影响产生的误差平方和，称为随机误差平方和，记为 SSE，即

$$SSE = \sum_{i=1}^{k} \sum_{j=1}^{r} (x_{ij} - \bar{x}_{i\cdot} - \bar{x}_{\cdot j} + \bar{\bar{x}})^2 \tag{9-16}$$

在费歇尔的三个经典前提假设下，无交互作用的双因素方差分析存在单因素方差分析平方和分解类似关系，即

$$SST = SSR + SSC + SSE \tag{9-17}$$

在上述误差平方和的基础上，计算均方，也就是将各平方和除以相应的自由度。与各误差平方和相对应的自由度分别是：

总平方和 SST 的自由度为 $k \times r - 1$。

行因素的误差平方和 SSR 的自由度为 $k-1$。

列因素的误差平方和 SSC 的自由度为 $r-1$。

随机误差平方和 SSE 的自由度为 $(k-1) \times (r-1)$。

为构造检验统计量，需要计算下列各均方。

行因素的均方，记为 MSR，即

$$MSR = \frac{SSR}{k-1} \tag{9-18}$$

列因素的均方，记为 MSC，即

$$MSC = \frac{SSC}{r-1} \tag{9-19}$$

随机误差项的均方，记为 MSE，即

$$MSE = \frac{SSE}{(k-1)(r-1)} \tag{9-20}$$

为检验行因素对因变量的影响是否显著，采用下面的统计量：

$$F_R = \frac{MSR}{MSE} \sim F(k-1, (k-1)(r-1)) \tag{9-21}$$

为检验列因素的影响是否显著,采用下面的统计量:
$$F_C = \frac{\text{MSC}}{\text{MSE}} \sim F(r-1, (k-1)(r-1)) \qquad (9\text{-}22)$$

3. 统计决策

根据给定的显著性水平 α 和两个自由度,使用统计软件得到相应的临界值 F_α,然后将 F_R 和 F_C 与 F_α 进行比较。

若 $F_R > F_\alpha$,则拒绝原假设 H_0,表明 $\mu_{i\cdot}, i=1,2,\cdots,k$ 之间的差异是显著的;也就是说,所检验的行因素对观测值有显著影响。

若 $F_C > F_\alpha$,则拒绝原假设 H_0,表明 $\mu_{\cdot j}, j=1,2,\cdots,r$ 之间的差异是显著的;也就是说,所检验的列因素对观测值有显著影响。

为了方便阅读计算结果,通常将上述过程的内容列成方差分析表,其一般形式如表 9-9 所示。

表 9-9 无交互作用双因素方差分析表

A	B	C	D	E	F	G
误差来源	误差平方和 SS	自由度 df	均方 MS	F 值	P 值	F 临界值
行元素	SSR	$k-1$	MSR	F_R		
列元素	SSC	$r-1$	MSC	F_C		
误差	SSE	$(k-1)\times(r-1)$	MSE			
总和	SST	$kr-1$				

根据例 9-3 中的数据,假定地理因素和时间因素两个因素不存在交互作用,分析地理因素和时间因素对欧盟山地自行车进口额是否有显著影响($\alpha=0.05$)。

解:首先对两个因素分别提出如下假设。

行因素(时间):

$H_0: \mu_{1\cdot} = \mu_{2\cdot} = \mu_{3\cdot} = \mu_{4\cdot} = \mu_{5\cdot}$　　时间对欧盟山地自行车进口额没有显著影响

$H_1: \mu_{1\cdot}, \mu_{2\cdot}, \mu_{3\cdot}, \mu_{4\cdot}, \mu_{5\cdot}$ 不全相等　　时间对欧盟山地自行车进口额有显著影响

列因素(地区):

$H_0: \mu_{\cdot 1} = \mu_{\cdot 2} = \mu_{\cdot 3} = \mu_{\cdot 4} = \mu_{\cdot 5} = \mu_{\cdot 6}$　　地区对欧盟山地自行车进口额没有显著影响

$H_1: \mu_{\cdot 1}, \mu_{\cdot 2}, \mu_{\cdot 3}, \mu_{\cdot 4}, \mu_{\cdot 5}, \mu_{\cdot 6}$ 不全相等　　地区对欧盟山地自行车进口额有显著影响

这里直接利用 Excel 给出其计算结果,步骤与上面介绍的单因素方差分析类似,只需要将第 2 步中的【方差分析:单因素方差分析】改为【方差分析:无重复双因素分析】即可。表 9-10 就是 Excel 输出的无交互作用双因素方差分析结果。

表 9-10 Excel 输出的无交互作用双因素方差分析结果

方差分析:无重复双因素分析				
SUMMARY	观测数	求和	平均	方差
2014	6	1.13E+09	1.89E+08	6.2E+16

方差分析：无重复双因素分析

SUMMARY	观测数	求和	平均	方差
2015	6	1.16E+09	1.94E+08	6.2E+16
2016	6	1.07E+09	1.78E+08	5.17E+16
2017	6	1.03E+09	1.72E+08	3.65E+16
2018	6	1.05E+09	1.76E+08	3.5E+16
中国台湾	5	2.82E+09	5.64E+08	6.65E+15
柬埔寨	5	1.67E+09	3.33E+08	3.64E+14
孟加拉国	5	3.71E+08	74 276 403	1.41E+13
中国大陆	5	1.98E+08	39 535 132	4.5E+14
菲律宾	5	2.36E+08	47 212 289	3.44E+13
印度尼西亚	5	1.57E+08	31 453 222	3.49E+13

方差分析

差异源	SS	df	MS	F	P-value	F crit
行	2.09E+15	4	5.24E+14	0.373	0.825	2.866
列	1.21E+18	5	2.42E+17	172.031	1.01E−15	2.711
误差	2.81E+16	20	1.41E+15			
总计	1.24E+18	29				

表 9-10 中的"行"指行因素，即时间因素；"列"指列因素，即地理因素。根据方差分析表的计算结果得出以下结论。

由于 $F_R=0.373<F_\alpha=2.866$，所以不能拒绝原假设 H_0，表明 μ_1，μ_2，μ_3，μ_4，μ_5 的差异是不显著的，这说明目前的数据无法证实时间因素对欧盟山地自行车进口额有显著影响。

由于 $F_C=172.031>F_\alpha=2.711$，所以拒绝原假设 H_0，表明 μ_1，μ_2，μ_3，μ_4，μ_5，μ_6 之间的差异显著，认为地理因素对欧盟山地自行车进口额有显著影响。

直接用 P-value 进行判断，结论也是一样。用于检验行因素（时间因素）的 P 值（P-value）$=0.825>\alpha=0.05$，所以不能拒绝原假设 H_0；用于检验列因素（地理因素）的 P-value $=1.01\times10^{-15}<\alpha=0.05$，所以拒绝原假设 H_0。

地理因素和时间因素与欧盟山地自行车进口额之间的关系强度究竟如何？与单因素方差分析类似，定义所分析的两个分类自变量对因变量的联合效应与总平方和的比值为 R^2，其平方根反映了这两个自变量（地理因素和时间因素）合起来与因变量之间的关系强度。即

$$R^2 = \frac{SSR + SSC}{SST} \tag{9-23}$$

利用表 9-10 中的数据可以计算地理因素和时间因素与欧盟山地自行车进口额之间的关系强度 $R^2 = \frac{SSR+SSC}{SST} = \frac{2.09 \times 10^{15} + 1.21 \times 10^{18}}{1.24 \times 10^{18}} \approx 97.75\%$。

三、有交互作用双因素方差分析

在例 9-3 的分析中,假定时间和地理这两个因素对欧盟山地自行车进口额这个因变量的影响是独立的。但是,如果考虑影响欧盟山地自行车进口额的时间和地理区域两个因素时,这两个因素搭配在一起有可能对因变量产生一种新的效应,此时就需要考虑交互作用对因变量的影响,也就构成了有交互作用的双因素方差分析。

例 9-4 欧盟在不同时期的山地自行车进口额在不同地理区域有所不同。通过欧盟统计局取得各国/地区 2016—2018 年的欧盟山地自行车进口额数据(单位:美元),如表 9-11 所示。试分析地理因素和时间因素对欧盟山地自行车进口额是否有显著影响(考虑交互作用的影响)($\alpha = 0.05$)?

表 9-11 地理位置、地理区域和欧盟山地自行车进口额　　　　美元

因　素		时 间 因 素		
		2016 年	2017 年	2018 年
地理因素	欧洲	2 784 278	5 415 194	8 012 728
		961 122	871 365	2 115 323
		245 770	127 892	158 755
	亚洲	578 639 169	492 936 032	467 080 154
		325 528 265	322 455 712	358 641 085
		71 770 460	72 771 282	73 115 434
	美洲	4 606 881	3 177 714	2 603 730
		396 037	560 748	320 268
		5 497	6 449	215 349

与单因素方差分析、无交互作用的方差分析方法类似,有交互作用的方差分析也需要提出假设、计算 F 检验统计量、统计决策等步骤。与无交互作用的方差分析不同的地方在于,有交互作用的方差分析在提出假设时,需要对行变量、列变量和交互作用变量分别提出假设,方法与前述类似。

有交互作用的方差分析表的数据结构与表 9-8 类似,其方差分析表的一般形式如表 9-12 所示。

有交互作用双因素方差分析的步骤与无交互作用双因素方差分析、单因素方差分析的步骤完全一样。

表 9-12 有交互作用双因素方差分析表

误差来源	平方和 SS	自由度 df	均方 MS	F 值 F	P 值 P-value	F 临界值 F crit
行元素	SSR	$k-1$	MSR	F_R		
列元素	SSC	$r-1$	MSC	F_C		
交互作用	SSRC	$(k-1)\times(r-1)$	MSRC	F_{RC}		
误差	SSE	$kr(m-1)$	MSE			
总和	SST	$kr-1$				

1. 提出假设

对行因素提出的假设为

$H_0: \mu_{1.}=\mu_{2.}\cdots=\mu_{i.}=\cdots=\mu_{k.}$　行因素(自变量)对因变量没有显著影响

$H_1: \mu_{1.},\mu_{2.},\cdots,\mu_{k.}$ 不全相等　行因素(自变量)对因变量有显著影响

式中,$\mu_{i.}$ 为行因素第 i 个水平(总体)的均值。

对列因素提出的假设为

$H_0: \mu_{.1}=\mu_{.2}\cdots=\mu_{.j}=\cdots=\mu_{.r}$　列因素(自变量)对因变量没有显著影响

$H_1: \mu_{.1},\mu_{.2},\cdots,\mu_{.r}$ 不全相等　列因素(自变量)对因变量有显著影响

式中,$\mu_{.j}$ 为列因素第 j 个水平的均值。

对交互作用因素提出的假设为

$H_0: \mu_{11}=\mu_{12}\cdots=\mu_{ij}=\cdots=\mu_{kr}$　交互作用(自变量)对因变量没有显著影响

$H_1: \mu_{11},\mu_{12},\cdots,\mu_{kr}$ 不全相等　交互作用(自变量)对因变量有显著影响

式中,μ_{ij} 为行因素第 i 个水平,列因素第 j 个水平的均值。

2. 计算 F 检验统计量

与单因素方差分析构造统计量方法一样,也从总平方和的分解入手。总平方和是全部样本观察值 $x_{ijl}=(i=1,2,\cdots,k;j=1,2,\cdots,r;l=1,2,\cdots,m)$ 与总样本平均值 $\bar{\bar{x}}$ 的误差平方和,记为 SST,即

$$\text{SST}=\sum_{i=1}^{k}\sum_{j=1}^{r}\sum_{l=1}^{m}(x_{ijl}-\bar{\bar{x}})^2 \quad (9-24)$$

其中,行变量平方和(SSR):

$$\text{SSR}=rm\sum_{i=1}^{k}(\bar{x}_{i.}-\bar{\bar{x}})^2 \quad (9-25)$$

列变量平方和(SSC):

$$\text{SSC}=km\sum_{j=1}^{r}(\bar{x}_{.j}-\bar{\bar{x}})^2 \quad (9-26)$$

交互作用平方和(SSRC):

$$\text{SSRC}=m\sum_{i=1}^{k}\sum_{j=1}^{r}(\bar{x}_{ij}-\bar{x}_{i.}-\bar{x}_{.j}+\bar{\bar{x}})^2 \quad (9-27)$$

在费歇尔的三个经典前提假设下,有交互作用的双因素方差分析存在单因素方差分析平方和分解类似关系,即

$$\text{SST}=\text{SSR}+\text{SSC}+\text{SSE}+\text{SSRC} \quad (9-28)$$

因此误差平方和(SSE),可以直接利用公式(9-29)进行计算:
$$SSE = SST - SSR - SSC - SSRC \tag{9-29}$$

在上述误差平方和的基础上,计算均方,也就是将各平方和除以相应的自由度。与各误差平方和相对应的自由度分别如下。

总平方和 SST 的自由度为 $n-1$。

行变量误差平方和 SSR 的自由度为 $k-1$。

列变量误差平方和 SSC 的自由度为 $r-1$。

交互作用误差平方和 SSRC 的自由度为 $(k-1)\times(r-1)$。

误差平方和 SSE 的自由度为 $kr(m-1)$。

余下检验方法与步骤和无交互作用双因素方差分析方法一致。

表 9-13 是 Excel 输出的有交互作用双因素方差分析结果。

表 9-13　Excel 输出的有交互作用双因素方差分析结果

方差分析:可重复双因素分析

SUMMARY	2016	2017	2018	总计
欧洲				
观测数	3	3	3	9
求和	3 991 170	6 414 451	10 286 806	20 692 427
平均	1 330 390	2 138 150.333	3 428 935.333	2 299 158.556
方差	1.713 27E+12	8.192 45E+12	1.671 54E+13	7.495 49E+12
亚洲				
观测数	3	3	3	3
求和	975 937 894	888 103 026	898 836 673	2 762 877 593
平均	325 312 631.3	296 034 342	299 612 224.3	306 986 399.2
方差	6.422 9E+16	4.467 08E+16	4.141 54E+16	3.777 01E+16
美洲				
观测数	3	3	3	9
求和	5 008 415	3 744 911	3 139 347	11 892 673
平均	1 669 471.667	1 248 303.667	1 046 449	1 321 408.111
方差	6.509 41E+12	2.868 78E+12	1.821 6E+12	2.875 73E+12
总计				
观测数	9	9	9	
求和	984 937 479	898 262 388	912 262 826	

续表

方差分析：可重复双因素分析

平均	109 437 497.7	99 806 932	101 362 536.2
方差	4.227 3E+16	3.282 98E+16	3.246 74E+16

方差分析

差异源	SS	df	MS	F	P-value	F crit
样本	5.59E+17	2	2.79E+17	16.725	7.853 1E−05	3.55
列	4.81E+14	2	2.401E+14	0.014	0.986	3.55
交互	1.06E+15	4	2.64E+14	0.016	0.999	2.93
内部	3.01E+17	18	1.67E+16			
总计	8.61E+17	26				

3. 统计决策

根据表9-13输出的结果可知，用于检验地理位置的行因素（输出表中为"样本"）的 P 值 $=7.853\ 1\times10^{-5}<0.05$，所以拒绝原假设，表明欧盟自不同地理位置的山地自行车进口额之间存在显著差异。用于检验时间因素的列因素的 P 值 $=0.986>0.05$，所以不能拒绝原假设，表明2016—2018年间欧盟山地自行车进口额之间不存在显著差异。交互作用反映的是地理因素和时间因素两个因素联合产生的对欧盟山地自行车进口额的附加效应，用于检验的 P 值 $=0.999>0.05$，所以不能拒绝原假设，表明地理因素和时间因素的交互作用对欧盟山地自行车进口额没有显著影响。

思考与练习

一、思考题

1. 什么是方差分析？举例说明方差分析可以解决的实际问题。
2. 简述方差分析的基本思想。
3. 方差分析有哪些基本前提假设？

二、练习题

1. 为分析广告节目播放时间对观众人数是否有显著影响，某电视台就本电视台播放的四个时段广告对观众进行了调查。经过现场问卷调查后，将调查数据录入计算机，通过统计软件对调查数据处理，得到如下的方差分析表。试根据表9-14内容，完成单因素方差分析表，并说明广告节目播放时间对观众人数是否有显著影响。

表9-14 单因素方差分析表

方差来源	平方和	自由度	均方	F 统计量	F 临界值
因子	3 678	3			3.24
误差					
总和	3 960	19			

2.某地区的消防专家到不同的学校举办消防安全知识讲座,每次讲座的内容基本上是一样的,但讲座的听课者有时是大学生,有时是高中生,有时是初中生。一般认为,不同层次的学生对讲座的满意度是不同的。对听完讲座后随机抽取的不同层次的学生的满意度评分如下(评分标准从1~10,10代表非常满意),数据如表9-15所示。

表9-15　学生对讲座满意度评分

大学生	高中生	初中生
6	8	6
8	8	4
7	9	5
7	10	8
9	10	7
8	9	
8	8	

取显著性水平 $\alpha=0.05$,检验学生层次的不同是否会导致评分的显著性差异。

3.为比较不同地区的通勤时间,在国内6个不同的城市,在早晨7点半到8点半之间通勤的员工中随机选取独立的样本,获得数据表9-16(单位:分钟)。

表9-16　六大城市早高峰通勤时长

单程通勤时间					
北京	上海	南京	广州	深圳	重庆
42	18	29	15	30	29
35	37	21	54	19	20
46	37	20	23	31	30
42	25	15	33	39	24
20	32	37	35	30	33
56	48	26	45		
39	50				
70					

试分析6个城市的通勤时间之间有无显著差异($\alpha=0.10$)。

4.某化妆品公司要分析一种化妆品是否受到消费者的欢迎,市场部在北京、上海、深圳三地进行了市场抽样调查,消费者的评价结果如表9-17所示。

表9-17　来自不同城市的消费者对某化妆品的评价

编号	北京	上海	深圳
1	66	87	79
2	74	59	65
3	75	69	70
4	79	70	60
5	84	78	49

续表

编号	北京	上海	深圳
6	56	88	45
7	55	80	51
8	68	72	68
9	74	84	59
10	88	77	49

试用方差分析方法来分析三地目标人群对该产品的看法是否相同（$\alpha=0.05$）。如果有显著差异，用 LSD 法检验哪些城市的目标人群有差异。

5. 某奶制品公司开发了一种新型儿童运动饮料，采用了 A、B、C 三款销售包装，在 4 个地区销售，为分析该饮料的销售包装方式和销售地区对销售额的影响（影响独立），对各种包装方式的饮料在各地区的销售额取得如表 9-18 所示数据。

表 9-18　不同销售包装的饮料在各地区的销售额　　　万元/月

销售地区	销售包装方式		
	A	B	C
地区 1	45	60	40
地区 2	50	65	30
地区 3	40	50	50
地区 4	35	75	45

检验不同的地区和不同的包装方法对该饮料的销售额是否有显著影响（$\alpha=0.05$）。

习题数据

即测即练

第十章 一元线性回归

在经济学里,房价与收入直接的关系是一个常被研究的问题。研究者们常关心房价是否受收入影响,如果是的话,在多大程度上受影响。这些问题的回答,一方面可为房市政策的制定提供一定的依据。例如,如果研究发现房价的变化与收入变化无关,其可能意味着房地产市场存在严重泡沫,因此监管部门需要制定政策进行干预。另一方面也可为房屋的投资者和购买者提供一定的决策信息。例如,购房者可以通过某地的平均收入预测当地房价的合理范围,进而判断卖房者的报价是否合理。本章思考与练习中有2020年某城市Z 6月39个住宅区的房价和收入数据,我们该如何分析房价与收入的关系呢?本章中,我们将学到分析类似问题的基本工具:一元线性回归。

在研究了总体的统计特性和多总体之间的关系后,对于表达总体特征各变量之间的关系的研究进入我们的视野,特别是那些具有因果关系的变量,如果以模型的形式表达出来,将能够达到预测的目的,亦能够更好地认知总体。

第一节 变量间关系的度量

如果变量之间有某种可描述的关系,就可以以模型表达出来。在这之前,需要知道变量间关系的分类,以区分可度量的变量与不可度量的变量,明确可度量的变量如何度量。

一、变量间关系的分类

各种自然现象和社会经济现象之间,既普遍联系又互相制约,反映这些现象的变量,随着时间、地点、条件的不同,也在不断地变化。现象之间的关系,决定着反映现象的变量之间的关系,而这些相互影响的关系概括起来不外乎两类:确定性关系和相关关系。

(1) 确定性关系。设有两个变量 x 和 y,如果变量 x 的变动可以引起另一变量 y 的变化,而且变量 x 的数值确定以后,变量 y 的数值也随之确定,则称变量 x 和 y 具有确定性关系,这种确定性的关系也称为函数关系。即称 y 是 x 的函数,记为 $y = f(x)$。例如,圆的面积和半径的关系。

(2) 相关关系。相关关系是指某一变量的变动,不只受一个变量变动的影响,而是受多个变量变动的综合影响,因而当其中的某一个影响变量的数值确定以后,被影响的变量无法有确定的数值与之对应,即变量间关系不能用函数关系精确地表达,或者一个变量的取值不能由另一个变量唯一确定。我们将变量之间存在的这种关系称为相关关系。例如,铁路客运周转量与国内生产总值之间,二者虽然存在着一定的互相依存、互相制约的关系,但由于两者均受其他多种因素变动的影响,二者之间就构成相关关系。如客运量与地区的经济发展水平之间、商品消费量与居民收入之间、商品销售额与广告费支出之间、收入与受教育程度之间等,这些关系都是相关关系。

确定性关系与相关关系,尽管反映的是变量间不同类型的关系,但两者也有一定的联系,如在处理相关关系时,人们往往运用确定性的函数关系近似地替代相关关系。

二、相关关系的分类

从不同角度考察相关关系,相关关系又可以分为很多类。

(1) 按表现形式的不同,相关关系分为线性相关和非线性相关。

① 线性相关。当现象之间有相关关系时,若将两个变量成对出现的数据反映在一个平面直角坐标系中,每个变量各占一个坐标轴。当两变量同方向变动时,这些观察点大致散布在一条直线的附近,则认为这两种现象之间的变动关系为线性相关的形式,简称线性相关。例如,铁路货车的使用期限与临时修理次数,就呈现为线性相关的形式。

按变动方向上的差异,线性相关分为正相关和负相关。

其一,正相关。当某一现象的变量值增加或减少时,另一现象的变量值也随之增加或减少,即两变量的变动方向一致,则认为这两种现象之间为正相关关系。例如,随着居民收入水平的提高,居民的消费水平也提高,收入和消费为正相关关系。

其二,负相关。当某一现象的变量值增加或减少时,另一现象的变量值却随之减少或增加,即变量的变动方向相反,则认为这两种现象之间为负相关关系。例如,随着运输支出的减少,运输利润呈现增加的趋势。这样的相关关系,均属负相关。

应当注意:由于表达变量之间关系的曲线变动方向不总是确定的,某一部分表现出正相关后,可能另一部分表现为负相关,即正负相关的形态同时存在。

② 非线性相关。当现象之间成对出现的数据,在平面直角坐标系中,不能表现为一条近似的直线,即某一变量的变动,不是引起另一变量同方向变动,交叉点的分布更近似于某种类型的曲线图形时,则认为这两种现象之间的变动关系为非线性相关的形式,也称曲线相关。例如,铁路列车的重量与牵引列车机车的燃料消耗量,就呈现为双曲线相关的形式。

(2) 按紧密程度的不同,相关关系分为完全相关、不完全相关和零相关。

① 完全相关。当某一现象变量的变动完全随着另一现象变量的变动而变动时,则认为这两种现象所对应的变量间的关系绝对紧密,称为完全相关。

② 不完全相关。当某现象变量的变动并不是严格地随着另一现象变量的变动而变动,但两者之间又确实存在着一定的依存关系,则认为这两种现象变量间的关系为松散的相关,称为不完全相关。

③ 零相关。当两种现象所对应的变量之间互不影响、各自独立时,则认为两种现象变量间的相关关系不存在,称为零相关,也称不相关或无相关。

在相互影响的两变量间的关系,即确定性关系与相关关系中,研究的是相关关系,即两变量之间既存在一定关系,但关系又不是确定性的情形。在研究变量间的相关关系时,需解决以下主要问题。

① 从样本观察数据看,变量之间是否具有相关关系?
② 如果变量之间有相关关系,这种相关性的程度有多大?
③ 在样本中表现出来相关性,能否说明两个变量总体之间也有这种关系?

为研究两个变量之间是否存在互相联系,我们可将这两个变量用散点图表示出来,通过它可以直观地看出变量之间相互关系的模式。若散点图呈现较集中的形状,则说明相关程度高。若散点图呈现分散形状,说明相关程度低或不相关。相关分析就是研究不同变量间存在的相互变动的关系,来揭示事物间存在的本质的联系。

三、线性相关关系的分析

1. 散点图

如果通过一些途径,如定性分析,觉得两个变量应该有线性关系,就应该首先分析抽取样本数据,并依据数据对两变量是否具有线性关系作出初步判断,人们往往采用作散点图的方法来大体发现两变量之间是否有线性关系。做法如下:

设有变量 X、Y,并且通过抽样方式获得 n 对变量观察值 $(x_1, y_1), (x_2, y_2), (x_3, y_3), \cdots, (x_n, y_n)$。把这些观察值数据反映在平面直角坐标系中,一般用横轴表示自变量 X,纵轴表示因变量 Y。每组数据 (x_i, y_i) 在坐标系中用一个交叉点表示,所有观察值点逐一标出后,就形成了散点图。散点图是对两变量间是否存在相关关系以及相关关系形态是何种类型进行快速、粗略测定的一种统计分析工具。

以本章思考与练习里某城市 Z 的房价和收入数据为例,我们可以画出如图 10-1 所示的散点图。

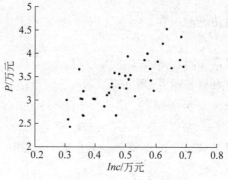

图 10-1　房价与收入的散点图

观察图中各点的分布情况,就可以直观地看出两变量之间相关关系的大致状况。具有线性相关性的散点图中各数据点的分布特征是:随着 X 值的增大,Y 值也按某个比例增大;或随着值 X 的增大,Y 值则按某个比例减少。房价与收入两变量呈现正相关关系。

依据所掌握的数据资料绘制成的散点图,当其数据点的排列近似于某种曲线形态时(如抛物线、指数曲线、双曲线),则可以初步测定两变量间存在着曲线相关关系。假如数据点的排列杂乱无章,观察不出两变量间有何依存关系,则可判定两变量之间不存在相关关系(零相关)或相关关系十分微弱。

2. 相关系数

散点图虽能帮助我们对变量之间的相关关系作出一般性的测定,但只能是大体的和初步的判断,作为统计研究的方法还应当从数量上明确地反映相关关系的紧密程度,计算出反映两变量间相关关系的数值。也就是说我们需要回答第二个问题：如果通过散点图初步判断出两变量之间可能具有线性相关关系,那么能否给出两变量具有线性关系究竟有多强的数量刻画呢?

设置衡量线性相关关系的统计分析指标是必不可少的。当前普遍认为相关系数(correlation coefficient)是测定两个变量之间是否存在线性相关关系以及相关关系的紧密程度、变动方向的较为完善的统计分析指标。

一种最常用的样本相关系数的定义如下：

$$r = \frac{n\sum xy - \sum x \sum y}{\sqrt{n\sum x^2 - (\sum x)^2} \cdot \sqrt{n\sum y^2 - (\sum y)^2}}$$

式中,r 为皮尔逊相关系数(Pearson's correlation coefficient),x 与 y 为样本观察值;n 为观察值个数。

相关系数的取值范围在 1 和 -1 之间,即 $-1 \leqslant r \leqslant 1$。相关系数 r 的绝对值越接近于 1,说明两变量间的相关关系越紧密。当绝对值等于 1 时,说明两变量间的相关关系为完全线性相关,即两变量间为确定性的函数关系。相关关系 r 的数值越接近于 0,则说明两变量间的相关关系越微弱。当数值等于 0 时,说明两变量间完全不存在线性相关的关系。相关系数 r 的数值为正时($r > 0$),说明两变量间的正相关;为负时($r < 0$),则说明两变量间为负相关。

对相关关系数 r 的数值绝对值在 0 与 1 之间时($0 < |r| < 1$),有如下的经验判定规则可供参考。

当 $|r| < 0.3$ 时,可判定为微弱相关;当 $0.3 < |r| < 0.5$ 时,可判定为低度相关;当 $0.5 < |r| < 0.8$ 时,可判定为显著相关;当 $0.8 < |r| < 1$ 时,可判定为高度相关。

也有把相关程度划分为三类等级的,即当 $|r|$ 在 0.3 左右时,为低度相关;当 $|r|$ 在 0.6 左右时,为中度相关;当 $|r|$ 在 0.9 左右时,为高度相关。

以本章思考与练习里某城市 Z 的房价和收入数据为例,可计算相关系数为

$$r = 0.78$$

表明房价和收入之间呈现显著的正相关关系。

3. 相关系数的显著性检验

下面看第三个问题：是否不仅在样本中,而且在总体中也有这种关系? 当我们通过作图、计算样本相关系数,判断出两者具有线性相关关系时,这个结论也只能适用于样本数据的范围,而且由于线性相关系数通常是根据样本数据计算得到的,还带有一定的随机性。样本容量越小其随机性就越大,如当变量 y 与 x 各有 2 个样本数据时,其相关系数总是 1,但这并不等于两个变量完全相关。因此存在一个问题：是不是对总体数据也能有同样的结论? 在总体数据未知的情况下,若仅仅依靠样本数据,则需要通过假设检验来作

出判断。

假设检验方法如下。

(1) 首先需要对两个变量的总体相关系数也给出定义,总体相关系数的定义如下:

$$\rho = \frac{\sigma_{XY}^2}{\sigma_X \sigma_Y} = \frac{\sum (X-\bar{X})(Y-\bar{Y})}{\sqrt{\sum(X-\bar{X})^2 \cdot \sum(Y-\bar{Y})^2}}$$

(2) 建立原假设:$H_0: \rho = 0$(x 与 y 没有线性相关关系);$H_1: \rho \neq 0$(x 与 y 存在线性相关关系)。

(3) 确定检验统计量:$t = \dfrac{|r| \cdot \sqrt{n-2}}{\sqrt{1-r^2}}$ 原假设成立的情况下,统计量 $t \sim t(n-2)$。

(4) 确定拒绝域:在给定显著性水平 α 下(通常 $\alpha = 0.05$),自由度为 $n-2$ 时,查 t 表可得临界值 $t_{\frac{\alpha}{2}}(n-2)$。于是拒绝域为 $\{t: |t| \geq t_{\frac{\alpha}{2}}\}$。若 $|t| > t_{\frac{\alpha}{2}}(n-2)$,表明 r 在统计上是显著的,由此判断两变量在总体上存在线性相关关系。若 $|t| < t_{\frac{\alpha}{2}}(n-2)$,表示 r 在统计上是不显著的,判断两变量在总体上不存在线性相关关系。

以本章思考与练习里某城市 Z 的房价和收入数据为例,相关系数的检验如下。

原假设:$H_0: \rho = 0$(x 与 y 没有线性相关关系);$H_1: \rho \neq 0$(x 与 y 存在线性相关关系)。

$$t = \frac{|r| \cdot \sqrt{n-2}}{\sqrt{1-r^2}} = \frac{0.78 \times \sqrt{39-2}}{\sqrt{1-0.78^2}} \approx 7.85$$

查表得,$t_{\frac{\alpha}{2}}(n-2) = t_{0.025}(37) = 2.34$。

计算 t 统计量大于临界值,因此拒绝原假设,即总体相关关系是显著的。

第二节 一元线性回归模型

在实际生活中,对两个随机变量 X 和 Y,我们常常关注它们之间是否存在因果关系。简单来说,两个变量间的因果关系指的是控制其他条件不变的情况下,其中一个变量(因)对另一个变量(果)的影响。通常,我们感兴趣的作为结果的变量(Y)是我们很难直接掌控或改变的,而作为它可能的原因的变量(X)是相对较易被我们影响或干预的。我们之所以关注它们是否存在因果关系,实际上就是想知道我们是否能通过影响 X 来影响 Y。此外,有时我们会发现某些研究中的 X 可能和 Y 一样也是难以控制的,在这种情况下研究者对 X 和 Y 间的因果关系感兴趣可能是出于其他原因。例如,在劳动经济学中,很多文献都在研究性别(X)与收入(Y)的关系,显然,X 是不可改变的。事实上,这些研究的目的主要是为了检验某个国家或地区是否存在性别歧视。当然,上述研究收入与房价关系的文献也属此类研究的例子。

在前面的学习中,我们已经知道相关系数可以用来度量两个随机变量间的相关关系,并且,我们可以通过样本对它们进行估计并做相应的统计推断。一个自然的问题是,相关关系能为我们了解因果关系提供充分的信息吗?事实上,在很多时候,答案是否定的。首先,相关关系没有区分因与果。假设我们知道 X 和 Y 存在正或负的相关关系,但是如果我们不知道 X 和 Y 的具体含义,是无法判断 X 和 Y 何为因何为果的。其次,即使我们知道 X 和 Y 的具体含义,且(不妨假设)Y 是我们关注的果,X 是我们较易干预的因,相关关系存在也并不意味着因果关系存在。例如,假设 Y 为 7 月游泳溺水死亡的人数,X 为当月冰淇淋的销量。如果我们有全世界若干城市在该月关于 X 和 Y 的数据,可以预期,通过估计和统计推断我们会发现 X 和 Y 是显著正相关的。但是,我们显然不能由此得出控制冰淇淋的销量就能减少游泳溺水死亡人数的结论。这一例子表明,要研究因果关系,仅有协方差和相关系数这两个概念是不够的,还需要新的分析工具,即接下来介绍的线性回归。

一、一元线性模型

假设 Y 是我们感兴趣的果,我们称之为被解释变量或因变量,X 是我们基于常识或相关学科的理论选出的可能与 Y 存在关系的因,我们称之为解释变量或自变量。如果 $\{x_i, y_i\}_{i=1}^n$ 是一组相应被观测到的样本,为了研究 X 和 Y 之间可能存在的因果关系,我们进一步假设 $\{x_i, y_i\}_{i=1}^n$ 是随机变量序列 $\{X_i, Y_i\}_{i=1}^n$ 的实现值、(X_i, Y_i) 与 (X, Y) 同分布,且

$$Y_i = a_0 + a_1 X_i + u_i$$

扩展阅读 10-1 回归

式中,a_0 和 a_1 为未知的回归系数,分别被称作截距和斜率;u_i 为观测不到的随机变量,包含了其他影响 Y_i 的因素,被称作误差。上述这一等式,我们称之为一元线性模型。这里"一元"指的是模型里仅含一个解释变量,"线性"指的是等式右边是一个关于回归系数的线性表达式。基于这一模型,我们可以看出,在 X 的变动与 u 无关的情况下,X 的变化对 Y 带来的影响完全取决于 a_1,即 $\partial Y/\partial X = a_1$。特别地,$a_1$ 的大小被称作 X 对 Y 的边际影响,其对应一单位 X 的变动导致的 Y 的变动量。如果 a_1 不等于零,则称 X 是显著的,其意味着因果关系存在;如果 a_1 等于零,则称 X 是不显著的,其意味着因果关系不存在。

一元线性模型是我们对随机变量 X 和 Y 之间关系的一种假设,它表明了我们主观上判断 X 可能是 Y 的原因,并且 X 通过"线性"机制影响 Y。然而,我们为什么能做"线性"的假设呢?事实上,我们做这一假设常常是源于对数据的观察:数据 $\{x_i, y_i\}_{i=1}^n$ 的散点图呈近似的线性关系。以思考与练习里某城市 Z 的房价和收入数据为例,图 10-1 房价与收入的散点图表明,房价 P_i 与收入 Inc_i 呈近似的线性关系,因此,我们可以建立如下模型:

$$P_i = a_0 + a_1 Inc_i + u_i$$

这里需要做进一步说明的是,数据的线性关系并不意味着因果关系的存在。事实上,一元线性模型能够研究 X 和 Y 之间因果关系的一个重要前提是上面所述的"X 的变动与 u 无关",只有这一条件成立,我们才可能在控制其他条件不变的情况下研究 X 对 Y 的影响,此时,数据的线性关系才是因果关系的真实反映。但事实上,在很多情况下,这一条件对一元线性模型都是不成立的。例如在上文举的关于溺水死亡人数(Y)与冰淇淋销售量(X)的例子里,气温是一个影响 Y 且与 X 相关的因素(包含在误差 u 里),因此 X 的变

动是与 u 相关的。所以,通过数据的散点图我们可能会发现 Y 与 X 间有明显的线性关系,但这只是气温变高导致 Y 与 X 都增大的结果,真实的 a_1 实际应该为零。在研究中,要做到"X 的变动与 u 无关",一个可行的方法是把 u 中与 X 相关的因素分离出来,这实际上是下一章将要介绍的多元线性回归。

二、最小二乘估计

在一元线性模型中,未知的回归系数 a_0 和 a_1 对我们了解 X 与 Y 间的关系至关重要。尽管它们不能被观测到,但是我们可以通过可观测的 $\{X_i, Y_i\}_{i=1}^n$ 对其进行估计。对一元线性模型里的回归系数,文献中存在多种估计方法,其中,历史最久、应用最广泛的是 Gauss 提出的最小二乘估计(least squares)。最小二乘估计的想法是:a_0 和 a_1 的估计量 $\hat{a}_0$ 和 $\hat{a}_1$ 在平均的意义上应该使得 $\hat{a}_0 + \hat{a}_1 X_i$ 离 Y_i 最近,其具体的定义为

$$(\hat{a}_0, \hat{a}_1) = \arg\min_{a_0, a_1} \sum_{i=1}^n (Y_i - a_0 - a_1 X_i)^2$$

特别地,我们把 $\hat{a}_0$ 和 $\hat{a}_1$ 称为一元线性模型的最小二乘估计量,$\hat{Y}_i = \hat{a}_0 + \hat{a}_1 X_i$ 为 Y_i 的预测值(又叫拟合值),$\hat{u}_i = Y_i - \hat{Y}_i$ 为估计残差。根据函数求极值的原理,我们知道 $\hat{a}_0$ 和 $\hat{a}_1$ 满足如下两个一阶(导函数)条件:

$$\begin{cases} \sum_{i=1}^n (Y_i - \hat{a}_0 - \hat{a}_1 X_i) = 0 \\ \sum_{i=1}^n X_i (Y_i - \hat{a}_0 - \hat{a}_1 X_i) = 0 \end{cases}$$

通过简单的计算,我们可以得到

$$\hat{a}_1 = \frac{\sum_{i=1}^n (X_i - \overline{X})(Y_i - \overline{Y})}{\sum_{i=1}^n (X_i - \overline{X})^2}, \quad \hat{a}_0 = \overline{Y} - \hat{a}_1 \overline{X}$$

式中,$\overline{X}$ 和 $\overline{Y}$ 为解释变量与被解释变量的平均数。实际研究中,我们常把一元线性模型和其对应的最小二乘估计统称为一元线性回归。

例 10-1 令 $Y_i = P_i$,$X_i = Inc_i$。由思考与练习的数据可以算出 $\sum_{i=1}^n X_i Y_i / n$、$\sum_{i=1}^n X_i^2 / n$、$\overline{X}$ 和 $\overline{Y}$ 分别为 1.685 685、0.248 727 2、0.486 615 4 和 3.379 744,此处 n 为 39。注意到

扩展阅读 10-2
Arg 函数

$$\hat{a}_1 = \frac{\sum_{i=1}^n X_i Y_i - n \overline{X} \overline{Y}}{\sum_{i=1}^n X_i^2 - n \overline{X}^2}$$

所以,房价对收入回归的斜率估计值为 3.440,截距估计值为 1.706。故月平均收入每增加

1 000 元,平均房价预期会上涨 3 440 元。

三、经典假设

最小二乘估计仅仅是众多估计一元线性模型的方法中的一种,它的应用范围为什么那么广呢?一个原因在于相较于其他估计方法,最小二乘估计更容易计算,特别是在计算机还未用于统计分析的时代。例如,对 Laplace 最早提出的最小一乘估计:

$$(\tilde{a}_0, \tilde{a}_1) = \arg\min_{a_0, a_1} \sum_{i=1}^n |Y_i - a_0 - a_1 X_i|$$

由于我们无法像最小二乘估计量那样给出 $\tilde{a}_0$ 和 $\tilde{a}_1$ 的显式解,要求解它们的值我们往往需要借助于计算机,而且,分析它们的理论性质也不像最小二乘估计量那样直观。因此,尽管最小一乘估计的提出有比最小二乘估计更久远的历史,其真正被广泛应用距今并不超过 30 年。

最小二乘估计应用广泛的第二个原因在于在一些假设下,我们能够证明最小二乘估计具有某些良好的统计性质。一组经典的假设如下。

A_1: $E(u_i) = 0$,且 u_i 独立于 X_i。

A_2: $\{X_i, Y_i\}_{i=1}^n$ 独立同分布。

A_3: $\mathrm{var}(u_i) = \sigma_u^2$。

A_4: u_i 服从正态分布。

本章中,我们将围绕这四个假设介绍一元线性回归的相关理论。在这些假设中,假设 A_1 是上文讨论过的"X 的变动与 u 无关"的严格阐述,是使最小二乘估计有效的最关键的假设;假设 A_2 表明我们当前讨论的模型及其理论性质主要适用于截面数据(即在一个时点上对不同个体收集的数据);假设 A_3 被称为同方差假设;假设 A_4 被称为正态性假设。在假设 $A_1 \sim A_3$ 下,我们能证明著名的 Gauss-Markov 定理,在假设 $A_1 \sim A_4$ 下,我们可以对模型中的回归系数进行统计推断。

四、Gauss-Markov 定理

最小二乘估计的优良性质,最早是通过 Gauss-Markov 定理来表述的。

Gauss-Markov 定理 对一元线性模型,最小二乘估计量在假设 $A_1 \sim A_3$ 下是最佳线性无偏估计量。这里的"线性"指的是 $\hat{a}_1$ 和 $\hat{a}_0$ 能写成 Y_i 的线性组合的形式:$\hat{a}_1 = \sum_{i=1}^n w_{1i} Y_i$,$\hat{a}_0 = \sum_{i=1}^n w_{0i} Y_i$。由 $\hat{a}_0$ 和 $\hat{a}_1$ 的公式,易看出

$$w_{1i} = \frac{X_i - \overline{X}}{\sum_{j=1}^n (X_j - \overline{X})^2}, \quad w_{0i} = \frac{\sum_{j=1}^n (X_j - \overline{X})^2 - n(X_i - \overline{X})\overline{X}}{n \sum_{j=1}^n (X_j - \overline{X})^2}$$

"无偏"指的是 $E(\hat{a}_1 | X_1, \cdots, X_n) = a_1$ 和 $E(\hat{a}_0 | X_1, \cdots, X_n) = a_0$,即 $\hat{a}_1$ 和 $\hat{a}_0$ 条件在解释变量上的期望等于对应的真实系数。"最佳"指的是对 a_1 和 a_0 的任一"线性无偏"估计量 $\breve{a}_1$ 和 $\breve{a}_0$,总有 $\mathrm{var}(\hat{a}_1 | X_1, \cdots, X_n) \leqslant \mathrm{var}(\breve{a}_1 | X_1, \cdots, X_n)$ 和 $\mathrm{var}(\hat{a}_0 | X_1, \cdots, X_n) \leqslant \mathrm{var}(\breve{a}_0$

$|X_1,\cdots,X_n)$,即最小二乘估计量在"线性无偏"估计量里,其条件方差最小。这三个性质中,"线性"是由最小二乘估计量本身的形式决定的。"无偏"是靠假设 A_1 和 A_2 保证的。"最佳"需在假设 $A_1 \sim A_3$ 下才成立。Gauss-Markov 定理本质上告诉了我们对一元线性模型,在所有线性无偏的估计量里,最小二乘估计量是最"精准"的估计量。

五、统计推断

最小二乘估计的另一个优良性质在于在假设 $A_1 \sim A_4$ 下,我们可以导出最小二乘估计量的分布,其可以用来对模型里的未知系数做统计推断。由 $\hat{a}_1$ 和 $\hat{a}_0$ 的"线性":$\hat{a}_1 = \sum_{i=1}^{n} w_{1i} Y_i$ 和 $\hat{a}_0 = \sum_{i=1}^{n} w_{0i} Y_i$,带入 $Y_i = a_0 + a_1 X_i + u_i$ 有 $\hat{a}_1 - a_1 = \sum_{i=1}^{n} w_{1i} u_i$ 和 $\hat{a}_0 - a_0 = \sum_{i=1}^{n} w_{0i} u_i$。由于在假设 $A_1 \sim A_4$ 下,u_i 是独立于所有解释变量、自身独立同分布、期望为 0 方差为 σ_u^2 的正态随机变量序列。又由于 w_{1i} 和 w_{0i} 是解释变量的函数,所以条件在解释变量上,$\hat{a}_1 - a_1$ 和 $\hat{a}_0 - a_0$ 服从正态分布,其期望皆为 0(根据无偏性),方差分别为

扩展阅读 10-3
Gauss-Markov 定理

$$\mathrm{var}(\hat{a}_1 - a_1 \mid X_1,\cdots,X_n) = \mathrm{var}(\sum_{i=1}^{n} w_{1i} u_i \mid X_1,\cdots,X_n) = \sum_{i=1}^{n} w_{1i}^2 \mathrm{var}(u_i \mid X_1,\cdots,X_n)$$

$$= \sum_{i=1}^{n} w_{1i}^2 \mathrm{var}(u_i) = \sigma_u^2 \sum_{i=1}^{n} w_{1i}^2 = \frac{\sigma_u^2}{\sum_{i=1}^{n}(X_i - \overline{X})^2}$$

$$\mathrm{var}(\hat{a}_0 - a_0 \mid X_1,\cdots,X_n) = \sum_{i=1}^{n} w_{0i}^2 \mathrm{var}(u_i \mid X_1,\cdots,X_n) = \sigma_u^2 \sum_{i=1}^{n} w_{0i}^2$$

$$= \frac{\sigma_u^2 \sum_{i=1}^{n} X_i^2}{n \sum_{i=1}^{n}(X_i - \overline{X})^2}$$

即

$$\hat{a}_1 - a_1 \mid X_1,\cdots,X_n \sim N\left(0, \frac{\sigma_u^2}{\sum_{i=1}^{n}(X_i - \overline{X})^2}\right)$$

$$\hat{a}_0 - a_0 \mid X_1,\cdots,X_n \sim N\left(0, \frac{\sigma_u^2 \sum_{i=1}^{n} X_i^2}{n \sum_{i=1}^{n}(X_i - \overline{X})^2}\right)$$

因此,令

$$\tilde{t}_1 = \frac{\hat{a}_1 - a_1}{\sigma_u \Big/ \sqrt{\sum_{i=1}^n (X_i - \overline{X})^2}}, \quad \tilde{t}_0 = \frac{\hat{a}_0 - a_0}{\sigma_u \sqrt{\sum_{i=1}^n X_i^2} \Big/ \sqrt{n \sum_{i=1}^n (X_i - \overline{X})^2}}$$

我们有

$$\tilde{t}_1 \mid X_1, \cdots, X_n \sim N(0,1), \quad \tilde{t}_0 \mid X_1, \cdots, X_n \sim N(0,1)$$

由于标准正态分布不依赖于解释变量,上面的条件正态结果也是无条件正态的:

$$\tilde{t}_1 \sim N(0,1), \quad \tilde{t}_0 \sim N(0,1)$$

如果 σ_u 已知,我们即可利用上面的结果对 a_0 和 a_1 做统计推断。例如,我们常关心 a_1 是否为 0,即 X 和 Y 间是否存在因果关系,此时 $\tilde{t}_1$ 可用来检验:

$$H_0: a_1 = 0; \quad H_1: a_1 \neq 0$$

式中,H_0 为原假设;H_1 为备择假设。这种检验系数是否为 0 的检验在线性回归中常被称为显著性检验。

实际研究中,σ_u 常常是未知的,所以,在原假设下,$\tilde{t}_1$ 和 $\tilde{t}_0$ 的具体数值无法计算。但是,我们可以通过最小二乘估计的残差对 σ_u 进行估计:

$$\hat{\sigma}_u = \sqrt{\frac{\sum_{i=1}^n \hat{u}_i^2}{n-2}}$$

并将其代入 $\tilde{t}_1$ 和 $\tilde{t}_0$,形成如下在 H_0 下两个可计算的 t 统计量:

$$t_1 = \frac{\hat{a}_1 - a_1}{\hat{\sigma}_u \Big/ \sqrt{\sum_{i=1}^n (X_i - \overline{X})^2}}, \quad t_0 = \frac{\hat{a}_0 - a_0}{\hat{\sigma}_u \sqrt{\sum_{i=1}^n X_i^2} \Big/ \sqrt{n \sum_{i=1}^n (X_i - \overline{X})^2}}$$

其中,t_1 和 t_0 的分母被称为 $\hat{a}_1$ 和 $\hat{a}_0$ 的标准误(standard error),记为 $\mathrm{SE}(\hat{a}_1)$ 和 $\mathrm{SE}(\hat{a}_0)$。需要注意的是,尽管 t_1 和 t_0 与 $\tilde{t}_1$ 和 $\tilde{t}_0$ 的差别仅在于把未知的 σ_u 换成了可计算的 $\hat{\sigma}_u$,但是,这一细微的差别导致了 t_1 和 t_0 不再像 $\tilde{t}_1$ 和 $\tilde{t}_0$ 一样服从标准正态分布,实际上,可以证明

$$\frac{\sum_{i=1}^n \hat{u}_i^2}{\sigma_u^2} \sim \chi_{n-2}^2$$

并且,这一统计量与 $\tilde{t}_1$ 和 $\tilde{t}_0$ 独立。由此,我们有

$$t_1 = \frac{\tilde{t}_1}{\sqrt{\hat{\sigma}_u^2 / \sigma_u^2}} \sim \frac{N(0,1)}{\sqrt{\chi_{n-2}^2/(n-2)}} \sim t_{n-2}, \quad t_0 = \frac{\tilde{t}_0}{\sqrt{\hat{\sigma}_u^2 / \sigma_u^2}} \sim \frac{N(0,1)}{\sqrt{\chi_{n-2}^2/(n-2)}} \sim t_{n-2}$$

所以,t_1 和 t_0 都服从自由度为 $n-2$ 的 t 分布。利用这一结果,我们可以通过三种等价的方式进行关于 a_1 的显著性检验(关于 a_0 的检验也类似)。

(1) 利用统计量:选定显著水平 α,利用 t_{n-2} 分布确定满足 $P(|t_1| > t_{\alpha/2}) = \alpha$ 的临界值 $t_{\alpha/2}$;计算 t_1 在 H_0 下的具体数值,记为 t_1^{act},若 $|t_1^{\mathrm{act}}| > t_{\alpha/2}$,则拒绝原假设,否则不拒绝。

(2) 利用置信区间：选定显著水平 α，利用 t_{n-2} 分布确定满足 $P(|t_1|>t_{\alpha/2})=\alpha$ 的临界值 $t_{\alpha/2}$；计算 $\hat{a}_1$ 和 $SE(\hat{a}_1)$ 的具体数值，分别将其记为 $\hat{a}_1^{act}$ 和 $SE(\hat{a}_1)^{act}$；构造 $1-\alpha$ 的置信区间 $IC=[\hat{a}_1^{act}-t_{\alpha/2}SE(\hat{a}_1)^{act}, \hat{a}_1^{act}+t_{\alpha/2}SE(\hat{a}_1)^{act}]$，若 $0\notin IC$，则拒绝原假设，否则不拒绝。

(3) 利用 p 值：选定显著水平 α；计算 t_1 在 H_0 下的具体数值，记为 t_1^{act}；利用 t_{n-2} 分布计算 p 值，$p=P(|t_1|>t_1^{act})$，若 $p<\alpha$，则拒绝原假设，否则不拒绝。

例 10-2 令 $Y_i=P_i$，$X_i=Inc_i$。在例 10-1 中，我们已经计算出了 $\sum_{i=1}^{n}X_i^2/n$、$\bar{X}$、$\hat{a}_1$ 和 $\hat{a}_0$。因此，由思考与练习的数据，我们可算出残差平方和 $\sum_{i=1}^{n}\hat{u}_i^2=\sum_{i=1}^{n}(Y_i-\hat{a}_0-\hat{a}_1X_i)^2$ 为 3.546，进而算出 $\hat{\sigma}_u$ 为 0.309 6。所以，检验 $H_0:a_1=0$ 对 $H_1:a_1\neq 0$ 的统计量估计值为

$$t_1^{act}=\frac{3.440}{0.309\,6/\sqrt{39\times(0.248\,727\,2-0.486\,615\,4^2)}}\approx 7.58$$

由于 $P(|t_1|>2.262)=5\%$ 且 $t_1^{act}>2.262$，因此我们拒绝原假设，其说明收入显著影响房价。

目前，对可做回归分析的软件，与显著性检验有关的统计量、置信区间和 p 值一般都是回归分析的标准输出，我们可以根据任一结果来进行检验。值得注意的是，上述三种检验方式中，利用置信区间我们还可以在选定的显著水平 α 下，快速判断 $H_0:a_1=a_1^0$ 是否被拒绝：若 $a_1^0\notin IC$ 则拒绝原假设，否则不拒绝；利用 p 值我们还可以在任一给定的显著水平 α^0 下快速判断 $H_0:a_1=0$ 是否被拒绝：若 $p<\alpha^0$ 则拒绝原假设，否则不拒绝。

有些情况下，我们可能会对单边检验感兴趣（以 a_1 的单边检验为例）：

$$H_0:a_1=0;\quad H_1:a_1<0\quad(\text{或}\ H_1:a_1>0)$$

此时，上面的检验方式可做相应扩展。

(1) 利用统计量：选定显著水平 α，利用 t_{n-2} 分布确定满足 $P(t_1>t_\alpha)=\alpha$ 的临界值 t_α；计算 t_1 在 H_0 下的具体数值，记为 t_1^{act}；$(H_1:a_1<0$ 为备择假设）若 $t_1^{act}<-t_\alpha$ 则拒绝原假设，否则不拒绝；$(H_1:a_1>0$ 为备择假设）若 $t_1^{act}>t_\alpha$ 则拒绝原假设，否则不拒绝。

(2) 利用置信区间：选定显著水平 α，利用 t_{n-2} 分布确定满足 $P(t_1>t_\alpha)=\alpha$ 的临界值 t_α；计算 $\hat{a}_1$ 和 $SE(\hat{a}_1)$ 的具体数值，分别将其记为 $\hat{a}_1^{act}$ 和 $SE(\hat{a}_1)^{act}$；$(H_1:a_1<0$ 为备择假设）构造 $1-\alpha$ 的置信区间 $IC=(-\infty,\hat{a}_1^{act}+t_\alpha SE(\hat{a}_1)^{act}]$，若 $0\notin IC$ 则拒绝原假设，否则不拒绝；$(H_1:a_1>0$ 为备择假设）构造 $1-\alpha$ 的置信区间 $IC=[\hat{a}_1^{act}-t_\alpha SE(\hat{a}_1)^{act},\infty)$，若 $0\notin IC$ 则拒绝原假设，否则不拒绝。

(4) 利用 p 值：选定显著水平 α；计算 t_1 在 H_0 下的具体数值，记为 t_1^{act}；$(H_1:a_1<0$ 为备择假设）利用 t_{n-2} 分布计算 p 值，$p=P(t_1<t_1^{act})$，若 $p<\alpha$ 则拒绝原假设，否则不拒绝；$(H_1:a_1>0$ 为备择假设）利用 t_{n-2} 分布计算 p 值，$p=P(t_1>t_1^{act})$，若 $p<\alpha$ 则拒绝原假设，否则不拒绝。

六、拟合优度

对一元线性模型，如果 X_i 的方差存在且假设 A_1 成立，有

$$\text{var}(Y_i) = \text{var}(a_0 + a_1 X_i) + \text{var}(u_i)$$

这一等式说明 Y_i 的变差(方差)由两部分组成：解释变量的变差和误差的变差。所以，我们可以通过 $1-\text{var}(u_i)/\text{var}(Y_i)$ 来衡量解释变量的变差解释了多少被解释变量的变差，即拟合优度。尽管我们不知道 $\text{var}(u_i)$ 和 $\text{var}(Y_i)$ 的具体值，但我们可以对它们进行估计。上面在构造 t 统计量时已知 $\text{var}(u_i) = \sigma_u^2$ 可以由 $\sum_{i=1}^n \hat{u}_i^2/(n-2)$ 估计。要估计 $\text{var}(Y_i)$，最直观的方式是利用 Y_i 的样本方差 $\sum_{i=1}^n (Y_i - \bar{Y})^2/(n-1)$。由此，我们可以得到 $1-\text{var}(u_i)/\text{var}(Y_i)$ 的估计量(被称为调整过的判定系数)：

$$\bar{R}^2 = 1 - \frac{(n-1)\sum_{i=1}^n \hat{u}_i^2}{(n-2)\sum_{i=1}^n (Y_i - \bar{Y})^2}$$

需要注意的是，$1-\text{var}(u_i)/\text{var}(Y_i)$ 总是在 0 和 1 之间的，但 $\bar{R}^2$ 却不一定。事实上，利用最小二乘估计的两个一阶条件：$\sum_{i=1}^n \hat{u}_i = 0$ 和 $\sum_{i=1}^n X_i \hat{u}_i = 0$，易导出如下等式：

$$\text{SST} = \text{SSR} + \text{SSE}$$

式中，$\text{SST} = \sum_{i=1}^n (Y_i - \bar{Y})^2$ 被称为总平方和(sum of squares for total)；$\text{SSR} = \sum_{i=1}^n (\hat{Y}_i - \bar{Y})^2$ 被称为被解释的平方和(sum of squares for regression)；$\text{SSE} = \sum_{i=1}^n \hat{u}_i^2$ 被称为残差平方和(sum of squared for error)。由上面的等式，可知如下统计量(被称为判定系数)总是在 0 和 1 之间的：

$$R^2 = \frac{\text{SSR}}{\text{SST}} = 1 - \frac{\text{SSE}}{\text{SST}}$$

注意到

$$\bar{R}^2 = 1 - \frac{(n-1)(1-R^2)}{n-2}$$

因此，当 R^2 很小、样本量 n 又不够大时(特别是对下一章即将介绍的多元线性回归)，$\bar{R}^2$ 可能会小于 0。那么，在衡量拟合优度上，R^2 是否比 $\bar{R}^2$ 更好呢？事实上，尽管 R^2 总在 0 和 1 之间，其相比 $\bar{R}^2$ 也有缺点，对这一点我们将在下一章讨论。

七、回归方程的显著性检验

因变量 Y 的变差来源于两个方面，一是由于自变量 X 的变化造成的，二是由于除 X 以外的其他因素(如 X 对 Y 的非线性影响、测量误差等)的影响造成的。通常对变差大小的测量是通过该实际观测值与其均值之差来表示的，即 $y - \bar{y} = (y - \hat{y}) + (\hat{y} - \bar{y})$。为便于分析，在不失一般性的情况下，两端取平方后求和，并将结果整理可得如下关系式：

$$\sum_{i=1}^n (y_i - \bar{y})^2 = \sum_{i=1}^n (\hat{y}_i - \bar{y})^2 + \sum_{i=1}^n (y_i - \hat{y})^2$$

即　　　　总变差平方和(SST) = 回归平方和(SSR) + 残差平方和(SSE)

在前面的离差平方和的分解中,三个离差平方和的意义分别是:总平方和(SST)反映因变量的 n 个观察值与其均值的总离差;回归平方和(SSR)反映自变量 X 的变化对因变量 Y 取值变化的影响,或者说,是由于 X 与 Y 之间的线性关系引起的 Y 的取值变化,也称为可解释的平方和;残差平方和(SSE)反映除 X 以外的其他因素对 Y 取值的影响,也称为不可解释的平方和或剩余平方和。

若回归平方和占总离差平方和的比例越接近于1,说明两变量之间的线性关系越显著,即回归方程拟合得越好。利用这一想法,建立了检验统计量,其假设检验具体步骤如下。

(1) 设立假设。

原假设 H_0:线性关系不显著。

备择假设 H_1:线性关系显著。

(2) 确定检验统计量 F。$F = \dfrac{\text{SSR}/1}{\text{SSE}/(n-2)}$。在原假设下,$F$ 统计量 $F \sim F(1, n-2)$。

(3) 确定显著性水平 α(通常 $\alpha = 0.05$),并根据分子自由度 1 和分母自由度 $n-2$,查 F 分布表,得到临界值 F_α,若 $F > F_\alpha$ 则拒绝 H_0,意味着回归方程的整体回归效果是显著的,因变量 Y 和自变量 X 之间的线性关系是显著的。若 $F < F_\alpha$ 则不能拒绝 H_0,意味着线性回归方程的回归效果不显著。

第三节 回归模型的预测与残差分析

给定一个具体的观测值 X_0,假设 $Y_0 = a_0 + a_1 X_0 + u_0$,我们可通过 $\hat{Y}_0 = \hat{a}_0 + \hat{a}_1 X_0$ 来预测 Y_0 的期望 $E(Y_0)$ 或 Y_0 本身。这种只给出一个具体数字的预测我们称为点预测。点预测的一个缺点是它无法告诉我们预测的精度。实际分析中,通过构造 $E(Y_0)$ 的置信区间或 Y_0 的预测区间来判断用 $\hat{Y}_0$ 预测 $E(Y_0)$ 或 Y_0 的准确度,其具体的方法如下。

(**置信区间和预测区间**) 给定 X_0,$E(Y_0)$ 的 $1-\alpha$ 的置信区间为

$$\left[\hat{Y}_0 - t_{\alpha/2} \hat{\sigma}_u \sqrt{\frac{1}{n} + \frac{n(X_0 - \overline{X})^2}{\sum_{i=1}^{n}(X_i - \overline{X})^2}},\ \hat{Y}_0 + t_{\alpha/2} \hat{\sigma}_u \sqrt{\frac{1}{n} + \frac{n(X_0 - \overline{X})^2}{\sum_{i=1}^{n}(X_i - \overline{X})^2}}\right]$$

Y_0 的 $1-\alpha$ 的预测区间为

$$\left[\hat{Y}_0 - t_{\alpha/2} \hat{\sigma}_u \sqrt{1 + \frac{1}{n} + \frac{n(X_0 - \overline{X})^2}{\sum_{i=1}^{n}(X_i - \overline{X})^2}},\ \hat{Y}_0 + t_{\alpha/2} \hat{\sigma}_u \sqrt{1 + \frac{1}{n} + \frac{n(X_0 - \overline{X})^2}{\sum_{i=1}^{n}(X_i - \overline{X})^2}}\right]$$

此处值得注意的是,预测区间总比期望的置信区间宽,也就是说,预测 Y_0 的期望相对会准确一些。由于这两个区间的构造涉及较复杂的证明,我们在此不做深入研究,只需掌握它们的应用即可。在习题中,我们通过练习将看到利用回归进行预测的具体应用。

如上所述,回归分析的合理性依赖于假设 A_1 到 A_4。在实际应用中,可通过残差分

析来判断这些假设是否具有合理性。首先,通过残差平方 $\hat{u}_i^2$ 对预测值 $\hat{Y}_i$ 的散点图来判断假设 A_1 和 A_3 是否成立。如果这两个假设成立,$\hat{Y}_i$ 与 $\hat{u}_i^2$ 间应该不存在特定的函数关系。其次,通过标准化残差 $\tilde{u}_i = \hat{u}_i / \hat{\sigma}_i$ 的直方图来判断假设 A_4 是否成立。如该假设成立,$\tilde{u}_i$ 的直方图轮廓应该类似标准正态分布的密度函数。如果残差分析显示一元回归依赖的假设不成立,一个可能的补救方法是应用下一章介绍的多元回归。在本章最后一节,我们将用具体的案例来展示如何进行残差分析。

第四节 案例分析

基于上面的关于一元线性回归模型的知识,以思考与练习中的房价收入数据为例,我们在此节介绍如何用 Excel 进行一元线性回归。首先,数据在 Excel 里需要做如图 10-2 中的排列。选中 Excel 界面的【数据】选项卡,单击其下的【数据分析】①,我们会看到如图 10-3 所示的界面。选中其中的【回归】选项,单击【确定】按钮,会看到如图 10-4 所示界面。接下来,我们在其中的【Y 值输入区域】后输入被解释变量的数据,这里即是房价的数据;在【X 值输入区域】后输入解释变量的数据,这里即是收入的数据。由于这里输入的数据的第一行是变量名,还需勾选【标志】。为了获得回归残差,可以勾选选项界面里的【残差】。显著性检验的显著水平默认为 5%,可以根据实际情况做相应调节。最后,单击【确定】按钮,我们将得到回归分析的结果(图 10-5)。

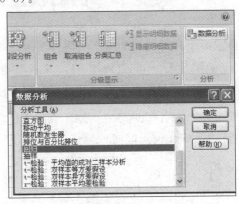

图 10-2 数据排列　　图 10-3 数据分析工具

在图 10-5 中,各种数字对应了第二节中介绍的各种统计量或变量的具体数值。其中,"回归统计"中的"Multiple R"指的是 $\sqrt{R^2}$;"R Square"指的是 R^2;"Adjusted R Square"指的是 $\bar{R}^2$;"标准误差"指的是 $\hat{\sigma}_u$;"观测值"指的是 n。在"方差分析"表中,"df"指的是自由度。"SS"指的是平方和,从上到下依次对应 SSR、SSE 和 SST;"MS"是平方和除以对应的自由度;"F"和"Significance F"指的是 F 统计量和其对应的 p 值(下一章将会

---

① 若无此选项,说明【分析工具库】未加载,加载方法为:单击界面左上角的【Office】按钮,选【Excel】选项,选【加载项】,在【管理】后的下拉菜单里选【Excel 加载项】,单击【转到】,选中【分析工具库】,单击【确定】按钮。

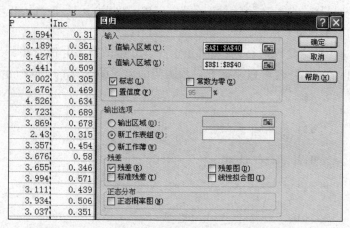

图 10-4　回归选项界面

	A	B	C	D	E	F	G	H	I
1	SUMMARY OUTPUT								
2									
3	回归统计								
4	Multiple R	0.779959							
5	R Square	0.608336							
6	Adjusted R Square	0.597751							
7	标准误差	0.309567							
8	观测值	39							
9									
10	方差分析								
11		df	SS	MS	F	Significance F			
12	回归分析	1	5.507342	5.507342	57.46882	4.84E-09			
13	残差	37	3.545777	0.095832					
14	总计	38	9.053119						
15									
16		Coefficient	标准误差	t Stat	P-value	Lower 95%	Upper 95%	下限 95%	上限 95%
17	Intercept	1.705744	0.226316	7.537009	5.52E-09	1.247185	2.164304	1.247185	2.164304
18	Inc	3.440087	0.453788	7.580819	4.84E-09	2.520624	4.359549	2.520624	4.359549
19									
20									
21									
22	RESIDUAL OUTPUT								
23									
24	观测值	预测P	残差						
25	1	2.772171	-0.17817						
26	2	2.947616	0.241384						

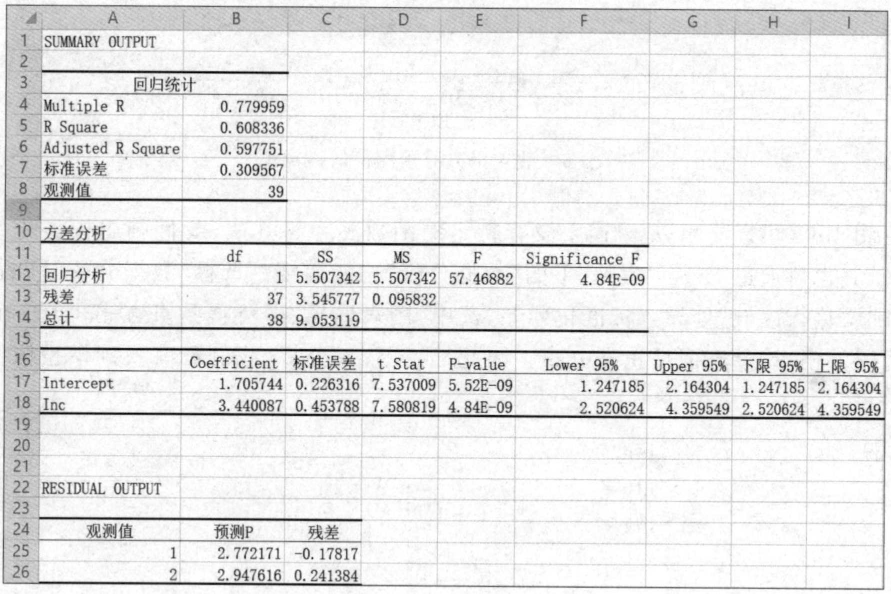

图 10-5　回归结果

介绍)。在"方差分析"表的下方,"Intercept"所在行的数值依次对应截距的估计量、估计量的标准误、检验显著性的 t 统计量、p 值、95%置信区间的左端点、95%置信区间的右端点(最后的"下限"和"上限"就是前面的"Lower"和"Upper",在某些中文版 Excel 里会报告,英文版 Excel 里无这两项);"Inc"所在行的数值对应斜率的估计和检验,含义类似。图中最下方的"RESIDUAL OUTPUT"包含了三列数据:第一列为观测值的标记 i,第二列为预测值 $\bar{Y}_i$,第三列为残差 $\hat{u}_i$。

由回归结果可以看出,对我们建立的一元线性模型,关于斜率系数的 t 统计量(用于检验显著性)是 3.440 087,这与我们在例 10-1 中的计算一致。其 p 值远小于 0.05,因此收入显著影响房价。

从图 10-5 回归结果看，F 统计量的值为 57.468 82，其 p 值小于 0.05，说明线性关系是显著的，回归模型成立。

为了检验这些结论是否可靠，我们可用上一节介绍的残差分析方法。首先，我们可利用 Excel 输出的 $\hat{Y}_i$ 和 $\hat{u}_i$ 画出残差平方对预测值的散点图，如图 10-6 所示。

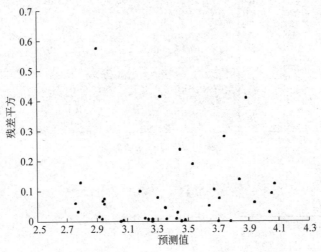

图 10-6　残差平方对预测值的散点图

由图 10-6 可以看出，$\hat{u}_i^2$ 与 $\hat{Y}_i$ 没有特定的函数关系。其次，我们画出标准化残差的直方图，其也可通过 Excel "数据"下的"数据分析"功能实现。选择"数据分析"里的"直方图"，在其"输入区域"处导入标准化残差，选中"图表输出"即可得到直方图，如图 10-7 所示。可以看出，残差近似呈正态分布。因此，通过残差分析，我们没有找到模型假设不合理的证据。

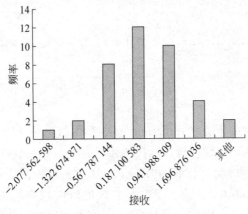

图 10-7　标准化残差的直方图

思考与练习

1. 什么是一元线性回归模型？

2. 一元线性回归模型需要哪些假设?

3. 拟合优度反映了什么?

4. 预测的置信区间和预测区间的区别是什么?

5. 残差分析有什么用?

6. 证明斜率的公式与例 10-1 中的公式等价。

7. 证明 Gauss-Markov 定理里最小二乘估计的无偏性。

8. 证明 SST＝SSE＋SSR。

9. 由图 10-5 的结果,计算收入的样本方差。

10. 由图 10-5 的结果,计算收入的平方和。

11. 由图 10-5 的结果,计算收入的平均数。

12. 由图 10-5 的结果,计算检验 $H_0:a_1=3$ 的 t 统计量。

13. 由图 10-5 的结果,对检验 $H_0:a_1=4;H_1:a_1\neq 4$,在 5% 的显著水平下是否能拒绝原假设?

14. 由图 10-5 的结果,对检验 $H_0:a_1=0;H_1:a_1>0$,在 2.5% 的显著水平下是否能拒绝原假设?

15. 2020 年有一投资者准备 7 月在城市 Z 购房,假设他调查获知某一住宅区的人均月收入为 4 000 元,若一卖房者报价某一房屋每平方米价格为 4 万元。假设 7 月的房价统计规律与 6 月的相同,那么,该投资者是否该购买该房屋?

表 10-1 2020 年城市 Z 6 月 39 个住宅区房价、收入数据

P	Inc	C	P	Inc	C	P	Inc	C
2.594	0.310	0	4.526	0.634	1	3.655	0.346	0
3.189	0.361	0	3.723	0.689	1	3.994	0.571	1
3.427	0.581	0	3.869	0.678	1	3.111	0.439	0
3.441	0.509	0	2.430	0.315	0	3.934	0.506	0
3.002	0.305	0	3.357	0.454	0	3.037	0.351	0
2.676	0.469	0	3.676	0.580	0	4.357	0.682	1
2.676	0.358	0	3.542	0.516	0	3.830	0.604	1
3.559	0.478	0	2.868	0.430	0	3.028	0.393	0
3.092	0.530	0	3.265	0.480	0	3.257	0.501	0
3.863	0.561	1	4.216	0.621	1	3.521	0.499	0
3.024	0.398	0	2.673	0.361	0	3.283	0.453	0
3.158	0.445	0	3.691	0.650	1			
3.024	0.357	0	3.454	0.509	0			
3.580	0.463	0	3.208	0.591	0			

P:该区住房每平方米平均售价(单位:万元);Inc:该区住户人均月收入(单位:万元);C:该区是否在市区(若是则为 1)

即 测 即 练

第十一章

多元线性回归

在上一章里,我们已经学习了如何用一元线性回归分析收入对房价的影响。但是,对一元线性回归,使得估计量满足无偏性等优良性质的一个重要的假设是误差不含有与解释变量相关的因素,而这对当前房价对收入的回归,可能是不成立的。例如,住宅区所在的地理位置(是否属于市区),既可能与住户的收入相关又可能对住宅区的房价有影响。因此,房价对收入的一元回归分析可能并不具有之前讨论过的各种理论性质,这也意味着我们通过相应的统计检验来研究房价与收入间的因果关系可能是不准确的。为了处理一元线性模型里误差与解释变量相关的问题,我们在本章将会学到一种可行的方法:多元线性回归。

第一节 多元线性回归模型

在上一章中,为了研究两个随机变量 X 和 Y 之间可能的因果关系,我们介绍了一元线性回归。关于一元线性回归的各种理论性质,都是建立在误差与解释变量无关的基础上的,但事实上,很多时候这一基础都不成立,一个主要的原因是误差里包含了与 X 相关的变量,即某些变量被一元线性回归遗漏了。这一因遗漏变量而造成回归分析不再可靠的情况,被称为遗漏变量偏误。为了解决遗漏变量偏误,一个可能的想法是对一元线性模型进行扩展,把误差中与 X 相关的因素清晰地分离出来

$$Y_i = a_0 + a_1 X_i + u_i$$

$$u_i = b_0 + b_1 Z_{1i} + \cdots + b_{k-1} Z_{k-1,i} + e_i$$

这里 $b_1 \sim b_{k-1}$ 是未知的参数;$Z_{1i} \sim Z_{k-1,i}$ 是可观测到的可能与 X_i 相关的解释变量;e_i 包含了其他看不到的影响 Y_i 的因素。只要 e_i 与 X_i、$Z_{1i} \sim Z_{k-1,i}$ 无关,$\partial Y_i / \partial X_i$ 即是 X_i 对 Y_i 的边际影响,其不为零意味着 X 和 Y 间可能存在因果关系。这里需要注意的是,由于 $Z_{1i} \sim Z_{k-1,i}$ 的存在,$\partial Y_i / \partial X_i$ 并不一定等于 a_1。例如,假设 $u_i = b_0 + b_1 Z_{1i} + e_i$ 且 $Z_{1i} = X_i^2$,X_i 对 Y_i 的边际影响则为 $\partial Y_i / \partial X_i = a_1 + 2 b_1 X_i$。

为了方便起见,我们把上面的两个等式合并为如下多元线性模型:

$$Y_i = a_0 + a_1 X_{1i} + \cdots + a_k X_{ki} + u_i$$

式中,X_{1i} 对应上面的 X_i,$X_{2i} \sim X_{ki}$ 对应上面的 $Z_{1i} \sim Z_{k-1,i}$,它们是模型的解释变量;a_0 为未知的截距,$a_1 \sim a_k$ 为未知的斜率,它们被统称为回归系数;u_i 为包含其他影响 Y_i 因素的误差。这里的"多元"指模型里有多个解释变量,"线性"指等式右边是关于 $a_0 \sim a_k$ 的线性组合。需要注意的是,尽管多元线性模型包含了多个解释变量,但是,在社会科学领域的研究中,我们常只关心少量的(1~2 个)解释变量和被解释变量间可能存在的因果关系。这不同于自然科学领域的研究,特别是通过实验方式进行的研究。在那里,可能每个

解释变量对被解释变量的关系，都是研究需要关注的。所以，在社会科学领域，那些在模型中不属于我们主要关注的解释变量（$X_{2i} \sim X_{ki}$）又被称为控制变量，将其放入模型的主要作用是防止遗漏变量偏误的产生。

对一元线性模型，我们可以通过数据的散点图来判断其合理性（即线性）。但是，对多元线性模型，由于模型里含多个解释变量，一般我们无法通过数据的散点图来判断多元线性模型是否合理。那么，我们为什么能假设 Y_i 和 $X_{1i} \sim X_{ki}$ 间是线性关系呢？事实上，在具体研究中，我们往往没有任何先验信息来了解 Y_i 和 $X_{1i} \sim X_{ki}$ 之间真实关系的可能形式，在这个意义上，无论什么假设，线性的或非线性的，其实都是我们对真实世界的猜测。既然如此，我们为何不从最简单的线性模型出发呢？事实上，很多研究的实例表明，多元线性模型足以用来分析很多实际问题。

一、最小二乘估计

对多元线性模型，最小二乘估计与上一章介绍的类似，其定义为

$$(\hat{a}_0, \hat{a}_1, \cdots, \hat{a}_k) = \arg\min_{a_0, a_1, \cdots, a_k} \sum_{i=1}^{n} (Y_i - a_0 - a_1 X_{1i} - \cdots - a_k X_{ki})^2$$

对当前的模型，$\hat{Y}_i = \hat{a}_0 + \hat{a}_1 X_{1i} + \cdots + \hat{a}_k X_{ki}$ 为 Y_i 的预测值，$\hat{u}_i = Y_i - \hat{Y}_i$ 为估计残差。实际研究中，我们常把多元线性模型和其对应的最小二乘估计统称为多元线性回归。根据函数求极值的原理，多元回归的最小二乘估计量 $\hat{a}_0 \sim \hat{a}_k$ 满足如下 $k+1$ 个一阶条件：

$$\begin{cases} \sum_{i=1}^{n} (Y_i - \hat{a}_0 - \hat{a}_1 X_{1i} - \cdots - \hat{a}_k X_{ki}) = 0 \\ \sum_{i=1}^{n} X_{1i}(Y_i - \hat{a}_0 - \hat{a}_1 X_{1i} - \cdots - \hat{a}_k X_{ki}) = 0 \\ \cdots \\ \sum_{i=1}^{n} X_{ki}(Y_i - \hat{a}_0 - \hat{a}_1 X_{1i} - \cdots - \hat{a}_k X_{ki}) = 0 \end{cases}$$

把 $\hat{a}_0$ 到 $\hat{a}_k$ 看作未知数，上面的一阶条件即构成了一个 $k+1$ 维的线性方程。可以证明，只要解释变量间不存在多重共线性，即 $c_0 + c_1 X_{1i} + \cdots + c_k X_{ki} = 0$ 只在 $c_0 = c_1 = c_2 = \cdots = c_k = 0$ 时成立，那么，$\hat{a}_0 \sim \hat{a}_k$ 就存在唯一解。实际分析中，多重共线性存在的一种可能是解释变量的个数比观测值个数多，即 $k \geq n$。另一种可能是"虚拟变量陷阱"。虚拟变量指的是取值为 0 或 1 的随机变量，"虚拟变量陷阱"定义如下。

扩展阅读 11-1
多重共线性

扩展阅读 11-2
虚拟变量陷阱

（虚拟变量陷阱） 假设若干个虚拟变量构成一组完备的虚拟变量,即对每个截面单位 i,这些虚拟变量中的一个必为 1,其他都为 0。那么,对带有截距的多元线性模型,若都将它们当作解释变量,则最小二乘估计没有唯一解。

例 11-1 对第十章收入影响房价的例子,我们可把 39 个住宅区分为两类:市区住宅区与郊区住宅区,相应地,我们可定义如下虚拟变量:

$$C_i = \begin{cases} 1 & \text{若住宅区 } i \text{ 处于市区} \\ 0 & \text{若住宅区 } i \text{ 处于郊区} \end{cases}, \quad S_i = \begin{cases} 1 & \text{若住宅区 } i \text{ 处于郊区} \\ 0 & \text{若住宅区 } i \text{ 处于市区} \end{cases}$$

显然,这两个虚拟变量构成了一组完备的虚拟变量,因此,若把这两个虚拟变量当作解释变量放入线性模型(带截距项),易验证多重共线性存在。

例题数据

当存在虚拟变量陷阱时,一种解决方法是在模型中少放入一个虚拟变量,另一种解决方法是去掉模型中的截距项。在实际的分析中,目前各种可用的软件都自带检查多重共线性的功能,因此,即使估计存在多重共线性的问题,我们也能得到估计结果(往往是去掉一个虚拟变量的结果)。为方便起见,以下的分析中我们都假设多重共线性不存在。

二、经典假设

类似一元线性回归,对多元线性模型,最小二乘估计量的优良统计性质也需要一些假设来保证。一组经典的假设如下。

A_1: $E(u_i)=0$,且 u_i 独立于所有的解释变量。

A_2: $\{X_{1i},\cdots,X_{ki},Y_i\}_{i=1}^n$ 独立同分布。

A_3: $\text{var}(u_i)=\sigma_u^2$。

A_4: u_i 服从正态分布。

其中,假设 A_1 是最关键的假设,其表明多元线性模型的误差与解释变量无关,即不存在上面提到的遗漏变量偏误。需要注意的是,虽然我们试图通过增加解释变量来防止遗漏变量偏误的产生,但是,这样做并不总能保证假设 A_1 成立。例如,当有些被遗漏的变量不能被观测到时,遗漏变量偏误就无法避免,在这种情况下,多元回归就不能用来准确分析我们想要研究的因果关系。为了处理这种类型的遗漏变量问题,在更高级的课程里我们会学到另一种可行的方法:工具变量回归。

三、Gauss-Markov 定理与统计推断

类似一元线性回归,多元线性回归在经典假设下也有对应的优良统计性质。在假设 $A_1 \sim A_3$ 下,我们能证明多元线性回归的 Gauss-Markov 定理。

Gauss-Markov 定理 对多元线性模型,最小二乘估计量在假设 $A_1 \sim A_3$ 下是最佳线性无偏估计量。

在假设 $A_1 \sim A_4$ 下,对特定的回归系数 a_j,我们可以构造类似一元回归中的 t 统计量并证明其服从自由度为 $n-k-1$ 的 t 分布:

$$t_j = \frac{\hat{a}_j - a_j}{\mathrm{SE}(\hat{a}_j)} \sim t_{n-k-1}$$

因此，我们可用类似第十章所述的方法对 a_j 进行双边或单边检验。这里，由于 $\mathrm{SE}(\hat{a}_j)$ 的表达式比较复杂，我们对其不做过多讨论。由于 $\mathrm{SE}(\hat{a}_j)$ 的具体数值几乎都是各种软件进行回归分析后的标准输出，我们只需掌握用其构造 t 统计量或置信区间即可。

基于上述 t 统计量的检验，由于只针对一个未知回归系数，其属于单参数检验。在多元线性回归中，除了单参数检验，我们也常对多参数检验感兴趣。特别地，我们常关心某些回归系数是否都为零，这样的检验被称为联合显著性检验。为构造可用于联合显著性检验的统计量，以检验 $H_0: a_1 = a_2 = 0$ 为例，我们可通过如下步骤实现。

(1) 对不受约束的模型，即 $Y_i = a_0 + a_1 X_{1i} + \cdots + a_k X_{ki} + u_i$ 进行最小二乘估计，记其残差平方和为 SSE_u。

(2) 对受约束的模型，即原假设成立下的模型（本例为 $Y_i = a_0 + a_3 X_{3i} + \cdots + a_k X_{ki} + u_i$）进行最小二乘估计，记其残差平方和为 SSE_r。

(3) 在假设 $A_1 \sim A_4$ 下，可证明如下 F 统计量满足：

$$F = \frac{(\mathrm{SSE}_r - \mathrm{SSE}_u)/q}{\mathrm{SSE}_u/(n-k-1)} \sim F_{q, n-k-1}$$

式中，q 为原假设中回归系数为零的个数；$F_{q,n-k-1}$ 为自由度为 $(q, n-k-1)$ 的分布（本例为 $F_{2,n-k-1}$）。

(4) 选定显著水平 α，利用 $F_{q,n-k-1}$ 分布确定满足 $P(F > F_\alpha) = \alpha$ 的临界值 F_α；计算 F 在 H_0 下的具体数值，记为 F^{act}，若 $F^{\mathrm{act}} > F_\alpha$ 则拒绝原假设，否则不拒绝。

上述这一联合显著性检验又被称为 F 检验。需要注意的是，除非 $q=1$，F 检验与单独对回归系数的 t 检验并不是两个等价的检验。例如，我们可能会遇到这样的情况：F 检验不能拒绝 $H_0: a_1 = a_2 = 0$，但是 t_1 检验拒绝了 $H_0: a_1 = 0$，且（或）t_2 检验拒绝了 $H_0: a_2 = 0$。在 $q=1$ 的情况下，可以证明 t 统计量的平方与 F 统计量相等，此时，两种检验是等价的。事实上，如果我们关注的是检验多个系数是否满足某些关系，我们应该用 F 检验，而不应该分别地进行 t 检验。

例 11-2 由图 10-5 的结果，我们知对 $P_i = a_0 + a_1 Inc_i + u_i$ 的回归，残差平方和为 3.546。若我们想用 F 统计量检验 $H_0: a_1 = 0$，需知道对 $P_i = a_0 + u_i$ 回归的残差平方和。根据第十章习题 13 的结果，此受约束模型的残差平方等于总平方和，根据图 10-5 的结果，其为 9.053。因此，由 F 统计量的公式，可算出 F^{act} 为 57.46。由图 10-5 给出的 t 统计量，易验证 $(t_1^{\mathrm{act}})^2 = F^{\mathrm{act}}$。

四、拟合优度

对多元线性模型，假设 A_1 成立且所有解释变量的方差有限，类似一元线性模型，我们有

$$\mathrm{var}(Y_i) = \mathrm{var}(a_0 + a_1 X_{1i} + \cdots + a_k X_{ki}) + \mathrm{var}(u_i)$$

于是，$1 - \mathrm{var}(u_i)/\mathrm{var}(Y_i)$ 仍然可以用来衡量拟合优度。对拟合优度，可通过判定系数来估计：

$$R^2 = \frac{\text{SSR}}{\text{SST}} = 1 - \frac{\text{SSE}}{\text{SST}}$$

也可通过调整过的判定系数来估计：

$$\bar{R}^2 = 1 - \frac{(n-1)\text{SSE}}{(n-k-1)\text{SST}} = 1 - \frac{(n-1)(1-R^2)}{n-k-1}$$

这里分母里的 $n-k-1$ 源于我们利用了用 $\text{var}(u_i) = \sigma_u^2$ 的无偏估计 $\text{SSE}/(n-k-1)$。由最小二乘估计的 $k+1$ 个一阶条件，我们能证明对多元回归模型有

$$\text{SST} = \text{SSR} + \text{SSE}$$

因此，R^2 总是在 0 和 1 之间，但 $\bar{R}^2$ 未必。

在有多个备选解释变量存在的情况下，我们常需决定要把哪些解释变量放入模型，这实际上等价于对若干个备选模型进行挑选。例如，假设备选变量是 X_{1i}、X_{2i} 和 X_{3i}，我们可能会对如下两个备选模型做选择：

$$Y_i = a_0 + a_1 X_{1i} + a_2 X_{2i} + u_i$$
$$Y_i = a_0 + a_1 X_{1i} + a_2 X_{2i} + a_3 X_{3i} + u_i$$

一种可能的途径是检验 X_{3i} 是否显著，若显著则选第二个模型。另一种可能的途径是比较两个模型的拟合优度，挑选拟合优度大的模型。这里，需要注意的是，由于第二个模型涵盖了第一个模型。即约束第二个模型的某些回归系数为零（这里是 a_3）能得到第一个模型，因此，由最小二乘估计的定义可知第二个模型的 SSE 不会比第一个模型的大，故其 R^2 不会比第一个模型的小。所以，包含所有备选解释变量的模型的 R^2 总是最大的，这也意味着 R^2 丧失了挑选模型的功能。故我们对两个备选的模型，若其中一个被另一个涵盖，我们应该比较它们的 $\bar{R}^2$ 而不是 R^2。此外，我们还可能会对非涵盖的备选模型进行挑选，例如：

$$Y_i = a_0 + a_1 X_{1i} + a_2 X_{2i} + u_i$$
$$Y_i = a_0 + a_1 X_{1i} + a_3 X_{3i} + u_i$$

在这种情况下，若用检验的方式挑选模型，我们可以对 $Y_i = a_0 + a_1 X_{1i} + a_2 X_{2i} + a_3 X_{3i} + u_i$ 进行估计并检验 X_{2i} 和 X_{3i} 的显著性，但我们可能会碰到 X_{2i} 和 X_{3i} 都显著或都不显著的情况。若使用比较拟合优度的方式，在这种情形下，R^2 和 $\bar{R}^2$ 都可用。此外，需要注意的是，当备选模型的被解释变量不同时，R^2 和 $\bar{R}^2$ 都是不可用的，例如：

$$\ln Y_i = a_0 + a_1 X_{1i} + a_2 X_{2i} + u_i$$
$$Y_i = a_0 + a_1 X_{1i} + a_2 X_{2i} + u_i$$

尽管对这样的模型挑选问题文献里有相关的讨论和方法，但由于其涉及较复杂的理论，我们在此不做更深入的介绍。

五、多元线性回归分析中的 F 检验

对于多元线回归模型，$Y_i = a_0 + a_1 X_{1i} + \cdots + a_k X_{ki} + u_i$。

由前面的离差平方和分解式可知，总离差平方和 SST 自由度为 $n-1$，回归平方和 SSR 是由 k 个自变量 $X_1, X_2, \cdots, X_k$ 对 Y 的线性影响决定的。因此它的自由度为 k。所以，残差平方和的自由度由总离差平方和的自由度减去回归平方和的自由度，即为 $n-$

$k-1$。

回归方程的显著性检验的基本步骤如下。

第1步：作出假设。

原假设 H_0：线性关系不成立

备择假设 H_1：线性关系成立

第2步：在原假设成立的条件下，计算统计量 F。

$$F = \frac{\text{SSR}/k}{\text{SSE}/(n-k-1)} = \frac{\text{MSR}}{\text{MSE}} \sim F(k, n-k-1)$$

第3步：将计算统计量与临界值进行比较，进行统计决策。

对于假设 H_0，根据样本观测值计算统计量 F。给定显著性水平 α，查第一个自由度为 k，第二个自由度为 $n-k-1$ 的 F 分布表，得临界值 $F_\alpha(k, n-k-1)$。当 $F > F_\alpha(k, n-k-1)$ 时，拒绝 H_0，则认为回归方程显著成立；当 $F \leqslant F_\alpha(k, n-k-1)$ 时，接受 H_0，则认为回归方程无显著意义。或通过 p 值进行检验，若 p 值小于显著性水平，拒绝 H_0，则认为回归方程显著成立。

第二节 预测与残差分析

对给定 $X_{10}, X_{20}, \cdots, X_{k0}$，假设 $Y_0 = a_0 + a_1 X_{10} + \cdots + a_k X_{k0} + u_0$，类似一元回归的预测，我们可通过 $\hat{Y}_0 = \hat{a}_0 + \hat{a}_1 X_{10} + \cdots + \hat{a}_k X_{k0}$ 对 $E(Y_0)$ 或 Y_0 本身进行点预测。相应地，我们也可计算出 $E(Y_0)$ 的置信区间与 Y_0 的预测区间。但由于相关的公式过于复杂，我们在此不做介绍，其会在更高级的课程里学到，我们仅需掌握点预测即可。

例 11-3 对收入影响房价的例子，$\hat{P}_i = 2.107 + 2.444 Inc_i + 0.354 C_i$（图 11-1）。因此，其为一个处于市区且住户人均月收入为 4 000 元的住宅区

$$\hat{P}_i = 2.107 + 2.444 \times 0.4 + 0.354 = 3.438\ 6 (万元)$$

为了判断多元回归假设的合理性，类似上一章介绍的内容，我们可进行残差分析：通过残差平方对拟合值的散点图判断假设 A_1 和 A_3 的合理性；通过标准化残差的直方图来判断假设 A_4 的合理性。

第三节 数据的非线性变换

实际分析中，变量间并不一定都服从线性关系。当变量间存在非线性关系时，经非线性变换后的数据可能会近似服从线性关系，这时，我们仍然可以用上面介绍过的方法来分析数据间可能存在的因果关系。

在应用中，最常用的数据变换是多项式变换和对数变换。以一元线性模型为例，假设 $\{X_i, Y_i\}_{i=1}^n$ 是存在非线性关系的原始数据，我们可通过如下模型来刻画 Y_i 和 X_i 间可能存在的非线性关系：

$$Y_i = a_0 + a_1 X_i + a_2 X_i^2 + u_i$$
$$Y_i = a_0 + a_1 \ln X_i + u_i$$
$$\ln Y_i = a_0 + a_1 X_i + u_i$$
$$\ln Y_i = a_0 + a_1 \ln X_i + u_i$$

式中，后三个模型叫作线性对数模型、对数线性模型、双对数模型。这些模型和之前学过的线性模型 $Y_i = a_0 + a_1 X_i + u_i$ 对比，最大的不同在于 X_i 对 Y_i 的边际影响不再是常数。例如，对第一个模型，$\partial Y_i / \partial X_i = a_1 + 2 a_2 X_i$；对第四个模型，由于 $\dfrac{\partial \ln Y_i}{\partial \ln X_i} = \dfrac{\partial Y_i}{\partial X_i} \dfrac{X_i}{Y_i} = a_1$，$\partial Y_i / \partial X_i = a_1 Y_i / X_i$。特别地，对双对数模型，由于 $a_1 = \dfrac{\partial Y_i / Y_i}{\partial X_i / X_i}$，我们又称 a_1 为弹性，其含义为 X_i 变动 1% 带来的 Y_i 变动的百分比。

第四节　案例分析

由于第十章的一元线性模型 $P_i = a_0 + a_1 Inc_i + u_i$ 可能遗漏了例 11-1 中的虚拟变量 C_i（其数据见第十章表 10-1），因此，我们考虑如下多元线性模型：

$$P_i = a_0 + a_1 Inc_i + a_2 C_i + u_i$$

用 Excel 对此模型进行回归分析，类似上一章介绍的方法，我们需先排列好数据，然后利用"数据"选项卡的"数据分析"功能，可以获得图 11-1 所示的分析结果。在该图中，各种数字的含义已在上一章里介绍过。这里，需要进一步说明的是"方差分析"表中"F"和"Significance F"的含义："F"指的是用于检验除截距外的其他所有回归系数都为 0 的 F 统计量，此检验又叫总体显著性检验（overall significance test）；"Significance F"指的是相应的 p 值。从回归结果可看出：图 11-1 的 F 值为 33.87，对应的 p 值小于 0.05，说明回归模型显著成立。

	A	B	C	D	E	F	G	H	I
1	SUMMARY OUTPUT								
2									
3	回归统计								
4	Multiple R	0.808078							
5	R Square	0.65299							
6	Adjusted R Square	0.633712							
7	标准误差	0.295406							
8	观测值	39							
9									
10	方差分析								
11		df	SS	MS	F	Significance F			
12	回归分析	2	5.911596	2.955798	33.8717	5.32E-09			
13	残差	36	3.141523	0.087265					
14	总计	38	9.053119						
15									
16		Coefficient	标准误差	t Stat	P-value	Lower 95%	Upper 95%	下限 95%	上限 95%
17	Intercept	2.108689	0.285813	7.377876	1.06E-08	1.529035	2.688344	1.529035	2.688344
18	Inc	2.444335	0.633679	3.857368	0.000456	1.159173	3.729496	1.159173	3.729496
19	C	0.353615	0.164294	2.152328	0.03815	0.020411	0.686818	0.020411	0.686818

图 11-1　回归结果 1

由图 11-1 的回归结果可以看出,总体显著性检显示 Inc_i 和 C_i 都是显著的。在 5% 的显著水平下,t 检验也显示 Inc_i 和 C_i 显著。与图 10-5 的结果相比,多元回归中收入对房价的影响较小。为了检验模型假设的合理性,我们进行残差分析。由图 11-2 可以看出,残差平方与预测值间没有特定函数关系。由图 11-3 可以看出,标准化残差的直方图不完全像正态分布。但是,值得注意的是,由于我们的样本量较小,标准化残差直方图的非正态现象也可能是随机误差导致的。

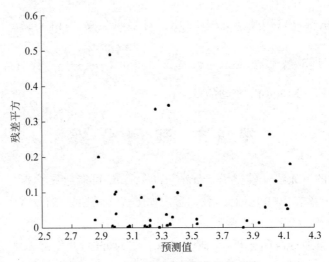

图 11-2　残差平方对预测值的散点图

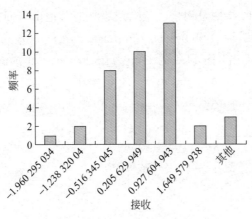

图 11-3　标准化残差的直方图

思考与练习

1. 为什么我们要使用多元回归?
2. 什么是"虚拟变量陷阱"?
3. t 检验和 F 检验的区别是什么?

4. 什么情况下我们不能比较模型间的 R^2 和 $\bar{R}^2$？

5. 数据的非线性变换有什么用？

6. 对多元线性回归，利用最小二乘估计的一阶条件，证明 SST＝SSE＋SSR。

7. 如果模型1涵盖模型2，根据最小二乘估计的定义，证明模型1的 SSR 不会比模型2的 SSR 大，因此模型1的 R^2 不会比模型2的小。

8. 基于判定系数 R^2 的定义，证明检验联合显著性的 F 统计量可写成如下等价形式：

$$F=\frac{(R_u^2-R_r^2)/q}{(1-R_u^2)/(n-k-1)}$$

式中，R_u^2 为不受约束模型的判定系数；R_r^2 为受约束模型的判定系数。

9. 对模型 $Y_i=a_0+u_i$，证明其残差平方和 SSR＝SST。利用此结果，证明若联合显著性检验的原假设是所有非截距的回归系数为零（总体显著性检验），则 F 统计量可简化为

$$F=\frac{R_u^2/k}{(1-R_u^2)/(n-k-1)}$$

10. 利用上题的结果，证明对一元线性回归检验 $H_0:a_1=0$ 的 t 统计量和 F 统计量之间的关系是 $t_1^2=F$（因此 t 检验和 F 检验是等价的）。

11. 根据图 11-1 中的回归结果，一个处在市区的住宅区与一个处在郊区的住宅区相比，房屋每平方米均价平均会高出多少？

12. 把 $Inc_i\times C_i$ 当作一个解释变量，对模型 $P_i=a_0+a_1Inc_i+a_2C_i+a_3Inc_i\times C_i+u_i$，收入对房价的边际影响是多少？

13. 对模型 $P_i=a_0+a_1Inc_i+a_2C_i+a_3Inc_i\times C_i+u_i$ 的回归结果如图 11-4 所示。

	A	B	C	D	E	F	G	H	I
1	SUMMARY OUTPUT								
2									
3	回归统计								
4	Multiple	0.814613							
5	R Square	0.663594							
6	Adjusted	0.634759							
7	标准误差	0.294983							
8	观测值	39							
9									
10	方差分析								
11		df	SS	MS	F	nificance F			
12	回归分析	3	6.007593	2.002531	23.01362	2.09E-08			
13	残差	35	3.045527	0.087015					
14	总计	38	9.053119						
15									
16		Coefficien	标准误差	t Stat	P-value	Lower 95%	Upper 95%	下限 95.0%	上限 95.0%
17	Intercept	2.0206	0.297471	6.792593	7.09E-08	1.416702	2.624498	1.416702	2.624498
18	Inc	2.643212	0.660495	4.001866	0.000311	1.302336	3.984088	1.302336	3.984088
19	C	1.84594	1.430242	1.290648	0.205287	-1.05761	4.749487	-1.05761	4.749487
20	Inc*C	-2.41999	2.304005	-1.05034	0.30076	-7.09737	2.257389	-7.09737	2.257389

图 11-4　回归结果 2

根据此结果，重做第十章第 15 题。

14. 利用图 11-4 的 t 检验结果，C_i 和 $Inc_i \times C_i$ 在 10% 的显著水平下是否显著？

15. 利用图 11-4 的结果，计算 F 统计量检验 $H_0: a_2 = a_3 = 0$，并把检验结果与上一题的结果做对比。$P(F_{2,35} > 3.267) = 0.05$，$P(F_{2,35} > 2.461) = 0.1$。

即 测 即 练

第十二章

时间序列分析

 应用案例

吴经理与小王的来年销售量预测

管理任何组织的基本方法之一是预测未来趋势,并相应制订将来的计划。事实上,一个组织长远的成功在很大程度上取决于管理者是否能够预测未来并制定适宜的策略。准确的判断、直觉和对经济状况的了解将会使管理者对将来的态度有一个大略的认识和看法。但是,将这些看法和认识转量化,如对下一个季度的销量或者下一年的原材料价格进行预期,是较为困难的。

公司吴经理需要提供即将到来的一年的某种特定产品的季度销量的预测值,生产进度安排、原材料采购、产品目录和销售定额都将受到这一预测值的影响。因此,较差的预测将导致计划失败,并增加公司成本。

吴经理首先从计划处调取了公司过去十年的产品季度销量时间序列数据,交由数据处理中心小王进行数据分析和处理,历年的销售量数据对今年的销量数据有着重要的参考意义和借鉴作用。

利用这些历史材料,小王发现了销量的一般水平和趋势,如销售量随时间变化增加或减少。对这些资料进行更深入的观察,可以发现季节特征,如销量峰值出现在每年第三季度,而在第一季度则是销量低谷等。通过回顾历史数据,从而可以对销量有更好的了解,并进一步预测产品的未来销售趋势。对时间序列进行分析的最终目的,是要通过分析序列进行合理预测,做到提前掌握其未来发展趋势,为业务决策提供依据。但是应该怎样做才能准确地提供销售量的季度预测值呢?

本章的目的就是要介绍几种时间序列分析预测的方法并解决这一问题。

第一节 时间序列基本概念

按一定时间顺序对现象进行观测并记录下来的数值,称为时间序列,如每日的股票价格,每月进出口总额、物价指数,每年的国民生产总值、经济增长率等。基于时间序列分析的历史引申预测法,是以时间数列所能反映的社会经济现象的发展过程和规律性,进行引申外推,预测其发展趋势的方法。

时间序列也叫时间数列、历史复数或动态数列。它是将某种统计指标的数值,按时间先后顺序排列所形成的数列。时间序列预测法就是通过编制和分析时间序列,根据时间序列所反映出来的发展过程、方向和趋势,进行类推或延伸,借以预测下一段时间或以后

若干年内可能达到的水平。其内容包括：收集与整理某种社会现象的历史资料；对这些资料进行检查鉴别，排成数列；分析时间数列，从中寻找该社会现象随时间变化而变化的规律，得出一定的模式；以此模式去预测该社会现象将来的情况。

案例分析 12-1　中国城镇居民收入差异的时间序列

表 12-1 就是我国 2000—2017 年国内生产总值、男性人口数、第二产业占比、第三产业占比、居民消费水平等指标的时间序列。

表 12-1　我国 2000—2017 年国内生产总值、男性人口数、第二产业占比、第三产业占比、居民消费水平等指标的时间序列

年份	国内生产总值/亿元	男性人口数/万人	第二产业占比/%	第三产业占比/%	居民消费水平/(元/人)
2000	100 280	65 437	46	40	3 721
2001	110 863	65 672	45	41	3 987
2002	121 717	66 115	45	42	4 301
2003	137 422	66 556	46	42	4 606
2004	161 840	66 976	46	41	5 138
2005	187 319	67 375	47	41	5 771
2006	219 439	67 728	48	42	6 416
2007	270 232	68 048	47	43	7 572
2008	319 516	68 357	47	43	8 707
2009	349 081	68 647	46	44	9 514
2010	413 030	68 748	46	44	10 919
2011	489 301	69 068	46	44	13 134
2012	540 367	69 395	45	45	14 699
2013	595 244	69 728	44	47	16 190
2014	643 974	70 079	43	48	17 778
2015	689 052	70 414	41	50	19 397
2016	743 586	70 815	40	52	21 285
2017	827 122	71 137	41	52	22 902

资料来源：《中国统计年鉴 2018》

可见，时间序列是由互相对应的两个序列构成的，一个是反映时间序列变化的序列，另一个是反映各个时间统计指标数值变化的序列。

编制时间序列是计算动态分析指标和进行动态分析的基础。进行时间序列分析，主要目的在于了解现象以往的变动过程，评价当前的经营状况和制订未来的决策方案，因而是社会经济统计的重要方法。

时间序列分析分为定性预测和定量预测两种，定量分析的基本原理：一是承认事物发展的延续性。应用过去数据，就能推测事物的发展趋势。二是考虑到事物发展的随机性。任何事物发展都可能受偶然因素影响，为此要利用统计分析中加权平均法对历史数据进行处理。

在本章中,我们将讨论时间序列的分析指标,包括总量指标、相对指标和平均指标,并详细分解定量预测中的长期趋势分析、季节变动测定、循环变动分析与不规则变动分析测定。

而定性预测法通常都涉及专家判断,如一个专家组可以就今后的主要利率得到一个一致的预测结果。定性预测法的优点在于当所预测的变量无法定量的时候,或者无法利用或得到历史数据的时候,我们可以应用它。图12-1综合给出了各种类型的预测方法。

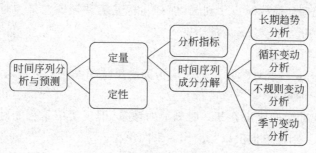

图12-1 预测方法综合

第二节 时间序列对比分析

时间序列的各指标数值所反映的事物现象的发展变化,都是由众多复杂因素共同作用的结果。不同因素的作用不同,形成的结果也相应不同,并且形成不同的时间序列。时间序列总变动一般可以分解为如下几种变动形式。

一、时间序列的种类与编制

(一)时间序列的种类

按构成时间序列指标性质的不同可以分为总量指标时间序列、相对指标时间序列、平均指标时间序列。

1. 总量指标时间序列

总量指标时间序列是总量指标按时间顺序排列而成的序列,如表12-1中国内生产总值的时间序列。在总量指标时间序列中,由于指标所反映的时间状况不同,又可分为时期序列和时点序列。

(1)时期时间序列简称时期序列,其序列指标是反映现象在一段时间内发生的总量,如工业总产值、国民生产总值和国民收入等。

时期序列有以下特点。

① 序列具有连续统计的特点。由于时期序列反映的是现象在一段时间内发展过程的总量,因此必须将这段时间内所发生的数量逐一登记后进行累计。

② 序列中各个指标的数值可以相加。由于时期序列中每一个指标数值是表示在一段时间内发展过程的总量,所以它相加后的指标数值就表示现象在更长时期内发展的总量。例如一年的运量是各月运量的总和,5年的基建投资额是由每年投资额加总而来的。

③ 序列中各个指标数值大小与所包括时期的长短有直接关系。时期序列中,每一指标值所体现的时间长短,称为"时期"。时期可以为一年,也可以为日、月、季或更长的时间段,这要根据具体研究的目的来确定。对于现象变动发展进度的动态资料,时期可以短一些;对历史资料的研究,时期可长一些。例如研究我国"一五"至"九五"期间国民经济的发展变化,就可以 5 年为一个时期。在时期序列中,时期长,指标数值大;时期短,指标数值小。

(2) 时点时间序列简称时点序列,其序列指标是反映现象在某一时点(时刻)所处的水平,如职工人数、机车台数、某天的听课人数等。

时点序列有如下特点。

① 序列不具有连续统计的特点。时点指标是反映现象在某一时刻的状况,只要在某一时点上进行登记即可,不必连续进行登记。

时点指标虽然是反映现象在某一时刻上的数量,但现实中不可能对每一瞬间上的数量都进行调查登记,因此习惯上以"天"作为瞬间单位。

时点序列有连续时点序列和间断时点序列之分。连续时点序列,指时点现象每天均提供指标值所编成的动态序列,无疑这种序列不存在时间间隔问题;间断时点序列,指时点现象按一定的时间间隔提供指标值所编成的动态序列,这种序列中的指标值一般是时点现象期末的状况,如年末、季末、月末的职工人数是年、季、月最后一天的职工人数。

② 序列中各个指标数值不具有可加性。同时期序列指标相反,时点序列中,同样一个总体单位或者标志值可能统计到序列中几个时期的指标值中,如车辆清查以后的货车中有很大一部分又包含在以后各次清查中。所以时点序列中经常出现总体的一些单位或标志值两次或多次被重复计算到指标值的情况,因而使得动态序列各指标值再求总和就无意义。

值得注意的是,某些时点现象,如职工人数、物资库存量、铁路营业里程,若是统计一定时间的增减数量,则是可以相加的,因为它们是时期序列,如果时间间隔不等,则需要考虑时间加权相加法。

③ 序列中每个指标值的大小与其时间间隔长短没有直接关系。因为时点序列的每一个指标值只能表明现象在某一瞬间上的数量,因而时间间隔的长短对指标值大小不发生直接的影响。如年底的职工人数、物资库存量不一定就比年内各月底的数值大。

不等距时点序列示例如表 12-2 所示,其中时点序列表明某地区企业年底职工人数,因为时间间隔不等,不可直接相加,需要考虑时间加权。因此,如需要计算该地区年平均职工人数 $\bar{y}$,则需要计算如下:

$$\bar{y} = \frac{\left(\dfrac{8\,350+9\,949}{2}\times 3 + \dfrac{9\,949+11\,828}{2}\times 2 + \dfrac{11\,828+14\,071}{2}\times 3 + \dfrac{14\,071+16\,851}{2}\times 2 + \dfrac{16\,851+18\,375}{2}\times 2\right)}{3+2+3+2+2}$$

$$= 12\,851.83(万人)$$

表 12-2 不等距时点序列示例

年份	1998	2001	2003	2006	2008	2010
年底职工人数/万人	8 350	9 949	11 828	14 071	16 851	18 375
时间间隔/年	—	3	2	3	2	2

2. 相对指标时间序列

把一系列同类相对指标按时间先后顺序排列而形成的时间序列叫作相对指标时间序列,它反映社会经济现象之间相互联系的发展过程。例如用年净收益占建设项目总投资的比,计算出的投资利润率指标排列形成的时间序列,用各个时间生产部门职工占全部职工比重指标形成的时间序列等,就是相对指标时间序列。在相对指标时间序列中,各个指标数值是不能相加的。

3. 平均指标时间序列

把一系列同一种平均数指标,按时间先后顺序排列而成的时间序列叫作平均指标时间序列。它反映社会经济现象总体各单位某标志一般水平的发展变动趋势。如各个时期职工平均工资排列形成的时间序列、各个时期粮食平均年产量所形成的时间序列等,都是平均指标时间序列。平均指标时间序列中,各个指标值也是不能相加的。

统计分析中,往往把上述三种时间序列结合起来运用,以便于对社会经济现象发展过程进行全面分析。

(二)时间序列的编制

编制时间序列的目的,是要通过各个时期指标值的比较,来研究社会经济现象的发展变化及其规律,因而各个时期指标值的可比性是编制时间序列的基本条件,为此要保证以下条件。

1. 时间长短应前后一致

时期序列指标值的大小与指标包含时间长短有直接关系。因此,一般要求时期序列指标值包含的时期前后一致,以利于对比。但在特殊研究目的的情况下,可将时期不同的指标编为时间序列。

这里要注意时间序列指标数值所包含时期长短与各指标数值之间的时间间隔的区别。时期序列的指标如果在时间上不是连续的,如表 12-1 所示,它们之间就有一定的距离,这个距离称为"间隔",时期序列的间隔也最好能够相等,这样便于分析。对于时点序列来说,由于各个指标数值都表明一定时刻上的状态,所以不存在时期长短应该相等的问题。但是,时点序列指标数值的时间间隔最好相等,才更便于分析。

2. 总体范围应该一致

时间序列中,各个指标所包括总体范围前后应该一致。如研究某地区工业生产发展情况,如果该地区的行政区划有了变动,则前后指标值就不能直接对比,必须将资料进行适当的调整,以求总体范围的统一,然后再做动态分析。

3. 经济内容要统一

有时时间序列的指标在名称上是一个指标,但经济内容或经济含义不同或有了改变,这也是不可比的。对于这样的时间序列,如果根据不同时期指标数值的变化直接来进行分析,就会得出错误的结论。

4. 计算方法应该统一

时间序列各项指标的计算口径、计量单位和计算方法应该一致,保持不变。

我们所面对的时间序列,往往是反映一段很长时期的过程,各期的统计资料难免由于各种原因发生指标所属时间、总体范围、计算方法乃至于经济内容不统一,所以可比性问题不容忽视。

二、时间序列的分析指标

为了研究社会经济现象的发展水平和速度,认识事物发展的规律性,需要对时间序列计算一系列分析指标。其主要有:发展水平、平均发展水平、增长量、平均增长量、发展速度、增长速度、平均发展速度、平均增长速度八种。前面四种运用于现象发展的水平分析,后面四种运用于现象发展的速度分析。水平分析是速度分析的基础,速度分析是水平分析的深入和继续。

(一)发展水平

发展水平就是时间序列中的每一项具体指标。它反映现象在各个时期所达到的规模和发展的程度。它是由有关指标数值构成的,既可以是总量指标,也可以是相对指标或平均指标,通过不同时期发展水平的对比,给人们以具体而深刻的印象。所以不论是编制时间序列,或是计算各种动态分析指标,都应正确计算发展水平指标,对发展水平进行分析。

发展水平指标按在动态分析中所处的地位和作用不同,分为最初水平、最末水平、报告期水平、基期水平等。

最初水平是时间序列中第一项的数值,最末水平是时间序列中最末一项的数值。

设时间序列各项为:$y_0, y_1, y_2, y_3, \cdots, y_n$。

其中:y_0 称最初水平,y_n 称最末水平。

报告期水平是所要计算分析的那个时期的发展水平,基期水平是作为比较基础的那个时期的发展水平。基期水平和报告期水平分别以 y_0 和 y_1 表示。

这些发展水平的概念不是一成不变的,随着研究目的的不同而有所变化。今天的报告期水平,可能是将来的基期水平;这一时间序列的最末水平,可能是另一序列的最初水平。发展水平在文字上习惯用"增加到""增加为""降低到""降低为"表示。例如 2010 年我国国内生产总值为 401 512.8 亿元,2012 年增加到 518 942.1 亿元。

(二)平均发展水平

平均发展水平是对不同时期的发展水平求平均数,也称序时平均数,它和一般平均数大致相同,都是将个别数值差异抽象化。但与一般平均数又有区别。平均发展水平所平均的是研究对象在不同时期上的数量表现,从动态上说明在某一时期发展的一般水平。

平均发展水平可以由总量指标时间序列来计算,也可以由相对指标时间序列或平均指标时间序列来计算。从方法上说,总量指标序时平均数是最基本的。

1. 总量指标序时平均数

总量指标序时平均数针对时期序列和时点序列有几种不同的计算方法。

1) 按时期序列计算

根据时期序列的特点,采用简单算术平均法,以时期项数去除时期序列中各个指标数值之和。用公式表示:

$$\bar{y} = \frac{y_1 + y_2 + y_3 + \cdots + y_n}{n} = \frac{\sum y}{n}$$

式中,$\bar{y}$ 为序时平均数;y 为各期发展水平;n 为时期项数。

2) 按时点序列计算

时点序列又分为连续时点序列和间断时点序列,它们的序时平均数计算是不同的。

(1) 在连续时点序列条件下的计算有两种情况。

① 时点序列资料是逐日登记且逐日排列,用简单算术平均数计算,即以时点指标值之和除以时点序列项数,计算式为

$$\bar{y} = \frac{\sum y}{n}$$

② 时点序列资料不是逐日变动,只在发生变动时加以登记,就要用每次资料持续不变的时间长度为权数 f 进行加权平均,计算式为

$$\bar{y} = \frac{\sum yf}{\sum f}$$

例 12-1 某企业工人数 5 月资料为:5 月 1 日为 1 500 人,11 日为 1 600 人,19 日为 1 560 人,31 日为 1 580 人,则该企业 5 月平均人数为

$$\bar{y} = \frac{\sum yf}{\sum f} = \frac{1\,500 \times 10 + 1\,600 \times 8 + 1\,560 \times 12 + 1\,580 \times 1}{10 + 8 + 12 + 1} = 1\,552(人)$$

(2) 在间断时点序列条件下的计算也有两种情况。

① 时点序列间隔相等,采用"首末折半法"计算。计算时,假定指标值在两个时点之间的变动是均匀的。用公式表示为

$$\bar{y} = \frac{\frac{y_1}{2} + y_2 + y_3 + \cdots + \frac{y_n}{2}}{n - 1}$$

例 12-2 企业第三季度的职工人数:6 月 30 日 435 人,7 月 31 日 452 人,8 月 31 日 462 人,9 月 30 日 576 人,计算第三季度平均职工人数。

因为资料是每月底登记的,计算时需用假定的方法推算月平均数,即把月底的人数当成下月第一天的人数,而且假定从当月第一天到最后一天的人数是均匀变动的。这样月平均人数就是当月的第一天的人数加当月最后一天的人数除以 2。

如 7 月的平均职工人数为 $(435+452)/2 = 443.5$(人)。这样,季平均人数应在各月平均人数的基础上再平均。即

$$\bar{y} = \frac{\frac{435 + 452}{2} + \frac{452 + 462}{2} + \frac{462 + 576}{2}}{3}$$

$$= \frac{\frac{435}{2} + 452 + 462 + \frac{576}{2}}{3} \approx 473(人)$$

② 时间序列间隔不等,也假定指标值在两个时点之间的变动是均匀的,先求两时点指标值的平均数,然后以间隔时间为权数进行加权平均,用公式表示:

$$\bar{y} = \frac{\sum \bar{y}_i f_i}{\sum f_i}$$

式中,$\bar{y}_i$ 为各间隔指标平均值;f_i 为时间间隔的长度。

例 12-3 根据以下资料(表 12-3),计算年平均库存量。

表 12-3 产品库存量　　　　　　　　　　　　　　　　　　　台

日期	1月1日	3月1日	7月1日	8月1日	10月1日	12月1日
库存量	38	42	24	11	60	0

$$\begin{aligned}
年平均库存量 &= \frac{\sum \bar{y}_i f_i}{\sum f_i} \\
&= \frac{\frac{38+42}{2} \times 2 + \frac{42+24}{2} \times 4 + \frac{24+11}{2} \times 1 + \frac{11+60}{2} \times 2 + \frac{60+0}{2} \times 3}{2+4+1+2+3} \\
&\approx 32.5(台)
\end{aligned}$$

2. 相对指标时间序列或平均指标时间序列的序时平均数

相对指标时间序列或平均指标时间序列是由具有相互联系的两个总量指标时间序列对比构成的。在相对指标或平均指标背后隐藏着与之相适应的总量指标,因此要先分别计算出这两个总量指标时间序列的序时平均数,然后进行对比,求得相对指标时间序列或平均指标时间序列的序时平均数。写成一般算式为

$$\bar{c} = \frac{\bar{a}}{\bar{b}}$$

式中,$\bar{c}$ 为相对指标时间序列或平均指标时间序列的序时平均数;$\bar{a}$ 为作为分子的时间序列的序时平均数;$\bar{b}$ 为作为分母的时间序列的序时平均数。

在实际应用中,可能 a、b 都是时期指标或时点指标,也可能一个为时期指标另一个为时点指标,但它们的序时平均数都应该根据总量指标的相应公式计算。下面举一例加以说明。

例 12-4 根据下列资料(表 12-4),计算下半年劳动生产率。

表 12-4 总产值、月初工人数和劳动生产率资料

月份	7	8	9	10	11	12
总产值 a/万元	70.61	73.71	76.14	83.83	90.10	108.24
月初工人数 b	790	810	810	830	850	880
生产率 c/(元/人)	883	910	929	998	1 042	1 209

12月末职工人数为910人。

劳动生产率的分子(总产值)是时期指标,分母(职工人数)是时点指标,计算平均月劳动生产率需先用相应的方法,计算出分子、分母的平均数,然后相除。即

$$\bar{c} = \frac{\bar{a}}{\bar{b}} = \frac{\dfrac{70.61+73.71+76.14+83.83+90.10+108.24}{6}}{\dfrac{\dfrac{790}{2}+810+810+830+850+880+\dfrac{910}{2}}{6}} \approx 1\,000(元/人)$$

如果要求确定下半年的劳动生产率,应以月份个数乘上平均月劳动生产率:

$$下半年劳动生产率 = 6 \times 1\,000 = 6\,000(元/人)$$

此外,如果时点指标已是计算出的各时期平均数,则分子、分母都按时期序列计算序时平均数的方法计算,然后将计算结果进行对比就可以了。

(三) 增长量和平均增长量

增长量是两个时期发展水平相减的差额,用以反映现象在这段时期内发展水平提高或降低的绝对量。计算公式为

$$增长量 = 报告期水平 - 基期水平$$

根据比较基期的不同,增长量可分为累计增长量和逐期增长量。

累计增长量是按基期水平计算的增长量,逐期增长量是以前一期水平为基期计算的增长量,它们分别表示现象某时期内的总增长量和逐期增加的数量。

累计增长量: $y_1-y_0, y_2-y_0, \cdots, y_n-y_0$

逐期增长量: $y_1-y_0, y_2-y_1, \cdots, y_n-y_{n-1}$

从上式可以看出:累计增长量等于逐期增长量的总和,即

$$(y_1-y_0)+(y_2-y_1)+\cdots+(y_n-y_{n-1})=y_n-y_0$$

不难看出,相邻两期累计增长量之差也等于相应的逐期增长量。

在实际统计分析工作中,为了消除季节变动的影响,也常计算本期发展水平与上年同期水平对比的增减数量,称为年距增长量。

此外,还要计算平均增长量,以说明某现象在一定时期内平均每期的增长数量。其计算公式是

$$平均增长量 = \frac{逐期增长量之和}{逐期增长量个数} = \frac{累计增长量}{时间数列项数-1}$$

(四) 发展速度和增长速度

1. 发展速度

发展速度是以相对数形式表示的动态指标,是两个不同时期发展水平指标对比的结果,主要用来说明报告期的水平是基期水平的百分之几或若干倍。计算公式为

$$发展速度 = \frac{报告期水平}{基期水平}$$

由于计算发展速度时所采用的基期不同,发展速度可分为定基发展速度和环比发展速度两种。定基发展速度是各个报告期水平同某一固定基期发展水平之比,说明被研究

现象在一定时期内总的发展情况;环比发展速度用来说明被研究现象逐期发展变化的情况,是用各报告期水平同前一期水平相比。用公式表示为

$$定基发展速度：\frac{y_1}{y_0},\frac{y_2}{y_0},\frac{y_3}{y_0},\cdots,\frac{y_n}{y_0}$$

$$环比发展速度：\frac{y_1}{y_0},\frac{y_2}{y_1},\frac{y_3}{y_2},\cdots,\frac{y_n}{y_{n-1}}$$

两种发展速度虽然各说明不同的问题,但它们之间存在一定的数量关系,即

$$\frac{y_n}{y_0}=\frac{y_1}{y_0}\times\frac{y_2}{y_1}\times\frac{y_3}{y_2}\times\cdots\times\frac{y_n}{y_{n-1}}$$

上式表明定基发展速度等于相应的各环比发展速度的连乘积,通过这个关系,二者可进行相互间的推算。

发展速度不仅表明社会经济现象发展的程度,还表明其发展的方向。若发展速度大于1,即大于100%,说明现象是上升的发展趋势;若小于1,即小于100%,说明现象是下降的发展趋势。

2. 增长速度

增长速度是增长量与基期水平的比值,即

$$增长速度=\frac{增长量}{基期水平}=\frac{报告期水平-基期水平}{基期水平}=发展速度-1$$

它用以说明社会经济现象的增长程度。当发展速度大于1(或100%)时,增长速度大于0,表明现象增长的程度;发展速度小于1(或100%),增长速度小于0,表明现象下降的程度。增长速度与发展速度一样,也分为定基增长速度和环比增长速度两种。

定基增长速度是用累计增长量与固定基期水平相比,即

$$定基增长速度=\frac{累计增长量}{固定基期水平}=定基发展速度-1$$

它用以反映社会经济现象在一段较长的时间内总的增长程度。

环比增长速度是用逐期增长量与前期水平相比,即

$$环比增长速度=\frac{逐期增长量}{前期水平}=环比发展速度-1$$

它用以反映社会经济现象逐期的增长程度。

定基增长速度和环比增长速度都是发展速度的派生指标,它只反映增长部分的相对程度,所以,环比增长速度的连乘积不等于定基增长速度。

在实际工作中,为了消除季节变动的影响,也常计算年距发展速度、年距增长速度,它们是本期发展水平与上年同期发展水平对比的结果。年距速度指标把现象受季节变动的影响消除了,使得现象发展变动程度和趋势明显地表现出来。

(五) 平均发展速度和平均增长速度

平均发展速度和平均增长速度统称为平均速度。平均速度是各个时期环比速度的平均数,说明社会经济现象在较长时期内速度变化的平均程度。平均发展速度表示现象逐期发展的平均速度,平均增长速度则是反映现象递增的平均速度。

平均增长速度不能根据各个环比增长速度指标直接求得，它与平均发展速度具有密切的联系，两者仅相差一个基数而已。即

$$平均增长速度 = 平均发展速度 - 1(或100\%)$$

平均发展速度总是正值，而平均增长速度则可为正值也可为负值。正值表明现象在一定发展阶段内逐期平均递增的程度，负值表示现象逐期平均递减的程度。

1. 平均发展速度

它是各时期环比发展速度的序时平均数。由于现象发展的总速度等于各期环比发展速度的连乘积，所以求环比发展速度的平均数一般应用几何平均数公式计算。几何平均公式如下：

$$\overline{X} = \sqrt[n]{X_1 X_2 X_3 \cdots X_n} = \sqrt[n]{\prod X}$$

式中，$\overline{X}$ 为平均发展速度；X 为各年环比发展速度；n 为环比发展速度的项数。

还可以表示为

$$\overline{X} = \sqrt[n]{\frac{y_1}{y_0} \times \frac{y_2}{y_1} \times \frac{y_3}{y_2} \times \cdots \times \frac{y_n}{y_{n-1}}} = \sqrt[n]{\frac{y_n}{y_0}}$$

一段时期的定基发展速度即为现象的总速度。用 R 表示，则平均发展速度的公式写成

$$\overline{X} = \sqrt[n]{R}$$

以上几个算式，可根据提供的具体资料选择应用。现举例如下。

例 12-5 一种商品 2014 年的生产总额为 14 300 亿元，2019 年生产总额达到 18 250 亿元，计算平均每年的递增率如下：

$$y_0 = 14\ 300;\quad y_n = 18\ 250;\quad n = 5$$

$$\overline{X} = \sqrt[n]{\frac{y_n}{y_0}} = \sqrt[5]{\frac{18\ 250}{14\ 300}} \approx 105\%$$

$$平均递增率 = 105\% - 100\% = 5\%$$

例 12-6 我国 2012 年第一产业国内生产总值为 52 373.6 亿元，若按每年平均增长 3.5% 的速度发展，2015 年我国第一产业国内生产总值将达到什么水平？

由题意有：$y_0 = 52\ 373.6; n = 3; \overline{X} = 103.5\%$

则 2015 年我国第一产业国内生产总值将达到：

$$y_n = y_0 \overline{X}^n = 52\ 373.6 \times (103.5\%)^3 \approx 58\ 067.55(亿元)$$

还可以用方程式法来计算平均发展速度，它是以各期发展水平总和与基期水平之比为基础来计算的。方程式法的计算公式，是利用基期水平与各期定基发展速度的乘积得出各期发展水平，在此基础上计算各期发展水平之和进而计算平均发展速度。即

$$\left(y_0 \frac{y_1}{y_0}\right) + \left(y_0 \frac{y_2}{y_0}\right) + \left(y_0 \frac{y_3}{y_0}\right) + \cdots + \left(y_0 \frac{y_n}{y_0}\right) = \sum y$$

由于环比发展速度的连乘积等于定基发展速度，可用环比发展速度 X 代入，成为

$$y_0 X_1 + y_0 X_1 X_2 + y_0 X_1 X_2 X_3 + \cdots + y_0 X_1 X_2 X_3 \cdots X_n = \sum y$$

把此式中的各期环比发展速度平均化，用平均发展速度取代各环比发展速度，即

$$y_0\overline{X} + y_0\overline{XX} + y_0\overline{XXX} + \cdots + y_0\overline{XXX\cdots X} = \sum y$$

$$y_0(\overline{X} + \overline{X}^2 + \overline{X}^3 + \cdots + \overline{X}^n) = \sum y$$

$$\overline{X} + \overline{X}^2 + \overline{X}^3 + \cdots + \overline{X}^n = \frac{\sum y}{y_0}$$

这个方程的正根,就是所求的平均发展速度。

用这种方法计算的平均发展速度可以保证推算的各期发展水平总和与各期实际总数一致,推算的各期定基发展速度总和也和各期实际发展速度总和一致。但并不保证用这一平均发展速度推算的最末一期的理论发展水平和这一期的实际水平相一致。

2. 平均增长速度

它综合说明现象递增的平均速度,由平均发展速度减1(或100%)求得。

例 12-7 某行业规划,2019 年的生产量要比 2014 年增长 37.1%,试问平均每年增长速度是多少?

$$总发展速度 = 100\% + 37.1\% = 137.1\%$$

$$\overline{X} = \sqrt[5]{1.371} = 106.5\%$$

$$平均增长速度 = \overline{X} - 1 = 106.5\% - 100\% = 6.5\%$$

3. 计算和应用速度指标应注意的问题

第一,结合具体研究目的适当地选择基期,并注意其所依据的基本指标在整个研究时期的同质性。第二,当时间序列中的观察值出现 0 或负数时,不宜计算速度。例如假定某企业连续五年的利润额分别为 15、12、0、-13、21 万元,对这一序列计算速度,要么不符合数学公理,要么无法解释其实际意义。在此情况下,适宜直接用绝对数进行分析。第三,在有些情况下,不能单纯就速度论速度,应注意速度与绝对水平的结合分析。此时可计算增长1%绝对值,用于弥补速度分析中的局限性。增长1%绝对值是指速度每增长一个百分点而增加的绝对量,其计算公式为

$$增长1\%绝对值 = \frac{逐期增长量}{环比增长速度 \times 100} = \frac{前期水平}{100}$$

三、时间序列的分解和构成

1. 长期趋势变动

长期趋势(secular trend)是时间序列变动的基本形式。它是指因各个时期普遍的、持续的、决定性的基本因素的作用,发展水平在一个长时期内沿着一个方向,逐渐向上或向下变动的趋势。经济现象的长期趋势一旦形成,则总能延续一段相当长的时期,即使如股票市场这种变化较快的经济现象,其形成的向上趋势(牛市)或向下趋势(熊市)也总能延续数月乃至数年。因此,认识和掌握事物的长期趋势,可以把握事物发展变化的基本特点,对正确预测经济现象的发展具有十分重要的意义。

图 12-2 描述了一些其他可能的时间序列趋势图,图 12-2(a)表示的是非线性的例子,一开始增长缓慢,然后迅速增长,接着趋于水平;图 12-2(b)表示线性递减的情况;

图 12-2(c)呈现出不随时间变换而变化的情况,因此不存在线性趋势。

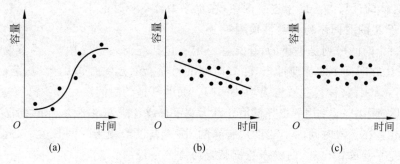

图 12-2　其他可能的时间序列趋势
(a)非线性；(b)线性递减；(c)没有线性

2. 季节变动

季节变动(seasonal fluctuation)即时间序列受季节影响而发生的变动。其变动特点是,随着季节的更换,按一定的时间间隔,现象呈周期重复的变化。引起时间序列产生季节变动的原因既有自然因素,也有人为因素。季节变动和周期变动的区别在于季节变动的波动长度固定,如 12 个月,而周期变动的长度则一般是不一样的。认识和掌握季节变动,对于近期行动决策有重要的作用。

许多商业和经济时间序列都包含季节现象,即在有规律的一段时期后重复自身。重复现象出现的最小时间期间称为季节周期。如铁路、远洋货运的运输量序列就表现出明显的季节交替周期,且周期为 1 年,即以 1 年为周期产生特征性的波动变化。

3. 循环变动

循环变动(也称周期变动,cyclical variation)指受各种经济因素影响,时间序列中发生周期比较长、上下起伏不定的波动。如国内生产总值、股票价格和大多数的经济指标均有明显的周期变动特征。

许多时间序列的观测值环绕着趋势线有规则地上下波动,展示了明显的循环特性。通常,时间序列的循环成分归因于经济的多重循环运动。例如,轻度通货膨胀后紧接着高通货膨胀,这种经济现象会导致时间序列环绕着逐渐上升的趋势线上下波动。

例如通过绝对量 GDP 和相对量 GDP 增长率的上升和下降的交替反应的市场经济的 9~10 年一次循环的朱格拉周期,就是典型的循环变动案例。

4. 不规则变动

时间序列除了以上各种变动以外,还有受临时的、偶然的因素或不明原因引起的非周期性、非趋势性的随机变动,就是不规则变动(irregular variation),这种变动是无法预知的。如股票市场受突然出现的利好和利空消息的影响使股票价格产生的波动。

不规则变动是指由各种偶然性因素引起的无周期变动。不规则变动又可分为突然变动和随机变动。所谓突然变动,是指诸如战争、自然灾害、地震、意外事故、方针政策的改变所引起的变动;随机变动是指由于大量的随机因素所产生的影响。不规则变动的变动规律不易掌握,很难预测,是趋势变动、季节变动和循环变动不能解释的部分。在乘法模型中,随机变动可以用剩余法来测定,即利用已计算得到的包含循环变动 C、季节变动 S

和趋势变动 T 的数据资料(TSCI)，分别除去指数 T、S 和 C，即可得到随机变动、不规则指数 I。具体的计算方法属于进阶内容，在本书中暂不予讨论。

5. 基于 R 的时间序列平稳性检测

如果一个时间序列是平稳的，那么它一定不包括任何趋势变动 T、季节变动 S、循环变动 C，发生在时间 t 的任何冲击，随着时间的推移会有逐一递减的效应，最后会消失在时间 $t+s$，$s\rightarrow\infty$，这种特性被称为均值回归。而非平稳的时间序列并不具有这种特性。

在实际应用中，最常用的平稳性概念称为宽平稳或者协方差平稳。如果时间序列 T 的平均值和方差在一段时间内不变且是有界的，协方差仅依赖于时间长度，与起点无关，则 T 是协方差平稳的。显然，白噪声数据就是协方差平稳的。

判断序列是否是平稳的对选择预测分析模型十分重要，常用的检测方法有两种：一种是时序图和自相关图法；另一种是构造检验量进行假设检验，常用的有 ADF 检验，其检验原假设和备择假设分别如下。

H_0：序列是非平稳的

H_1：序列是平稳的

在 R 平台的 tseries 包中，包含一个 adf.test()函数，该函数可以对时间序列进行单位根检验，判断整个时间序列是否平稳。

例 12-8　在 R 的数据包中，包括一个名为 Nile 的数据集，该数据是一个关于 1871—1970 年尼罗河每年的流量数据，请判断该时间序列是否平稳？是否含有趋势项？

通过 plot 命令可以清晰将时间序列图表画出，Neil 尼罗河平均流量数据集的基本时间序列分布如图 12-3 所示。

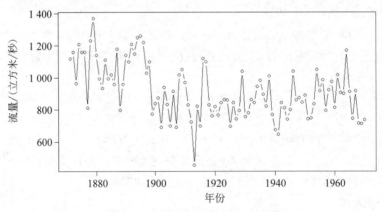

图 12-3　尼罗河流量数据时间序列

注意：若要使用 ADF 检验，需要首先在 R 环境中安装 tseries 包，并保证检验之前使用"library(tseries)"命令激活相应包，接下来可以直接对已经是 time series 格式的 Nile 数据集使用如下命令：

```
adf.test(Nile)
```

运行结果输出如下：

```
Augmented Dickey-Fuller Test

data: Nile
Dickey-Fuller = -3.3657, Lag order = 4, p-value = 0.0642
alternative hypothesis: stationary
```

由 P 值 0.064 2 可知，无法在 5% 的水平上拒绝原假设，但是可以在 10% 的水平上拒绝原假设，因此尼罗河流量的年度数据是大致平稳的。不存在明显的长期趋势，如果想知道季节趋势，则需要更细节的季度/月度流量数据才能判断，在此不具体讨论。

6. 成分组合形式

时间序列分析的任务就是采用科学的方法，将受各因素影响的变动分别测定出来，做好预测，为决策提供依据。时间序列进行上述分解以后，可以认为时间序列 Y 是这四个因素的函数。时间序列的分解方法有很多，较常用的模型有加法模型和乘法模型。

$$加法模型：Y = T + S + C + I$$

加法模型反映了时间序列的发展变化是由四种因素叠加而形成的。另一种是假设各个构成部分对时间序列的影响均按比例变化。例如循环波动较大时，同样大小的季节变化所产生的影响也较大，这种假定下的时间序列模型可以表示为

$$乘法模型：Y = T \times S \times C \times I$$

在乘法模型中，T 的度量单位和 Y 相同，用绝对数表示，而 C、S 和 I 的度量均以百分比及相对数表示。相对而言，乘法模型应用得较广泛。

第三节 长期趋势的测定

长期趋势的测定就是采用一定方法对时间序列进行修匀，使修匀后的序列排除季节变动、循环变动和不规则变动因素的影响，显示出现象变动的基本趋势，作为预测的依据。测定长期趋势的方法主要有随手法、时距扩大法、序时平均法、移动平均法、曲线拟合法，曲线模型拟合又有最小平方法和指数模型拟合。

随手法是拟合趋势线的最简单的一种经验判断法。它是依据观察和经验，在时间序列的实际资料曲线上直接画出趋势直线或趋势曲线，使趋势线穿插于实际曲线之中。随手法简便易行，可以大致判断时间序列的趋势特征，但它有一定的随意性，对同一时间序列可能画出多条趋势线。我们下面主要讨论时距扩大法和序时平均法、移动平均法和曲线拟合法。

一、时距扩大法和序时平均法

时距扩大法是把时间序列中各期指标数值按较长的时距加以归并，形成一个新的简化了的时间序列，以消除原序列中的季节变动和各种偶然因素的影响，显示出长期趋势。

表 12-5 是某旅行社 2016—2019 年各月经营收入资料。由于从各月资料不容易看出长期趋势，我们将其改为年资料，则长期趋势非常明显。如图 12-4 所示。

表 12-5　某旅行社 2016—2019 年各月经营收入资料　　　　　　　　　万元

年份	1	2	3	4	5	6	7	8	9	10	11	12	合计
2016	40	50	41	39	45	53	68	73	50	48	43	38	588
2017	43	52	45	41	48	65	79	86	64	60	45	41	669
2018	44	64	58	56	67	74	84	95	76	68	56	52	794
2019	55	72	62	60	70	86	98	108	87	78	63	58	897

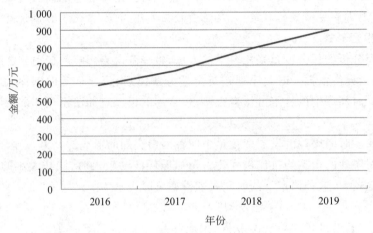

图 12-4　2016—2019 年某旅行社经营收入

时距扩大法适用于时期序列而不适用于时点序列。序时平均法则可适用于这两种时间序列。它是将全部序列资料分成若干段，计算各段的序时平均数，形成新的简化了的时间序列，如图 12-5 所示。

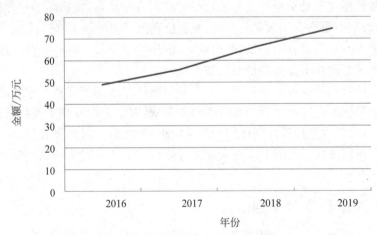

图 12-5　2016—2019 年某旅行社经营收入(各年月平均数)

这两种方法也比较简便易行，但由于时距的选择和对原序列分段的不同，也就可能产生不同的结果。

二、移动平均法

移动平均法是采用逐期推移扩大时距计算序时平均数的方法,它以一系列移动平均数作为对应时期的趋势值。

设时间序列为 $y_1, y_2, y_3 \cdots, y_n$,若取三项平均,则移动平均形成的新序列为

$$\bar{y}_2 = \frac{y_1 + y_2 + y_3}{3}, \quad \bar{y}_3 = \frac{y_2 + y_3 + y_4}{3}, \quad \cdots, \quad \bar{y}_{n-1} = \frac{y_{n-2} + y_{n-1} + y_n}{3}$$

移动平均法中时距扩大的程度是由时间序列的具体特点决定的,如果序列水平波动有一定的周期性,扩大时距应注意与周期变动的时距相吻合。在以年为单位的时间序列中,不体现季节变动因素,所要消除的是循环变动和不规则变动因素,这时可借助于对时间序列水平的观察,循环周期大体几年,就相应采用几年移动平均。若是序列水平呈不规则变动,而扩大时距计算的一系列移动平均数又未能把趋势明显地表现出来,则要进一步扩大时距。

要注意的是,在采用偶数项移动平均时,因移动平均数对应的中点是在两个时期之间,故不能直接作为趋势值使用,还需进行一次移动平均。

按奇数项移动平均所形成的新序列中,首尾各有 $\frac{n-1}{2}$(n 为移动项数)个时期得不到趋势值;按偶数项移动平均所形成的新序列中,首尾各有 $\frac{n}{2}$ 个时期得不到趋势值。

正因为按移动平均法修匀后的趋势值首尾损失若干信息量,而且不能对趋势进行分析修匀,即无法得到可供预测的方法,表明它还不是确定趋势的理想方法。我们把移动平均的项数称为移动平均项 N。

例 12-9 某市汽车配件销售公司,某年 1 月至 12 月的化油器销量如表 12-6 所示。试用简单移动平均法,预测下年 1 月的销售量。

解:分别取 $N=3$ 和 $N=5$,按公式

$$\hat{y}_{t+1} = \frac{y_t + y_{t-1} + y_{t-2}}{3}$$

$$\hat{y}_{t+1} = \frac{y_t + y_{t-1} + y_{t-2} + y_{t-3} + y_{t-4}}{5}$$

计算 3 个月和 5 个月移动平均预测值,其结果见表 12-6,其图见图 12-6。

表 12-6 移动平均计算表

月份 t	实际销售量 y_t/件	3 个月移动平均预测值 $\hat{y}_{t+1}$/件	5 个月移动平均预测值 $\hat{y}_{t+1}$/件
1	423	—	—
2	358	—	—
3	434	—	—
4	445	405	—
5	527	412	—
6	429	469	437

续表

月份 t	实际销售量 y_t/件	3个月移动平均预测值 $\hat{y}_{t+1}$/件	5个月移动平均预测值 $\hat{y}_{t+1}$/件
7	426	467	439
8	502	461	452
9	480	452	466
10	384	469	473
11	427	456	444
12	446	430	444
		419	448

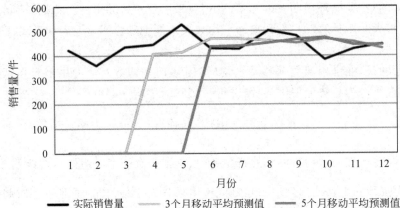

图 12-6　实际销售量与移动平均预测值

由图 12-6 可以看出,实际销售量的随机波动比较大,经过移动平均法计算以后,随即波动显著减小,即消除随机干扰。而且求取平均值所用的月数越多,即 N 越大,修匀的程度也越大,波动也越小。但是,在这种情况下,对实际销售量真实的变化趋势反应也越迟钝。

相反,如果 N 取得越小,对销售量真实变化趋势反应越灵敏,但修匀性越差,从而把随机干扰作为趋势反映出来。

因此,N 的选择甚为重要,N 应取多大,应根据具体情况作出抉择,当 N 等于周期变动的周期时,则可消除周期变动影响。

移动平均法只适合做近期预测,而且是预测目标的发展趋势变化不大的情况。如果目标的发展趋势存在其他的变化,使用移动平均法就会产生较大的预测偏差和滞后。

三、曲线拟合法

假定有一个多年的数据序列,为了算出逐年的趋势,可以考虑对原始数据拟合一条数学曲线(模型)。例如,假如趋势是线性的,就可用最小平方方法拟合直线方程,如果趋势是指数曲线型的,就可用指数曲线方程。在采用数学模型拟合时,首先要解决的是曲线方程的选择问题。

（一）最小平方法

根据线性函数的特性：

$$\Delta Y_t = Y_{t+1} - Y_t = a + b(t+1) - a - bt = b$$

如果一个多年的数据序列，其相邻两年的数据的一阶差近似为一常数，就可以配合一直线：$Y = a + bt$，然后用最小平方法拟合求解参数 a 和 b。

最小平方法是测定长期趋势最常用的方法，它的基本原理是当长期趋势值与序列实际值的离差平方和为最小 [即 $\sum(Y - Y_t)^2 =$ 最小值]时，求出的趋势线与原序列达到最佳的配合。

这个方法可用于配合直线，也可用于配合曲线。必须根据被研究现象发展变化的情况，以及原有序列反映出来的现象变动的特点，经过仔细分析以后，才能确定配合直线或者曲线。具体作图时可以先根据长时间丰富的统计资料，在直角坐标上绘制散点图，从图上看，大体上呈直线变动的，就配合直线，大体上呈曲线变动时，就配合曲线。总之，确定建立何种数学方程，关键取决于现象发展的性质特点。现说明直线配合的方法。

根据最小平方法的要求：

$$\sum (Y - Y_t)^2 = 最小值$$

$$Y_t = a + bt$$

$$\sum (Y - Y_t)^2 = \sum (Y - a - bt)^2$$

式中，Y_t 为时间序列 Y 的长期趋势值；t 为时间；a 为当 $t = 0$ 时 Y_t 的值；b 为趋势直线的斜率。

令 $Q = \sum (Y - a - bt)^2$

可以把 Q 看成是两个变量 a 和 b 的函数。为使 Q 取得最小值，则其对 a 和 b 的偏导数应等于 0，即

$$\frac{\partial Q}{\partial a} = -2 \sum (Y - a - bt) = 0$$

$$\frac{\partial Q}{\partial b} = 2 \sum (Y - a - bt)(-t) = 0$$

整理即得

$$\sum Y - na - b \sum t = 0$$

$$\sum tY - a \sum t - b \sum t^2 = 0$$

于是得到下列两个标准方程式：

$$\sum Y = na + b \sum t$$

$$\sum tY = a \sum t + b \sum t^2$$

各个符号代表的意义同前，n 为项数。

解两个标准方程式，得到 a、b 值。

$$b = \frac{\sum tY - (\sum t \sum Y)/n}{\sum t^2 - (\sum t)^2/n}$$

$$a = \overline{Y} - b\overline{t}$$

例 12-10 某采石场石渣产量如表 12-7 所示。

表 12-7 石渣产量　　　　　　　　　　　　　　万吨

年份	2009	2010	2011	2012	2013	2014	2015	2016	2017	2018	2019
产量	2.1	2.3	2.5	2.6	2.4	2.3	2.6	2.8	3.0	3.2	3.1

试用最小平方法建立直线趋势方程。

解： 以 t 代表相隔年份（即为时间），Y 代表产量，将标准方程中有关项算出，形成最小平方法计算表。如表 12-8 所示。

表 12-8 最小平方法计算表

年份	t/年	产量 Y/万吨	tY/万吨	t^2	Y_t
2009	0	2.1	0	0	2.14
2010	1	2.3	2.3	1	2.25
2011	2	2.5	5.0	4	2.34
2012	3	2.6	7.8	9	2.43
2013	4	2.4	9.6	16	2.53
2014	5	2.3	11.5	25	2.63
2015	6	2.6	15.6	36	2.72
2016	7	2.8	19.6	49	2.82
2017	8	3.0	24.0	64	2.92
2018	9	3.2	28.8	81	3.01
2019	10	3.1	31.0	100	3.11
合计	55	28.9	155.2	385	—

把表 12-8 中 $\sum t = 55, \sum Y = 28.9, \sum tY = 155.2, \sum t^2 = 385$ 代入标准方程，则

$$\begin{cases} 28.9 = 11a + 55b \\ 155.2 = 55a + 385b \end{cases}$$

解方程，得：$a = 2.141, b = 0.097$

于是所求趋势直线方程为：$Y_t = 2.141 + 0.097t$。表 12-8 的最后一列数字即为石渣产量的趋势值。

（二）指数模型拟合

由于指数曲线具有如下特性：

$$Y = Y_t = ab^t, Y_{t+1} = ab^{t+1}, \frac{Y_{t+1}}{Y_t} = \frac{ab^{t+1}}{ab^t} = b$$

所以，当时间序列的各期数值大致按同一相同比率增长时，可以考虑用指数方程，联系常用的复利公式：

$$P_n = P_0(1+r)^n$$

令 $Y_t = P_t, a = P_0, b = 1+r, n = r$，则复利公式与指数方程完全一致。可见指数曲线是一种常用的典型趋势线。

例 12-11 某企业 2014—2019 年的某产品产量如表 12-9 中 Y 值一列所示，试求该企业生产量的长期趋势。

表 12-9 指数趋势函数计算表

年 份	t/年	产量 Y/万吨	$\ln Y$	t^2	$t\ln Y$
2014	0	56	4.03	0	0.00
2015	1	86	4.45	1	4.45
2016	2	110	4.70	4	9.40
2017	3	168	5.12	9	15.37
2018	4	210	5.35	16	21.39
2019	5	325	5.78	25	28.92
合计	15	955	29.44	55	79.53

解：由于这个时间序列的环比序列为

$$\frac{Y_2}{Y_1} = 86/56 = 1.54$$

即各年产量几乎按同一比例增长，所以，可以考虑拟合指数函数 $Y = ab^t$，取对数后，用最小平方法解参数，具体计算见表 12-9。

根据以上结果计算出 $\ln b = 0.3398, \ln a = 4.0563, a = e^{4.0563} = 57.7582, b = 1.4047$，所以我们知道估计方程为 $\hat{Y} = 57.7582 \times 1.4047^t$。

第四节 季节变动的测定

研究季节变动的目的，在于掌握现象随着季节变换而变动的规律性，以便预测未来，作出决策和采取措施。测定季节变动的主要方法是计算季节比率，反映季节变动的规律性。季节比率高说明"旺季"，反之说明"淡季"。计算季节比率通常有两种方法：按月（季）平均法和移动平均趋势剔除法。

扩展阅读 12-1 月度二氧化碳水平

一、按月（季）平均法

这种方法不考虑长期趋势影响，直接用原始时间序列来计算。按月平均法的季节比率是各月份的水平与全年各月平均总水平之比。为了较准确地观察季节变动情况，要用连续 3 年以上的发展水平资料，加以平均分析。其计算步骤如下：

(1) 根据各年按月（季）的时间序列资料计算出各年同月（季）的平均水平。

(2) 计算各年所有月（季）的总平均水平。

(3) 将各年同月(季)的平均水平与总平均水平进行对比,即得出季节比率。

例 12-12　某路局机务段连续 3 年年末机煤库存量统计资料如表 12-10 所示,试求季节比率。

表 12-10　库存量统计资料　　　　　　　　　　万吨

年份	1	2	3	4	5	6	7	8	9	10	11	12
2017	1 150	1 800	2 400	3 800	5 300	6 700	6 850	6 900	5 100	3 900	2 750	1 400
2018	1 350	2 200	2 900	4 100	5 600	6 700	6 950	7 200	5 700	4 200	2 950	2 300
2019	2 400	3 150	3 300	4 700	6 200	7 300	7 750	7 300	6 300	4 800	3 450	2 000

为计算清楚,将表 12-10 格式重新排列,形成计算表,如表 12-11 所示。

表 12-11　库存量计算表

月份	各年库存量/万吨			三年同月库存量平均/万吨	季节比率/%
	2017 年	2018 年	2019 年		
1	1 150	1 350	2 400	1 633.3	37.02
2	1 800	2 200	3 150	2 383.3	54.01
3	2 400	2 900	3 300	2 866.7	64.97
4	3 800	4 100	4 700	4 200.0	95.18
5	5 300	5 600	6 200	5 700.0	129.18
6	6 700	6 700	7 300	6 900.0	156.37
7	6 850	6 950	7 750	7 183.3	162.79
8	6 900	7 200	7 300	7 133.3	161.66
9	5 100	5 700	6 300	5 700.0	129.18
10	3 900	4 200	4 800	4 300.0	97.45
11	2 750	2 950	3 450	3 050.0	69.12
12	1 400	2 300	2 000	1 900.0	43.06
				52 950.0	1 200.00

这样,由各月份季节比率所组成的数据,清楚表明机煤库存量的季节性变动趋势,自 1 月起逐月增长,7 月达到高峰,8 月开始下降。

按月(季)平均法计算简便,容易掌握。但季节比率的计算不够精确,因为它不考虑长期趋势的影响。

二、移动平均趋势剔除法

这个方法是先将 12 个月移动平均数作为长期趋势加以剔除,再测定季节变动。其计算步骤和方法如下。

(1) 根据各年的每月资料,用 12 个月移动平均法求长期趋势。

(2) 将实际数值除以趋势值,并把其值按月排列,再按月求其季节比率。

(3) 加总平均季节比率,其总和应为 1 200%,否则,应校正,使其总和为 1 200%。

仍以前述机务段机煤库存量为例,用移动平均趋势剔除法求季节比率(表 12-12、表 12-13)。

表 12-12 趋势测算与剔除表

年 份	月 份	库存量/万吨	趋势值/万吨	实际值/趋势值/%
2017	1	1 150	—	—
	2	1 800	—	—
	3	2 400	—	—
	4	3 800	—	—
	5	5 300	—	—
	6	6 700	—	—
	7	6 850	4 012.5	170.7
	8	6 900	4 037.5	170.9
	9	5 100	4 075.0	125.2
	10	3 900	4 108.3	94.9
	11	2 750	4 133.3	66.5
	12	1 400	4 145.8	33.8
2018	1	1 350	4 150.0	32.5
	2	2 200	4 166.7	52.8
	3	2 900	4 204.2	69.0
	4	4 100	4 241.7	96.7
	5	5 600	4 262.5	131.4
	6	6 700	4 308.3	155.5
	7	6 950	4 389.6	158.3
	8	7 200	4 472.9	161.0
	9	5 700	4 529.2	125.9
	10	4 200	4 570.8	91.9
	11	2 950	4 620.8	63.8
	12	2 300	4 670.8	49.2
2019	1	2 400	4 729.2	50.7
	2	3 150	4 766.7	66.1
	3	3 300	4 795.8	68.8
	4	4 700	4 845.8	97.0
	5	6 200	4 891.7	126.7
	6	7 300	4 900.0	149.0
	7	7 750	—	—

续表

年 份	月 份	库存量/万吨	趋势值/万吨	实际值/趋势值/%
2019	8	7 300	—	—
	9	6 300	—	—
	10	4 800	—	—
	11	3 450	—	—
	12	2 000	—	—

表 12-13 季节比率测算表

月 份	年 份			平均季节比率/%	季节比率/%
	2017	2018	2019		
1	—	32.5	50.7	41.6	41.5
2	—	52.8	66.1	59.6	59.2
3	—	69.0	68.8	68.9	68.7
4	—	96.7	97.0	96.9	96.5
5	—	131.4	126.7	129.1	128.6
6	—	155.5	149.0	152.3	151.7
7	170.7	158.3	—	164.5	163.9
8	170.9	161.0	—	166.0	165.4
9	125.2	125.9	—	125.6	125.1
10	94.9	91.9	—	93.4	93.1
11	66.5	63.8	—	65.2	64.9
12	33.8	49.2	—	41.5	41.4

在上面的计算中,由于各月平均季节比率之和为 1 204.3,所以应做调整,即将平均季节比率各值乘 1 200/1 204.3,得季节比率。

第五节 循环变动分析与测定

一、循环变动及其测定目的

循环变动往往存在于一个较长的时期中,是一种从低到高又从高到低的周而复始、近乎规律性的变动。循环变动不同于季节变动,季节变动也是有高有低的交替变动,但季节变动有比较固定的规律性,而且变动周期一般是 1 年以内。循环变动的规律不那么固定,变动的周期通常在 1 年以上,周期的长短、变动形态、波动的大小也不固定。例如产品通常有导入期、成长期、成熟期、衰退期、替代期等经济生命周期,又如受周期性因素的影响,宏观经济的增长通常产生周期性波动。

测定和分析现象的循环变动的目的,一是从数量上揭示现象循环变动的规律性;二是深入研究不同现象之间周期性循环波动的内在联系,有助于分析引出循环变动的原因;三是通过对循环规律的认识,对现象今后发展作出科学的预测,为制订有效遏制循环变动不利影响的决策方案提供依据。

案例分析 12-2 贸易公司屯粮案例

二、循环变动的测定方法

由于循环变动通常隐匿在一个较长的变动过程中,而且规律不固定,又常与不规则波动交织在一起,所以在时间序列的成分分析中,循环变动的单独测定和分析是比较困难的。通常是从时间序列中消去趋势变动、季节变动和不规则变动,所剩结果即为循环变动。这种方法称为剩余法。

剩余法的基本思想是从序列中先分解出长期趋势和季节变动,然后通过平均消除不规则变动成分,剩余的变动则揭示出序列的循环变动特征。如果原序列的因素组合为 $Y=T\times S\times C\times I$,先分别消除季节变动 S 和长期趋势 T,或者同时消除季节变动 S 和长期趋势 T,即

$$\frac{Y}{T\times S}=\frac{T\times S\times C\times I}{T\times S}=C\times I$$

最后将所得循环变动和不规则变动的结果 $C\times I$ 进行移动平均,消除不规则变动 I,即得循环变动值 C。

例 12-13 某旅行社 2016 年至 2019 年的经营收入如表 12-14 所示,用剩余法计算循环变动值 C,见表 12-14。

表 12-14 循环变动计算表

年份	月份	经营收入 Y/万元	季节指数 S	T×C×I	长期趋势 T	C×I/%	循环变动 C/%
2016	1	40	74.1	54.0	—	—	—
	2	50	96.9	51.6	—	—	—
	3	41	83.9	48.9	—	—	—
	4	39	79.8	48.9	—	—	—
	5	45	93.6	48.1	—	—	—
	6	53	113.2	46.8	—	—	—
	7	68	133.9	50.8	49.3	103.0	—
	8	73	147.3	49.6	49.6	100.0	97.3
	9	50	112.8	44.3	49.9	88.9	93.8
	10	48	103.4	46.4	50.2	92.6	94.2
	11	43	84.3	51.0	50.4	101.2	96.9
	12	38	76.9	49.4	51.0	97.0	103.4

续表

年份	月份	经营收入 Y/万元	季节指数 S	T×C×I	长期趋势 T	C×I/%	循环变动 C/%
2017	1	43	74.1	58.0	51.8	112.1	103.8
	2	52	96.9	53.7	52.5	102.3	105.0
	3	45	83.9	53.6	53.3	100.5	99.1
	4	41	79.8	51.4	54.3	94.5	96.1
	5	48	93.6	51.3	54.9	93.4	97.3
	6	65	113.2	57.4	55.2	104.0	101.4
	7	79	133.9	59.0	55.2	106.9	105.4
	8	86	147.3	58.4	55.5	105.1	104.0
	9	64	112.8	56.7	56.7	100.1	101.7
	10	60	103.4	58.0	58.1	99.8	96.4
	11	45	84.3	53.4	59.8	89.3	92.2
	12	41	76.9	53.3	60.9	87.5	88.2
2018	1	44	74.1	54.0	61.4	87.9	94.1
	2	64	96.9	66.0	61.8	106.8	101.8
	3	58	83.9	69.1	62.5	110.6	109.4
	4	56	79.8	70.2	63.3	110.9	110.7
	5	67	93.6	71.6	64.6	110.8	106.8
	6	74	113.2	65.4	66.2	98.8	100.8
	7	84	133.9	62.7	67.6	92.8	95.1
	8	95	147.3	64.5	68.8	93.7	94.5
	9	76	112.8	67.4	69.4	97.1	95.0
	10	68	103.4	65.8	69.8	94.3	100.4
	11	56	84.3	77.1	70.2	109.8	99.8
	12	52	76.9	67.6	70.9	95.4	102.9
2019	1	55	74.1	74.2	71.7	103.5	100.4
	2	72	96.9	74.3	72.5	102.4	102.2
	3	62	83.9	73.9	73.3	100.8	101.6
	4	60	79.8	75.2	74.1	101.4	101.9
	5	70	93.6	76.9	74.4	103.4	102.2
	6	86	113.2	76.0	74.7	101.8	—
	7	98	133.9	73.2	—	—	—

续表

年份	月份	经营收入 Y/万元	季节指数 S	T×C×I	长期趋势 T	C×I/%	循环变动 C/%
2019	8	108	147.3	73.3	—	—	—
	9	87	112.8	77.1	—	—	—
	10	78	103.4	75.4	—	—	—
	11	63	84.3	74.7	—	—	—
	12	58	76.9	75.4	—	—	—

根据表 12-14 计算的循环变动值绘制的循环变动曲线如图 12-7 所示。

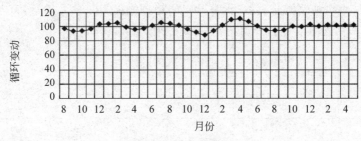

图 12-7 循环变动曲线

可以看出该旅行社的经营收入的循环波动大体 6~7 个月出现一次波峰或波谷。

思考与练习

1. 时期序列和时点序列有何区别与联系？
2. 试述长期趋势的基本概念，认识和掌握长期趋势有何意义？
3. 试述季节变动的基本概念，认识和掌握季节变动有何意义？
4. 某地区 2015—2019 年国民生产总值数据如表 12-15 所示。

表 12-15 某地区 2015—2019 年国民生产总值数据

年 份		2015	2016	2017	2018	2019
国民生产总值/亿元		40.90		68.50	58.00	
发展速度/%	环比	—				
	定基					151.34
增长速度/%	环比	—	10.30			
	定基	—				

要求：

(1) 计算并填列表所缺数字。
(2) 计算该地区 2015—2019 年间的平均国民生产总值。
(3) 计算 2016—2019 年间国民生产总值的平均发展速度和平均增长速度。

5. 某公司 2009—2019 年的产品销售数据如表 12-16 所示。

表 12-16　某公司 2009—2019 年的产品销售数据　　　　　　　　　　万元

年　份	2009	2010	2011	2012	2013	2014
销售额	80	83	87	89	95	101
年　份	2015	2016	2017	2018	2019	
销售额	107	115	125	134	146	

要求：

(1) 应用 3 年和 5 年移动平均法计算趋势值。

(2) 应用最小二乘法配合直线，计算各年的趋势值。

6. 某市某产品连续 4 年各季度的出口额资料如表 12-17 所示。

表 12-17　某产品连续 4 年各季出口额资料　　　　　　　　　　万元

年	季　度			
	1	2	3	4
1	16.0	2.0	4.0	51.0
2	28.0	4.3	6.7	77.5
3	45.0	7.1	14.2	105.0
4	50.0	5.1	16.8	114.0

要求：

(1) 计算该市该产品出口额的季节比率。

(2) 对其季节变动情况做简要分析。

即 测 即 练

第十三章

统 计 指 数

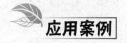

2019年全年CPI同比涨2.9%
——解读2019年CPI、PPI数据

从国家统计局今天(2020年1月9日)公布的数据可以看到,2019年全年CPI(居民消费价格指数)同比增长2.9%,实现了全年3%左右的预期调控目标。那么,数据公布后市场的反应如何?数据背后又透露出哪些经济信号呢?

首先,2019年全年全国CPI同比上涨2.9%。由于猪肉等畜肉价格环比持续回落,中国在2019年最后一个月的CPI同比涨幅持稳。美国《华尔街日报》则认为,中国2019年CPI创下2011年以来最大年涨幅,但控制在年度目标以内。中国为2019年CPI设置的目标为升幅,控制在3%左右。

从发布的环比数据看,2019年主要是供给端冲击导致的物价上涨,归根到底就是猪肉价格上涨,核心CPI涨幅并不大。报道称,中国2019年12月猪肉价格环比已经由上月上涨3.8%转为下降5.6%。中国商务部2020年1月9日表示,正会同相关部门开展第6批投放中央储备冻猪肉2万吨的工作。目前有20个地方已经或者正在投放地方储备猪肉9万多吨。

其次,从2019年指数数据可直观看出,PPI(生产价格指数)总的来说是由高向低逐步回落,它的运行态势总的还是比较明晰地反映了经济运行有不小的压力。我们认为整个经济的运行在企稳,需求在增长,状况有所改善。2020年PPI有可能会得到改善,或者说全年基本是正值或者是逐步走高的态势。目前CPI的上涨其实并不是一个典型的通货膨胀,并不是一个由货币因素短期内快速增长所引起的通货膨胀。这一系列的政策措施使得(猪肉)供求关系逐步地得到调整,未来的CPI进一步大幅上涨就没有这个基础。那么这样就给相关的政策:财政政策、货币政策在稳健的基调下加大逆周期调节的力度提供了较好的空间。

实际上,政府部门几乎每个月都会发布许多不同的统计指数,以帮助每一个公民了解当前商业和经济形势。这些指数中了解和应用最为广泛的,如居民消费价格指数。居民消费价格指数是反映一定时期内城乡居民所购买的生活消费品和服务项目价格变动趋势与程度的相对数,是对城市居民消费价格指数和农村居民消费价格指数进行综合汇总计算的结果。通过该指数可以观察和分析消费品的零售价格与服务项目价格变动对城乡居民实际生活费支出的影响程度。如果给定一个起始时期,也称为**基期**,其指数为100,则消费者价格指数能够比较当前时期和基期的消费价格。例如,消费者价格指数为125,则该指数表明当前时期的消费价格在整体上比基期的消费价格提高了25%。这个指数的增加意味着价格的上升。我国2010—2019年居民消费价格指数见表13-1。

表 13-1 我国 2010—2019 年居民消费价格指数表

年份	居民消费价格指数						
	CPI	城镇居民	农村居民	商品零售	工业产品	进购价格	固定资产投资
2010	103.3	103.2	103.6	103.1	105.5	109.6	103.6
2011	105.4	105.3	105.8	104.9	106.0	109.1	106.6
2012	102.6	102.7	102.5	102.0	98.3	98.2	101.1
2013	102.6	102.6	102.8	101.4	98.1	98.0	100.3
2014	102.0	102.1	101.8	101.0	98.1	97.8	100.5
2015	101.4	101.5	101.3	100.1	94.8	93.9	98.2
2016	102.0	102.1	101.9	100.7	98.6	98.0	99.4
2017	101.6	101.7	101.3	101.1	106.3	108.1	105.8
2018	102.1	102.1	102.1	101.9	103.5	104.1	105.4
2019	102.9	102.8	103.2	102.0	99.7	99.3	102.6

统计指数简称为指数。指数最初是从研究物价变动中产生并发展起来的。17 世纪中后期，随着资本主义经济的发展，商品价格的涨落已经成为影响经济发展和人民生活的一个重要标志。人们开始对商品价格的变动原因、变动方向和程度，以及价格变动对整个经济发展的影响进行研究。1650 年，英国的沃汉（Rice Voughan）首创了物价指数，用以度量物价的变化状况。

从此指数分析方法逐渐应用于经济领域的各个方面，其所研究的内容也在不断发生发展，从最初对物价变动的研究逐渐扩展到对物量变动的研究；从只反映单一事物的相对变动发展到反映复杂现象的综合变化；从对不同时间的比较拓展到对不同空间的比较分析。指数理论的不断丰富，使得指数形成广义和狭义两方面的含义。

从广义上讲，任何两个数值对比形成的相对数都可以称为指数，正如英国百科全书对指数所下的定义："指数是用来测量一个变量对一个特定的变量值大小的相对数。"而从狭义上说，指数是用以测量总体各变量在不同场合下综合变动的一种特殊相对数。

本章所讨论的有关内容主要是从狭义上讲的指数。

第一节 统计指数概述

一、统计指数的分类

由于研究目的不同、实际应用的不同，统计指数可以从不同的角度划分为不同的类型。

(1) 按计入指数的项目多少，统计指数可以划分为个体指数和总指数。个体指数是反映单一项目或变量变动的相对数，如反映某一种商品价格变动的个体价格指数。个体指数是指反映单个现象变动的相对数，如

$$个体产量指数\ i_q = q_1/q_0$$

$$个体价格指数\ i_p = p_1/p_0$$

式中，下标 1 代表报告期（比较期）；下标 0 代表对比的基准，基期。

总指数是反映诸多项目或变量总变动的相对数,如反映多种商品价格的综合变动。

在个体指数和总指数之间往往还存在着组(或类)指数。组(或类)指数是对复杂总体进行分组(或类),并按组(或类)计算的统计指数,借以表明复杂总体中某一组(或某类)的综合变动状况。例如社会零售物价指数中的百货类零售物价指数。在实际工作中常将组(或类)指数与总指数相结合,以便对复杂总体的变动做进一步的说明。从理论上讲,组(或类)指数从概念上、性质上和计算方法上都与总指数基本相同。

(2)按指数的性质和所反映的内容,加权综合指数可以划分为数量指标指数和质量指标指数。数量指标指数是反映现象物量变动趋势的指数,如产品产量指数或销售量指数。质量指标指数是说明事物内涵数量变动状况的指数,如产品成本指数、劳动生产率指数。

(3)按计算形式,总指数可以分为简单指数(simple index)和加权指数。

简单指数是把计入指数的各个项目的重要性视为相同,将个体指数按简单平均方法计算的指数。简单指数在实际工作中已不常用。加权指数则是将计入指数的项目依据其重要程度赋予不同的权数,将个体指数加权平均所得到的指数。

案例分析 13-1　石油企业疫情下的困境

(4)按对比场合不同,指数可以分为时间性指数和区域性指数。

时间性指数是根据总体变量在不同时间上对比所形成,反映现象在时间上的动态变化的指数。时间性指数可形成时间指数序列,如将历年国内生产总值的发展速度排列所形成时间指数序列。时间指数序列按对比基期不同又可分为定基指数序列和环比指数序列,其中定基指数序列中各时期的指数均按同一基期进行计算。环比指数序列中各期指数均以其前一个时期为基础计算。区域性指数是总体变量在不同空间条件下对比形成的指数。区域性指数可以是同一时间的不同单位、不同地区的同一指标对比形成指数序列,如各国人均国民收入的指数序列;也可以是同一单位、同一地区的实际指标与计划指标对比所形成的指数序列。图 13-1 概要说明了指数的分类。

二、统计指数的性质

统计指数是进行经济分析的一种特殊方法,主要用于反映事物量变的相对程度。概括起来,指数具有以下性质。

1. 相对性

统计指数是总体变量在不同场合下对比形成的相对数。它既可以度量单一项目在不同时间或空间的相对变化,如计算某一种产品的产量指数或价格指数;也可以度量一组项目的综合变动,如计算消费品的价格指数。

2. 综合性

就狭义的指数而言,指数是由一组项目综合对比所形成,反映一组项目在不同场合下

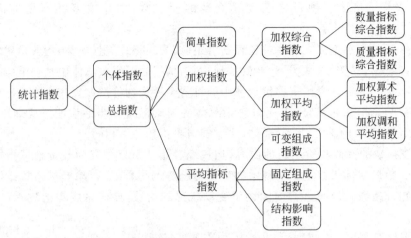

图 13-1　指数的分类

的综合变动结果。例如零售物价指数可以表明各种商品价格受多种因素影响的综合变化水平。

3. 平均性

统计指数是复杂总体变量的综合比较,可以表明构成复杂总体诸多项目的平均变动程度。例如零售物价指数就表明各种商品价格涨落变动的平均程度。

统计指数的综合性与平均性密切联系。综合性是指数理论和方法的核心问题,是平均性的基础,没有综合性就没有平均性;平均性是综合性的数量表现,没有平均性,综合性也难以用数量表示。

三、指数在经济分析中的作用

指数作为一种重要的统计方法,在经济分析中有着广泛的应用。指数的基本作用主要表现为两方面。

1. 分析复杂经济现象总体的变动方向和程度

在经济管理与研究中,无论是从宏观角度还是从微观角度,都需要了解复杂现象变化的情况,分析其变动的方向和程度,尤其是在市场经济条件下更是如此。利用指数这种方法,可以分析研究经济现象总的发展变动情况,为国家指导经济发展,实现宏观调控以及微观经济单位分析市场前景,决定发展策略,提供重要依据。

2. 分析经济发展变化中各种因素影响的大小

社会经济现象之间是相互联系和相互制约的,一些现象的发展变化是很多因素变化影响的结果。经济管理与研究需要从数量上具体分析各种因素的影响。指数体系提供了一种重要的因素分析方法,可以从数量上分析影响经济发展的一些重要经济变量,以及它们影响的方向和程度,对于研究经济发展中的问题有着重要的意义和作用。

四、指数编制的基本问题

指数反映现象的综合变动方向和变动程度,表明事物在时间或空间上的差异,以及相互间的某种比例关系,可以对构成总体变动的各有关因素进行分析,研究各因素影响现象变动的方向和程度。因此在编制统计指数时,需要解决样本项目的选择、比较基期的确定等一些问题。

1. 样本项目的选择

指数主要用于反映现象的综合变化程度,因而应以总体的全面数据资料作为计算依据。但在现实中将总体的全部项目都计算在内,往往是不可能也是不必要的。实际应用中,编制指数所依据的几乎均为样本数据,因此样本选择是否科学合理,是决定指数准确性的重要前提。所选样本应该具备以下要求。

(1) 准确性。指数计算所选择的样本数据本身要准确。

(2) 充分性。计算指数时要求样本容量足够大,应保证能够代表总体的性质。

(3) 代表性。要求选择的样本能够充分反映总体的性质。所选的每一样本项目与所代表的实际项目在性质上应保持一致,而各样本项目之间在性质上应有较大的差别。

(4) 可比性。要求用于对比的各样本项目在不同时空上的定义、计算口径、计算方法、计量单位等方面保持一致。

2. 比较基期的确定

所有指数通常都要根据指数计算的预期目的和用途,选择确定比较的基准点。就时间性指数而言,确定基期时要注意以下问题。

(1) 应选择能代表事物的正常状态或典型状态的时期作为比较的基期,而非正常的波动时期通常不具有代表性。

(2) 选择的报告期距基期的长短应根据所研究现象的特点和研究目的而定。报告期与基期的间隔时间不宜过长,通常间隔时间越远,指数的代表性越差。对于发展变化较快的现象,一般应选择距报告期较近的时期作为比较基期。

第二节 简单指数与加权指数

总指数可以研究复杂总体诸多事物的综合变动状况,如要分析多种商品销售量的综合变动,计算销售量总指数;或要分析全部商品价格的变动,计算商品物价总指数。但在计算时,由于诸多事物不具有同度量性,因而不能直接综合对比。需要运用科学的方法,先要使原来不能同度量的多种事物可以综合汇总,才能进行对比。加权指数是计算总指数的一种重要方法,它分为加权综合指数和加权平均指数两种基本形式。其中加权综合指数是计算总指数的主要形式,加权平均指数既可作为综合指数的一种派生形式,且在一定条件下,其本身还具有独立的意义。

一、简单指数

简单指数是指通过对个体指数简单平均得到的总指数,主要类型有简单算术平均指数、简单几何平均指数和简单调和平均指数。价格和产量的简单算术平均指数的计算公式为

$$I_p = \frac{\sum\left(\frac{p_1}{p_0}\right)}{n}, \quad I_q = \frac{\sum\left(\frac{q_1}{q_0}\right)}{n}$$

设有如下资料(表 13-2)。

表 13-2 某铁道公司路线票价情况资料 元

线路段	2015 年价格	2019 年价格
大连至青岛(大青线)	100	220
秦皇岛至北京(秦北线)	42	97
石家庄至唐山(石唐线)	67	154
济南至青岛(济青线)	59	155

解：以 2015 年为基准期，计算得到的四种线路段的个体价格指数如下。

大青：$i_p = \frac{220}{100} = 220\%$，秦北：$i_p = \frac{97}{42} \approx 231\%$

石唐：$i_p = \frac{154}{67} \approx 229.9\%$，济青：$i_p = \frac{155}{59} \approx 262.7\%$

简单算术平均指数的计算方法，是上述个体指数的简单平均。即

$$I_p = \frac{2.2 + 2.31 + 2.299 + 2.627}{4} = 235.9\%$$

从整体上看，价格水平提高了，2019 年比 2015 年提高了 135.9%。

简单几何平均指数，则是对 n 个个体指数求几何平均数所得到的，如价格和产量的简单几何平均指数分别为

$$I_p = \sqrt[n]{\prod_{i=1}^{n}\left(\frac{p_1}{p_0}\right)}, \quad I_q = \sqrt[n]{\prod_{i=1}^{n}\left(\frac{q_1}{q_0}\right)}$$

举例说明，根据上述例子(表 13-2)，已经计算出上述四种路线的个体指数，则其简单几何平均指数为

$$I_p = \sqrt[4]{2.2 \times 2.31 \times 2.299 \times 2.627} \approx 235.374\%$$

对 n 个个体指数求调和平均数，所得到的就是简单调和平均指数，其价格和产量的计算公式分别为

$$I_p = \frac{n}{\sum\left(\frac{1}{p_1/p_0}\right)}, \quad I_q = \frac{n}{\sum\left(\frac{1}{q_1/q_0}\right)}$$

调和平均数是平均指标的一种，它是标志值倒数的算术平均数的倒数。由于它是根据标志值的倒数计算的，所以又称倒数平均数。计算结果恒小于或等于算术平均数。因而数学调和平均数定义为：数值倒数的平均数的倒数。

上述表 13-2 所用案例，计算价格简单调和平均指数为

$$I_p = \frac{4}{\frac{1}{2.2} + \frac{1}{2.31} + \frac{1}{2.299} + \frac{1}{2.627}} \approx 234.8685\%$$

上述按简单平均法求的三种指数,最主要的问题在于没有考虑到各个个体指数在决定总指数时,所起的作用是不同的,即各个个体指数的重要性不一样,而简单平均并没有考虑到这一层面,因此结果并不能正确反映实际情况。

二、加权综合指数

加权综合指数(weighted aggregative index number)又称为综合指数。它是由两个总量指标对比形成的指数,在总量指标中包含两个或两个以上的因素,将其中被研究以外的一个或一个以上的因素固定下来,仅观察被研究因素的变动,这样编制的指数即为综合指数,其特点是先综合后对比。现以某商店三种商品的资料为例,介绍综合指数的编制方法,如表 13-3 所示。

表 13-3 某商店三种商品的资料

商品名称	计量单位	销售量		价格/元		销售额/万元		
		基 期	报告期	基 期	报告期	基 期	报告期	假定期
甲	件	950	1 000	8.5	9.2	8 075	9 200	8 500
乙	米	500	500	54.6	58.5	27 300	29 250	27 300
丙	千克	800	860	98.0	115.0	78 400	98 900	84 280
合计	—	—	—	—	—	113 775	137 350	120 080

某商店有甲、乙、丙三种商品,各自具有不同的使用价值和计量单位。不论是从商品的销售量还是从其单价上来看,都不具有同度量性,因而不能直接汇总。现要综合反映这三种商品价格水平或销售量的综合变动,就必须编制综合指数。综合指数首先引入同度量因素,解决复杂总体在研究指标上不能综合的困难,使其可以计算出总体的综合总量;其次将同度量因素固定,以消除同度量因素的影响;最后将两个时期的总量对比,综合反映复杂总体研究指标的变动。

例如在分析商店三种商品销售价格的综合变化时,首先要解决价格综合的困难。为此可以通过商品销售量与价格计算出销售额来解决价格的综合问题。这里的商品销售量称为同度量因素,它起着一个媒介的作用,使得原来不能直接相加的价格指标过渡到可以汇总。其次为了能够通过两个不同时期销售额的对比正确反映三种商品价格的综合变动,就必须排除同度量因素销售量的影响。因此要求在计算不同时期的销售额时销售量保持不变,这样不同时期销售额的比较就可以反映出三种商品价格的综合变化。在综合对比分析中,同度量因素不仅起着媒介作用,还起着权数的作用,它权衡各项目在综合变动中影响作用的大小,因此也称为**权数**。

由于所研究的指标不同,加权综合指数分为数量指标综合指数和质量指标综合指数两种形式,并根据选取的权数不同有各种不同的计算形式。

(一)数量指标综合指数

数量指标综合指数也称为数量指数,它通过加权的方法测定一组项目物量的变动状况,说明复杂总体的规模或水平的综合变动趋势。如计算产品产量指数、商品销售量指数等。

如上例在分析三种商品销售量的综合变化、计算销售量指数时,首先以价格指标作为同度量因素,通过计算三种商品的销售额解决综合汇总的问题。同时为了能够在销售额的对比中正确反映商品销售量的综合变化,要剔除价格变动的影响,因此在计算分子、分母两个不同时期的销售额时,必须使用同一时间的价格资料。同一时间的价格资料可以选用基期价格,也可以选用报告期价格,还可以选用某一固定时期的价格。采用不同时间的价格资料,会形成销售量综合指数的不同计算形式,产生不同的计算结果,说明不同的问题。

1. 按基期价格加权的综合指数

计算销售量综合指数时,可以基期价格作为同度量因素。其计算公式为

$$k_q = \frac{\sum p_0 q_1}{\sum p_0 q_0}$$

式中,k_q 为销售量综合指数;p_0 为基期价格;q_0、q_1 分别为基期和报告期商品的销售量。

这种计算形式排除了价格因素的影响,表明在维持商品价格水平不变的条件下,从报告期和基期销售额的对比中反映出销售量自身的综合变动。该公式由德国经济学家埃蒂思·拉斯贝尔(E.Laspeyres)在1864年提出,称为**拉氏指数(L式指数)**。

例如根据表13-3中的数据,计算的三种商品销售量综合指数为

$$k_q = \frac{120\ 080}{113\ 775} \approx 105.54\%$$

$$\sum p_0 q_1 - \sum p_0 q_0 = 120\ 080 - 113\ 775 = 6\ 305(元)$$

计算结果表明,在基期价格水平保持不变的情况下,该商店三种商品的销售量报告期比基期增长了5.54%(105.54%−100%),销售量的增加使得销售额增加了6 305元。

2. 按报告期价格加权的综合指数

计算销售量综合指数也可以采用报告期价格作为同度量因素,其计算公式为

$$k_q = \frac{\sum p_1 q_1}{\sum p_1 q_0}$$

式中,p_1 为报告期商品价格。

这种计算形式表明在报告期的价格水平条件下,销售量的综合变动情况。此公式由另一位德国经济学家哈曼·帕斯彻(H.Paasche)于1874年提出,**称为帕氏指数(P式指数)**。帕氏指数说明在价格相同的情况下,销售量变动对销售额的影响程度。

例如,根据上例(表13-3)资料,按报告期价格计算的销售量综合指数为

$$k_q = \frac{137\ 350}{129\ 990} \approx 105.66\%$$

$$\sum p_1 q_1 - \sum p_1 q_0 = 137\ 350 - 129\ 990 = 7\ 360(元)$$

结果表明,在报告期的价格水平条件下,该商店三种商品的销售量报告期比基期增长了5.66%(105.66%−100%),销售量的增加使得销售额增加了7 360元。

帕氏指数使用了报告期的价格作为同度量因素,其计算结果除了反映销售量的综合变动外,实际上还把价格因素的影响代入销售量变动的分析中。可对帕氏指数的分子分

母做进一步分解：

分子：$\sum p_1 q_1 = \sum q_1(p_1 - p_0 + p_0) = \sum q_1(p_1 - p_0) + \sum q_1 p_0$

分母：$\sum p_1 q_0 = \sum q_0(p_1 - p_0 + p_0) = \sum q_0(p_1 - p_0) + \sum q_0 p_0$

分子分母相除：$\dfrac{\sum p_1 q_1}{\sum p_1 q_0} = \dfrac{\sum q_1(p_1 - p_0) + \sum p_0 q_1}{\sum q_0(p_1 - p_0) + \sum p_0 q_0}$

从分析中可以看到按报告期价格计算的销售量综合指数，在反映销售量变动的同时，还包含价格和销售量同时变化的交叉影响。因此帕氏指数不能完全消除价格变动对指数的影响，而拉氏指数以基期价格为权数，剔出了价格因素对指数的影响，使不同时期的指数具有可比性。一般在实际工作中广泛采用这种形式。

3. 按固定时期价格加权的销售量综合指数

这种形式是以某一固定时期的价格作为同度量因素进行计算。在实际应用中，销售量综合指数的权数有时既不固定在基期，也不固定在报告期，而是固定在某个具有代表性的特定时期。其计算公式为

$$k_q = \dfrac{\sum p_n q_1}{\sum p_n q_0}$$

式中，p_n 为某一固定时期的价格。

该指数表明商品价格维持在某一固定时期水平条件下销售量的变动情况。

这种方法用某一特定时期的资料加权计算指数，在统计研究中有其特定的用途，是进行复杂分析的有效工具。生产指数通常采用该方法编制。权数不受基期或报告期的限制，使指数的编制具有较大的灵活性；特别是在编制若干个时期的多个指数时，可以消除因权数不同对指数产生的影响，从而使指数具有可比性，也可用其做各种不同的换算。

例 13-1 某工厂生产两种产品，其生产情况见表 13-4。计算各年工业生产指数。

表 13-4 某工厂两种产品的各年生产情况资料

产品	计量单位	产量 q 2017 年	2018 年	2019 年	2017 年不变价/元	$p_{2017} q_{2017}$	$p_{2017} q_{2018}$	$p_{2017} q_{2019}$
甲	台	2 300	2 400	2 600	50	115 000	120 000	130 000
乙	件	90	110	130	8 000	720 000	880 000	1 040 000
合计	—	—	—	—	—	835 000	1 000 000	1 170 000

解：以某一固定时期的价格为同度量因素计算生产总值指数。

2018 年工业总产值的发展速度 $= \sum p_{2017} q_{2018} / \sum p_{2017} q_{2017} = 1\,000\,000 / 835\,000 \approx 119.76\%$

$\sum p_{2017} q_{2018} - \sum p_{2017} q_{2017} = 1\,000\,000 - 835\,000 = 165\,000(元)$

2019 年工业总产值的发展速度 $= \sum p_{2017} q_{2019} / \sum p_{2017} q_{2018} = 1\,170\,000 / 1\,000\,000 = 117\%$

$\sum p_{2017} q_{2019} - \sum p_{2017} q_{2018} = 1\,170\,000 - 1\,000\,000 = 170\,000(元)$

应用统计学(第 2 版)

按不变价计算的生产指数可以反映产品产量的综合变动。

(二)质量指标综合指数

质量指标综合指数又称为质量指数,它是表明事物内含数量变动的综合指数。如计算的价格指数、产品成本指数等。

质量指标综合指数的编制与数量指数的编制方法类似。现根据表 13-3 资料,以三种商品的价格指数为例,介绍质量指数的编制方法。要测定三种商品价格的综合变动,先要解决价格综合的难题,这时可以销售量作为同度量因素,根据商品的价格和销售量计算出销售额,然后进行综合对比。对比中为了正确反映三种商品价格的综合变动趋势,要排除销售量因素的影响,因此计算不同时期的销售额时必须使用同一时期的销售量资料。销售量资料既可以采用报告期的数据,也可以采用基期的数据,或者采用某一假定时期的销售量资料,因而价格综合指数有三种计算形式。

1. 以基期销售量为同度量因素计算的价格指标综合指数

若以基期销售量为同度量因素计算价格指标综合指数,其计算形式为

$$k_p = \frac{\sum p_1 q_0}{\sum p_0 q_0}$$

式中,k_p 为价格综合指数;p_0、p_1 分别为基期和报告期的价格;q_0 为基期的销售量。

这种指数形式属于拉氏指数,它表明在维持基期生活水准条件下物价的变动程度,以及商品价格变动对销售额的影响。

2. 以报告期销售量为同度量因素计算的价格综合指数

若以报告期销售量为同度量因素,价格综合指数的计算形式为

$$k_p = \frac{\sum p_1 q_1}{\sum p_0 q_1}$$

式中,q_1 为报告期的销售量。

这种指数是帕氏指数的形式,它说明在保证报告期生活水平的条件下物价的综合变动,以及商品价格的变动对销售额的影响。

帕氏价格指数分子、分母的计算都使用报告期销售量资料,计算结果在反映价格变动的同时掺杂有销售量变动的影响。虽然帕氏价格指数可以同时反映价格和消费结构的变化,但由于在实际生活中,不论是生产厂家还是商家都更关心商品价格的变化对企业当前经济效益的影响;消费者则更关心物价的涨落对现今生活的影响,因此按报告期销售量计算的物价指数更具有现实意义。目前在编制价格综合指数时,大多以报告期销售量为同度量因素进行计算。

例如,按报告期销售量计算的商品价格综合指数:

$$k_p = \frac{\sum p_1 q_1}{\sum p_0 q_1} = \frac{137\ 350}{120\ 080} \approx 114.38\%$$

$$\sum p_1 q_1 - \sum p_0 q_1 = 137\ 350 - 120\ 080 = 17\ 270(元)$$

结果表明,三种商品价格报告期和基期相比平均上涨了 14.38%,价格提高使得商品

销售额增加了 17 270 元。

3. 以某一固定时期的销售量作为同度量因素计算的价格综合指数

其计算公式如下：

$$k_p = \frac{\sum p_1 q_n}{\sum p_0 q_n}$$

式中，q_n 为某一固定期的销售额。

该指数表明商品价格变动对某一固定时期销售额的影响。这种指数形式有其特定的作用。

以上三种方法对资料的要求不同，计算形式不同，其实际的经济意义也不相同。

总结以上的分析，**综合指数的计算首先要根据现象之间的内在联系确定同度量因素，即确定权数**。一般而言，在计算数量指数时，应以相应的质量指标为同度量因素；而在计算质量指数时，应以相应的物量指标为同度量因素。同度量因素选用哪一个时期，通常取决于计算指数的预期目的和所研究对象的特点。同度量因素可以采用基期资料，也可以使用报告期或某一固定时期的资料。使用不同时期的数据，会产生不同形式的计算公式，其计算结果和指数的实际意义将不同，说明不同的问题。在实际工作中一般编制质量指标综合指数时，同度量因素应以报告期资料进行计算。在编制数量指标综合指数时，同度量因素应按基期资料进行计算。

三、加权平均指数

综合指数的计算需要比较全面的资料，实际工作中往往受所掌握的数据资料的限制，难以采用综合指数的方法进行分析，这时可采用加权平均指数（weighted average index number）的形式。加权平均指数常作为综合指数的变形公式来使用。

加权平均指数是以某一时期的总量为权数，对个体指数加权平均计算的指数。其中个体指数根据需要可以是个体的数量指数，也可以是个体的质量指数。而作为权数的总量通常是两个变量的乘积，可以是价值总量，如商品销售额、工业总产值；也可以是其他总量，如农产品总产量。加权平均指数因权数所属时期的不同，有不同的计算形式：可以按加权算术平均计算，也可以按加权调和平均计算或按固定权数进行加权处理。

（一）加权算术平均指数

加权算术平均指数是以加权算术平均形式计算的指数，权数采用基期总量。

以基期总量为权数对个体指数加权平均计算指数。其一般的计算公式为

$$\text{数量指标指数 } k_q = \frac{\sum k p_0 q_0}{\sum p_0 q_0}$$

式中，k 为个体数量指数，$k = q_1/q_0$；$q_0 p_0$ 为基期总量指标。

$$\text{质量指标指数 } k_p = \frac{\sum k p_0 q_0}{\sum p_0 q_0}$$

式中，k 为个体质量指数，$k = p_1/p_0$。

加权算术平均指数最常用的形式是作为数量指数的变形公式。当所掌握的数据不足以按综合指数方法计算数量指数时，可按加权算术平均方法，以基期总量为权数对个体数量指数进行加权平均。若将 $k = q_1/q_0$ 代入加权算术平均指数公式中，则有

$$k_q = \frac{\sum kp_0q_0}{\sum p_0q_0} = \frac{\sum \frac{q_1}{q_0}p_0q_0}{\sum p_0q_0} = \frac{\sum p_0q_1}{\sum p_0q_0}$$

加权算术平均指数成为数量指标综合指数的派生形式，两种指数计算的结果完全相同。

例 13-2 某商店商品销售资料如表 13-5 所示，试计算商品销售量的综合变动。

表 13-5 某商品销售资料

商品名称	计量单位	销售量			基期销售额 q_0p_0/万元	计算栏 kq_0p_0
		基期 q_0	报告期 q_1	个体指数 $k(=q_1/q_0)$/%		
甲	件	450	500	111.11	315	350
乙	台	500	520	104.00	175	182
丙	吨	96	120	125.00	48	60
合计	—				538	592

$$\text{商品销售量综合指数 } k_q = \frac{\sum kp_0q_0}{\sum p_0q_0} = \frac{592}{538} \approx 110.04\%$$

三种商品销售量报告期比基期增加了 10.04%。

（二）加权调和平均指数

加权调和平均指数又称为调和平均指数，它是以报告期总量为权数对个体指数采用加权调和平均计算。加权调和平均指数的一般公式为

$$\text{数量指标指数 } k_q = \frac{\sum p_1q_1}{\sum \frac{1}{k}p_1q_1}$$

式中，k 为个体数量指数，$k = q_1/q_0$；q_1p_1 为报告期总量指标。

$$\text{质量指标指数 } k_p = \frac{\sum p_1q_1}{\sum \frac{1}{k}p_1q_1}$$

式中，k 为个体质量指数，$k = p_1/p_0$。

实际工作中加权调和平均指数常作为质量指标综合指数的变形公式。在按综合指数方法计算质量指标指数的条件不完全具备时，可采用加权调和平均形式，以报告期总量为权数对个体质量指标指数进行加权调和平均。将 $k = p_1/p_0$ 代入加权调和平均指数的公式中，有

$$k_p = \frac{\sum p_1 q_1}{\sum \frac{1}{k} p_1 q_1} = \frac{\sum p_1 q_1}{\sum \frac{p_0}{p_1} p_1 q_1} = \frac{\sum p_1 q_1}{\sum p_0 q_1}$$

使得加权调和平均指数成为质量指标综合指数的变形公式,两种方法的计算结果相同。

例 13-3 某企业三种产品的生产成本资料如表 13-6 所示,计算三种产品生产成本总指数。

表 13-6　某企业三种产品的生产成本资料

产品名称	计量单位	报告期总成本 $p_1 q_1$ /万元	个体产品成本指数 $(k = p_1/p_0)/\%$	$\sum \frac{1}{k} p_1 q_1$
甲	台	20.0	100	20
乙	箱	45.6	95	48
丙	件	20.4	120	17
合计	—	86.0	—	85

解:产品生产成本总指数

$$k_p = \frac{\sum p_1 q_1}{\sum \frac{1}{k} p_1 q_1} = \frac{86.0}{\frac{20.0}{1} + \frac{45.6}{0.95} + \frac{20.4}{1.20}} = \frac{86.0}{85} \approx 101.18\%$$

三种产品的生产成本报告期比基期上涨了 1.18%。

加权平均指数与综合指数所使用的数据资料不同。综合指数的计算通常需要掌握全面详细的数据,而加权平均指数既可以依据全面的资料编制,也可以依据非全面资料编制,因此更符合实际数据的要求,在实际工作中得到更广泛的应用。当以基期总量为权数对个体物量指数进行加权算术平均和以报告期总量为权数对个体质量指数进行加权调和平均时,加权平均指数成为综合指数的派生形式。

(三) 固定权数的加权平均指数

加权平均指数的权数还可以采取比重 W 的形式,W 可在一定时期内相对固定,连续使用多年。这种固定权数 W 的加权平均指数有自己的特定用途。

1. 固定权数的加权算术平均指数

固定权数的加权算术平均指数分为价格指数和物量指数两种形式。

1) 价格指数形式固定权数的价格指数计算公式如下:

$$k_p = \frac{\sum kW}{\sum W}$$

式中,k 为物价指数,$k = p_1/p_0$。

固定权数的价格指数多用于计算物价综合变动情况。我国的零售物价总指数就是按固定权数编制的加权算术平均指数。

例 13-4 某地区消费品价格的有关资料如表 13-7 所示,现计算消费品价格总指数。

表 13-7 某地区消费品价格的有关资料

消费品类别	价格类指数 $k/\%$	固定权数 $W/\%$	kW
食品类	113.0	59	6 667.0
衣着类	100.9	17	1 715.3
日用品类	102.7	12	1 232.4
文化娱乐用品类	101.5	9	913.5
医药类	103.8	1	103.8
燃料类	104.0	2	208.0
合　　计	—	100	10 840.0

解：消费品价格总指数 $k_p = \dfrac{\sum kW}{\sum W} = \dfrac{10\,840}{100} = 108.4\%$

2) 物量指数形式

固定权数的物量指数计算公式如下：

$$k_q = \frac{\sum kW}{\sum W} = \frac{\sum \dfrac{q_1}{q_0}W}{\sum W}$$

式中，k 为物量指数，$k = q_1/q_0$。

固定权数的物量指数多用于计算生产量的综合变动。国外的工业生产指数常按固定权数编制。

2. 固定权数的加权调和平均指数

固定权数的加权调和平均指数计算公式如下：

$$k = \frac{\sum W}{\sum \dfrac{1}{k}W}$$

加权指数在计算时采用哪种权数形式，主要取决于所依据的数据类型和计算方法。权数既可以采用一组不同产品的价格、成本、生产量或销售量等形式，也可以采用一组产品的价值量或其他总量形式；或可以采取比重权数的形式，如以某一类商品销售额占总销售额的比重为权数，对各类商品价格进行加权计算物价指数。

第三节　平均指标指数

平均指标指数是根据不同时间或不同空间的同一经济内容的平均指标对比所形成的相对数，可以表明某现象一般水平的变动情况。如计算反映平均工资变动状况的平均工资指数，计算反映劳动生产率变动的劳动生产率指数。平均指数与综合指数不同的地方在于**先加权**，后平均。

在分组的情况下，平均指标的变动一方面受变量值水平变动的影响，另一方面受各组单位数在总体单位数中所占比重变动的影响。在考察平均指标的变动时，可以计算不同的平均指标指数,分别反映不同因素对平均指标变化的影响。平均指标指数有可变组成指数、固定组成指数、结构影响指数三种形式。现以某企业生产成本资料为例,介绍平均指标指数的计算方法。

例 13-5 某企业生产成本的资料如表 13-8 所示,根据表中数据分析三种产品总平均成本的变动。

表 13-8 某企业生产成本的资料

规格产品	计量单位	单位成本/元		产 量		总成本/元		
		基 期	报告期	基 期	报告期	基 期	报告期	假定期
甲	件	8	7	1 500	2 000	12 000	14 000	11 600
乙	件	6	5	4 500	4 000	27 000	20 000	24 000
丙	件	10	9	4 000	6 000	40 000	54 000	60 000
合计	—	7.9	7.33	10 000	12 000	79 000	88 000	95 600

一、可变组成指数

可变组成指数可以表明现象平均水平的总变动情况,是在分组的条件下,包含各组变量值水平及其相应的单位数比重结构**两个因素变动**的平均指标指数,以测定现象平均水平的总变动趋势。可变组成指数的计算公式为

$$k = \frac{x_1}{x_0} = \frac{\dfrac{\sum x_1 f_1}{\sum f_1}}{\dfrac{\sum x_0 f_0}{\sum f_0}}$$

式中,f 为权数,一般选用与个体指数相对应的价值总额 qp,如销售额、支出额、产值等。

例 13-5 中,已知三种产品基期和报告期的总平均单位成本分别为

$$基期\ x_0 = \frac{\sum x_0 f_0}{\sum f_0} = \frac{79\ 000}{10\ 000} = 7.9(元)$$

$$报告期\ x_1 = \frac{\sum x_1 f_1}{\sum f_1} = \frac{88\ 000}{12\ 000} \approx 7.33(元)$$

现要分析三种产品的平均单位成本的总变动情况,可计算可变组成指数。

$$k = \frac{x_1}{x_0} = \frac{\dfrac{\sum x_1 f_1}{\sum f_1}}{\dfrac{\sum x_0 f_0}{\sum f_0}} = \frac{7.33}{7.9} \approx 92.78\%$$

$$x_1 - x_0 = \frac{\sum x_1 f_1}{\sum f_1} - \frac{\sum x_0 f_0}{\sum f_0} = 7.33 - 7.9 = -0.57(元)$$

三种产品总平均成本报告期比基期下降了 7.22%（92.78%－100%），每件产品成本平均减少 0.57 元。

产品总平均成本的变化既与各种产品的单位成本变化有关，又受各种产品的产量构成变动的影响。要测定各种产品单位成本变动对产品总平均成本的影响，需要计算固定组成指数；而要研究产品产量构成变动对产品总平均成本的影响，则需要计算结构影响指数。

二、固定组成指数

固定组成指数是在分组条件下综合测定各组变量值水平变化对平均指标影响程度的指数。为了能够准确反映各组变量值变动对平均指标的影响，一般把各组变量值的结构**固定在报告期**，因此固定组成指数的计算公式为

$$k = \frac{\dfrac{\sum x_1 f_1}{\sum f_1}}{\dfrac{\sum x_0 f_1}{\sum f_1}}$$

例 13-5 中，研究各种规格产品的单位成本变动对总平均产品成本的影响，计算固定组成指数。

$$k = \frac{\dfrac{\sum x_1 f_1}{\sum f_1}}{\dfrac{\sum x_0 f_1}{\sum f_1}} = \frac{7.33}{8.33} \approx 88\%$$

$$\frac{\sum x_1 f_1}{\sum f_1} - \frac{\sum x_0 f_1}{\sum f_1} = 7.33 - 8.33 = -1(元)$$

各种规格产品的单位成本变动，使得产品总平均成本下降了 12%（88%－100%），每件产品的成本平均节约 1 元。

三、结构影响指数

结构影响指数是反映各组单位数占总体单位数比重结构的变化对于平均指标影响的指数。为了反映结构变动对平均指标的影响，计算时需要将各组变量值水平**固定在基期**。结构影响指数的计算公式为

$$k = \frac{\dfrac{\sum x_0 f_1}{\sum f_1}}{\dfrac{\sum x_0 f_0}{\sum f_0}}$$

例 13-5 中，反映各种规格产品产量的结构变化对总平均成本变动的影响，要计算结

构影响指数。

$$k = \frac{\dfrac{\sum x_0 f_1}{\sum f_1}}{\dfrac{\sum x_0 f_0}{\sum f_0}} = \frac{8.33}{7.9} = 105.4\%$$

$$\frac{\sum x_0 f_1}{\sum f_1} - \frac{\sum x_0 f_0}{\sum f_0} = 8.33 - 7.9 = 0.43(元)$$

产品产量结构的变化使得产品总平均单位成本上升了 5.4(%)，每件产品的成本平均增长了 0.43 元。

第四节 指数体系与因素分析

一、指数体系的概念

许多社会经济现象数量的变动，常取决于多种影响因素的共同作用。各因素之间存在着内在的经济联系，可以用一定的数学关系式来表现，形成相应的指标体系。例如：

商品销售额 ＝ 商品销售量 × 商品价格
产品总成本 ＝ 产品产量 × 单位产品成本
工资总额 ＝ 职工人数 × 平均工资
原材料总消耗额 ＝ 产品产量 × 单位产品原材料消耗量 × 原材料价格

各因素之间内在的经济关系，在动态上存在着对应的指数关系，例如：

商品销售额指数 ＝ 商品销售量指数 × 商品价格指数
产品总成本指数 ＝ 产品产量指数 × 单位产品成本指数
工资总额指数 ＝ 职工人数指数 × 平均工资指数
原材料消耗总额指数 ＝ 产品产量指数 × 单位产品原材料消耗量指数 ×
　　　　　　　　　　原材料价格指数

指数之间的对应关系形成指数体系。指数体系是指经济上密切联系、数量上保持一定关系的若干个（三个或三个以上）指数之间形成的一个整体。它由总量指数和因素指数两部分组成，反映总量指数与其若干个因素指数之间的数量关系。总量指数是两个不同时期的总量对比形成的指数，它可以是不同时期的实物总量如粮食总产量的对比，也可以是不同时期的价值总量如工业总产值的对比。如商品销售额指数、产品总成本指数、工资总额指数和原材料消耗总额指数为总量指数。因素指数中通常一类为数量指标指数，另一类为质量指标指数。例如销售量指数、产品产量指数、职工人数指数等为因素指数中的数量指数，商品价格指数、单位产品成本指数、平均工资指数和单位产品原材料消耗指数和原材料价格指数为因素指数中的质量指数。

指数体系要求各指数之间保持数量相等的关系：从相对数上，总量指数应该等于若干个因素指数的连乘积；在绝对数上，总量指数的变动差额应该等于各因素指数变动差额之和。为了保持各指数之间数量对等的关系,计算时各因素指数必须采用不同时期的权数。一般在计算数量指数时,常以基期的质量指标作为同度量因素;在计算质量指数时,常以报告期的数量指标作为同度量因素。

指数体系主要用于对影响经济现象变动的各种因素进行分析。通过对影响现象变动的各种因素进行分解及分析,对该现象变动的原因加以解释,以便能从数量上认识影响事物发展变化的程度,并对现象未来发展变化的趋势作出正确的判断和决策。

常用的指数体系分析方法包括平行因素分析法、递进因素分析法等。

(一)平行因素分析法

平行因素分析法是通过处于同一层次上的因素指标对待解释指标进行分析。例如产品的利润额可以分解为产品销售量、销售价格和销售收入利润率三个因素,即

$$产品利润额 = 产品销售量 \times 销售价格 \times 销售收入利润率$$

其中销售量、销售价格和销售收入利润率对于利润额都属于同一层次上的因素指标,通过分析产品销售量、销售价格和销售收入利润率的变动,可以对产品利润额的变化作出解释。

(二)递进因素分析法

递进因素分析法是通过对处于不同层次上的因素指标对待解释的指标进行研究。

处于不同层次上的因素指标和待解释的指标组成树的结构,形成不同的层次,通过一层一层的递进分析可以深刻揭示影响待解释指标变化的原因。例如产品成本的分解可以从两个层次上进行。

第一层次可将产品成本分解为产量与产品单位成本两个因素,即

$$产品成本 = 产品产量 \times 单位产品成本$$

第二层次将单位产品成本进一步分解为各种产品的成本水平与各种产品品种结构两个因素,即

$$单位产品成本 = 各种产品的成本水平 \times 各种产品品种结构$$

即

$$\begin{aligned}产品成本 &= 产品产量 \times 单位产品成本 \\ &= 产品产量 \times 各种产品品种结构 \times \\ & \quad 各种产品的成本水平\end{aligned}$$

先对产品产量和单位产品成本进行分析,在此基础上再对各种产品成本水平和产品品种的结构变动做进一步分析。

平行因素分析和递进因素分析是相互联系的。在进行因素分析时,只有确定了同一层次的主要因素后,才可能进行下一层次的因素分析。递进因素分析是平行因素分析的深化,而平行因素分析是递进因素分析的基础。

因素分析方法包括两因素分析和多因素分析。这里主要介绍两因素分析法。

二、指数体系的基本形式与应用

根据所掌握的资料不同和所涉及的指标不同,指数体系有多种形式。

（一）总量指标指数体系的因素分析

总量指标的因素分析有两因素分析和多因素分析。其中两因素分析是将总量指标先分解为两个影响因素，然后从相对数和绝对数两个方面来测定各因素的变动对于现象总变动影响的方向和程度。根据所掌握的总量不同，可采用综合指数体系分析或平均指数体系分析。

1. 加权综合指数体系及其分析

加权综合指数体系由于所用权数所属的时期不同，可以形成不同的指数体系。但在实际分析中比较常用的是由基期权数加权的数量指数和报告期的权数加权的质量指数形成的指数体系。

指数体系的相对数关系：$\dfrac{\sum p_1 q_1}{\sum p_0 q_0} = \dfrac{\sum p_0 q_1}{\sum p_0 q_0} \times \dfrac{\sum p_1 q_1}{\sum p_0 q_1}$

绝对数关系：$\sum p_1 q_1 - \sum p_0 q_0 = \left(\sum p_0 q_1 - \sum p_0 q_0\right) + \left(\sum p_1 q_1 - \sum p_0 q_1\right)$

例 13-6 某农场三种农产品的产量和价格资料如表 13-9 所示，试计算三种农产品产值指数，并从相对数和绝对数两个方面分析三种产品产值变动的原因。

表 13-9 某农场三种农产品的产量和价格资料

产品名称	产量/吨		价格/(元/吨)		总产值/万元		
	基期 q_0	报告期 q_1	基期 p_0	报告期 p_1	基 期 $q_0 p_0$	报告期 $q_1 p_1$	假定期 $q_1 p_0$
小麦	1 320	2 200	1 441	1 740	190.212	382.8	317.02
高粱	1 100	520	949	1 100	104.39	57.2	49.348
棉花	400	460	115	138	4.6	6.348	5.29
合计	—	—	—	—	299.202	446.348	371.658

解：三种农产品产值总指数 $\dfrac{\sum p_1 q_1}{\sum p_0 q_0} = \dfrac{446.348}{299.202} \approx 149.18\%$

农产品产值的增加额 $\sum p_1 q_1 - \sum p_0 q_0 = 446.348 - 299.202 = 147.146$（万元）

三种农产品产量总指数 $\dfrac{\sum p_0 q_1}{\sum p_0 q_0} = \dfrac{371.658}{299.202} \approx 124.22\%$

由于产品产量增加而增加的产值 $\sum p_0 q_1 - \sum p_0 q_0 = 371.658 - 299.202 = 72.456$（万元）

三种农产品价格总指数 $\dfrac{\sum p_1 q_1}{\sum p_0 q_1} = \dfrac{446.348}{371.658} \approx 120.096\%$

由于产品价格提高而增加的产值 $\sum p_1 q_1 - \sum p_0 q_1 = 446.348 - 371.658 = 74.69$（万元）

三者之间的关系：$149.18\% = 124.22\% \times 120.096\%$

$147.146 \text{ 万元} = 72.456 \text{ 万元} + 74.69 \text{ 万元}$

三种农产品的产值报告期与基期相比增长了 49.18%，其中农产品产量增加使其增长了 24.22%，价格的提高使其增长了 20.096%；报告期与基期相比农产品产量增加了 147.146 万元，其中产量增加使得产值增加了 72.456 万元，产品价格提高使得产值增加了 74.69 万元。

常用的总量指标的两因素指数体系还有很多，例如：

商品销售额指数 = 商品销售量指数 × 商品价格指数

商品销售额的差额 = 由于销售量变动使得销售额增减的差额 + 由于商品价格变动使得销售额增减的差额

成本总额指数 = 单位产品成本指数 × 产品产量指数

成本变动的总差额 = 由于单位产品成本变动而增减的差额 + 由于产品产量变动而增减的差额

从两因素分析出发，可以推广为多因素指数体系分析方法。

例 13-7 某企业生产两种产品，其产量和原材料消耗的有关数据资料如表 13-10 所示，试分析原材料消耗额的变动及各因素的影响水平。

表 13-10 两种产品产量原材料消耗的有关数据

产品名称	产量/台		每台原材料消耗量/千克		原材料单价/元		原材料消耗总量/元			
	基期 a_0	报告期 a_1	基期 b_0	报告期 b_1	基期 c_0	报告期 c_1	基期 $a_0 b_0 c_0$	报告期 $a_1 b_1 c_1$	假定期	
									$a_1 b_0 c_0$	$a_1 b_1 c_0$
甲	15	18	100	100	80	90	120 000	162 000	144 000	144 000
乙	20	22	120	140	50	60	120 000	184 800	132 000	154 000
合计	—	—	—	—	—	—	240 000	346 800	276 000	298 000

解：原材料消耗总额指数为

$$k_{abc} = \frac{\sum a_1 b_1 c_1}{\sum a_0 b_0 c_0} = \frac{346\ 800}{240\ 000} = 144.50\%$$

原材料消耗总额变动的差额为

$$\sum a_1 b_1 c_1 - \sum a_0 b_0 c_0 = 346\ 800 - 240\ 000 = 106\ 800(元)$$

产品产量指数为

$$k_a = \frac{\sum a_1 b_0 c_0}{\sum a_0 b_0 c_0} = \frac{276\ 000}{240\ 000} = 115.00\%$$

产品产量变动对原材料消耗总额影响的差额为

$$\sum a_1 b_0 c_0 - \sum a_0 b_0 c_0 = 276\ 000 - 240\ 000 = 36\ 000(元)$$

原材料消耗量指数为

$$k_b = \frac{\sum a_1 b_1 c_0}{\sum a_1 b_0 c_0} = \frac{298\ 000}{276\ 000} \approx 107.97\%$$

原材料消耗量变动对消耗总额影响的差额为

$$\sum a_1b_1c_0 - \sum a_1b_0c_0 = 298\,000 - 276\,000 = 22\,000(元)$$

原材料单价指数为

$$k_c = \frac{\sum a_1b_1c_1}{\sum a_1b_1c_0} = \frac{346\,800}{298\,000} \approx 116.38\%$$

原材料单价变动对原材料消耗总额影响的差额为

$$\sum a_1b_1c_1 - \sum a_1b_1c_0 = 346\,800 - 298\,000 = 48\,800(元)$$

各因素之间的关系：$144.50\% = 115.00\% \times 107.97\% \times 116.38\%$

$$106\,800\,元 = 36\,000\,元 + 22\,000\,元 + 48\,800\,元$$

该企业报告期与基期相比，两种产品的原材料消耗总额上涨了44.50%，增加的绝对额为106 800元，其中产品产量提高使消耗额增长了15.00%，增加的绝对额为36 000元；每台原材料消耗量的提高使得总消耗量增长了7.97%，增加的绝对额为22 000元；每千克原材料价格的提高使得总消耗额增长了16.38%，增加的绝对额为48 800元。

2. 加权平均指数体系及其分析

有时受到掌握的资料限制，可以采用加权平均指数体系进行因素分析。加权平均指数由于所用总量权数所属时期的不同，也形成不同的指数体系。在实际分析中较常用的加权平均指数体系是由以基期总量加权的算术平均数量指数和乘以报告期总量加权的调和平均质量指数所形成的。

加权平均指数体系的相对数关系：

$$\frac{\sum P_1Q_1}{\sum P_0Q_0} = \frac{\sum \frac{Q_1}{Q_0} \times P_0 \times Q_0}{\sum P_0 \times Q_0} \times \frac{\sum P_1 \times Q_1}{\sum \frac{1}{P_1/P_0} \times P_1 \times Q_1}$$

绝对数关系：

$$\sum P_1Q_1 - \sum P_0Q_0$$
$$= \left(\sum Q_1/Q_0 \times P_0 \times Q_0 - \sum P_0Q_0\right) + \left(\sum P_1 \times Q_1 - \sum \frac{1}{P_1/P_0} \times P_1 \times Q_1\right)$$

例 13-8 根据表 13-11 中资料，运用加权平均指数体系对商品销售额的变动进行因素分析。

表 13-11 三种商品的销售情况资料

商品名称	计量单位	销售额/元		个体价格指数 $(P_1/P_0)/\%$	个体销售量指数 $(Q_1/Q_0)/\%$	计算栏 $(Q_1/Q_0) \cdot P_0 \cdot Q_0$
		基期 P_0Q_0	报告期 P_1Q_1			
甲	台	5 400	6 500	1.15	1.05	5 670
乙	件	26 000	34 000	1.18	1.10	28 600
丙	件	18 000	21 500	1.06	1.14	20 520
合计	—	49 400	62 000	—	—	54 790

解：三种商品销售额指数 $= \dfrac{\sum P_1 Q_1}{\sum P_0 Q_0} = \dfrac{62\,000}{49\,400} \approx 125.51\%$

商品销售额增加 $\sum P_1 Q_1 - \sum P_0 Q_0 = 62\,000 - 49\,400 = 12\,600$（元）

商品销售量总指数 $= \dfrac{\sum \dfrac{Q_1}{Q_0} \times P_0 \times Q_0}{\sum P_0 Q_0} = \dfrac{54\,790}{49\,400} \approx 110.91\%$

由于商品销售量增加而增加的销售额为

$$\sum \dfrac{Q_1}{Q_0} \times P_0 \times Q_0 - \sum P_0 Q_0 = 54\,790 - 49\,400 = 5\,390（元）$$

商品价格总指数 $= \dfrac{\sum P_1 Q_1}{\sum \dfrac{1}{P_1/P_0} \times P_1 \times Q_1} = \dfrac{62\,000}{54\,790} \approx 113.16\%$

由于商品价格的提高而增加的销售额为

$$\sum P_1 \times Q_1 - \sum \dfrac{1}{P_1/P_0} \times P_1 \times Q_1 = 62\,000 - 54\,790 = 7\,210（元）$$

两者之间的关系：

$$125.51\% = 110.91\% \times 113.16\%$$
$$12\,600 \text{元} = 5\,390 \text{元} + 7\,210 \text{元}$$

该商店报告期的销售额比基期增加 25.51%，是由于销售量增长 10.91% 和商品价格提高了 13.16% 共同作用的结果；三种商品的销售额报告期比基期共增加 $12\,600$ 元，其中销售量增加使得销售额增加 $5\,390$ 元，价格提高使得销售额增加 $7\,210$ 元。

（二）平均指标指数体系的因素分析

平均指标指数体系是由平均指标指数之间的关系所形成的一种指数体系。在分析平均指标变动的原因时，可将影响平均指标变动的因素进行分解，运用平均指标的三种指数之间的相互关系，分析各个因素影响平均指标变动的程度。

三个平均指标指数之间的相对数量关系为

$$可变组成指数 = 固定组成指数 \times 结构影响指数$$

$$\dfrac{\dfrac{\sum X_1 \times F_1}{\sum F_1}}{\dfrac{\sum X_0 \times F_0}{\sum F_0}} = \dfrac{\dfrac{\sum X_1 \times F_1}{\sum F_1}}{\dfrac{\sum X_0 \times F_1}{\sum F_1}} \times \dfrac{\dfrac{\sum X_0 \times F_1}{\sum F_1}}{\dfrac{\sum X_0 \times F_0}{\sum F_0}}$$

三个指数之间的绝对数量关系为

$$\dfrac{\sum X_1 \times F_1}{\sum F_1} - \dfrac{\sum X_0 \times F_0}{\sum F_0}$$
$$= \left(\dfrac{\sum X_1 \times F_1}{\sum F_1} - \dfrac{\sum X_0 \times F_1}{\sum F_1} \right) + \left(\dfrac{\sum X_0 \times F_1}{\sum F_1} - \dfrac{\sum X_0 \times F_0}{\sum F_0} \right)$$

例 13-9 某企业 2018 年和 2019 年职工人数及工资资料如表 13-12 所示，试分析该企业职工平均工资的变动及其原因。

表 13-12　某企业 2018 年和 2019 年职工人数及工资资料

技术等级	职工人数		月工资水平/元		工资总额/元		
	2018 年 F_0	2019 年 F_1	2018 年 X_0	2019 年 X_1	2018 年 $X_0 \times F_0$	2019 年 $X_1 \times F_1$	假定年 $X_0 \times F_1$
低者	200	210	600	630	120 000	132 300	126 000
高者	300	90	1 250	1 250	375 000	117 000	112 500
合计	500	300	831	990	495 000	249 300	238 500

首先计算 2018 年和 2019 年企业职工的平均工资，然后计算平均工资变动的总指数，并就影响企业平均工资变动的诸因素做进一步的分析。

2018 年的平均工资 $X_0 = \sum X_0 \times F_0 / \sum F_0 = 495\,000 / 500 = 990$（元）

2019 年的平均工资 $X_1 = \sum X_1 \times F_1 / \sum F_1 = 249\,300 / 300 = 831$（元）

企业职工总平均工资指数为

$$\frac{\dfrac{\sum X_1 \times F_1}{\sum F_1}}{\dfrac{\sum X_0 \times F_0}{\sum F_0}} = \frac{831}{990} \approx 83.9\%$$

总平均工资变动的差额为

$$\frac{\sum X_1 \times F_1}{\sum F_1} - \frac{\sum X_0 \times F_0}{\sum F_0} = 831 - 990 = -159（元）$$

其中：平均工资的固定组成指数为

$$\frac{\dfrac{\sum X_1 \times F_1}{\sum F_1}}{\dfrac{\sum X_0 \times F_1}{\sum F_1}} = \frac{831}{795} \approx 104.5\%$$

两类职工月平均工资水平变动对总平均工资变动的影响额为

$$\frac{\sum X_1 \times F_1}{\sum F_1} - \frac{\sum X_0 \times F_1}{\sum F_1} = 831 - 795 = 36（元）$$

平均工资的结构影响指数如下：

$$\frac{\dfrac{\sum X_0 \times F_1}{\sum F_1}}{\dfrac{\sum X_0 \times F_0}{\sum F_0}} = \frac{795}{990} = 80.3\%$$

两类职工人数结构的变动对总平均工资的影响额为

$$\frac{\sum X_0 \times F_1}{\sum F_1} - \frac{\sum X_0 \times F_0}{\sum F_0} = 795 - 990 = -195(元)$$

三个指数之间的关系为

$$83.9\% = 104.5\% \times 80.3\%$$
$$-159 元 = 36 元 - 195 元$$

2019 年与 2018 年相比,该企业职工的平均工资下降幅度为 16.1%(83.9%－100%),每人的工资平均减少 159 元,其主要原因是低工资收入职工的比重 2019 年有所增加,从而使得职工的总平均工资水平降低了 19.7%(80.3%－100%),每人的工资平均减少达 159 元,而真实的情况是两类职工的月工资水平 2019 年比 2018 年提高了 4.5%(104.5%－100%),人均工资增加了 36 元。

扩展阅读 13-1　其他指数体系的算法

第五节　几种常用的价格指数

价格指数是国民经济中一种非常重要的经济指数,物价变动与人民的生活息息相关,价格指数可以反映价格水平的综合变动。目前我国编制的价格指数有零售价格指数(retail price index)、居民消费价格指数(consumer price index)、农副产品收购价格指数、农村工业品零售价格指数、工农业商品综合比价指数、工业品出厂价格指数、固定资产投资价格指数等。其中零售价格指数和居民消费价格指数主要用于观察市场价格水平的涨跌幅度,分析物价变动引起的经济后果,为研究居民实际收入的变化,为国家制定物价政策、进行宏观调控、抑制通货膨胀等提供依据。

一、零售价格指数

零售商品价格变动会直接影响到城乡居民的生活支出和国家的财政收入,影响居民购买力和市场供需平衡以及消费和积累的比例关系。零售价格指数可以全面反映市场商品零售价格总水平的变动趋势和程度。编制零售价格指数时,可根据不同的研究目的和需要,分别编制全国零售价格总指数、地区零售价格指数,以及零售商品分类价格指数;也可以就城乡分别计算城市零售价格指数和农村零售价格指数。

全社会的零售商品种类多达百万种,要编制包括全部商品的零售价格指数是不可能的。我国目前编制零售价格指数时,首先对全部商品进行科学分类,然后选择其中部分有代表性的商品作为代表规格品,计算出代表规格品的价格指数,然后根据代表规格品的价格指数再采用加权算术平均的方法,计算出全社会的零售价格指数。其基本计算公式为

$$P_{1/0} = \sum K \times W / \sum W$$

编制零售价格指数的具体步骤如下。

(一)确定代表规格品

在编制零售价格指数时,首先要对成千上万的商品进行科学的分类。我国目前将所有的零售商品分为食品类、饮料和烟酒类、服装和鞋帽类、纺织品类、化妆品类、文化体育用品类、日用品类、书报杂志类、中西药品类、家用电器类、首饰类、建筑装潢类、机电产品类和燃料类十四大类。在大类下面又分出中类,中类下面分成小类,小类下面分成若干商品细目。例如在食品大类中可分出粮食类、油脂类、肉蛋类等十个中类;而在粮食中类里又可分为细粮和粗粮两个小类;在细粮小类中进一步分出面粉、大米等若干细目。在分类的基础上分别选择能代表各类商品的代表规格品。

选择代表规格品时,首先应选择那些成交量大、生产供应稳定、能代表该商品集团价格变动趋势的商品作为代表规格品。在售给城乡居民的全部商品中,既包括生活消费品,也包括农业生产资料。我国目前编制的商品零售价格总指数中,城市指数所选商品为352种,农村指数所选商品为404种,其中52种为农业生产资料。其次应考虑代表规格品的地区分布。全国零售价格总指数要反映全社会零售商品价格的总体变动,但它不可能包括所有的地区,一般只选择部分具有代表性的典型地区资料编制价格指数。典型地区的选择既要考虑类型上的多样性,也要注意地区分布上的合理性和相对稳定性。1992年全国共选择146个市、80个县作为取得数据的基层填报单位。

(二)确定商品的价格指数

商品价格分为牌价、议价、市价等多种形式,全社会零售价格总指数应包括各种价格因素的变动。代表规格品所使用的价格应是其全社会综合平均价格,即是代表规格商品在一定时期内的牌价、议价、市价的加权平均数,其权数为各种价格形式的商品零售量或零售额。代表规格品的社会综合平均价格的计算公式如下:

$$P_i = \frac{\sum P_i \times Q_i}{\sum Q_i}$$

根据每种代表品基期和报告期的综合平均价,计算出每种商品的价格指数,以此作为计算各类价格指数的依据。

每种代表商品的价格指数为

$$P_{i1/i0} = P_1 / P_0$$

(三)零售价格指数的权数

零售价格指数的权数是根据上年商品零售额的资料和当年住户调查资料并予以调整后确定的。确定权数时先确定大类权数,然后确定中类权数、小类权数,最后确定商品权数。权数以百分比表示,各层权数之和均等于100。为便于计算,权数一律取整数。

(四)全社会商品零售价格指数的计算

从1985年1月起我国开始采用部分商品综合平均价格法计算全社会商品零售价格指数。其计算公式为

$$P_{1/0} = \sum K \times W / \sum W$$

式中,K为个体指数或各层次的类指数;W为各层次零售额比重权数。

现以表 13-13 中的数据具体介绍零售价格指数的计算方法。

表 13-13 零售价格指数计算过程

商品类别及品名	代表规格品	计量单位	平均价格/元		权数 $W/\%$	指数 $(K=P_1/P_0)/\%$	KW
			P_0	P_1			
总指数					100	115.1	11 514.4
一、食品类					51	117.5	5 992.5
粮食					35	105.3	3 685.5
细粮					65	105.6	6 864.0
面粉	标准	千克	2.40	2.52	40	105.0	4 200.0
大米	粳米标一	千克	3.50	3.71	60	106.0	6 360.0
粗粮					35	104.8	3 668.0
副食品					45	125.4	5 643.0
烟酒茶					11	126.0	1 386.0
其他食品					9	114.8	1 033.2
二、衣着类					20	115.2	2 304.0
三、日用品类					11	109.5	1 204.5
四、文化娱乐用品类					5	110.4	552.0
五、书报杂志类					2	108.6	217.2
六、医药及医疗用品类					6	116.4	698.4
七、建筑装潢材料类					2	114.5	229.0
八、燃料类					3	105.6	316.8

第一步,首先分别计算出各代表规格品的基期和报告期的全社会综合平均价,并计算出相应的价格指数。例如：

面粉价格指数 $P_{1/0} = \dfrac{P_1}{P_0} = \dfrac{2.52}{2.40} = 105\%$

然后分层逐级计算小类、中类、大类和总指数。计算公式为

$$K = \sum K \times W / \sum W$$

第二步,根据各代表规格品的价格指数及相应的权数,按加权算术平均计算小类指数。例如：

细粮类价格指数 $P_{1/0} = \dfrac{\sum K \times W}{\sum W} = \dfrac{105\% \times 40 + 106\% \times 60}{100} = 105.6\%$

第三步,根据小类指数及相应的权数,加权算术平均计算中类指数。例如：

粮食价格指数 $P_{1/0} = \dfrac{\sum K \times W}{\sum W} = \dfrac{105\% \times 65 + 104.8\% \times 35}{100} \approx 105.3\%$

第四步,根据各中类指数及相应的权数,加权算术平均计算大类指数。例如：

食品类价格指数 $P_{1/0} = \sum K \times W / \sum W$
$= (105.3\% \times 35 + 125.4\% \times 45 + 126.0\% \times 11 + 114.8\% \times 9)/100$
$\approx 117.5\%$

第五步,根据各大类指数及相应的权数,加权算术平均计算商品零售价格总指数。

$$P_{1/0} = \sum K \times W / \sum W$$
$$= (117.5\% \times 51 + 115.2\% \times 20 + 109.5\% \times 11 + 110.4\% \times 5 + 108.6\% \times 2 +$$
$$116.4\% \times 6 + 114.5\% \times 2 + 105.6\% \times 3) / 100 = 115.1\%$$

二、居民消费价格指数

居民消费价格指数是世界各国普遍编制的一种指数,是价格统计中最重要的指数之一。居民消费价格指数反映一定时期内城乡居民所购买的生活消费品价格和服务项目价格的变动趋势与程度,可以观察消费价格的变动水平以及对消费者货币支出的影响,研究实际收入和实际消费水平的变动情况。居民消费价格指数是国家制定和调

案例分析 13-2 你家的钱还买得起猪肉么

整价格政策及工资政策的重要依据,是测定通货膨胀最常用的指标,还是计算国民生产总值价格减缩指数必不可少的数据。

居民消费价格指数可分别编制城市居民消费价格指数、农村居民消费价格指数及全社会居民消费价格总指数。

(一)城市居民消费价格指数

城市居民消费价格指数反映城市职工生活及其家庭所购买的生活消费品和服务项目价格的变动趋势与程度。其编制方法和零售价格指数类似,但具体包括的内容有所不同。

城市居民消费价格指数由消费品价格和服务项目价格两部分组成。市场上流通的商品数以万计,提供劳务的门类也越来越多,不可能也不必要根据居民消费的所有商品和服务项目来计算指数。编制城市居民消费价格指数时,首先要对消费品和服务项目进行分类,并选择部分消费品和服务项目进行计算,所选商品和服务项目少则 20 多种,多则可达 1 000 余种,但多数在 300~400 种之间,我国规定必选品种为 325 种,地方可根据情况适当增加(不超过 45 种),对规格等级较复杂的商品还可以选 1~2 种近似规格品作为备用。目前居民消费者价格指数涵盖全国城乡居民生活消费的 262 个基本分类的商品与服务价格。

目前城市居民消费价格指数计算,把消费品和服务项目分为八大类,其中消费品的分类与零售价格指数的商品分类不尽相同,分为食品类、衣着类、家庭设备及用品类、医疗保健用品类、交通和通信工具类、娱乐教育文化用品类、居住类、服务项目类。其中服务项目进一步分为房租、水电费、交通费、邮电费、医疗保险费、学杂保育费、文娱费、修理费及其他服务费九类。

居民消费价格指数的权数一般根据城乡居民的调查资料确定,住户调查中没有的则通过典型调查取得。由于城乡居民消费构成差别较大,各地和全国均按城市居民、农村居民和不分城乡的所有居民三种口径分别确定三种居民消费价格指数的权数。原则上应以当地居民的消费构成作为确定权数的依据。权数应随居民消费结构的变化而变化,但因权数的计算工作浩繁,世界大多数国家和地区都是每隔三五年计算一次,我国因有经常的住户调查,所以规定每年计算一次。权数理应为 $W = P_i \times Q_i / \sum Q_i \times P_i$,但由于 $Q_i \times P_i$

的资料取得困难,目前实际是根据社会商品零售额和服务行业的营业额来确定权数,即 $W = P_0 \times Q_0 / \sum Q_0 \times P_0$。各省的权数按中选样本市县的资料计算,全国的权数则根据各省的资料计算。权数按总指数、大类、中类、小类分别确定,每层的权数总和为100(或1 000)。

城市居民消费价格指数采用加权算术平均方法计算,分别求出消费品价格指数和服务项目价格指数,然后将二者进行加权平均汇总。其计算公式为

$$P_{1/0} = \sum K \times W / \sum W$$

式中,K 为价格的类指数;W 为权数,根据消费品零售额和服务项目营业额分别占二者总和的比重确定。

(二)城镇居民基本生活费用价格指数

城镇居民基本生活费用价格指数实质上也是一种居民消费价格指数,是从我国实际情况出发新增编的一个指数,以作为居民消费价格指数的一种补充形式,主要是用于考察价格变动对居民基本生活费支出的影响,并作为研究职工生活变化、检测银行储蓄利率、制定工资政策的依据。

计算城镇居民基本生活费用价格指数,商品只选消费品、居住和服务项目三大类。消费品大类中只选粮食、衣着、日用品和燃料四个中类,代表品种除鲜菜、鲜果、粮食、食用植物油等带有季节性、地方性的商品可由地方确定外,其余商品和服务项目均由国家统一规定,并不得随意更改。代表商品和服务项目共47种。城镇居民基本生活费用价格指数由35个大中城市编制,采用拉斯贝尔综合法计算。其计算公式为

$$K = \sum P_1 \times Q_0 / \sum P_0 \times Q_0$$

式中,Q_0 为某种商品每百人的月消费量,由国家根据城乡居民住户调查的资料确定。

(三)消费价格指数的作用

消费价格指数除了能够反映城乡居民所购买的生活消费品价格和服务项目价格的变动趋势与程度外,其主要作用还表现在以下几个方面。

1. 能够反映通货膨胀状况

通货膨胀率可以反映通货膨胀的严重程度,说明一定时期内商品价格持续上升的幅度。通货膨胀率一般以消费价格指数来表示:

$$通货膨胀率 = \frac{报告期居民消费价格指数 - 基期居民消费价格指数}{基期消费价格指数} \times 100\%$$

2. 有助于分析物价变动对货币购买力的影响

货币购买力反映单位货币能够购买到的消费品和服务的数量。货币并不只用来购买商品,更不是只购买一种商品,它还要用来支付各种服务费用。货币购买力的变动与物价变动呈反比关系,价格指数上涨,居民的货币购买力下降,反之则上升。货币购买力指数与居民消费价格指数的关系为

$$货币购买力指数 = 1 / 居民消费价格指数 \times 100\%$$

3. 有助于分析物价变动对职工实际收入的影响

物价上涨,货币购买力下降,与过去等量的货币收入所能够购得的商品和劳务就要减

少,也就是说,物价指数的提高意味着实际工资的减少,消费价格指数下降则意味着实际工资水平的提高。物价上涨时,如果货币工资没有相应提高,实际收入和生活水平就要下降。

居民的实际收入指从名义收入(货币收入)中扣除价格变动以后的收入,实际收入指扣除价格变动影响后的两期收入之比,利用消费价格指数可以将名义工资转化为实际工资。

实际工资 ＝ 名义工资 / 消费价格指数

三、股票价格指数

股票价格指数(stock price index)又称为股价指数,它是反映某一股票市场上多种股票价格变动趋势的一种相对数。其单位一般用"点"(piont)表示。一般将基期指数作为100,每上升或下降一个单位称为上升或下降"1点"。

股价指数的计算方法很多,但一般以发行量为权数进行加权综合,其计算公式为

$$P_{1/0} = \frac{\sum P_{1i} \times Q_i}{\sum P_{0i} \times Q_i}$$

式中,P_{1i} 为第 i 种样本股票的报告期价格,P_{0i} 为第 i 种样本股票的基期价格;Q_i 为第 i 种股票的发行量,它可以确定为基期,也可以确定为报告期,大多数股价指数是以报告期发行量为权数计算的。

世界各国/地区的主要证券交易所都编制有自己的股票价格指数。如美国的道·琼斯股票价格指数和标准普尔股票价格指数、纳斯达克指数、日本的日经指数、中国香港的恒生指数、伦敦金融时报 FTSE 指数、法兰克福 DAX 指数、巴黎 CAC 指数、瑞士的苏黎世 SMI 指数等。我国的上海和深圳两个证券交易所也编制了自己的股票价格指数,如上交所的综合指数和30指数,深交所的成份股指数和综合指数。现分别介绍世界上几种主要的股价指数。

(一)香港恒生股价指数

香港恒生股价指数简称为恒生指数。中国香港是世界金融中心之一,股票市场十分活跃,反映香港股票市场价格变动情况的指数原来有恒生指数、远东指数、金指数和银指数四种,其中恒生指数是最具权威的股价指数,远东指数、金指数和银指数后来都并入恒生指数。

恒生指数按成份股进行计算。恒生指数的成份股是指计算股价指数时所选用的上市公司股票,相当于消费价格指数中的代表商品或服务项目。其成份股是从350多家上市公司中影响最大的65家公司的股票(这65只股票的成交额占香港股市成交额的95%左右)中按一定条件挑选出来组成的。成份股并不是一成不变的,随着情况的变化,可以增加新的成份股,也可以淘汰旧的成份股。自1969年以来,恒生指数的成份股先后调整了十多次。从1987年9月1日起,恒生指数的成份股由33只股票构成,其股票成交额约占全港股票成交总额的80%,具有足够的代表性。

恒生股价指数于1969年正式编制和发表,当时只编一个总指数,基期定为1964年7月31日,以当天的股价总水平为100。为了给投资者选择投资方向或转移投资提供更有

价值的依据,自1985年2月起,除继续编制总指数外,增编了工商业、金融业、地产业、公用事业等分类指数,总指数和分类指数也随之将基期改为1984年1月13日,并以当天的收市指数为新基期的基数。之所以不把新基期的基数定为100,是为了和以前的指数相衔接。因此可以说,实际上并未改变基期,只是1984年1月13日以前没有分类指数而已。

恒生股价指数采用拉斯贝尔综合法计算,是固定以1964年7月31日为基期的定基指数,但考虑到成份股和各股权数都可能随时间的推移而变化,难以直接按基日的价格来计算指数,故其计算方法是先计算是日(当日)与上日相比较的环比指数,然后用每日连锁法推算以基日(1964年7月31日)为100的定基指数。其计算公式为

$$\text{是日定基指数} = \text{是日环比指数} \times \text{上日定基指数}$$

$$\text{HSI}_t = \frac{\sum P_{it} \times Q_i \times \text{HSI}_{t-1}}{\sum P_{it-1} \times Q_i}$$

式中,P_{it}为各成份股的是日收市价和上日收市价(或计算指数时的现价与前一时点的价格);Q_i为各成份股的发行股数(权数),一定时期内固定,须经恒生指数服务有限公司董事会核准方可调整。$\sum P_{it} \times Q_i$和$\sum P_{it-1} \times Q_i$即为各成份股的是日总市值和上日总市值,两者之比即是日环比指数。

(二)美国道·琼斯股价平均数

美国道·琼斯股价平均数简称为道·琼斯平均数(Dow Jones average,AJD)或道·琼斯平均指数,是由美国道·琼斯公司计算的一种股价平均价格,它的计算始于1884年,一直延续至今。道·琼斯股票平均价最初是12只股票单价的简单算术平均数,随着股票市场的发展,成份股逐步有所更换和增加,现为65种。其中有工业股票、交通运输业股票、公用事业股票等,故除计算65种股票价格的总平均数外,还分别计算工业、交通运输业和公用事业三类平均数,其中工业股票(人称蓝筹股)最活跃最热门,其股价平均数也最为世人瞩目。

由于道·琼斯股价平均数历史悠久,成份股有代表性,反应快速敏捷,又有金融界影响极大的《华尔街日报》经常详细地报道,所以目前在股票世界仍具有极大的影响。

(三)日经道·琼斯股价平均数

日经道·琼斯股价平均数是日本经济新闻社计算的股价平均数,样股选自东京证券交易所的225种股票,从1950年9月7日起采用美国道·琼斯股价平均数的计算方法计算。到1981年2月,其样本股中包括制造业、建筑业、电力与煤气业、陆运与海运业、仓库业、金融保险业、服务行业、水产业、矿业与不动产业。由于样股的行业面比较广泛,各样股又是各行业中有代表性的股票,因此是日本较有代表性的一种股价平均数,可以反映日本股票市场运行的情况。

(四)上海证券交易所股价指数

上海证券交易所股价指数包括上海证券交易所综合股价指数和上海证券交易所30家上市公司股价指数两种形式。

1. 上海证券交易所综合股价指数

上海证券交易所综合股价指数简称"上证综合指数",它是以全部上市公司发行的股票为计算范围,采用帕式计算公式,以报告期股票发行量为权数计算的加权平均股票指数。指数以"点"为单位,基日定为1990年12月19日,基日指数为100点。上证综合股价指数的计算公式为

$$股价指数 = \frac{报告期的市价总值 \times 100}{基期的市价总值}$$

即

$$I_1 = \frac{\sum P_{1i} \times Q_{1i} \times 100}{\sum P_{0i} \times Q_{0i}}$$

若以日计算,式中的分子、分母是今日、基日的全部股票收盘价 P_{1i} 和 P_{0i}(如当日未成交,则 P_{1i} 沿用上一日的收盘价),分别乘以发行股数 Q_{1i},相加后求得。其中基日的市价总值亦称为除数。

2. 上海证券交易所30家上市公司股价指数

上海证券交易所于1996年7月1日起正式发布了上海证券交易所30家具有代表性的上市公司股价指数,简称"上证30指数"。上证30指数与上证综合指数相比,也采用帕式价格指数公式来编制,但指数编制的范围不同、选用的权数不同,基日和基日的指数不同。

上证综合指数是以1990年12月19日为基日,该日为上海证券交易所正式营业之日,基日指数定为100点。上证30指数是取1996年1月至1996年3月的平均流通市值为指数的基期,使指数的基期比较平稳。上证30指数将指数的基日定为1 000点,用较小的"千分点"作为计量单位,可以敏感地反映股价走势,减少指数的计量单位,可为指数期货的运作、结算提供条件。上证30指数是由按一定原则挑选出来的30家上市公司的股票构成,在较长时间较稳定,若遇新股上市或与30家上市公司无关的股票发生变动,不影响其指数的编制,保持了指数内部结构的稳定性,使指数前后可比性增加。

(五)深圳证券交易所股价指数

深圳证券交易所股价指数分为深圳证券交易所综合股份指数(以下简称"深证综合指数")和深圳证券交易所成份股价指数(以下简称"深证成份股指数")两种形式。

1. 深证综合指数

深圳证券交易所编制的综合指数,是于1991年4月4日正式公布的。它是将深圳证券交易所上市的所有股票的每日收盘价(如当日没有成交,则以前一营业日收盘价为准)分别乘以全部上市公司的总股份数(发行股数),以求得指数股(纳入指数计算范围的股票)总市值,再与基日(1991年4月3日为100点)的指数股总市值相除,计算股价指数。每日股价指数的计算公式为

$$即日指数 = \frac{即日指数股总市值 \times 基日指数}{基日指数股总市值}$$

深证综合指数的主要特征是当新股票在深圳证券交易所上市时,在其上市后的第二天则被纳入指数股进行计算。当某一指数股暂停买卖时,则将其暂时剔除于指数股之外。若有指数股在交易时间内突然停牌,将取其最后成交价计算即时指数,直至收市后再进行

必要的调整,将其暂时剔除。若指数股的股本结构有所变动,改用变动之日为新基日,并以新基数计算,同时用连锁方法将计算得到的指数溯源于原有基日,以维持指数的连续性。

每日连锁方法的计算公式为

$$今日即时指数 = \frac{今日即时指数股总市值 \times 上日收市指数}{经调整上日指数股收市总市值}$$

设有 N 种指数股,则今日即时指数可表示为

$$I_i = \frac{(P_{11} \times Q_1 + P_{12} \times Q_2 + \cdots + P_{1N} \times Q_N \times I_0)}{P_{01} \times Q_1 + P_{02} \times Q_2 + \cdots + P_{0N} \times Q_N} = \frac{\sum P_{1i} \times Q_i \times I_0}{\sum P_{0i} \times Q_i}$$

$(i = 1, 2, 3, \cdots, N)$

式中,I_i 为今日即时指数;I_0 为上日收市指数;P_{1i} 为今日第 i 种指数股的收市价;P_{0i} 为上日第 i 种指数股的收市价;Q_i 为第 i 种指数股的发行股数。

2. 深证成份股指数

深圳证券交易所编制的成份股指数,于 1995 年 1 月 23 日开始发布。深证成份股指数是从上市公司中挑选出 40 家有代表性的上市公司的股票编制的,基日定为 1994 年 7 月 20 日,基日指数为 1 000 点。被选中的上司公司股票称为成份股,是因为这些上市公司的股票在国民经济中占有重要地位。

从上市公司中挑选 40 家成份股的一般原则如下。

有一定上市交易日期,以利于考察上市股票的市场表现和代表性。

有一定上市规模,衡量指标为每家公司一段时间内的平均总市值和平均可流通股市值。

交易活跃,以每家公司一段时间内的总成交金额作为衡量指标。

此外还要考虑的因素有:公司股票在一段时间内的平均市盈率;公司的行业代表性;地区、板块的代表性;公司近期的财务状况;管理素质等。其包括工业类 18 种、商业类、金融类、地产类、公用事业类、科技类、综合企业类。

深证成份股指数计算公式与深证综合指数基本相同,也采用帕式加权价格指数公式,但两者采用的权数不同。深证综合指数是以计算日全部上市公司的总股份为权数,而深证成份股指数采用计算日成份股可流通股本数为权数;采用的基日指数也不同,深证综合指数为 100 点,深证成份股指数为 1 000 点。

深证成份股指数是按一定原则,采用上市公司分层抽取样本股的方法编制的股价指数。它与上证 30 指数相同,能为优等股票及行业、地区代表性的股票提供直接的市场全貌,敏感地反映股票市场的变化趋势,为投资者提供参考依据。

Q_i 为第 i 种股票的发行量,它可以确定为基期,也可以确定为报告期,大多数股价指数一般是以报告期发行量为权数加权综合计算的。

思考与练习

1. 试述统计指数的含义及其作用。
2. 试述拉氏指数和帕氏指数的优缺点。
3. 什么是指数体系?因素分析的基本内容是什么?

4. 某企业生产 A、B 两种产品,报告期、基期的产量和出厂价格资料如表 13-14 所示。

表 13-14　报告期、基期的产量和出厂价格资料

产品	产量/件		出厂价/元	
	基　期	报告期	基　期	报告期
A	2 000	2 200	12.0	12.5
B	5 000	6 000	6.2	6.0

要求:
(1) 用拉氏公式编制产品产量和出厂价格指数。
(2) 用帕氏公式编制产品产量和出厂价格指数。
(3) 比较两种公式编制的产量和销售量指数的差异。

5. 某企业生产三种产品,有关资料如表 13-15 所示。

表 13-15　某企业生产三种产品有关资料

产品种类	基　期	产量个体	
	价格/元	产量/万件	指数/%
甲	10	20	109.2
乙	9	16	121.5
丙	8	15	98.6

要求:计算该企业三种产品产量总指数。

6. 某地区 2018 年农副产品收购总额为 400 亿元,2019 年比 2018 年的收购总额增长 10%,农副产品收购价格总指数为 102%。试问 2019 年与 2018 年对比:
(1) 农民因交售农副产品共增加多少收入?
(2) 农副产品收购量增加了百分之几?农民因此增加了多少收入?
(3) 由于农副产品收购价格提高 2%,农民又增加了多少收入?
(4) 验证以上三方面的分析结论能否协调一致。

即 测 即 练

第十三章　统计指数

参 考 文 献

[1] 安德森,斯威尼,威廉姆斯.商务与经济统计[M].10版.北京:机械工业出版社,2010.
[2] 陈欢歌,薛薇.基于Excel的统计应用[M].北京:中国人民大学出版社,2012.
[3] 贾俊平,何晓群,金勇进.统计学[M].7版.北京:中国人民大学出版社,2018.
[4] 龚玉荣,李卫东,高宏伟,等.应用统计学[M].北京:中国铁道出版社,2005.
[5] 内特,沃塞曼,库纳特,等.应用线性回归模型[M].张勇,等译.北京:中国统计出版社,1990.
[6] 胡孝绳.统计学[M].香港:木星学社出版社,1976.
[7] 李茂年,周兆麟.数理统计学[M].天津:天津人民出版社,1990.
[8] 倪加勋,袁卫,易丹辉,等.应用统计学[M].北京:中国人民大学出版社,1992.
[9] 周复恭,倪加勋,朱汉江,等.应用数理统计学[M].北京:中国人民大学出版社,1989.
[10] 梅森.工商业和经济学中用的统计方法[M].北京:中国人民大学出版社,1984.
[11] 卡梅尔,波拉赛克.应用经济统计学[M].北京:中国人民大学出版社,1988.
[12] NETER J,WASSERMAN W,WHITMORE G A. Applied statistics[M].北京:中国人民大学出版社,1988.
[13] BICKLE P J, DOKSUM K A. Mathematical statistics—basic ideas and selected topics[M]. Oakland, CA: Holden Day,Inc,1977.
[14] 袁卫,何晓群,金勇进,等.新编统计学教程[M].北京:经济科学出版社,1999.
[15] MASON R D. LIND D A. Statistical techniques in business and economics[M]. 9th ed. London: McGraw-Hill,1998.
[16] 弗莱明,纳利斯.商务统计精要[M].北京:中信出版社,2003.
[17] C.R.劳.统计与真理[M].北京:科学出版社,2004.
[18] 徐国祥,刘汉良,孙允午,等.统计学[M].上海:上海财经大学出版社,2001.

常用统计表

附表1 标准正态分布

Z	0.00	0.01	0.02	0.03	0.04	0.05	0.06	0.07	0.08	0.09
0.0	0.500 0	0.504 0	0.508 0	0.512 0	0.516 0	0.519 9	0.523 9	0.527 9	0.531 9	0.535 9
0.1	0.539 8	0.543 8	0.547 8	0.551 7	0.555 7	0.559 6	0.563 6	0.567 5	0.571 4	0.575 3
0.2	0.579 3	0.583 2	0.587 1	0.591 0	0.594 8	0.598 7	0.602 6	0.606 4	0.610 3	0.614 1
0.3	0.617 9	0.621 7	0.625 5	0.629 3	0.633 1	0.636 8	0.640 6	0.644 3	0.648 0	0.651 7
0.4	0.655 4	0.659 1	0.662 8	0.666 4	0.670 0	0.673 6	0.677 2	0.680 8	0.684 4	0.687 9
0.5	0.691 5	0.695 0	0.698 5	0.701 9	0.705 4	0.708 8	0.712 3	0.715 7	0.719 0	0.722 4
0.6	0.725 7	0.729 1	0.732 4	0.735 7	0.738 9	0.742 2	0.745 4	0.748 6	0.751 7	0.754 9
0.7	0.758 0	0.761 1	0.764 2	0.767 3	0.770 4	0.773 4	0.776 4	0.779 4	0.782 3	0.785 2
0.8	0.788 1	0.791 0	0.793 9	0.796 7	0.799 5	0.802 3	0.805 1	0.807 8	0.810 6	0.813 3
0.9	0.815 9	0.818 6	0.821 2	0.823 8	0.826 4	0.828 9	0.831 5	0.834 0	0.836 5	0.838 9
1.0	0.841 3	0.843 8	0.846 1	0.848 5	0.850 8	0.853 1	0.855 4	0.857 7	0.859 9	0.862 1
1.1	0.864 3	0.866 5	0.868 6	0.870 8	0.872 9	0.874 9	0.877 0	0.879 0	0.881 0	0.883 0
1.2	0.884 9	0.886 9	0.888 8	0.890 7	0.892 5	0.894 4	0.896 2	0.898 0	0.899 7	0.901 5
1.3	0.903 2	0.904 9	0.906 6	0.908 2	0.909 9	0.911 5	0.913 1	0.914 7	0.916 2	0.917 7
1.4	0.919 2	0.920 7	0.922 2	0.923 6	0.925 1	0.926 5	0.927 9	0.929 2	0.930 6	0.931 9
1.5	0.933 2	0.934 5	0.935 7	0.937 0	0.938 2	0.939 4	0.940 6	0.941 8	0.942 9	0.944 1
1.6	0.945 2	0.946 3	0.947 4	0.948 4	0.949 5	0.950 5	0.951 5	0.952 5	0.953 5	0.954 5
1.7	0.955 4	0.956 4	0.957 3	0.958 2	0.959 1	0.959 9	0.960 8	0.961 6	0.962 5	0.963 3
1.8	0.964 1	0.964 9	0.965 6	0.966 4	0.967 1	0.967 8	0.968 6	0.969 3	0.969 9	0.970 6
1.9	0.971 3	0.971 9	0.972 6	0.973 2	0.973 8	0.974 4	0.975 0	0.975 6	0.976 1	0.976 7
2.0	0.977 2	0.977 8	0.978 3	0.978 8	0.979 3	0.979 8	0.980 3	0.980 8	0.981 2	0.981 7
2.1	0.982 1	0.982 6	0.983 0	0.983 4	0.983 8	0.984 2	0.984 6	0.985 0	0.985 4	0.985 7
2.2	0.986 1	0.986 4	0.986 8	0.987 1	0.987 5	0.987 8	0.988 1	0.988 4	0.988 7	0.989 0
2.3	0.989 3	0.989 6	0.989 8	0.990 1	0.990 4	0.990 6	0.990 9	0.991 1	0.991 3	0.991 6
2.4	0.991 8	0.992 0	0.992 2	0.992 5	0.992 7	0.992 9	0.993 1	0.993 2	0.993 4	0.993 6
2.5	0.993 8	0.994 0	0.994 1	0.994 3	0.994 5	0.994 6	0.994 8	0.994 9	0.995 1	0.995 2
2.6	0.995 3	0.995 5	0.995 6	0.995 7	0.995 9	0.996 0	0.996 1	0.996 2	0.996 3	0.996 4
2.7	0.996 5	0.996 6	0.996 7	0.996 8	0.996 9	0.997 0	0.997 1	0.997 2	0.997 3	0.997 4

续表

Z	0.00	0.01	0.02	0.03	0.04	0.05	0.06	0.07	0.08	0.09
2.8	0.997 4	0.997 5	0.997 6	0.997 7	0.997 7	0.997 8	0.997 9	0.997 9	0.998 0	0.998 1
2.9	0.998 1	0.998 2	0.998 2	0.998 3	0.998 4	0.998 4	0.998 5	0.998 5	0.998 6	0.998 6
3.0	0.998 7	0.998 7	0.998 7	0.998 8	0.998 8	0.998 9	0.998 9	0.998 9	0.999 0	0.999 0
3.1	0.999 0	0.999 1	0.999 1	0.999 1	0.999 2	0.999 2	0.999 2	0.999 2	0.999 3	0.999 3
3.2	0.999 3	0.999 3	0.999 4	0.999 4	0.999 4	0.999 4	0.999 4	0.999 5	0.999 5	0.999 5
3.3	0.999 5	0.999 5	0.999 5	0.999 6	0.999 6	0.999 6	0.999 6	0.999 6	0.999 6	0.999 7
3.4	0.999 7	0.999 7	0.999 7	0.999 7	0.999 7	0.999 7	0.999 7	0.999 7	0.999 7	0.999 8
3.5	0.999 8	0.999 8	0.999 8	0.999 8	0.999 8	0.999 8	0.999 8	0.999 8	0.999 8	0.999 8
3.6	0.999 8	0.999 8	0.999 9	0.999 9	0.999 9	0.999 9	0.999 9	0.999 9	0.999 9	0.999 9
3.7	0.999 9	0.999 9	0.999 9	0.999 9	0.999 9	0.999 9	0.999 9	0.999 9	0.999 9	0.999 9
3.8	0.999 9	0.999 9	0.999 9	0.999 9	0.999 9	0.999 9	0.999 9	0.999 9	0.999 9	0.999 9
3.9	1.000 0	1.000 0	1.000 0	1.000 0	1.000 0	1.000 0	1.000 0	1.000 0	1.000 0	1.000 0

附表 2　t 的临界值

	$t_{0.10}$	$t_{0.05}$	$t_{0.025}$	$t_{0.01}$	$t_{0.005}$
1	3.078	6.314	12.706	25.452	63.657
2	1.886	2.920	4.303	6.205	9.925
3	1.638	2.353	3.182	4.177	5.841
4	1.533	2.132	2.776	3.495	4.604
5	1.476	2.015	2.571	3.163	4.032
6	1.440	1.943	2.447	2.969	3.707
7	1.415	1.895	2.365	2.841	3.499
8	1.397	1.860	2.306	2.752	3.355
9	1.383	1.833	2.262	2.685	3.250
10	1.372	1.812	2.228	2.634	3.169
11	1.363	1.796	2.201	2.593	3.106
12	1.356	1.782	2.179	2.560	3.055
13	1.350	1.771	2.160	2.533	3.012
14	1.345	1.761	2.145	2.510	2.977
15	1.341	1.753	2.131	2.490	2.947

续表

	$t_{0.10}$	$t_{0.05}$	$t_{0.025}$	$t_{0.01}$	$t_{0.005}$
16	1.337	1.746	2.120	2.473	2.921
17	1.333	1.740	2.110	2.458	2.898
18	1.330	1.734	2.101	2.445	2.878
19	1.328	1.729	2.093	2.433	2.861
20	1.325	1.725	2.086	2.423	2.845
21	1.323	1.721	2.080	2.414	2.831
22	1.321	1.717	2.074	2.405	2.819
23	1.319	1.714	2.069	2.398	2.807
24	1.318	1.711	2.064	2.391	2.797
25	1.316	1.708	2.060	2.385	2.787
26	1.315	1.706	2.056	2.379	2.779
27	1.314	1.703	2.052	2.373	2.771
28	1.313	1.701	2.048	2.368	2.763
29	1.311	1.699	2.045	2.364	2.756
30	1.310	1.697	2.042	2.360	2.750
35	1.306	1.690	2.030	2.342	2.724
40	1.303	1.684	2.021	2.329	2.704
45	1.301	1.679	2.014	2.319	2.690
50	1.299	1.676	2.009	2.311	2.678
60	1.296	1.671	2.000	2.299	2.660
70	1.294	1.667	1.994	2.291	2.648
80	1.292	1.664	1.990	2.284	2.639
90	1.291	1.662	1.987	2.280	2.632
100	1.290	1.660	1.984	2.276	2.626
120	1.289	1.658	1.980	2.270	2.617
∞	1.282	1.645	1.960	2.326	2.576

附表 3 F 分布 显著水平 5%（$\alpha=0.05$）的临界值 分子的自由度

	1	2	3	4	5	6	7	8	9	10	12	15	20	24	30	40	60	120	∞
1	161	200	216	225	230	234	237	239	241	242	244	246	248	249	250	251	252	253	254
2	18.5	19	19.2	19.3	19.3	19.3	19.4	19.4	19.4	19.4	19.4	19.4	19.4	19.5	19.5	19.5	19.5	19.5	19.5
3	10.1	9.55	9.28	9.12	9.01	8.94	8.89	8.85	8.81	8.79	8.74	8.7	8.66	8.64	8.62	8.59	8.57	8.55	8.53
4	7.71	6.94	6.59	6.39	6.26	6.16	6.09	6.04	6	5.96	5.91	5.86	5.8	5.77	5.75	5.72	5.69	5.66	5.63
5	6.61	5.79	5.41	5.19	5.05	4.95	4.88	4.82	4.77	4.74	4.68	4.62	4.56	4.53	4.5	4.46	4.43	4.4	4.37
6	5.99	5.14	4.76	4.53	4.39	4.28	4.21	4.15	4.1	4.06	4	3.94	3.87	3.84	3.81	3.77	3.74	3.7	3.67
7	5.59	4.74	4.35	4.12	3.97	3.87	3.79	3.73	3.68	3.64	3.57	3.51	3.44	3.41	3.38	3.34	3.3	3.27	3.23
8	5.32	4.46	4.07	3.84	3.69	3.58	3.5	3.44	3.39	3.35	3.28	3.22	3.15	3.12	3.08	3.04	3.01	2.97	2.93
9	5.12	4.26	3.86	3.63	3.48	3.37	3.29	3.23	3.18	3.14	3.07	3.01	2.94	2.9	2.86	2.83	2.79	2.75	2.71
10	5.0	4.1	3.7	3.5	3.3	3.2	3.1	3.1	3.0	3.0	2.9	2.9	2.8	2.7	2.7	2.7	2.6	2.6	2.54
11	4.84	3.98	3.59	3.36	3.20	3.09	3.01	2.95	2.90	2.85	2.79	2.72	2.65	2.61	2.57	2.53	2.49	2.45	2.40
12	4.75	3.89	3.49	3.26	3.11	3.00	2.91	2.85	2.80	2.75	2.69	2.62	2.54	2.51	2.47	2.43	2.38	2.34	2.30
13	4.67	3.81	3.41	3.18	3.03	2.92	2.83	2.77	2.71	2.67	2.60	2.53	2.46	2.42	2.38	2.34	2.30	2.25	2.21
14	4.60	3.74	3.34	3.11	2.96	2.85	2.76	2.70	2.65	2.60	2.53	2.46	2.39	2.35	2.31	2.27	2.22	2.18	2.13
15	4.54	3.68	3.29	3.06	2.90	2.79	2.71	2.64	2.59	2.54	2.48	2.40	2.33	2.29	2.25	2.20	2.16	2.11	2.07
16	4.49	3.63	3.24	3.01	2.85	2.74	2.66	2.59	2.54	2.49	2.42	2.35	2.28	2.24	2.19	2.15	2.11	2.06	2.01
17	4.45	3.59	3.20	2.96	2.81	2.70	2.61	2.55	2.49	2.45	2.38	2.31	2.23	2.19	2.15	2.10	2.06	2.01	1.96
18	4.41	3.55	3.16	2.93	2.77	2.66	2.58	2.51	2.46	2.41	2.34	2.27	2.19	2.15	2.11	2.06	2.02	1.97	1.92
19	4.38	3.52	3.13	2.90	2.74	2.63	2.54	2.48	2.42	2.38	2.31	2.23	2.16	2.11	2.07	2.03	1.98	1.93	1.88
20	4.35	3.49	3.10	2.87	2.71	2.60	2.51	2.45	2.39	2.35	2.28	2.20	2.12	2.08	2.04	1.99	1.95	1.90	1.84
21	4.32	3.47	3.07	2.84	2.68	2.57	2.48	2.42	2.36	2.32	2.25	2.17	2.08	2.05	2.01	1.95	1.92	1.87	1.81

续表

	1	2	3	4	5	6	7	8	9	10	12	15	20	24	30	40	60	120	∞
22	4.30	3.44	3.05	2.82	2.66	2.55	2.46	2.40	2.34	2.30	2.23	2.15	2.07	2.03	1.98	1.94	1.89	1.84	1.78
23	4.28	3.42	3.03	2.80	2.64	2.53	2.44	2.37	2.32	2.27	2.20	2.13	2.05	2.01	1.96	1.91	1.86	1.81	1.76
24	4.26	3.40	3.01	2.78	2.62	2.51	2.42	2.36	2.30	2.25	2.18	2.11	2.03	1.98	1.94	1.89	1.84	1.79	1.73
25	4.24	3.39	2.99	2.76	2.60	2.49	2.40	2.34	2.28	2.24	2.16	2.09	2.01	1.96	1.92	1.87	1.82	1.77	1.71
30	4.17	3.32	2.92	2.69	2.53	2.42	2.33	2.27	2.21	2.16	2.09	2.01	1.93	1.89	1.84	1.79	1.74	1.68	1.62
40	4.08	3.23	2.84	2.61	2.45	2.34	2.25	2.18	2.12	2.08	2.00	1.92	1.84	1.79	1.74	1.69	1.64	1.58	1.51
60	4.00	3.15	2.76	2.53	2.37	2.25	2.17	2.10	2.04	1.99	1.92	1.84	1.75	1.70	1.65	1.59	1.53	1.47	1.39
120	3.92	3.07	2.68	2.45	2.29	2.18	2.09	2.02	1.96	1.91	1.83	1.75	1.66	1.61	1.55	1.50	1.43	1.35	1.25
∞	3.84	3.00	2.60	2.37	2.21	2.10	2.01	1.94	1.88	1.83	1.75	1.67	1.57	1.52	1.46	1.39	1.32	1.20	1.00

附表 4 F 分布 显著水平 1%($\alpha=0.01$) 的临界值

	1	2	3	4	5	6	7	8	9	10	12	15	20	24	30	40	60	120	∞
1	4 052	5 000	5 403	5 625	5 764	5 859	5 928	5 982	6 023	6 056	6 106	6 157	6 209	6 235	6 261	6 287	6 313	6 339	6 366
2	98.5	99.0	99.2	99.2	99.3	99.3	99.4	99.4	99.4	99	99.4	99.4	99.4	99.5	100	99.5	99.5	99.5	99.5
3	34.1	30.8	29.5	28.7	28.2	27.9	27.7	27.5	27.3	27	27.1	26.9	26.7	26.5	27	26.4	26.3	26.2	26.1
4	21.2	18.0	16.7	16.0	15.5	15.2	15.0	14.8	14.7	14.5	14.4	14.2	14.0	13.9	14	13.7	13.7	13.6	13.5
5	16.3	13.3	12.1	11.4	11	10.7	10.5	10.3	10.2	10	9.89	9.72	9.55	9.47	9.4	9.29	9.2	9.11	9.02
6	13.7	10.9	9.78	9.15	8.75	8.47	8.26	8.1	7.98	7.9	7.72	7.56	7.4	7.31	7.2	7.14	7.06	6.97	6.88
7	12.2	9.55	8.45	7.85	7.46	7.19	6.99	6.84	6.72	6.6	6.47	5.31	6.16	6.07	6	5.91	5.82	5.74	5.65
8	11.3	8.65	7.59	7.01	6.63	6.37	6.18	6.03	5.91	5.8	5.67	5.52	5.36	5.28	5.20	5.12	5.03	4.95	1.86
9	10.6	8.02	6.99	6.42	6.06	5.8	5.61	5.47	5.35	5.3	5.11	4.96	4.18	4.73	4.7	4.57	4.48	4.4	4.31

附录 常用统计表

续表

	1	2	3	4	5	6	7	8	9	10	12	15	20	24	30	40	60	120	∞
10	10.0	7.56	6.55	5.99	5.64	5.39	5.20	5.06	4.49	4.85	4.71	4.56	4.41	4.33	4.25	4.17	3.08	4.00	3.91
11	9.65	7.21	6.22	5.67	5.32	5.07	4.89	4.74	4.63	4.54	4.40	4.25	4.10	4.02	3.94	3.86	3.78	3.69	3.60
12	9.33	6.93	5.95	5.41	5.06	4.82	4.64	4.50	4.39	4.30	4.16	4.01	3.86	3.78	3.70	3.62	3.54	3.45	3.36
13	9.07	6.70	5.74	5.21	4.86	4.62	4.44	4.30	4.19	4.10	3.96	3.82	3.66	3.59	3.51	3.43	3.34	3.25	3.17
14	8.86	6.51	5.56	5.04	4.70	4.46	4.28	4.14	4.03	3.94	3.80	3.66	3.51	3.43	3.35	3.27	3.18	3.09	3.00
15	8.68	6.36	5.42	4.89	4.56	4.32	4.14	4.00	3.89	3.80	3.67	3.52	3.37	3.29	3.21	3.13	3.05	2.96	2.87
16	8.53	6.23	5.29	4.77	4.44	4.20	4.03	3.89	3.78	3.69	3.55	3.41	3.26	3.18	3.10	3.02	2.93	2.84	2.75
17	8.40	6.11	5.19	4.67	4.34	4.10	3.93	3.79	3.68	3.59	3.46	3.31	3.16	3.08	3.00	2.92	2.83	2.75	2.65
18	8.29	6.01	5.09	4.58	4.25	4.01	3.84	3.71	3.60	3.51	3.37	3.23	3.08	3.00	2.92	2.84	2.75	2.66	2.57
19	8.19	5.93	5.01	4.50	4.17	3.94	3.77	3.63	3.52	3.43	3.30	3.15	3.00	2.92	2.84	2.76	2.67	2.58	2.49
20	8.10	5.85	4.94	4.43	4.10	3.87	3.70	3.56	3.46	3.37	3.23	3.09	2.94	2.86	2.78	2.69	2.61	2.52	2.42
21	8.02	5.78	4.87	4.37	4.04	3.81	3.64	3.51	3.40	3.31	3.17	3.03	2.88	2.80	2.72	2.64	2.55	2.46	2.36
22	7.95	5.72	4.82	4.31	3.99	3.76	3.59	3.45	3.35	3.26	3.12	2.98	2.83	2.75	2.67	2.58	2.50	2.40	2.31
23	7.88	5.66	4.76	4.26	3.94	3.71	3.54	3.41	3.30	3.21	3.07	2.93	2.78	2.70	2.62	2.54	2.45	2.35	2.26
24	7.82	5.61	4.72	4.22	3.90	3.67	3.50	3.36	3.26	3.17	3.03	2.89	2.74	2.66	2.58	2.49	2.40	2.31	2.21
25	7.77	5.57	4.68	4.18	3.86	3.63	3.46	3.32	3.22	3.13	2.99	2.85	2.70	2.62	2.53	2.45	2.36	2.27	2.17
30	7.56	6.39	4.51	4.02	3.70	3.47	3.30	3.17	3.07	2.98	2.84	2.70	2.55	2.47	2.39	2.30	2.21	2.11	2.01
40	7.31	5.18	4.31	3.83	3.51	3.29	3.12	2.99	2.89	2.80	2.66	2.52	2.37	2.29	2.20	2.11	2.02	1.92	1.80
60	7.08	4.98	4.13	3.65	3.34	3.12	2.95	2.82	2.72	2.63	2.50	2.35	2.20	2.12	2.03	1.94	1.84	1.73	1.60
120	6.85	4.79	3.95	3.48	3.17	2.96	2.79	2.66	2.56	2.47	2.34	2.19	2.03	1.95	1.86	1.76	1.66	1.53	1.38
∞	6.63	4.61	3.78	3.32	3.02	2.80	2.64	2.51	2.41	2.32	2.18	2.04	1.88	1.79	1.70	1.59	1.47	1.32	1.00

教师服务

感谢您选用清华大学出版社的教材！为了更好地服务教学，我们为授课教师提供本书的教学辅助资源，以及本学科重点教材信息。请您扫码获取。

» 教辅获取

本书教辅资源，授课教师扫码获取

» 样书赠送

统计学类重点教材，教师扫码获取样书

 清华大学出版社

E-mail: tupfuwu@163.com
电话：010-83470332 / 83470142
地址：北京市海淀区双清路学研大厦 B 座 509

网址：https://www.tup.com.cn/
传真：8610-83470107
邮编：100084